MW01709366

Philosophie de l'éducation

THÉMIS

COLLECTION FONDÉE ET DIRIGÉE PAR MAURICE DUVERGER

THÉMIS PHILOSOPHIE

SOUS LA DIRECTION DE JEAN-FRANÇOIS MATTÉI
Institut universitaire de France, Professeur à l'Université de Nice

THOMAS DE KONINCK
Professeur à l'Université Laval, Québec

Philosophie de l'éducation

Essai sur le devenir humain

Préface de Federico Mayor

Postface de Mohamed Achaari,
Alain Chanlat
et Abdelkarim Errouaki

PRESSES UNIVERSITAIRES DE FRANCE

ISBN 2 13 051739 0
ISSN 1272-0518

Dépôt légal — 1re édition : 2004, janvier

6, avenue Reille, 75014 Paris

À mes étudiantes et mes étudiants

Sommaire

Préface

« Vous dites que c'est impossible ?
Alors, ça m'intéresse. »

Jacques-Y. Cousteau.

L'éducation est le processus qui, tout au long de la vie, confère la capacité de la diriger en accord avec notre réflexion, notre pensée et nos choix. L'éducation libère. Elle nous accorde la « souveraineté personnelle ». Éducation pour tous. C'est le grand enjeu, la grande solution pour cet autre monde qui peut ainsi devenir possible.

Compte tenu donc de la place centrale qu'a toujours occupée l'éducation au cours de ma vie, que ce soit dans les différents postes que j'ai remplis en Espagne à titre de professeur, de chercheur, de recteur de l'Université de Grenade, de ministre de l'Éducation et la Science, de directeur général de l'Unesco ou dans la *Fondation Culture de Paix* que j'ai créée il y a quelques années, j'ai été particulièrement captivé et stimulé par ce livre que Thomas De Koninck, professeur de philosophie à l'Université Laval de Québec, a intitulé *Philosophie de l'éducation, essai sur le devenir humain*. Ce thème est plus que jamais d'actualité en cette époque marquée par une augmentation, à l'échelle de la planète, de la pauvreté, de l'intolérance, de la violence, d'un certain désarroi et d'une perte des repères moraux, particulièrement chez les jeunes.

Avant d'aller plus loin, je voudrais dire au futur lecteur combien j'ai été impressionné par la profondeur et l'envergure des réflexions proposées, par l'originalité de la démarche, par la richesse des connaissances et de la contribution philosophique, ainsi que par la remarquable capacité prospective de l'auteur.

Tout au long de cet ouvrage, j'ai ressenti de profondes affinités avec les idées avancées par Thomas De Koninck. Il nous montre que, dans l'histoire de l'Occident, s'interroger sur la nature et le rôle de l'éducation a été une préoccupation constante des plus grands auteurs.

Chacun, à sa manière et à toutes les époques, a insisté sur l'importance de mettre au cœur de l'éducation des préoccupations éthiques, esthétiques et politiques, ainsi que sur les implications qu'elles ne manquent pas d'avoir pour ceux qui reçoivent la formation et ceux qui la donnent. On découvre comment la qualité de l'éducation affecte profondément le climat général qui règne dans une société.

Aujourd'hui, nous disposons d'un grand nombre de livres qui ont traité de l'éducation et qui l'ont abordée sous toutes ses facettes. Pourquoi un livre de plus sur la philosophie de l'éducation ? Parce que l'*humanisation* de l'être humain par l'éducation n'est jamais gagnée d'avance, qu'elle est continuellement à réinventer et que beaucoup de ces réflexions ont tendance à se perdre, ne sont pas toujours facilement accessibles et sont malheureusement réservées le plus souvent à un petit nombre d'intellectuels. Souvent, le contexte dans lequel elles ont été formulées les rend rébarbatives au lecteur.

Faire de *la* vie *sa* vie, c'est-à-dire, être lui-même et agir en accord avec ses *propres décisions,* est pourtant le grand défi de tout être humain. L'éducation ne devrait pas, en conséquence, être monopolisée par le discours de spécialistes de ce domaine dont beaucoup, comme le critique avec lucidité Thomas De Koninck, ne nous proposent paradoxalement qu'une *pédagogie du vide* et une *gestion de l'ignorance.* Ces approches, qui ont tendance à dominer dans un monde obsédé par une vision pragmatique à court terme, sacrifient les contenus et les finalités au nom de la primauté des méthodologies et des moyens.

La Commission sur « l'Éducation au XXIe siècle », que j'ai instaurée en 1991 à l'Unesco sous la présidence de Jacques Delors, nous propose quatre grands piliers de l'éducation : apprendre à connaître, apprendre à faire, apprendre à être, apprendre à vivre ensemble. Aujourd'hui plus que jamais, avoir conscience de la globalité du monde, de l'humanité de tous ses habitants sans exception, de la complexité et de l'importance de penser à long terme sont des éléments indispensables à l'épanouissement de toute personne.

L'apport de Thomas De Koninck est de nous faire cadeau, grâce à son immense érudition et à une connaissance intime des plus grands philosophes et écrivains, d'une synthèse des réflexions accumulées au cours des siècles passés. Il nous montre combien les interrogations fondamentales et les connaissances développées aux différentes époques, particulièrement pendant la période classique grecque, peuvent être fécondes et utiles si nous voulons les appliquer aux problèmes de notre temps. L'auteur est conscient et respectueux de ce patrimoine accumulé autour des questions : « Quelle est l'essence de l'être humain ? »

et « Quels pourraient être les gestes à poser, les habitudes à encourager, pour augmenter les chances que chaque personne atteigne la dignité humaine et devienne un citoyen accompli ? » Quels que soient les lieux et les périodes de l'histoire, la recherche de cette dignité humaine devrait être l'une de ses préoccupations majeures à toutes les échelles.

Je n'ai pas l'intention de résumer cet ouvrage dense qui est un véritable festin pour l'esprit. Je souhaiterais surtout donner le désir de lire ce livre qui réserve de nombreuses et belles surprises au lecteur qui voudra bien faire l'effort d'attention qu'exige la profondeur des propos énoncés par Thomas De Koninck. On apprécie tout particulièrement la qualité et la beauté des citations qu'il incorpore dans son texte pour nous aider à mieux comprendre chacun de ses développements et qui représentent, à elles seules, la quintessence de la réflexion de tous ces grands penseurs.

Tous les chapitres nous offrent un florilège de citations, qu'après lecture, on souhaiterait apprendre par cœur, tant elles s'imposent par leur évidence et leur pertinence, ainsi que par le pouvoir qu'elles ont de rejoindre chaque personne au plus profond de son expérience personnelle. Je recommande de porter une attention particulière à celles qui apparaissent en épigraphe. Elles sont là pour introduire le sujet et pour indiquer le ton et la hauteur de vues qui vont prévaloir. J'attire également l'attention sur celles qui, dans le corps du texte, sont empruntées à tous ces grands penseurs comme Platon, Aristote, saint Augustin, Kant et bien d'autres. Même si nous les avons lus, nous les connaissons normalement très mal. Bien souvent nous les ignorons, parfois nous les avons oubliés ou tout simplement ils nous intimident.

Au-delà des nombreuses références, l'auteur maintient un fil conducteur emprunté à la philosophie et il prend soin à chaque fois de nous introduire le sujet, de le lier aux autres et de le commenter à l'aide de formules personnelles très claires et très concises. Le lecteur se sent étonné, voire émerveillé, de se retrouver sans complexe en pareille compagnie pour finalement l'aider à s'interroger sur le sens à donner à sa propre vie.

J'ai aussi particulièrement apprécié la manière dont Thomas De Koninck se sert de l'étymologie des mots, en particulier de leurs racines grecques et latines, pour mettre en évidence les idées clés qui présidaient à l'origine et que les évolutions successives des mots ont fini par faire oublier. Chaque recherche de racine débouche sur une surprise. Attendez-vous à en avoir beaucoup.

Dans cette aventure d'autocréation qui attend chaque être humain, l'auteur nous offre des voies à suivre tout en dénonçant les dangers et les dérives qui nous guettent. Thomas De Koninck nous rappelle et souligne combien l'enfance et spécialement la petite enfance sont des moments déterminants pour devenir un homme, en apprenant à aimer, à partager, à apprécier la bonté, à connaître par les sens, à imaginer à travers le jeu, à s'initier à la beauté à travers les arts et à développer un sens moral. À partir de ces constatations, il nous montre combien il est indispensable d'accorder beaucoup d'importance au monde concret et sensible, et d'apprendre à tirer le meilleur parti des possibilités que nous offrent nos différentes capacités naturelles pour nous ouvrir sur l'immense beauté du monde.

L'auteur attire également notre attention sur les façons de lutter contre les tendances à la violence en développant un souci éthique, un goût pour la lecture, en particulier des textes qui ont traversé le temps et sans lesquels il est difficile d'accéder à l'universel et à une culture du dialogue, fondements véritables de la liberté et de la démocratie. Il analyse comment on donne plus d'importance au succès qu'à l'effort, comment le transfert de responsabilités politiques au marché, la confiance aveugle dans les techno-sciences, le pouvoir considérable exercé par les mass media, l'omniprésence des paroles et des actions démagogiques font obstacle à la mise en place d'un environnement favorable à l'éclosion d'un climat humaniste. Cela se produit au même moment où l'Université, institution par excellence qui devrait donner l'exemple de la recherche de la réalité, de ses racines, d'anticipation et de prévention, devient trop souvent un lieu d'expression centré sur la recherche de gains particuliers et de moins en moins favorable à la poursuite du bien commun.

Dans un chapitre étonnant intitulé « Questions ultimes », Thomas De Koninck présente la nature des contributions et des débats qui entourent la question de l'existence de Dieu, de la place centrale qu'a occupée cette notion dans toutes les civilisations et de la qualité des commentaires et des réflexions qu'elle a suscités. Ce développement particulièrement remarquable, mené de main de maître et en philosophe, amène chacun d'entre nous à méditer sur les questions essentielles.

Tout être humain, lorsqu'il vient au monde, hérite de la responsabilité de mener une vie qui soit à la hauteur de ses possibilités biologiques, psychologiques et sociales. Confronté aux nombreux possibles qui s'offrent à lui, il développe des attitudes, mais encore faut-il que l'éducation, au sens large du terme, qu'il reçoit dans son enfance et tout au long de sa vie, le prépare à faire preuve de discernement dans ses choix.

Pour cela, il a besoin d'être guidé. Thomas De Koninck avec ce livre qui concentre, à partir d'une double perspective philosophique et historique, toute la sagesse pratique accumulée au cours des générations passées, nous sert de maître pour mieux comprendre les enjeux de cette re-naissance de soi-même qui confronte chacun d'entre nous.

Je conseille, après en avoir pris connaissance, de garder ce livre sur votre table de chevet et de relire les extraits qui correspondent à vos préoccupations et états d'âme du moment. Je suis convaincu que vous y trouverez des raisons d'aimer, de grandir, d'être plus heureux et d'aider les autres autour de vous. Le livre de Thomas De Koninck nous fait découvrir comment chacun peut contribuer, à son niveau et dans son environnement immédiat, à l'avènement et à la diffusion de cette *culture de paix* que moi-même j'appelle tant de mes vœux et sans laquelle nous resterons à utiliser la violence et l'imposition au lieu de la force infinie, indomptable, de l'esprit. Il nous rappelle que « paix, culture, justice ne sont pas de vains mots, mais des réalités qui dépendent de nous ». Chaque être humain *unique,* du point de vue biologique et intellectuel. Chaque être humain capable de créer, démesure distinctive de notre espèce. Chaque être humain imprédictible et immesurable. Chaque être humain donné pour imaginer, penser, rêver. Chaque être humain, notre espoir. Bonne lecture.

Federico Mayor,
Ancien directeur général de l'Unesco,
Président du Conseil européen de la Recherche.
Madrid, le 11 septembre 2003.

Liminaire

La question de la formation des personnes est aussi ancienne que l'humanité, aussi complexe que celle de la culture, avec laquelle elle se confond d'ailleurs. L'idée qu'on s'en fait dépend de l'idée que l'on se fait du savoir et de l'art, de l'être humain lui-même, du sens ou du non-sens de sa condition. La tâche à venir est d'autant plus grande que notre monde traverse une crise éthique et culturelle profonde qui concerne spécialement les jeunes. C'est dire l'importance du thème que nous abordons dans ce livre, mais aussi son ampleur et sa difficulté.

Le vivant a le privilège de sentir ses manques, ses besoins, sa finitude. Nous avons en commun avec l'animal d'éprouver la faim et la soif qui nous permettent de survivre en les supprimant par l'aliment qui nous conservera vivants. La tendance naturelle à la survie dépend de la suppression de manques qui doivent être sentis pour être comblés. L'anorexie entraîne la mort. Le manque n'est présent pour nous que dans la mesure où nous avons le sentiment de nous-mêmes et de nos besoins, outrepassant ainsi ce manque. Ce n'est qu'à proportion que nous dépassons notre finitude – notre ignorance, par exemple – que nous avons conscience d'elle. Si nous étions seulement des animaux, rappelait Augustin, notre unique désir serait le repos des appétits, la paix du corps. En fuyant la douleur, les animaux montrent qu'ils aiment la paix du corps ; en fuyant la mort, ils montrent combien ils aiment la vie. Mais nous sommes infiniment plus que des animaux.

« Éducation est un mot récent, autrefois on disait nourriture », précise le grand dictionnaire de Littré. Du temps de Shakespeare, la langue anglaise opposait « nature » et « nurture », comme dans ces vers : « A devil, a born devil, on whose nature / Nurture can never stick » (*The Tempest,* IV, I, 188-189). Après cette vie, selon Platon, l'âme n'emporte rien d'autre avec elle qu'éducation *(paideia)* et culture *(trophê)* (*Phédon,* 107 *d,* tr. Vicaire) ; la signification première de *trophê* est « nourriture ». On le voit, déjà la sagesse inscrite dans les mots et dans les conceptions classiques suggère que l'éducation et la culture sont ce qui donne à vivre. Il suit de ce qui précède que ne pas en avoir conscience signifie la mort.

Il n'est pas moins remarquable que le mot « culture » renvoie aux mêmes acceptions originelles que le mot « concret » ; tous deux font d'emblée référence à la vie même, à son développement, le second y ajoutant la notion fondamentale de croissance commune, et de totalité, puisque *concretum* est dérivé de *concrescere* qui signifie « croître ensemble ». L'arbre concret requiert un ensemble impressionnant de conditions (air, eau, terre, lumière, sève et le reste) ; son être est, comme le nôtre, soumis à une temporalité précise, au mûrissement et au dépérissement ; il est en constant devenir, après quoi il meurt. Bien plus, il se produit lui-même comme individu, et ses parties également : « les feuilles sont à la fois les produits de l'arbre et ce qui le conserve », observe Kant qui fait ressortir à quel point dans un « produit de la nature, chaque partie, de même qu'elle n'existe que *par* toutes les autres, est également pensée comme existant *pour* les autres et *pour* le tout » ; c'est pourquoi « on la conçoit comme *produisant* les autres parties (chacune produisant donc les autres et réciproquement) ». Dans le cas d'un artefact comme une montre, en revanche, « une partie est certes là pour l'autre, mais elle n'est pas là par cette autre partie » (*Critique de la faculté de juger,* II, § 64-66).

Le tout concret vivant est ainsi irréductible à ses parties : la branche coupée de l'arbre n'est pas plus une branche qu'une main séparée d'un corps humain vivant n'est une main. Toute partie ou tout aspect isolé, toute abstraction en ce sens, confine à l'irréel dès qu'on la prend pour du concret. De même tout moment isolé du devenir d'une vie, quelle qu'elle soit, y inclus bien entendu la vie humaine elle-même. La vie est toujours intérieure et personne ne l'a jamais vue de ses yeux.

Il existe toutefois une différence immense entre le devenir de l'arbre et celui de l'être humain. Celui de l'arbre est tout entier « programmé » d'avance, comme l'a bien établi la biologie, sans que cela diminue pour autant la part de l'environnement dans son développement. La culture de l'arbre est en un mot fort simple. Mais il en va tout autrement de nous humains, qui sommes en tant que tels de pures ébauches au départ. Au cœur de notre condition se découvre la liberté, puissance des contraires, pouvoir du bien et du mal, dont les deux composantes les plus essentielles sont l'affectivité et l'intelligence exigeant toutes deux, en réalité, une attention de tous les moments. À défaut de quoi, dans les termes inoubliables de Shakespeare, « C'est un jardin / D'herbes folles montées en graine, et que d'affreuses choses / Envahissent et couvrent » (*Hamlet,* I, II, 135-137 : tr. Yves Bonnefoy). « Il n'est point de jardiniers pour les hommes », déplorait à son tour, en une page magnifique de *Terre des hommes,* Antoine de Saint-Exupéry : « Ce qui me tourmente (...), c'est un peu, dans chacun de ces hommes, Mozart assassiné. »

La « culture » au sens de quelque apparat de salon, de la mode ou de la rectitude politique de l'heure, s'apparente davantage au kitsch. Il s'agit ici au contraire de l'être humain dans ce qu'il a de plus vital, selon la formule classique de *cultura animi* (Cicéron) – c'est-à-dire le plein épanouissement de l'esprit au meilleur de ses potentialités, la culture de la pensée et de l'amour, impliquant dès lors l'éthique et la politique, l'amour de la beauté, toutes les valeurs que nous associons au cœur autant qu'à l'intelligence. Dans le choix de sa culture, l'être humain joue rien de moins que son destin.

Mais la sagesse de la langue va plus loin encore. L'étymologie du mot « culture » (le verbe latin *colo*) met en relief au moins trois autres notions capitales ; celle de soigner, former, s'occuper de, veiller sur, celle de « culte », de respect, d'égards, celle du lieu où l'on se meut habituellement, que l'on « habite ». Le thème du souci, du soin et de la formation de l'âme qu'illustre la figure de Socrate est au cœur de toute la tradition philosophique occidentale jusqu'à nos jours et se reconnaît facilement dans les grandes traditions orientales. Tous, d'autre part, nous rendons un ou des cultes à un « dieu » ou à un autre : la question est de savoir ce que nous honorons en premier lieu. L'athéisme se compare à la prose de M. Jourdain, en ce que tous et chacun d'entre nous sommes les athées de certains dieux. Se déclarer ouvertement athée implique qu'on spécifie quel dieu on nie. Nier tous les dieux n'est pas non plus possible, car il y a un absolu implicite en toute action humaine, qui pourrait être le néant, le hasard, l'insignifiance la plus complète, l'argent, le pouvoir, la justice, l'amitié et ainsi de suite jusqu'au Dieu unique des grandes religions monothéistes. Il est aisé de voir que, sans se confondre avec elle, la question du culte, de la religion (ou de sa négation soit affichée, soit implicite), ne peut pas non plus être séparée de celle de la culture.

Tous à vrai dire, enfin, nous habitons en effet des cultures, en des sens manifestement multiples du mot « habiter », comme le montre assez toute tentative d'approfondissement du propos célèbre de

Hölderlin, *Dichterisch wohnt der Mensch,* « c'est poétiquement qu'habite l'homme » : il y a les langages et les symboles au sein desquels se déploient et s'expriment nos pensées et nos choix, mais aussi nos vies mêmes dans ce qu'elles ont de plus profond, entre autres ce lieu invisible que nous appelons l'imaginaire et dont l'essence est affective.

Toute réflexion responsable sur l'éducation et la culture doit par conséquent commencer par prendre en considération ces différents aspects, plutôt que d'isoler l'un ou l'autre d'entre eux et d'en rester là. C'est faire violence à la réalité humaine que de la réduire à quelques dimensions abstraites se prêtant à des recettes magiques, comme ont coutume de le faire les réformes de l'éducation qui se succèdent avec un égal insuccès dans nos pays. Nous avons chaque fois affaire à des totalités vivantes complexes, en perpétuel devenir, chez qui tout est profondément, intimement lié et interdépendant. On a en outre affaire à la culture ambiante où les médias défont la nuit ce que l'école tisse le jour. La tâche est donc immense, redoutable, et les éléments de réflexion que nous offrons ici sont bien modestes en regard.

Dans les pages qui suivent, on verra resurgir à diverses reprises, en des contextes différents, le thème de l'éthique. Il nous semble en effet qu'au cœur des crises que nous traversons – notamment la crise dite « économique », où la plus extrême pauvreté côtoie la plus extrême richesse – on aperçoit chaque fois des problèmes éthiques très graves. Si nous avons raison, ce fait aura servi à illustrer l'interdépendance profonde dont nous venons de parler.

Je dédie ce modeste essai à mes étudiantes et mes étudiants, passés, présents et à venir, en témoignage de vive reconnaissance. Mes dettes sont innombrables, mais je remercie tout particulièrement mon assistante, Monique Lortie, mon ami Gabor Csepregi pour son aide inestimable, et mon épouse Christine à qui je dois toujours infiniment plus que je ne saurai jamais dire.

Chapitre Premier

L'ENFANCE

« Maxima debetur puero reverentia » (Juvénal).

« Ne rien considérer comme plus utile que l'éducation des enfants » (Plutarque).

« The Child is father of the Man » (Wordsworth).

« Le commencement est plus que la moitié du tout » (Proverbe grec)[1].

Nous dédions la réflexion de ce chapitre aux enfants qu'on livre à un commerce international, dont certains n'ont déjà plus même, pour cette raison, tous leurs organes, à ces enfants pauvres à qui on a imposé prématurément un travail, des responsabilités d'adultes et une vie de souffrance, à tous ces enfants sauvagement meurtris, mutilés, par des guerres, par d'atroces explosions de bombes à fragmentation ou de mines, par des abus et des violences de toutes sortes. L'enfance dont nous parlerons n'est déjà plus la leur, elle leur a été interdite, barbarement arrachée.

Il en va de même des jeunes suicidés de nos sociétés d'abondance, de tous ceux et celles qu'elles ont livrés à la drogue, au sida, à la criminalité, à une forme ou une autre d'autodestruction, à l'abandon scolaire prématuré. Au chapitre du suicide chez les jeunes – qui traduit à l'évidence des dysfonctionnements sociaux et culturels très graves – le Québec n'a de leçons à donner à personne, ni non plus

1. Respectivement Juvénal, *Satire,* XIV, 47 : « On doit à l'enfant le plus grand respect » ; Plutarque (ou pseudo-Plutarque), *De liberis educandis,* 6 A, trad. Jean Sirinelli, in *Œuvres morales,* t. I, 1re partie, Paris, Les Belles Lettres, 1987, p. 44 ; William Wordsworth, « L'enfant est père de l'homme », in *My heart leaps up when I behold* (1802) ; *pleion ê hêmisu tou pantos einai hê archê* est un proverbe grec fréquemment cité, avec des variantes, par Platon (*e.g.* en *République,* II, 377 *a* et *Lois,* VI, 753 *e*), et par Aristote, ainsi *Éthique à Nicomaque,* I, 7, 1098 *b* 7 ; *De Coelo,* I, 5, 271 *b* 12-13 ; dans sa *Politique,* V, 4, Aristote marque fortement à quel point « c'est au début que se commet l'erreur », même si elle apparaît petite à ce moment-là (1803 *b* 28-31) ; dans le *De Motu Animalium,* 7, 701 *b* 26-28, il donne l'exemple de la modification importante que produit sur le mouvement d'un navire un déplacement imperceptible du gouvernail. On sait que le mot grec *archê* signifie à la fois commencement et commandement.

l'Europe, en particulier la France, car l'on se suit de près en ce type peu enviable de records mondiaux. Les suicidés ont triplé au Québec chez les moins de 14 ans ces dernières années, certaines victimes n'ayant que 8 ans[1].

Afin de mieux prendre la mesure de l'extrême injustice qui est faite à tous ces jeunes, il importe d'autant plus de réfléchir à rien de moins que l'humain en ce qu'il a de plus grand, qui est déjà tout présent en l'enfant. « Dénué de parole, incapable de la station droite, hésitant sur les objets de son intérêt, inapte au calcul de ses bénéfices, insensible à la commune raison, l'enfant est éminemment l'humain parce que sa détresse annonce et promet les possibles. Son regard initial sur l'humanité, qui en fait l'otage de la communauté adulte, est aussi ce qui manifeste à cette dernière le manque d'humanité dont elle souffre, et ce qui l'appelle à devenir plus humaine. »[2]

1 / L'ÉMERVEILLEMENT

Le moment suprême de la vie humaine, disait Goethe (*Conversations avec Eckermann,* mercredi 18 février 1829), est celui de l'étonnement, de l'émerveillement *(das Erstaunen)*. *Zum Erstaunen bin Ich da* (« j'existe pour m'étonner ») conclut même son poème *Parabase*. C'est cet émerveillement que nous pouvons entrevoir dans le regard de l'enfant, lumineux par excellence, qui voit bien le serpent boa digérant un éléphant, là où l'adulte endurci ne voit qu'un chapeau. « Les grandes personnes ne comprennent jamais rien toutes seules, et c'est fatigant, pour les enfants, de toujours et toujours leur donner des explications », lit-on à la deuxième page du *Petit Prince*[3].

Saint-Exupéry suggère ainsi que le regard de l'enfant pressent déjà le visage plus profond de la réalité. Il ne dit pas que son regard se porte vers une autre réalité, dans une autre direction. C'est bien au contraire de ce monde-ci qu'il s'agit, de celui que nous voyons de nos yeux et pouvons toucher de nos mains. Même l'immédiat que nous avons sous les yeux devient vite transparent pour les yeux qui savent

1. Cf. Bénédicte Manier, *Le travail des enfants dans le monde,* Paris, La Découverte, 1999 ; Tony Anatrella, *Non à la société dépressive,* Paris, Flammarion, 1993 ; Marc Chabot, *En finir avec soi. Les voix du suicide,* Montréal, VLB Éditeur, 1997 ; et les statistiques sur le suicide rapportées dans le journal *Le Devoir* du 31 octobre 2000, p. 1.

2. Jean-François Lyotard, *L'inhumain. Causerie sur le temps,* Paris, Galilée, 1988, p. 11-12.

3. Antoine de Saint-Exupéry, *Le Petit Prince,* in *Œuvres,* Paris, Gallimard, « La Pléiade », 1953, p. 412.

interroger. Les choses perdent alors l'aspect trop évident que leur prêtent malheureusement la familiarité et ce « très grand vice, le vice de la banalité » (Baudelaire). « Il est tout à fait d'un philosophe, ce sentiment : s'étonner. La philosophie n'a point d'autre origine *(archê)* », écrit Platon dans le *Théétète* (155 *d*), énonçant ainsi pour la première fois ce qui deviendra un lieu commun. La tradition authentique ne fut jamais la transmission d'un savoir tout fait, mais bien celle de l'étonnement fondateur dont les anciens Grecs fournissent dans l'histoire l'exemple inégalé : « Vous autres Grecs, vous êtes toujours des enfants : un Grec n'est jamais vieux ! (...) Vous êtes tous jeunes par l'âme », déclare le prêtre égyptien du *Timée* de Platon. « Seul, en effet, l'esprit rajeunit en prenant de l'âge », dira Plutarque[1].

Ludwig Wittgenstein vise la même expérience lorsqu'il écrit dans ses *Investigations philosophiques* : « Les aspects des choses les plus importants pour nous sont cachés en vertu de leur simplicité et de leur familiarité. (On est incapable de remarquer quelque chose, parce qu'on l'a toujours sous les yeux.) Les véritables fondements de sa recherche ne frappent pas du tout l'être humain. À moins que *ce* fait-là ne l'ait une fois frappé. Et cela signifie : que nous manquons d'être frappés par ce qui, une fois vu, est le plus frappant et le plus puissant. »[2] L'émerveillement est au principe de toutes les grandes manifestations de l'humain – l'art, la science, l'éthique, la politique, la philosophie, la religion. Au principe, non pas seulement au sens de début, mais au sens plus profond d'une origine perpétuelle, d'un point de départ indépassable.

Ces histoires dont l'héroïne ou le héros, frappés d'amnésie, ont oublié jusqu'à leur propre nom ressemblent à la nôtre, puisqu'il nous arrive à nous aussi d'oublier notre nom d'êtres humains, d'oublier qui nous sommes, ce que nous sommes, d'oublier que nous avons oublié. Les moments d'émerveillement, d'extase même, l'expérience du beau sous l'une ou l'autre de ses multiples formes, la joie de la découverte, celle de tel ou tel accomplissement, le ou les bonheurs en ce sens, sont autant de rappels de cet oubli. L'art véritable nous aidera à mieux entrevoir « cette réalité loin de laquelle nous vivons, (...) cette réalité que nous risquerions fort de mourir sans avoir connue, et qui est tout

1. Charles Baudelaire, *Salon de 1859*, in *Œuvres complètes*, Paris, Robert Laffont, 1980, p. 753 ; Platon, *Timée*, 22 *b* ; Pseudo-Plutarque, « De l'éducation des enfants », 5 E, *op. cit.*, p. 44 ; sur l'étonnement, outre le *Théétète*, 155 *d*, voir Aristote, *Métaphysique*, A, 2, 982 *b* 12 sq. ; Martin Heidegger, *Qu'est-ce que la philosophie ?*, trad. K. Axelos et J. Beaufret, Paris, Gallimard, 1957, p. 42 sq. ; et notre livre *La nouvelle ignorance et le problème de la culture*, Paris, PUF, 2000, p. 45-47.

2. Ludwig Wittgenstein, *Philosophical Investigations*, I, 129, Oxford, Blackwell, 1953, p. 50.

simplement notre vie »[1]. Car nous ne cessons d'amasser, au-dessus de nos impressions vraies, les traces des buts immédiats qui nous détournent de nous-mêmes, occultant l'édifice immense des vies diverses – intelligence, imagination, mémoire, affectivité – que nous menons parallèlement en notre for intérieur, de manière trop souvent inconsciente, mais auxquelles peuvent nous éveiller fort heureusement, pour commencer, les chefs-d'œuvre de l'art.

L'étonnement désarçonne, déracine, dérange au départ. Il semble faire d'abord de celle ou de celui qui le pratique un être étrange, une sorte d'exilé dans le monde et dans la vie. Dans la mesure où nous sommes capables d'étonnement, nous semblons venir d'une autre planète. « Presque tous les enfants sont des poètes, écrivait Julien Green, c'est-à-dire qu'ils ont souvent un sens assez profond du mystère ; ils sont dans un monde un peu comme des étrangers qui arrivent dans un pays où ils n'avaient jamais mis les pieds, et ils regardent autour d'eux avec beaucoup d'étonnement. (...) Le poète est essentiellement un homme qui a gardé au fond de lui-même le sens du mystère et la faculté de s'étonner. Pour un grand poète, le monde est nouveau chaque matin. »[2] Le monde familier qui avait semblé évident ne l'est plus de la même manière et n'a plus la même validité apparente ; les choses immédiates perdent ce caractère ultime que nous leur accordions faussement et nous voyons le monde comme bien plus profond, plus ample et plus mystérieux. L'étonnement donne à sentir combien est admirable qu'il existe espace, temps, lumière, air, mer et fleur, voire pieds, mains et œil, et peut-être avant tout le « luxe véritable » des relations humaines.

L'émerveillement rend en vérité attentif, offrant un enracinement nouveau, plus profond, qui s'oppose radicalement à la distraction frénétique et superficielle trahissant bien plutôt un désir de se soustraire, de se dérober. Le *voir* de la curiosité en ce dernier sens est à l'opposé de la quête de vérité, de réflexion proprement dite et de contemplation du beau sous ses multiples formes – à vrai dire de toutes les plus hautes possibilités offertes à l'être humain.

L'enfant en chacun de nous a de bonnes chances d'être ce philosophe, cet artiste, ce savant, trop vite étouffé souvent, refoulé par les

1. Marcel Proust, *Le Temps retrouvé,* in *À la recherche du temps perdu,* III, Paris, Robert Laffont, 1987, p. 725.

2. Julien Green, *Le langage et son double,* Paris, Le Seuil, « Points », 1987, p. 211. Cf. G. K. Chesterton : « (...) It may safely be said that the unpardonable sin is being bored. Ennui is, indeed, the great sin, the sin by which the whole universe tends continually to be undervalued and to vanish from the imagination ("A Defence of Bores", in *Lunacy and Letters,* Dorothy Collins (ed.), Londres et New York, Sheed & Ward, 1958, p. 56). »

adultes autour de lui, repoussé par une éducation qui n'a pas voulu honorer ses premières questions, vitales entre toutes la plupart du temps. Sous l'emprise d'une rectitude politique ou une autre, d'un attachement étroit à l'immédiat comme à une valeur ultime, ou d'un affairement perpétuel, on risque de l'emmurer dans une quotidienneté où tout va de soi. Et pourtant, l'existence elle-même va-t-elle de soi ? Le fait de voir ou d'entendre, d'imaginer et de penser, d'aimer, va-t-il de soi ? Rien ne va de soi ni ne peut aller de soi pour qui s'arrête à réfléchir. Le monde où nous sommes est extraordinaire – extraordinairement beau – et l'humain encore davantage, ainsi que ne laissent pas d'en témoigner les grands artistes qui tentent sans cesse de le créer à neuf comme pour mieux nous le faire éprouver et pressentir à la fois. Et « le beau *est* ce qui rend heureux »[1].

La métaphore de « Mozart assassiné » qui clôt *Terre des hommes* pour résumer les effets d'une culture pourrie, n'est pas excessive, puisqu'il s'agit de ce qui fait sens, donne le goût de vivre une vie humaine, du désir de dépassement, de la soif d'apprendre, de comprendre, de contempler. Tuer l'émerveillement est tuer ce que nous avons chacune et chacun de plus déterminant en nous et de meilleur : le souffle même de vie qui donne sens ou à tout le moins permet d'en chercher un, et qui est l'esprit. Aussi doit-on se préoccuper au plus haut point de la culture et ne pas se leurrer : une culture dominée par la distraction et l'insignifiance, par des savoirs fragmentaires ignorants de leurs limites et par la techno-science, empêche l'accès à soi-même, au devenir proprement humain[2].

2 / L'AMOUR

Il ne s'agit pas d'idéaliser l'enfance en une sorte de paradis perdu ou de lui inventer des qualités qu'elle n'a pas. Mais remontons un instant à la figure d'origine dont l'enfant tire sa vie. Déjà lui-même est tout autre que sa mère, puisqu'il est issu de son père autant que d'elle – mieux : de leur amour et de leur donation mutuelle, dans la meil-

1. « Und das Schöne ist eben das, was glücklich macht » (Ludwig Wittgenstein, *Notebooks 1914-1916*, edited by G. H. von Wright and G. E. M. Anscombe, Oxford, Blackwell, 1961, p. 86 ; *Carnets 1914-1916*, trad. G.-G. Granger, Paris, Gallimard, 1971).

2. Nous avons développé ce thème dans *La nouvelle ignorance et le problème de la culture*, *op. cit.*

leure des hypothèses. Il croît toutefois en sa mère et à partir de son intimité la plus intime. « Cette unité dans l'amour se maintient même lorsque le visage de la mère sourit à distance à l'enfant. »[1] Celui-ci reconnaîtra un jour dans le visage de sa mère son amour rassurant et y répondra de son premier sourire. Or il importe de prendre vivement conscience de ce qui se produit ainsi une première fois dans ce « miracle » du sourire.

Dans *Lettre à un otage,* Antoine de Saint-Exupéry raconte comment, au cours d'un reportage sur la guerre civile en Espagne, il a été fait prisonnier par des miliciens anarchistes. L'ennui, l'angoisse et un dégoût profond devant l'absurde de sa situation s'effacèrent à la suite d'un « miracle très discret », suscité pas sa quête d'une cigarette auprès d'un de ses geôliers, en ébauchant un vague sourire. « L'homme s'étira d'abord, passa lentement la main sur son front, leva les yeux dans la direction, non plus de ma cravate, mais de mon visage et, à ma grande stupéfaction, ébaucha, lui aussi, un sourire. Ce fut comme le lever du jour. Ce miracle ne dénoua pas le drame, il l'effaça, tout simplement, comme la lumière, l'ombre. Aucun drame n'avait plus eu lieu. Ce miracle ne modifia rien qui fût visible. La mauvaise lampe à pétrole, une table aux papiers épars, les hommes adossés au mur, la couleur des objets, l'odeur, tout persista. Mais toute chose fut transformée dans sa substance même. Ce sourire me délivrait. C'était un signe aussi définitif, aussi évident dans ses conséquences prochaines, aussi irréversible que l'apparition du soleil. Il ouvrait une ère neuve. Rien n'avait changé, tout avait changé. (...) Les hommes non plus n'avaient pas bougé, mais, alors qu'ils m'apparaissaient une seconde plus tôt comme plus éloignés de moi qu'une espèce antédiluvienne, voici qu'ils naissaient à une vie proche. J'éprouvais une extraordinaire sensation de présence. C'est bien ça : de présence ! Et je sentais ma parenté. »

Plus loin, Saint-Exupéry ajoute : « J'entrai dans leur sourire à tous comme dans un pays neuf et libre. J'entrai dans leur sourire comme autrefois dans le sourire de nos sauveteurs du Sahara. (...) Du sourire des sauveteurs, si j'étais naufragé, du sourire des naufragés, si j'étais sauveteur, je me souviens aussi comme d'une patrie où je me sentais tellement heureux. Le plaisir véritable est plaisir de convive. Le sauvetage n'était que l'occasion de ce plaisir. L'eau n'a point le pouvoir d'enchanter, si elle n'est d'abord cadeau de la bonne volonté des hom-

1. Hans Urs von Balthasar, *Si vous ne devenez comme un enfant,* trad. Jean-Louis Schlegel, Paris, Desclée de Brouwer, 1989, p. 21.

mes. Les soins accordés au malade, l'accueil offert au proscrit, le pardon même ne valent que grâce au sourire qui éclaire la fête. Nous nous rejoignons dans le sourire au-dessus des langages, des castes, des partis. »[1]

Ce que Saint-Exupéry appelle « cette qualité de la joie » révèle la dimension la plus profonde de notre être : par-delà les langages, les castes et les partis, par-delà toutes les différences, se découvre une solidarité humaine fondamentale. Qu'est-ce à dire ?

Revenons au premier sourire de l'enfant. *Incipe, parve puer, risu cognoscere matrem* (Virgile). L'amour, commencement de tout, est compris, l'amour entre toi et moi. L'enfant s'étonne naturellement de tout : de l'existence de sa mère aimante en passant à sa propre existence et de ces deux figures de l'existence à toutes les figures du monde que nous évoquions plus haut. Mais cet étonnement a sa source dans l'étonnement infiniment plus profond devant l'amour même.

Le visage suscite un respect étonné devant la liberté étrangère, devant le fait qu'on ne puisse accéder autrement que par l'amour à cette liberté. Dans les commencements de la relation amoureuse au temps de l'adolescence, l'étonnement primitif s'éveille à neuf comme la première fois. Et plus tard, l'étonnement rempli de respect devant le ou la partenaire qui se donne demeurera toujours vivant au sein des routines de la vie commune. Celle ou celui qui est aimé peut se trouver plus à l'aise dans le cœur de l'autre que dans le sien propre, où il se sent, en comparaison, à l'étroit.

Toutes les attitudes originelles de l'enfance naissent au sein de l'échange d'amour entre la mère et l'enfant – « que l'on embrasse avant de s'endormir et qui résume le monde » (Saint-Exupéry). L'enfant veut partager parce qu'il a lui-même fait l'expérience du partage du don. À vrai dire, entre le donateur et le don, il n'a pas à faire de distinction, parce qu'au sein de sa mère, mais aussi dans tout ce qu'il reçoit par ailleurs, lui et elle ne font qu'un. Si, dans sa faiblesse, l'enfant a droit à des soins, seul l'amour peut y répondre pleinement. Ce droit va donc au-delà de la dimension juridique et n'est satisfait qu'à travers un libre don que l'enfant ne réalise que dans le lien d'amour très concret à ses parents. Toute désunion ne peut qu'ouvrir des plaies dans son cœur. C'est dire à quel point notre monde originel

1. Antoine de Saint-Exupéry, « Lettre à un otage », IV, in *Œuvres,* Paris, Gallimard, « La Pléiade », 1953, p. 401-402.

est intérieurement menacé, par une peur qui peut frapper jusqu'au fond du cœur, un peu comme pour un enfant qui, dans la cohue, se sent brusquement abandonné et sans recours[1].

3 / LE PROGRÈS DU TEMPS

L'enfant a de multiples rapports privilégiés au temps.

Il *a* le temps, ne sait rien des échéances, vit l'instant dans sa plénitude, ne s'effraie nullement de son caractère éphémère, le savoure entièrement.

Cependant il a aussi rapport au temps en un tout autre sens, marqué déjà par Héraclite : « Le Temps *(aiôn)* est un enfant qui joue en déplaçant les pions : la royauté d'un enfant. » Comme l'explique excellemment Marcel Conche, « (...) L'*aiôn* est le Temps en tant qu'il est gros du Destin, c'est-à-dire le Temps considéré dans ce qu'il signifie pour ce qui est dans le temps, donc le Temps pris relativement à tout ce qui devient, le temps comme essence intime du devenir. Il s'agit donc, en définitive, de la nature du devenir. Le devenir est un enfant qui joue. (...) L'enfant est *basileus,* parce que, comme le roi chez Homère, il est toujours le plus fort – cela de par sa nature inflexible (il est le Temps). »[2]

Aristote faisait remarquer, de son côté, que les jeunes sont pleins d'espoir, qu'ils sont magnanimes, préfèrent le beau à l'utilitaire et aiment rire. Ils ont en effet le sens du gratuit et du noble, aspirant à de grandes choses, ayant soif d'idéal. Or la magnanimité, ou grandeur d'âme, que Descartes redéfinira sous le nom de générosité, était déjà pour Aristote « le joyau de toutes les vertus », permettant de décider à

1. Virgile, *Bucoliques,* IV, 60, qu'on peut traduire : « Commence, petit enfant, à reconnaître ta mère à son sourire » (trad. E. de Saint-Denis, Paris, Les Belles Lettres, 1949) ; Antoine de Saint-Exupéry, « Citadelle », in *Œuvres, op. cit.,* p. 513. Cf. Hans Urs von Balthasar, *op. cit.,* dont nous nous inspirons ici. Pour d'autres perspectives sur le « premier sourire » de l'enfant, voir Boris Cyrulnik, *La naissance du sens,* Paris, Hachette, 1995, « Pluriel », 2001, p. 84-90, et le remarquable chapitre, « Das erste Lächeln des Kindes », *in* F. J. J. Buytendijk, *Das Menschliche, Wege zu seinem Verständnis,* Stuttgart, K. F. Koehler Verlag, 1958, p. 101-118, repris dans *Phenomenology + Pedagogy,* vol. 6, n° 1, p. 15-24.

2. Héraclite, *in* H. Diels et W. Kranz, *Die Fragmente der Vorsokratiker,* Berlin, Weidmannsche Verlagsbuchhandlung, 1952 (désormais DK), 22 B 52 ; cf. Héraclite, *Fragments,* texte établi, traduit, commenté par Marcel Conche, Paris, PUF, 1986, p. 449. On sait que *basileus* signifie « roi ». Faut-il ajouter qu'il s'agit dès lors de l'exact contraire de l'enfant-roi que dénonce la psychologie de l'éducation, auquel on enlève malheureusement, à toutes fins pratiques, cette dimension si essentielle du devenir ?

tout moment en faveur des actions les plus nobles. Essentiellement tournée vers l'avenir, comme le sont tout naturellement les jeunes eux-mêmes, elle implique donc l'espérance[1].

Nous parlions plus haut de l'émerveillement qui se découvre au principe de toutes les grandes manifestations de l'humain proprement dit. Or il y a un aspect de l'émerveillement qu'on ne saurait trop marquer et qui a un rapport direct au temps, quoique différent de ceux que nous venons de relever. Celles et ceux qui s'étonnent véritablement partent pour un long voyage, puisqu'ils persistent à chercher. La littérature depuis l'*Odyssée* d'Homère est remplie de figures humaines symboliques en quête de ce qu'elles ne possèdent *pas encore*. De plus, l'émerveillement est source de joie, la joie de celles ou de ceux qui s'étonnent étant le *commencement* de quelque chose, l'éveil d'une âme alerte devant l'inconnu. « Manquer la joie, c'est tout manquer », répétait William James citant R. L. Stevenson[2]. L'émerveillement révèle lui aussi une espérance. Sa structure même est celle de l'espérance, caractéristique du philosophe, mais aussi de l'existence humaine elle-même. Nous humains sommes essentiellement *viatores* : voyageurs, pèlerins, « en route », il ne nous semble jamais être encore là, parvenus au terme. Seuls peuvent éprouver l'émerveillement ceux qui pressentent qu'ils ne savent *pas encore*. Nous semblons voyager ainsi sur une route sans fin. Le paradoxe est à la fois le caractère profondément humain de cette quête et qu'elle puisse rendre la vie à ce point digne d'être vécue.

Dans sa première lettre à Lucilius, Sénèque constatait : « Rien, Lucilius, ne nous appartient ; seul le temps est à nous. » C'est un cadeau tel, ajoute-t-il, que « le plus reconnaissant des hommes ne pourrait le rendre ». C'est bien ce que l'enfant nous révèle : la gratuité mais aussi le sens du temps. Le temps vécu en sa plénitude, le temps de l'effort, le temps comme essence intime du devenir, le temps structuré par l'espérance, par le *pas encore* inhérent à l'émerveillement, transfiguré par le désir de comprendre et par l'amour avant tout, dans lesquels se découvre la soif de l'éternel. Serait-ce là ce que le poète entend par « Time's thievish progress to eternity »[3] ?

1. Cf. Aristote, *Rhétorique*, II, chap. 12 ; *Éthique à Nicomaque*, IV, chap. 7 et 8 ; Descartes, *Les Passions de l'âme*, art. 149-161.

2. William James, « On a Certain Blindness in Human Beings », in *Talks to Teachers on Psychology and to Students on Some of Life's Ideals*, New York, Dover Publications, 1962, p. 118.

3. Sénèque, *Lettres à Lucilius*, livre premier, lettre 1, trad. Henri Noblot revue par Paul Veyne, Paris, Robert Laffont, « Bouquins », 1993, p. 603-604 ; Shakespeare, sonnet 77, v. 8 : « le progrès furtif du temps vers l'éternité ».

Mais il est une autre dimension du temps qui ne concerne pas moins l'enfant de manière essentielle. Il s'agit du passage d'une génération à l'autre, de la transmission de l'héritage humain.

Saint-Exupéry remarque dans *Terre des hommes* que ce qui se transmet de génération en génération, « avec le lent progrès d'une croissance d'arbre », c'est la vie mais c'est aussi la conscience. « Quelle mystérieuse ascension ! D'une lave en fusion, d'une pâte d'étoile, d'une cellule vivante germée par miracle nous sommes issus, et, peu à peu, nous nous sommes élevés jusqu'à écrire des cantates et à peser des voies lactées. » La mère n'a point seulement transmis la vie, elle a enseigné un langage, et confié « ce petit lot de traditions, de concepts et de mythes qui constitue toute la différence qui sépare Newton ou Shakespeare de la brute des cavernes ». Dans *Citadelle* la même préoccupation s'affirme à maintes reprises. Les mots, si grands qu'ils soient, ne suffisent pas. « Ainsi du domaine qui appelle l'amour (...) dont le trésor intérieur ne se transmet point par la parole mais par l'affiliation de l'amour. Et d'amour en amour ils se lèguent cet héritage. Mais si vous rompez le contact une seule fois de génération en génération alors meurt cet amour. »

L'image qui s'impose, ici encore, est celle de l'arbre. On a « oublié que l'humanité dans sa démarche est celle de l'arbre qui croît et se continue de l'un à travers l'autre comme la puissance de l'arbre dure à travers ses nœuds et ses torsades et la division de ses branches. (...) Mais si tu sépares les générations c'est comme si tu voulais recommencer l'homme lui-même dans le milieu de sa vie et, ayant effacé de lui tout ce qu'il savait, sentait, comprenait, désirait, craignait, remplacer cette somme de connaissances devenues chair par les maigres formules tirées d'un livre, ayant supprimé toute la sève qui montait à travers le tronc et ne transmettant plus rien aux hommes que ce qui est susceptible de se codifier ». Dans une autre page de *Citadelle,* l'image de l'arbre est associée au temps et à l'enfant. « Qui voit croître l'enfant dans l'instant ? Personne. Ce sont ceux qui viennent d'ailleurs qui disent : “Comme il a grandi !” Mais la mère ni le père ne l'ont vu grandir. Il est devenu, dans le temps. Et il était à chaque instant ce qu'il devait être. » Pour comprendre un arbre, il faut du temps : peu à peu il se révèle. « Comme l'homme doit baigner dans l'air, comme la carpe doit baigner dans l'eau, l'arbre doit baigner dans la clarté. Car planté dans la terre par ses racines, planté dans les astres par ses branchages il est le chemin de l'échange entre les étoiles et nous. » À vrai dire, ajoute

Saint-Exupéry plus loin, « l'enfant n'est que celui qui te prend par la main pour t'enseigner »[1].

Voilà qui implique tout le contraire de l'enfant-roi, d'un jeune arbre dont on ferait en somme tout pour enrayer la croissance, sous le prétexte absurde qu'il est beau, voire riche en promesses. Rien de plus désespérant que l'enfermement dans les premiers âges de la vie, en cette sorte d'enfance puis d'adolescence interminable qui domine de nos jours l'imaginaire médiatique, et contribue à tant de suicides chez nos jeunes. Kundera l'a bien rendu : « Mourir, décider de mourir ; c'est beaucoup plus facile pour un adolescent que pour un adulte. Quoi ? La mort ne prive-t-elle pas l'adolescent d'une part d'avenir beaucoup plus grande ? Certes, mais pour un jeune l'avenir est une chose lointaine, abstraite, irréelle, à laquelle il ne croit pas vraiment (...) L'avenir ne l'intéressait pas ; (...) elle désirait annihiler l'avenir. » Sans projet véritable, sans dépassement ni maturation, sans une liberté adulte à l'horizon, sans autre espoir que l'éternel retour d'une jeunesse souvent pénible (à vingt ans surtout) – contrairement au mensonge mortifère qui fait la fortune des empires du jour (pub et mass media) – pourquoi vivre ? Le rôle du père et de la mère, d'enseignants adultes, est, on le voit, capital[2].

4 / L'ÉDUCATION DES ENFANTS : DISTINCTIONS INITIALES

Les Anciens comme les Modernes ont d'emblée accordé la toute première importance à l'éducation des enfants. Le remarquable essai attribué à Plutarque, *De l'éducation des enfants,* si souvent publié et republié au cours de l'histoire, a joué un rôle fondamental à la Renaissance. Les distinctions initiales, désormais familières à tous, entre « nature » *(phusis),* « raison » *(logos),* et « habitude » *(ethos),* de même que l'accent sur l'« acquisition de connaissances » *(mathêsis)* et sur l'« exercice », ou « entraînement » *(askêsis),* remontent aux Présocratiques et, expressément, à Protagoras ; Cicéron les avaient présen-

1. Respectivement, *Terre des hommes,* op. cit., p. 178 ; *Citadelle, op. cit.,* p. 544, 584, 701. « Qui donc, aujourd'hui, peut révéler les chemins normaux qu'emprunte la croissance psychique de l'être humain, sinon l'enfant lui-même », écrit avec raison Maria Montessori (*La formation de l'homme,* trad. Michel Valois, préface de Renilde Montessori, Paris, Desclée de Brouwer, 1996, p. 28-29).

2. Milan Kundera, *L'ignorance,* Paris, Gallimard, 2003, p. 100. Voir Tony Anatrella, *Interminables adolescences. Les 12-30 ans,* Paris, 1988 ; *La différence interdite. Sexualité, éducation, violence,* Paris, Flammarion, 1998 ; *La liberté détruite,* Paris, Flammarion, 2001.

tées à neuf s'agissant de la *cultura animi,* puis elles furent reprises en bloc, plus tard, par les éducateurs modernes.

Particulièrement frappante est l'insistance sur le rôle de l'habitude et de l'exercice comme moyen d'éducation, qui est un lieu commun de toutes les écoles hellénistiques après Platon. « Le caractère *(êthos)* est une habitude qui se prolonge » (2 F - 3 A), déclare Plutarque, à la suite d'Aristote (*Éthique à Nicomaque,* II, 1, 1103 *a* 17-18). Trois choses sont essentielles à l'éducation morale comme à l'enseignement des arts et des sciences : la nature *(phusis),* la raison *(logos),* l'habitude *(ethos).* Car sans l'apprentissage, la nature est aveugle, dit-il, cependant que l'apprentissage sans la nature est imparfait, et la pratique sans les deux ne donne rien. L'analogie est celle de l'agriculture : il y faut un bon sol (la nature humaine), un bon cultivateur (l'éducateur), de la bonne semence (les conseils, l'exemple et l'instruction transmise par le verbe oral).

Quand les trois conditions sont remplies le résultat est extraordinaire. Pour peu qu'une nature moins douée reçoive le soin, l'instruction, et l'entraînement qu'il faut, ses lacunes naturelles peuvent être compensées en partie. Cependant que la nature la plus riche est gaspillée quand on la néglige. C'est pourquoi l'art de l'éducation est indispensable. Ce qu'on peut tirer de la nature par l'effort devient plus fort que la nature elle-même. Un bon sol est stérile s'il n'est pas retourné et cultivé – voire meilleur il est, pire il deviendra : négligée, une terre « retourne à la friche et, plus grandes sont ses qualités naturelles, plus elle s'abîme si par négligence on la laisse inculte » (2 C - 3 B). L'exercice physique et l'entraînement des animaux prouvent que la nature peut être éduquée. L'important est de commencer au bon moment. Le meilleur moment, c'est l'enfance, quand la nature est souple, « plastique » (*euplaston,* 3 E), et absorbe bien, pour le conserver ensuite, ce qu'elle reçoit[1]. Aristote avait insisté sur l'importance majeure de contracter dès la plus tendre enfance telle ou

1. Cf. Werner Jaeger, *Paideia. The Ideals of Greek Culture,* translated by Gilbert Highet, Oxford University Press (1939), 2e éd., 1986, I, p. 311-314 ; Plutarque (ou pseudo-Plutarque), *De liberis educandis,* 2 A 3 B, *op. cit.,* p. 35-38, et Notes complémentaires, p. 147-148 ; Protagoras, DK 80 B 3 ; Platon, *Protagoras,* 320 *c* sq. ; Cicéron, *Tusculanes,* II, 4, 13. Pour *euplaston,* cf. Platon, *République,* II, 377 *b* et la note correspondante de Georges Leroux : « Tout le vocabulaire platonicien de l'éducation est influencé par cette image de la plasticité de l'âme, où former signifie d'abord façonner, modeler (377 *c* : *plattein tas psuchas*). Dans la jeunesse, l'empreinte est ineffaçable et immuable (*duséknipta te kai ametastata,* 378 *e* 1) » (Platon, *République,* trad. et présentation par Georges Leroux, Paris, GF-Flammarion, 2002, p. 561). Autour du thème nature/culture en rapport avec l'éducation, cf. en outre l'étude fouillée de Jacques Ulmann, *La nature et l'éducation,* Paris, Klincksieck, 1987.

telle habitude, donnant raison à Héraclite d'avoir fortement marqué la difficulté de la vertu[1].

Locke aura de belles pages sur ce même point : « même des impressions légères [écrit-il], presque insensibles, quand elles ont été reçues dès la plus tendre enfance, ont des conséquences importantes et durables » et « il en est de ces premières impressions comme des sources de certaines rivières : il suffit à la main de l'homme d'un petit effort pour détourner leurs dociles eaux en différents canaux qui la dirigent dans des sens opposés : de sorte que, selon la direction qui leur a été imprimée dans leur source, ces rivières suivent différents cours et finissent par aboutir dans des contrées fort éloignées les unes des autres ». Kant et Fichte auront, un siècle plus tard, des formules célèbres : « L'homme ne devient homme que par l'éducation » (Kant) ; « Tous les individus doivent nécessairement être éduqués à être des hommes, faute de quoi ils ne deviendraient pas des hommes » (Fichte) ; propre à l'humanité est cette « capacité d'être formé », ou, selon le terme de Rousseau, sa « perfectibilité »[2].

On a le sentiment de réentendre Plutarque et les autres, aussi bien, dans cette page de Victor Hugo : « Quand l'ortie est jeune, la feuille est un légume excellent ; quand elle vieillit, elle a des filaments et des fibres comme le chanvre et le lin. La toile d'ortie vaut la toile de chanvre. Hachée, l'ortie est bonne pour la volaille ; broyée elle est bonne pour les bêtes à cornes. La graine de l'ortie mêlée au fourrage donne du luisant au poil des animaux ; la racine mêlée au sel produit une belle couleur jaune. C'est, du reste, un excellent foin qu'on peut faucher deux fois. Et que faut-il à l'ortie ? Peu de terre, nul soin, nulle culture. Seulement la graine tombe à mesure qu'elle mûrit, et est difficile à récolter. Voilà tout. Avec quelque peine qu'on prendrait, l'ortie

1. Aristote, *Éthique à Nicomaque,* II, 1, 1103 *b* 23-25 et II, 2, 1105 *a* 7-10 ; Héraclite, DK 22 B 85 : Aristote renvoie à ce propos d'Héraclite à deux autres reprises : *Éthique à Eudème,* II, 7, 1221 *b* 3, et *Politique,* V, 11, 1315 *a* 30 ; voir Marcel Conche, Héraclite, *Fragments, op. cit.,* p. 353 : « La leçon héraclitéenne est claire : il est difficile de combattre le *thymos* lorsqu'il se déploie en colère vigoureuse ; il faut donc le maîtriser et le contrôler avant, lorsqu'il est encore à l'état virtuel (le « cœur », siège ou principe) ».

2. John Locke, *Quelques pensées sur l'éducation,* trad. par G. Compayré, Paris, Vrin, 1992, p. 27 ; Kant, *Réflexions sur l'éducation,* trad. A. Philonenko, Paris, Vrin, 1966, p. 71 ; Fichte, *Fondement du droit naturel,* trad. Alain Renaut, Paris, PUF, 1985, p. 55 (cités d'après Alain Renaut, *La libération des enfants. Contribution philosophique à une histoire de l'enfance,* Paris, Calmann-Lévy, 2002, p. 197-198 ; voir les développements qui suivent d'Alain Renaut, sur Locke, Comenius, Kant et Fichte ; de même que ses pages sur Rousseau, p. 281 sq.). Il est remarquable que Comenius, désigné par Michelet comme « le Galilée de l'éducation », ait insisté sur la civilisation des humains, dès la petite enfance, et sur l'importance à cet égard des sens ; voir Alain Renaut, *loc. cit.,* p. 199, n. 8, qui renvoie à O. Cauly, *Comenius,* Paris, Le Félin, 1995, et Jean Bédard, *Comenius. Ou l'art sacré de l'éducation,* Paris, J.-C. Lattès, 2003.

serait utile ; on la néglige, elle devient nuisible. Alors on la tue. Que d'hommes ressemblent à l'ortie ! – Il ajouta après un silence : Mes amis, retenez ceci, il n'y a ni mauvaises herbes ni mauvais hommes. Il n'y a que de mauvais cultivateurs. »[1]

5 / SENS DES SENS

Mais voyons ce qu'il en est aujourd'hui, où ce qui semble préoccuper avant tout les parents, c'est l'intelligence. Que puis-je faire, demandent-ils, en vue du développement intellectuel de mon enfant ? Or les neurosciences confirment ce que l'expérience commune avait depuis longtemps pressenti : par-delà les déterminismes du génome humain, le développement du cerveau et de l'esprit dépend en grande part de la première éducation. Parler aux enfants, leur chanter des chansons, les caresser, éveiller leur attention visuelle, leur donner des jouets de formes et couleurs diverses, tout cela contribue de manière indispensable à façonner jusqu'à leur cerveau. Plus est grande la diversité des stimulations sensorielles, mieux se construiront « les innombrables circuits neuronaux qui sous-tendent l'épanouissement de la vie mentale » (Christian de Duve). Priver l'enfant au niveau sensoriel enraye son développement psychique[2].

Le développement des sens commence en réalité dès le fœtus et se poursuit chez le nouveau-né ; déjà le fœtus est sensible au sûr, à l'amer et au sucré, voire aux odeurs, de l'ail par exemple ; le nouveau-né discerne d'emblée entre les visages et les objets, préférant du reste les visages ; en quelques heures à peine il se sera constitué une représentation du visage de sa mère, dont il saura vite imiter les mimiques faciales[3]. « Ce que nous voyons dans le berceau, c'est le plus grand esprit qui ait jamais existé, la plus puissante machine à apprendre dans l'univers. »[4]

1. Victor Hugo, *Les Misérables,* Première partie : « Fantine », livre cinquième, III, Paris, Gallimard, « La Pléiade », 1976, p. 172.

2. Cf. Christian de Duve, *Poussière de vie. Une histoire du vivant,* traduit de l'anglais par Anne Bucher et Jean-Matthieu Luccioni, Paris, Fayard, 1996, p. 40. La plasticité du cerveau dans sa phase de développement est « fantastique », écrit l'auteur.

3. Voir Lise Eliot, *Early Intelligence. How the Brain and Mind Develop in the First Five Years of Life,* Londres, Penguin Books, 1999 ; et Alison Gopnik, Andrew Meltzoff et Patricia Kuhl, *How Babies Think. The Science of Childhood,* Londres, Phoenix, 2001.

4. « What we see in the crib is the greatest mind that has ever existed, the most powerful learning machine in the universe » (Susan Carey, « Being creative in the cradle », in *TLS,* 27 octobre 2000, p. 8-9).

Un jeune enfant peut être à l'aise en trois ou quatre langues (les circonstances propices aidant, certes) ; il est en vérité apte à mille autres prodiges d'apprentissage. La plasticité neuronale est inversement proportionnelle à l'âge et commence à diminuer vers 10 ou 11 ans[1].

Le cerveau humain possède environ 100 milliards de neurones (ou cellules nerveuses), et le cerveau du bébé contient déjà la plupart de ces neurones. Ces neurones croîtront, mais ce qui change surtout ce sont les circuits reliant ces cellules entre elles, dont la complexité dépend de l'activité et de l'expérience. On est en mesure aujourd'hui d'examiner de près les cellules du cerveau dès les débuts de leur développement dans l'embryon. Bien avant la naissance, les cellules du cerveau envoient des signaux les unes aux autres. Après la naissance, sous le flot d'informations provenant de tous les organes des sens, elles continuent de tenter d'établir des connexions entre elles. C'est ainsi que se constituent les synapses, c'est-à-dire les connexions entre axones et dendrites. Le nombre de synapses (mesuré indirectement par l'énergie dépensée, le métabolisme du glucose dans le cerveau) donne une idée approximative des progrès du cerveau d'un bébé. Or ce qu'on sait maintenant, c'est que les cerveaux des enfants sont beaucoup plus occupés que les nôtres. À trois mois les zones du cerveau impliquées dans la vision, l'audition et le toucher consomment une quantité croissante de glucose, qui atteint le niveau pleinement adulte vers deux ans. Le cerveau d'un enfant de trois ans est deux fois plus actif que le cerveau d'un adulte. « À la naissance, chaque neurone du cortex cérébral possède environ 2 500 synapses. Le nombre de synapses atteint son sommet à l'âge de deux ou trois ans, où il y a à peu près 15 000 synapses par neurone » – beaucoup plus, en somme, que dans un cerveau adulte ; après quoi le nombre de synapses va diminuant tout au long de la vie. « Les enfants au stade préscolaire ont des cerveaux qui sont littéralement plus actifs, plus connectés, et beaucoup plus flexibles que les nôtres. »[2]

Le sens du toucher mérite une mention toute spéciale, car il joue un rôle particulièrement puissant dans le développement d'ensemble du cerveau. Il semble désormais bien établi que l'expérience du toucher est essentielle au développement cognitif tout entier, et point seulement à celui de la sensibilité tactile. « Tout ce qui augmente la diversité des stimulations du toucher chez un bébé est susceptible

1. Voir Lewis Thomas, *The Fragile Species,* New York, Macmillan, 1992, p. 62-63, et Claude Hagège, *L'enfant aux deux langues,* Paris, Odile Jacob, 1996.

2. Alison Gopnik, Andrew Meltzoff et Patricia Kuhl, *How Babies Think, op. cit.,* p. 186 ; cf. p. 183-186, que nous résumons ici.

d'améliorer un grand nombre d'aspects du développement cérébral et mental. » Le toucher est le tout premier sens qui se manifeste. Les embryons d'à peine cinq semaines et demie après la conception éprouvent le toucher aux lèvres et au nez, puis cette sensibilité tactile s'étend rapidement au reste du corps ; à la douzième semaine la surface quasiment entière du corps réagit au toucher. Pendant longtemps toutefois, elle demeure plus grande dans le visage ; même à l'âge de cinq ans, le toucher des enfants sera plus sensible au visage qu'aux mains[1].

C'est, on le sait, en vertu de la finesse de notre toucher et, par voie de conséquence, du goût – nullement par l'acuité de nos yeux ou de nos oreilles, encore moins par celle de notre odorat – que nous excellons parmi les animaux. Cette finesse du toucher est en relation directe avec l'intelligence[2]. L'exemple insigne est ici, bien entendu, celui de la main. « L'esclave enrichit son maître [écrit magnifiquement Valéry], et ne se borne pas à lui obéir. Il suffit pour démontrer cette réciprocité de services de considérer que notre vocabulaire le plus abstrait est peuplé de termes qui sont indispensables à l'intelligence, mais qui n'ont pu lui être fournis que par les actes ou les fonctions les plus simples de la main. *Mettre* ; – *prendre* ;– *saisir* ; – *placer* ; – *tenir* ; – *poser,* et voilà : *synthèse, thèse, hypothèse, supposition, compréhension... Addition* se rapporte à donner, comme *multiplication* et *complexité* à plier. » À quoi se joint « cette assurance singulière » qu'engendre en nous la sensation de toucher : le « réaliste » veut autant que possible toucher, palper[3].

Le toucher donne la perception de soi, du corps propre comme subsistant par soi et distinct des autres, un jusqu'en ses parties – ma main, par exemple, comme m'appartenant. Sens ainsi de la substance il est aussi sens de l'intériorité. Si merveilleuse qu'elle soit, la vue ne dépasse la surface des choses qu'à la condition qu'elles soient transparentes. Le toucher permet, quant à lui, de les pénétrer en quelque sorte, tout en percevant leur surface. Il fournit l'impression d'espace rempli, comme lorsqu'on plonge sa main dans un bol d'eau, il perçoit les battements du cœur, ausculte, sonde. Le plus passif des sens – c'est à lui qu'est liée la douleur physique – le toucher est le sens de l'expérience, et partant celui de la sympathie (*sympatheia* signifie

1. Cf. Lise Eliot, *Early Intelligence, op. cit.,* p. 129-144 ; la phrase citée est à la p. 129.

2. Voir Aristote, *De Anima,* II, 9, 421 *a* 18-26 ; sur la main : III, 8, 432 *a* 1-3 et *Les parties des animaux,* 687 *a* 6-687 *b* 5 ; et aujourd'hui, André Leroi-Gourhan, *Le geste et la parole,* Paris, Albin Michel, 1964, vol. 1, p. 40-89.

3. Paul Valéry, « Discours aux chirurgiens », in *Œuvres,* I, Paris, Gallimard, « La Pléiade », 1957, p. 907-923 ; cf. « Inspirations méditerranéennes », *ibid.,* p. 1093-1094.

« pâtir avec », « participer à la souffrance de »). Nous en tirons les notions de « tact », de « doigté ». « Être touché », c'est la sensibilité même. L'être humain tout entier participe d'une dépendance foncière par rapport à ce sens modeste, nocturne, confus, « tâtonnant ». Le sens du goût, dont l'acuité est liée à celle du toucher, n'est rien moins que le sens de la sagesse – *sapientia,* « sagesse » renvoie à *sapere,* « goûter » – parce qu'il est celui d'un ordre et d'une distinction intimement éprouvés : d'où « le sel de la sagesse ».

6 / AFFECTIVITÉ ET INTELLIGENCE

À ce qui précède s'ajoute la loi universelle, dès longtemps observée et combien fondamentale (encore que trop souvent oubliée), selon laquelle ce qui est connu en premier lieu est « toujours ce que nous affectionnons davantage ». On ne saurait exagérer à cet égard l'impact affectif du toucher, du contact tendre et amoureux, qui devrait être encore plus évident que son impact sur le développement cognitif. Étant donné que le toucher, plus que tout autre sens, influe si directement sur le cerveau des jeunes enfants, il est clair qu'il offre le meilleur moyen de favoriser leur premier épanouissement à la fois affectif et intellectuel[1].

Il y a donc lieu de mettre vivement en question la négligence dont sont victimes tant d'enfants au tout début de leurs vies. Lewis Thomas a raison d'y insister : « Ce que nous ne cessons d'oublier, c'est le stupéfiant, énorme, unique pouvoir du cerveau d'un jeune enfant, sans équivalent plus tard dans la vie, pour *apprendre.* » L'expérience qui dépasse toutes les autres en importance dans le façonnement de l'esprit d'un jeune enfant est celle de l'affection et du respect prodigués par les parents, les mères tout particulièrement. Quand elle lui manque, qu'elle lui a été retirée, la société a intérêt, pour elle-même et pour son propre avenir, à trouver des solutions de remplacement. Les problèmes éducatifs gigantesques de nos sociétés iront de cul-de-sac en cul-de-sac si nous ne parvenons pas à trouver le moyen d'assurer à l'enfant cette affection et ce respect, nuit et jour, dès l'époque préscolaire et bien avant la maternelle. Faute de quoi les réformes les plus essentielles aux

1. Aristote, *Politique* VII, 17, 1336 *b* 30-33 ; cf. Lise Eliot, *loc. cit.*, p. 144. Nous avons consacré de longues pages au toucher et à la main dans notre livre *De la dignité humaine,* Paris, PUF, 1995 ; « Quadrige », 2002, p. 105-113.

différents niveaux du monde éducatif sont appelées à demeurer nulles et non avenues pour des générations de jeunes que ces carences auront livrés à l'évasion dans les drogues dures et douces et les formes les plus désespérées de violences[1].

Dans le best-seller *Emotional Intelligence,* Daniel Coleman entendait relever ce qu'il appelait « le défi d'Aristote » : il est facile de se mettre en colère ; mais la colère envers les personnes qui le méritent, pour des choses qui en valent la peine, de la façon qui convient, au moment et aussi longtemps qu'il faut, voilà qui est au contraire difficile. Le vrai défi, conclut-il, est celui de la conduite intelligente de la vie émotionnelle. L'effet d'une révélation inattendue qu'a pu avoir cette réaffirmation, montre à quel point on avait pu se laisser duper par une aberration pourtant évidente : la notion que le quotient intellectuel soit quelque chose de mesurable et auquel on puisse réduire, de surcroît, quelqu'un. Il faut redécouvrir, dit l'auteur, ce que les Grecs savaient déjà si bien : l'importance des émotions, des passions. Loin d'éliminer les passions, comme l'ont voulu certains, les vertus disciplinent les passions, lesquelles s'avèrent des dynamismes indispensables pour l'action, pour la connaissance, l'épanouissement humain, le bonheur.

Sans toutes les gammes de l'affectivité, la vie humaine ne serait plus. Il est remarquable de constater la présence de l'être aimé dans l'émotion jusqu'en ses manifestations physiologiques. Elle constitue un registre beaucoup plus subtil que le sens, comparable à un piano résumant tout un orchestre, à une langue infiniment riche sous des apparences modestes. Il est tout à fait étonnant que l'émotion puisse appréhender et faire pratiquement « sentir » ce qui n'est pas – par exemple un danger qui n'est pas encore présent : ainsi la crainte et l'angoisse rendent-elles présent le néant de la mort – ou ce qui dépasse le sens : ainsi la joie devant la beauté, ou la vérité. Or de telles émotions s'emparent alors de notre être entier.

1. Cf. Lewis Thomas, *The Fragile Species, op. cit.,* p. 63-64 ; l'auteur remarque, en outre : « Young children possess minds that are fabulously skilled at all sorts of feats beyond mere language. They have receptors wired in for receiving the whole world ; they are biologically specialized for learning. But if they are deprived, in their earliest years, of an environment in which learning can be stimulated, they may pass through those years and emerge with quite different minds. Not stupid or mindless, mind you, just different, with a skewed concept of the world and its arrangements ». Voir Marie-Louise Martinez, *Vers la réduction de la violence à l'école,* Paris, Presses Universitaires du Septentrion, 1996 ; Wouter van Haaften, Thomas Wren, Agnes Tellings (eds), *Moral Sensibilities and Education,* 2 vol., Bemmel, Concorde Publishing House, 1999-2000, en particulier, Carolyn Zahn-Waxler et Paul D. Hastings, *Development of Empathy : Adaptive and Maladaptive Patterns, in* vol. I, p. 37-59 ; Andrée Ruffo, *Les enfants de l'indifférence : il suffit pourtant d'un regard,* préface d'Alice Miller, collab. de Michèle Morel, Québec, Éditions de l'Homme, 1993.

Jonathan Lear fait également intervenir Aristote sur l'effet des passions. On lit dans la *Rhétorique* de ce dernier que « les choses n'apparaissent pas les mêmes à qui aime ou qui hait, à qui éprouve de la colère ou est dans un habitus de calme ; ou bien elles paraissent tout à fait différentes, ou d'une importance différente ; celui qui aime trouve que celui qu'il doit juger n'est pas coupable ou l'est peu ; celui qui hait juge de façon opposée ; il paraît à celui qui désire et espère, si ce qui doit arriver est agréable, que cela arrivera et sera bon ; pour l'homme indifférent ou de mauvaise humeur c'est le contraire ». Bref, « les passions sont les causes qui font varier les hommes dans leurs jugements et ont pour conséquences la peine et le plaisir, comme la colère, la pitié, la crainte, et toutes les autres émotions de ce genre, ainsi que leurs contraires ». La colère, par exemple, apparaît comme une certaine orientation vers le monde. Lear donne l'exemple de l'hostilité d'un garçon à l'égard de son père dont la présence frustre ses désirs. Plus qu'une orientation, l'émotion comporte sa propre justification. Le garçon est fâché *parce que* son père contrecarre ses désirs. L'émotion est une structure qui prétend de la sorte à sa propre rationalité, portant au monde de la conscience une orientation jusqu'alors inconsciente. Alice Miller a bien montré comment, à force d'empêcher l'enfant de manifester ses émotions, on lui enlève toute volonté personnelle. En détachant l'homme de ses sentiments, on l'empêche d'être lui-même[1].

Or le manque de confiance en soi est la pire des infirmités pour la vie à venir, de l'esprit comme du cœur. L'image de soi résulte en majeure partie de la reconnaissance, ou de l'absence de reconnaissance, par autrui. L'enfant est forcément dépendant au départ, et ignorant. Mais il faut en outre que cette confiance en soi trouve une base rationnelle. Le jeune doit pouvoir découvrir ce qu'il sait le mieux faire, quels sont ses véritables talents, ne pas se laisser trop vite convaincre qu'il n'est pas apte à ceci ou cela. Un échec ne saurait suf-

1. Daniel Coleman, *Emotional Intelligence,* New York, Bantam Books, 1995, p. IX, XIV, 269 et *passim* ; cf. Aristote, *Éthique à Nicomaque,* IV, 11, 1125 *b* 26 - 1126 *b* 10 ; il s'agit de la *praotês,* la douceur ; Jonathan Lear, *Love and its Place in Nature,* New York, Farrar, Strauss & Giroux, 1990, p. 47 sq. ; Aristote, *Rhétorique,* II, 1, 1377 *b* 31-1378 *a* 5 ; et 1378 *a* 19-22 ; trad. M. Dufour légèrement modifiée ; Alice Miller, *C'est pour ton bien. Racines de la violence dans l'éducation des enfants,* Paris, Aubier-Montaigne, 1984 ; *Le drame de l'enfant doué. À la recherche du vrai soi* (1979), trad. B. Dezler et Jeanne Étoré, Paris, PUF, 1983 ; sur les enfants doués, voir, d'autre part, Sophie Pelletier, Bruce M. Shore, *The Gifted Learner, the Novice, and the Expert : Sharpening Emerging Views of Giftedness,* in *Creative Intelligence. Toward Theoretic Integration,* ed. by Don Ambrose, Leo-Nora M. Cohen, Abraham J. Tannenbaum, Creskill, New Jersey, Hampton Press, Inc., 2003, p. 237-281 ; voir en outre Catherine Meyer, *L'affectivité en éducation. Pour une pensée de la sensibilité,* Québec, Presses de l'Université Laval, 2002.

fire à le décourager. Par exemple en mathématiques où la faute est si fréquemment due à un mauvais enseignement. Un éducateur de valeur peut ici réparer les méfaits d'un autre. De même l'effort répété peut parvenir à corriger la source de l'échec, et une première réussite provoquer de nouveaux départs. « Il n'y a point d'expérience qui élève mieux un homme que la découverte d'un plaisir supérieur, qu'il aurait toujours ignoré s'il n'avait point pris d'abord un peu de peine. »[1]

La culture narcissique dans laquelle nous sommes, en faisant éprouver des besoins qui ne sont pas nôtres, nous éloigne de nos véritables besoins et de nos véritables désirs, dont dépend notre bonheur. Seule la satisfaction des désirs réels, de nos désirs les plus profonds pour commencer, peut rendre heureux. Stephen Vizinczey a relevé avec talent à quel point « notre bonheur dépend de nos sentiments réels, et non, comme on le suppose couramment, de notre situation ». La réponse toute faite est en vérité « l'un des grands problèmes de nos vies : nous nous *attendons* continuellement à réagir d'une manière prédéfinie ». Une tension permanente « écartèle notre conscience entre nos réactions prévisibles et celles que nous éprouvons dans la réalité »[2].

Dans *La conscience affective,* Ferdinand Alquié avançait que « (...) dans l'affectif, l'être pour la première fois, semble se manifester de manière irrécusable et directe. Dans ce cas, en effet, l'être à atteindre n'est autre que celui que nous sommes pour nous-mêmes ». Il est un domaine où « la conscience affective atteint une certitude supérieure à celle de la science », où la conscience intellectuelle « n'atteint pas à une évidence comparable à la sienne ». Il est aisé de constater en effet que la conscience affective offre un « savoir indéniable, irréfutable », car elle n'est pas le savoir d'un objet, lequel peut toujours être mis en doute, par la science notamment, qui ne le détermine que par approximations et rectifications successives. « De telles approximations et rectifications se retrouvent dans les sciences de l'homme quand elles traitent de l'angoisse ou de l'amour. Mais elles ne sauraient avoir place dans l'expérience directe de nos sentiments ; la conscience y atteint une sorte d'absolu. » Les sentiments que j'éprouve – plaisir, douleur, joie – demeurent irréfutables, en tant du moins

1. Alain, *Propos sur l'éducation,* Paris, PUF, « Quadrige », 1986, p. 15.

2. Stephen Vizinczey, *Vérités et mensonges en littérature,* traduit de l'anglais par Philippe Babo et Marie-Claude Peugeot, Paris, Éditions du Rocher, 2001, p. 51-52 ; une des « grandeurs caractéristiques » de l'œuvre de Stendhal, romancier en qui Freud voyait un « génie de la psychologie », est de nous faire toucher du doigt cette tension. Cf. Christopher Lasch, *The Culture of Narcissism,* New York, Norton, 1979.

qu'ils sont éprouvés. « Je souffre, j'ai peur, j'éprouve du plaisir. Ma douleur est douleur, mon souci est souci, ma joie est joie. Et ces états existent comme j'existe moi-même. Nous voici devant la suprême évidence. »[1]

L'affectivité a beau être cette dimension la plus fondamentale de notre être, qui nous engage tout entiers, elle n'en demeure pas moins indéterminée au départ de la vie, comme l'est aussi l'intelligence. Cette indétermination initiale de ces deux aspects les plus essentiels de notre être humain nous distingue, de façon radicale, des autres animaux. Toute éducation responsable doit par suite tenir compte de cette indétermination avant toute chose, à commencer par celle de l'affectivité, comme on le verra dans la suite[2].

L'intelligence apparaît dans l'appréhension des signes, de tout ce qui fait sens, et en la recherche de sens. Dans un essai intitulé *Les nourrices,* le philosophe français Alain attirait l'attention sur le fait, insuffisamment observé, qu'en réalité « le monde paraît à travers les signes. L'apparence toujours nous trompe, et c'est par ce mouvement de dépasser l'apparence que quelque chose apparaît ». Les premières expériences ne sont en effet pas faites par l'enfant lui-même. « Il est porté avant de marcher ; on lui présente des objets avant qu'il puisse s'instruire. Il est dans l'ordre que l'enfant ait peur du feu avant de savoir qu'il brûle, et peur de la porte de la cave avant de savoir qu'il y peut tomber. L'expérience enfantine a d'abord pour objet des signes ; la première connaissance d'un objet est l'imitation d'un signe et d'une suite de signes. La première connexion entre feu et brûlure est entre le mot feu et le mouvement de se retirer, détourner ou protéger. Le feu lui-même n'y est d'abord pour rien. (...) Il est clair que l'enfant périrait par l'expérience avant de s'instruire par l'expérience ; et cela est vrai de nous tous. C'est pourquoi la plupart des dangers nous effraient peu au premier moment ; au lieu que la peur sur un visage effraie le plus brave ; et presque personne ne résiste à un mouvement de terreur panique. » Non seulement, ajoute Alain, allons-nous « à la chose déjà tout pourvus de signes, on dirait presque armés de signes », mais « tout notre travail de recherche est à vérifier des signes ; et c'est l'inflexion imprimée au signe par la chose, c'est cela que nous appelons idée. On remarque que celui qui manie les choses seulement, et en

1. Ferdinand Alquié, *La conscience affective,* Paris, Vrin, 1979, p. 174-175, 176 ; cf. Jean-Luc Marion, *L'être et l'affection. À propos de « La conscience affective » de F. Alquié,* in *Archives de philosophie,* 43, 1980, p. 433-441.

2. Sur ces thèmes, voir notre livre, *La nouvelle ignorance et le problème de la culture,* Paris, PUF, 2000, 2001.

quelque sorte sans leur parler, n'a pas d'idées ». Penser se définit « par cette lutte entre les signes et la nature des choses »[1].

Certes, comme l'a bien dit Rousseau, « le premier langage de l'homme, le langage le plus universel, le plus énergique, et le seul dont il eut besoin avant qu'il fallut persuader des hommes assemblés, est le cri de la Nature ». Après l'enveloppe du sein maternel, et avant ce monde humain de signes dont sa frêle existence dépend, le premier rapport de l'être humain n'est toujours pas un rapport aux choses. « De ces pleurs qu'on croirait si peu dignes d'attention naît le premier rapport de l'homme à tout ce qui l'environne : ici se forge le premier anneau de cette longue chaîne dont l'ordre social est formé. »[2]

Bref, non seulement l'être humain connaît-il des signes avant de connaître les choses, mais il aura usé de signes avant de « savoir ». De signes naturels en effet d'abord, qui font connaître d'eux-mêmes quelque chose d'autre, sans institution ou convention préliminaire, comme ceux de la voix ou du visage qui permettent de discerner les sentiments de tristesse, d'irritation ou de joie, par exemple. Mais la nécessité de signes institués s'impose vite par la suite. Aussi rien ne peut-il remplacer l'école. « La sévérité propre à l'école est qu'elle rabat tous les signes naturels », disait encore Alain. La pure nature ne saurait suffire à l'être humain, qu'elle rendrait captif. C'est, comme l'a excellemment résumé Danièle Sallenave, par le secours éminent de la langue écrite, de la littérature, que l'enfant acquerra ces « moyens de penser, d'organiser, de réfléchir, de construire et d'apprendre que donne un usage élevé, complexe, de sa langue ». La richesse fondamentale d'une langue est « qu'elle permet de penser : et on ne pense pas avec des mots, on pense avec des phrases ». Apprendre sa propre langue, c'est « accéder au langage, donc à la pensée », apprendre, en somme, à penser « en commun, dans la communauté des hommes ». On le voit du fait qu'il est impossible d'agir dans le monde social ou d'y transformer sa situation si on est incapable de penser correctement « dans une langue complexe et correcte ». L'accès à la langue littéraire décuple, démultiplie les possibilités d'expression, de pensée et de logique[3].

1. Alain, « Les Nourrices », in *Les Passions et la sagesse,* Paris, Gallimard, « La Pléiade », 1960, p. 153-154.

2. Jean-Jacques Rousseau, respectivement le *Discours sur l'origine et le fondement de l'inégalité parmi les hommes* (1755), Paris, Gallimard, 1969 ; « Folio », 1985, p. 78 ; et *Émile, ou De l'éducation* (1762), livre I, Paris, Gallimard, 1969 ; « Folio », 1995, p. 122.

3. Danièle Sallenave, *Lettres mortes,* Paris, Michalon, 1995, p. 132-143. Voir d'autre part les développements profonds de A. N. Whitehead dans *Symbolism, its Meaning and Effect,* New York, Capricorn, Macmillan, 1927.

C'est aux enseignants que revient à cet égard la formation de base, qui ne peut se réaliser qu'au contact de la pensée d'auteurs divers et de connaissances authentiques aussi variées que possible. Le but est toujours la formation du jugement, d'une culture propre à chacun des enfants concernés. Maria Montessori a bien marqué l'importance de donner à l'enfant de l'espace, et les moyens de « dilater sa personnalité », en suscitant chez lui des centres d'intérêt situés au-delà de ce que font les autres, sinon il s'appauvrit en restant trop proche de nous. Seuls les pauvres se disputent pour un bout de pain. Les riches, eux, sont attirés par toutes les possibilités que leur offre le monde. La jalousie et la compétition sont le signe d'un « développement mental insuffisant », d'une vision trop restreinte. L'éducation doit « agrandir » l'horizon et faire porter l'intérêt « au-delà d'un immédiat limité et clos. C'est la petitesse de l'objet à conquérir qui suscite la jalousie et la lutte ; un vaste espace donne d'autres sentiments, capables de motiver pour tout ce qui permet aux hommes d'avancer dans le sens du progrès ».

C'est donc une « éducation d'"immensité" » qui s'impose. « Agrandir le monde » où l'enfant s'ennuie doit être la première démarche, « le libérer des chaînes qui l'empêchent d'avancer », en mettant à sa portée « de multiples centres d'intérêts satisfaisant les tendances les plus profondes enfouies dans son psychisme ». Il s'agit de « l'inviter à conquérir l'illimité au lieu de réprimer son désir d'obtenir ce que ses voisins possèdent »[1].

Or l'imagination est le moyen par excellence d'élargir le monde vécu, de « l'ouvrir sur des possibles, de se représenter l'espace-temps au-delà du local et du ponctuel ». L'activité imaginative est infinie, elle « n'a jamais de fin, parce que l'image se dérobe à l'objectivation, à l'inventaire, à l'arraisonnement ». Grâce à l'imagination nous pouvons faire « l'expérience de l'autre, de l'ailleurs, de l'illimité, et, en fin de compte, du sacré », comme l'écrit Jean-Jacques Wunenburger. C'est elle, entre autres, qui « régit la relation ludique au monde », celle du jeu qui crée d'autres mondes et permet d'échapper aux seules conditions empiriques[2].

Le jeu est une expérience fondamentale de l'être humain, sans laquelle il ne saurait y avoir de culture ni d'éducation véritable. « On

1. Maria Montessori, *La formation de l'homme*, trad. Michel Valois, préface de Renilde Montessori, Paris, Desclée de Brouwer, 1996, p. 54-55.

2. Jean-Jacques Wunenburger, *La « Bildung » ou l'imagination dans l'éducation*, in *Éducation et philosophie*, dans *Écrits en l'honneur d'Olivier Reboul* (sous la dir. de Renée Bouveresse), Paris, PUF, 1993, p. 59-69.

plaisante, parce qu'on désire contempler », déclarait avec profondeur Plotin. « D'ailleurs, ajoutait-il, les enfants comme les adultes, qu'ils badinent ou qu'ils soient sérieux, semblent bien n'avoir d'autre but que la contemplation. » Le jeu nous introduit à un univers séparé, avec ses règles propres, qui met entre parenthèses les règles du monde « sérieux », et met aussi entre parenthèses le temps de la vie sociale courante. Il crée ainsi une enclave dans le monde de la vie ordinaire et sa chronologie. On fait dans le jeu l'expérience du neuf et de la répétition, de la réciprocité et de l'interactivité, de l'action et de la passion, de l'empathie, de la gratuité et du risque, d'une prise de distance essentielle par rapport à soi-même. « Il est clair, écrit Gadamer, que le va-et-vient fait si essentiellement partie du jeu, qu'il est absolument impossible, en fin de compte, de jouer tout seul (...). Il doit toujours y avoir un élément distinct du joueur, avec quoi il puisse jouer, et qui riposte spontanément à l'initiative du joueur (...). La popularité immortelle du jeu de balle se fonde sur la totale mobilité de la balle, qui tire pour ainsi dire d'elle-même toute la surprise du jeu. » Gadamer insiste aussi à juste titre sur le fait que « jouer » c'est toujours « être joué » : « L'attrait du jeu, la fascination qu'il exerce consistent justement dans le fait que le jeu s'empare de celui qui joue (...). Le véritable sujet n'est pas le joueur, mais le jeu lui-même. » Bien plus, « celui qui joue éprouve le jeu comme une réalité qui le dépasse ». Son but ultime semble bien être la joie, ce que corrobore le fait que le temps y revêt une allure d'éternité. Selon le mot profond de Nietzsche, toute joie veut l'éternité[1].

Ce qui fait totalement défaut à l'animal, et même aux singes les plus humanisés, observe Buytendijk, « c'est le *sourire,* expression d'une gaieté intérieure et contenue, réponse de l'enfant humain qui retrouve sa mère (...). Dans les rapports du jeu, *Gua* et *Viki* [deux chimpanzés] ont parfois ricané à l'enfant toujours de la même manière ; mais

1. Plotin, *De la nature, de la contemplation et de l'Un,* 1, in *Ennéades,* III, 8 [30], trad. Émile Bréhier, Paris, Les Belles Lettres, 1925. p. 154 ; Hans-Georg Gadamer, *Vérité et méthode,* trad. Étienne Sacre, revue et complétée par Pierre Fruchon, Jean Grondin et Gilbert Merlio, Paris, Le Seuil, 1996, p. 121 sq. (spécialement p. 123-124 et 127) ; cf. Nietzsche : « Alle Lust will Ewigkeit – will tiefe, tiefe Ewigkeit » (Nietzsche, *Also sprach Zarathustra,* III, *Das andere Tanzlied,* 3) : « Toute joie veut l'éternité – veut la profonde, profonde éternité. » Sur le jeu, les études fondamentales sont : J. Huizinga, *Homo ludens. Essai sur la fonction sociale du jeu,* traduit du néerlandais par Cécile Seresia, Paris, Gallimard, 1988, et F. J. J. Buytendijk, *Das menschliche Spielen,* H.-G. Gadamer, P. Vogler, Hrsg., in *Kulturanthropologie, Neue Anthropologie,* Band 4, Frankfurt am Main, DTV, 1973, p. 88-122 ; F. J. J. Buytendijk, *A propos du jeu humain,* in *L'Évolution psychiatrique,* janvier-mars, 1956, p. 63-67 ; et F. J. J. Buytendijk, *Wesen und Sinn des Spiels,* Reprint Edition, New York, Arno Press, 1976. Voir aussi Peter Berger, *A Rumor of Angels. Modern Society and the Rediscovery of the Supernatural,* New York, Doubleday, Anchor Books, 1970, p. 57 sq.

l'enfant sourit et rit de différentes façons, parce que, le sens de l'objectivation s'étant éveillé en lui, il reconnaît aux situations de nouvelles significations, multiples et ambivalentes ». À mesure que la liberté de l'enfant grandit, il peut (déjà très tôt) *« faire comme si »,* déplacer un cube comme si c'était un train, un chien, un avion. « Il découvre, invente ces imitations de la structure dynamique des événements et des activités. Par ces découvertes, le petit enfant peut *rendre présent* le vécu. Il ne le peut pas encore dans la forme purement symbolique du langage mais déjà dans le schéma visible des mouvements. L'animal peut percevoir une analogie, et même celle de structures dynamiques ; il ne peut les représenter. C'est pourquoi le chimpanzé ne peut dessiner, il ne peut que gribouiller. »[1] Feindre, en d'autres termes, c'est représenter, ce qui implique un dépassement des sens et la saisie de rapports qui leur sont inaccessibles. Dans le génie de la fiction, dans le fameux mensonge des poètes plus tard, dans le jeu de l'acteur, « le paradoxe du comédien » (Diderot), on voit apparaître un propre de l'homme : entendre le vrai sous le faux, ordonner des choses à en signifier d'autres, à la condition, certes, qu'elles soient feintes ; on voit apparaître et se développer la raison.

Platon insistait sur la formation des goûts et des répugnances dès avant l'éveil de la raison dans l'enfance, grâce à l'appréciation du beau dans les arts, la musique en particulier (nous y reviendrons plus loin), et recommandait de « fournir à chacun de petits outils qui imitent les vrais », de sorte que, par les jeux l'on puisse « tourner les goûts et les désirs des enfants vers le but qu'ils doivent avoir atteint à l'âge adulte ». L'essentiel de l'éducation *(kephalaion paideias)* « consiste en la formation régulière qui, par le jeu, amènera le mieux possible l'âme de l'enfant à aimer ce en quoi il lui faudra, une fois devenu homme, être aussi achevé qu'il convient ». La primauté doit être donnée à une formation complète, celle du *pepaideumenos* (« cultivé ») par opposition à l'*apaideuton* (« l'inculte » – que cela n'empêche pas de réussir dans un métier particulier, tel celui d'aubergiste ou d'armateur) ; elle doit être accordée à la formation à la vertu, à l'éveil du « désir passionné » *(epithumêtên kai erastên)* de devenir un citoyen accompli et juste. Seule cette formation-là mérite le nom d'éducation *(paideia).* « Disons que les hommes élevés comme il faut deviennent ordinairement bons et qu'il ne faut en aucun cas mésestimer l'éducation, car elle est à l'origine des plus grands biens qui puissent arriver aux meilleurs des hommes ; et si

1. F. J. J. Buytendijk, *L'homme et l'animal. Essai de psychologie comparée,* trad. Rémi Laureillard, Paris, Gallimard, 1965 ; « Idées », 1970, p. 136.

jamais elle dévie, la redresser si possible, voilà ce que tout homme doit faire sans répit, sa vie durant, selon la mesure de ses forces. » Le défi est de trouver pour notre temps l'équivalent au *pepaideumenos,* à « l'être humain cultivé » au sens de l'être de jugement, mis en valeur tout particulièrement par Aristote, à la suite de Platon[1].

D'autre part, le lien, si fortement marqué par les Grecs, Platon et Aristote en tête, entre l'éducation et le politique, de même que leur accent sur la formation de l'humain complet et sur la formation morale, rappelle l'extraordinaire importance que les diverses sociétés « confucéennes » (et bien d'autres) attachent tout autant à l'éducation. Comme l'écrit Simon Leys : « Confucius a établi un lien durable et décisif entre *éducation* et *pouvoir politique.* » Qui plus est : « L'éducation confucéenne était offerte à tous, indifféremment : riches et pauvres, aristocrates et roturiers. Son objet était avant tout moral : les accomplissements intellectuels n'étaient qu'un moyen pour assurer le progrès spirituel de l'étudiant. Une confiance optimiste attribuait une sorte d'omnipotence à l'éducation (...). L'éducation confucéenne était avant tout humaniste et universaliste. Comme le Maître le disait, "un honnête homme n'est pas un pot" (ou aussi "un honnête homme n'est pas un instrument") : sa capacité ne doit pas avoir une limite spécifique, ni son emploi une aire d'application étroite. L'important n'est pas d'accumuler une information technique, ni d'acquérir une compétence spécialisée, mais bien de développer son humanité. L'éducation ne relève pas du domaine de l'avoir, mais de l'être. »[2] Les sagesses orientale et occidentale se rejoignent parfaitement sur l'essentiel, ici comme ailleurs, on le voit.

7 / SENS COMMUN ET SAGESSE DU CORPS

John Saul a rappelé, avec beaucoup d'à-propos, l'importance du « sens commun », expression aux acceptions multiples, comme nous le

1. Platon, *Les Lois,* I, 643 *b* - 644 *b,* trad. E. des Places, Paris, Les Belles Lettres, 1951 (légèrement modifiée). Cf. Platon, *République,* II, 366 *c* 6-7 ; III, 401 *c* 402 *a* ; *Lois,* II, 653 *b* 4, *c* 2 ; 654 *c* 7, *d* 2 ; 656 *b* 2-3 ; 660 *a* 3 ; III, 689 *a* 5-7 ; VI, 751 *d* 1-2 ; 752 *c* 3-4 ; Aristote, *Politique,* VII, 13-15, 1331 *b* 24 - 1334 *b* 28 ; 17, 1336 *a* 28 - 1337 *a* 7 ; VIII, 1-7, 1337 *a* 11 - 1342 *b* 34. Sur le *pepaideumenos* comme celui qui est apte à bien juger *(krinein),* voir Aristote, *De Partibus Animalium,* I, 1, 639 *a* 1 sq., et *Politique,* III, 11, 1282 *a* 3-7 (cf. en outre Richard Bodéüs, *Le philosophe et la Cité,* Paris, Les Belles Lettres, 1982, p. 194-214).

2. Simon Leys, *L'ange et le cachalot,* Paris, Le Seuil, 1998, p. 28-29.

verrons[1]. Concentrons-nous toutefois d'abord sur la toute première de ces acceptions. Il s'agit, en fait, de ce qu'Aristote – qui fut le premier à le définir – décrit comme « le principe qui sert à tout percevoir » (*De somno,* 455 *b* 10). Il faut en effet rendre compte du fait qu'en percevant nous percevons que nous percevons (sans quoi il n'y aurait pas à proprement parler de perception), et que nous discernons d'emblée entre des sensibles de genres très différents. Le lien avec le « sens commun » entendu comme « sens du réel » s'explique du fait que nos sens en éveil nous révèlent tous ensemble « la réalité du monde » et chaque chose dans sa singularité. Le sens commun nous permet de nous situer dans le monde d'autant mieux que, grâce à lui, un « “je sens que je vois” accompagne toute perception visuelle, etc. ». Aristote énonce clairement cet « accompagnement » : « Il y a aussi une certaine faculté commune *(koinê dunamis)* qui accompagne tous les sens, par laquelle on sent que l'on voit et que l'on entend, car ce n'est certes point par la vue que l'on voit qu'on voit, et ce n'est ni par le goût, ni par la vue, ni par les deux ensemble, que l'on juge et est capable de juger que ce qui est doux est autre que ce qui est blanc, mais c'est par une certaine partie commune à tous les organes sensoriels, car il y a un seul sens, et l'organe sensoriel principal est un, l'être de chaque espèce de sens étant différent, par exemple celui du son et celui de la couleur (...) » (*De somno,* 455 *a* 15-22).

Dans le sens commun on découvre une « instance intentionnelle et active qui, par-delà la réceptivité passive des différents sens, vise la chose en et pour elle-même, la chose dans sa réalité indépendante de nous, le sensible dit *par accident* ». Autant dire que « c'est du sens du réel qu'il y va, de l'accès aux choses réelles du monde, de la réalité de ce que nous livre la perception ». Sans l'unité de notre pouvoir perceptif, nous ne saurions pas discerner entre le jaune et le doux, certes, mais nous serions en outre incapables de rapporter ces qualités à une chose, puisque alors leur présence conjointe nous échapperait. « Soumis à divers flux de sensations, sans liens entre eux, nous serions aux prises avec un pur désordre sensible, sans moyen de jamais l'organiser, de jamais y découvrir le moindre repère. Il n'y aurait tout simplement

1. Cf. Danielle Lories, *Le sens commun et le jugement du phronimos. Aristote et les stoïciens,* Louvain-la-Neuve, Éditions Peeters, 1998 ; nos considérations relatives au sens commun en ses différentes acceptions doivent beaucoup à cette étude ; et John Saul, *Vers l'équilibre,* trad. Jean-Luc Fidel, Paris, Payot, 2003, p. 29-73 et *passim* ; il nous semble qu'il faut lire ces pages comme prolongeant en outre le combat essentiel mené par cet auteur – depuis son grand ouvrage, *Les Bâtards de Voltaire* – contre les méfaits de la raison abstraite et des idéologies.

pas pour nous de monde car aucune chose ne se découperait jamais sur le fond du pur divers de la sensation. »[1]

Les sensibles « propres » sont, dans le langage d'Aristote, ceux qui appartiennent à un seul sens, ainsi la couleur (ils correspondent aux *secondary qualities* chez Locke et ses successeurs) ; les sensibles « communs » (*primary qualities* chez Locke), sont, en revanche, accessibles à plus d'un sens – l'aveugle de naissance n'a pas l'expérience de la couleur, mais il a celle de la forme ou figure, du nombre, du mouvement, de l'unité, de la grandeur, grâce au toucher notamment. Mais n'est pas moins accessible au sens pourtant, insiste Aristote, cet homme-ci, le fils de Cléon. Certes il est vrai qu'il est contingent pour ce blanc-ci dans ma vue d'être le fils de Cléon (aussi Aristote qualifiait-il cet ordre de perception de « sensible par accident »), mais le blanc n'est pas moins invariablement perçu, dans l'expérience ordinaire, comme appartenant à quelque chose.

Bref, « ce sont des choses que nous percevons, et ce toujours et à chaque fois, et non des qualités abstraites ou isolées », souligne avec raison Danielle Lories. C'est même là « le fait de base de la perception ». De plus, ce n'est pas la vue, ni même la faculté sensitive, mais « bien nous qui percevons la chose, le sensible par accident ».

L'accent sur la faculté de juger inhérente à toute sensation est patent chez Aristote :

« Chaque sens s'exerce donc sur le sensible qui est son objet propre, réside dans l'organe sensoriel comme tel et juge des différences du sensible qu'il a pour objet : pour le blanc et le noir, ce sens est la vue ; pour le doux et l'amer, le goût. De même en va-t-il pour les autres sens. Mais puisque nous jugeons aussi du blanc et du doux et de chaque sensible par rapport à chacun des autres, c'est par un principe quelconque que nous sentons leurs différences. Il faut bien que ce soit par un sens, puisqu'il s'agit de sensibles. (...) Il n'est pas possible non plus de juger par des sens différents que le doux diffère du blanc : c'est un seul sens qui doit connaître clairement l'un et l'autre. (...) En fait c'est un seul principe qui doit énoncer cette différence (...) » (*De anima,* III, 2, 426 *b* 8-21, trad. Barbotin).

Voilà qui implique nécessairement que ces sensibles – le doux et le blanc, par exemple – soient saisis simultanément (426 *b* 28). Un même principe indivisible doit donc les saisir l'un et l'autre dans un même instant indivisible (cf. *De anima,* 426 *b* 22-31). Mais comment,

1. Cf. Danielle Lories, *op. cit.*, p. 70-72, 74-82, 87-88, 106.

demande Aristote, est-ce possible ? Sa réponse : le principe judicatif, « le sens qui saisit les différences en cause », est « un et indivisible, mais pourtant pluriel dans son être », à la manière du point (427 *a* 10-11) qui, tout en demeurant un et indivisible, peut servir deux fois : comme principe mais aussi comme terme de mouvements contraires. Les textes (*De anima,* III, 2, 426 *a* 8-427 *a* 14 ; *De sensu,* 445 *a* 5-10 ; 14-20 ; *De somno,* 455 *a* 12 *b* - 13) le démontrent bien, les sens apparaissent comme autant de « lignes convergentes unies dans une même faculté perceptive générale ». La conscience de soi qu'Aristote associe à la perception est au reste perception que l'on *est* (cf. p. 107-108 et *De sensu,* 448 *a* 26-30)[1].

Aristote insiste que le sens commun est tout spécialement lié au toucher (*De somno,* 455 *a* 22-26), le sens fondamental qui seul se trouve chez tous les animaux (sans lequel d'ailleurs ils ne seraient pas en état de vivre), mais qui « atteint chez l'homme un très haut degré d'acuité *(akribestatên)* » et pour lequel « il les surpasse tous de loin en acuité. Aussi est-il le plus intelligent des animaux » (*De anima,* II, 9, 421 *a* 18-23, trad. Barbotin). Nous l'avons rappelé plus haut, l'être humain doit au toucher d'être l'animal doté de la plus grande sensibilité. Or, comme l'a fort bien expliqué Rémi Brague, « sans toucher, il n'y a pas de présence au monde ». S'il est le sens par excellence de l'éveil, du contact avec le monde, c'est qu'il « traduit une réciprocité véritable : je touche l'objet, et l'objet me touche, au sens où nous sommes en contact l'un avec l'autre. Et cette réciprocité ne vaut que pour le toucher, puisque l'on ne peut dire en aucun sens que l'objet que je vois me voit à son tour, que l'objet que j'entends m'entend, etc. ». Mais il y a plus encore. « Dans le toucher, percevoir un objet et *se* percevoir soi-même ne sont pas séparés ; ils sont même la condition l'un de l'autre. Le sens du toucher est de la sorte un analogue privilégié de l'intellect (...) Il est donc normal qu'Aristote utilise le toucher comme métaphore privilégiée de l'activité de l'intellect. »[2]

Le sommeil est l'enchaînement (*desmos : De somno,* 454 *a* 32, *b* 10 sq., 25-27) de la sensation, avant tout du sens commun, affectant d'abord le toucher, notre présence aux choses et leur présence à nous.

1. Cf. Danielle Lories, *op. cit.*, p. 79-108. Voir aujourd'hui les observations fascinantes de Oliver Sacks, *The Mind's Eye. What the blind see,* in *The New Yorker,* 28 juillet 2003, p. 48-59 ; et dans *An Anthropolgist on Mars,* Londres, Picador, 1995.

2. Rémi Brague, *Aristote et la question du monde,* Paris, PUF, 1988, p. 258-261 ; 369-373, renvoyant à *Mét.,* Thêta (IX), 10, 1951 *b* 24 ; L, 7, 1072 *b* 21. Un des mérites de ce travail remarquable de Brague aura été de démontrer de manière définitive la place centrale de la notion d'éveil chez Aristote, dès le *Protreptique.*

« Mais c'est la veille qui est la fin. Car sentir et penser sont la fin de tous les êtres qui possèdent l'un ou l'autre. Ils sont en effet ce qu'il y a de meilleur et le meilleur c'est la fin » (455 *b* 22-25). On voit ainsi à nouveau le lien entre le sens commun et l'éveil au monde, et, du même coup, la place centrale de la faculté de juger dans la perception même[1].

Mais on voit aussi, plus clairement encore, nous semble-t-il, la pertinence des travaux récents sur la « sagesse du corps », à une époque pourtant de « régression du corps », accusée par un mode de vie de plus en plus mécanisé. Dans les excellents termes de Gabor Csepregi, faisant référence à Merleau-Ponty, « le corps est tout autre chose qu'un objet extérieur qu'on puisse manipuler à son gré. Tel le cœur dans l'organisme, il est la source d'un dynamisme irréductible et autonome dont l'inventivité est indispensable pour les multiples rapports que nous entretenons avec autrui et avec le monde »[2]. Une spontanéité créatrice se manifeste chez l'athlète qui découvre d'emblée, en jouant, le geste qu'il fallait poser, chez l'artiste dont les mains créent comme si elles pensaient elles-mêmes, voire en certains gestes de la vie ordinaire où notre corps semble précéder toute réflexion. Il y a une « sagacité de l'habitude », qui s'applique aussi à l'habileté corporelle, grâce à laquelle « chaque fois que nous ripostons à une situation neuve nous trouvons en nous des ressources étonnantes auxquelles le plus sage est de nous y confier »[3].

Comment éduquer, entraîner le corps ? Aristote remarquait que les Laconiens « aboutissent à faire des brutes avec leurs exercices épuisants, sous prétexte que cela est le plus utile pour former au courage », but trop exclusif qu'ils n'atteignaient du reste pas du tout. On voit « le courage accompagner, non la pire sauvagerie, mais plutôt des mœurs

1. Cf. en outre *De generatione animalium,* V, 2, 781 *b* 17-19 : « Pour la finesse des perceptions à distance, c'est l'homme qui, eu égard à sa taille, est le moins bien doué des animaux. Au contraire, il perçoit mieux que tous les différences » (trad. Pierre Louis). Aristote établit aussitôt, ici encore, un lien entre cette faculté de discernement et la finesse de la peau. Sur cette dernière, sur la finesse du toucher et l'intelligence, cf. *De sensu,* 4, 441 *a* 2 ; *De historia animalium,* I, 15, 494 *b* 17 ; *De partibus animalium,* II, 16, 660 *a* 12 sq. ; et surtout *De anima,* II, 9, 421 *a* 19-26. À rapprocher bien entendu des réflexions sur la main – où cette peau est la plus elle-même – qui est « l'instrument des instruments » (*De partibus animalium,* IV, 10, 687 *a* 21). Aristote compare l'âme humaine à la main, qui en incarne l'universalité et l'infinité (cf. *ibid.,* 687 *b* 4 sq. ; *De anima* III, 8, 432 *a* sq.). Sur tout cela, voir les développements de Rémi Brague, *op. cit.,* p. 238, 256 sq., 269 sq., 321 sq.

2. Voir avant tout Gabor Csepregi, *Sagesse du corps,* in *LTP,* vol. 59, n° 1, février 2003, p. 21-34, qui fait en même temps état des principaux acquis de la recherche contemporaine en la matière. La phrase citée est en p. 33. Cf. Maurice Merleau-Ponty, *Phénoménologie de la perception,* Paris, Gallimard, 1945, p. 235 sq.

3. Paul Ricœur, *Le volontaire et l'involontaire,* Paris, Aubier, 1967, p. 274.

plus douces », ajoutait-il. Auschwitz a offert à notre époque le plus clair exemple d'un « rapport faussé et pathologique au corps » (Horkheimer et Adorno). « Partout [écrit Adorno] où la conscience est mutilée, elle se replie sur le corps et la sphère du corporel, et prend la forme aliénée d'un acte de violence. » On peut penser ici, par analogie, au suicide, dont on observe que le désir « repose sur une dichotomie entre le corps et la vie psychique. La mort voulue pour le corps n'entraîne pas celle du psychique qui poursuit son existence en étant valorisé » (Anatrella).

Adorno dénonçait avec justesse l'« idéal de la dureté » dans l'éducation promue par les nazis, le jugeant « parfaitement erroné ». Il s'agit d'un « masque à un masochisme » qui « ne s'associe que trop facilement au sadisme ». « La dureté tant valorisée à laquelle on doit être entraîné signifie purement et simplement l'indifférence envers la souffrance. Et elle ne fait pas tellement de différence entre sa propre souffrance et celle des autres. Celui qui est dur envers soi-même acquiert le droit d'être dur envers d'autres et se venge de la souffrance dont il ne pouvait pas montrer les manifestations, qu'il devait refouler. Il convient de faire prendre conscience de ce mécanisme et de développer une éducation qui ne distribue pas comme autrefois des primes à la douleur et à l'aptitude à la supporter. »[1]

Tout autre doit être, en somme, l'éducation du corps : la gymnastique, le sport sont fondamentaux pour la santé, pour l'esthétique, pour la convivialité, cela va de soi, mais aussi pour l'équilibre et pour rendre le corps toujours plus apte à servir l'ensemble de nos facultés, y inclus celles de l'esprit. La technologie favorise une paresse et un endormissement des facultés du corps qui ont des conséquences graves, dans la mesure où tout passe par l'attention, l'esprit alerte, l'œil exercé, observateur, le développement des habiletés manuelles. « Toute intelligence pratique repose sur des aptitudes physiques. La fonction de la main en témoigne », écrit Buytendijk, qui ajoute : « Palper un objet c'est former des hypothèses, analyser, corriger et réunir en image des impressions Au contact des choses, l'enfant apprend à "reconnaître" tactilement. De cette façon, la main devient, comme dit Kant, le "cerveau externe de l'homme". » Il est bien établi que, sur le plan individuel, l'équilibre manuel est « étroitement solidaire des territoires

1. Aristote, *Politique,* VIII, 4, 1338 *b* 11 - 24, trad. Jean Aubonnet, Paris, Les Belles Lettres, 1989 ; Theodor W. Adorno, « Éduquer après Auschwitz », in *Modèles critiques,* trad. M. Jimenez, E. Kaufholz, Paris, Payot, 1984, p. 211-212 ; Tony Anatrella, *Non à la société dépressive,* Paris, Flammarion, 1993. p. 245.

cérébraux qui l'intéressent » (Leroi-Gourhan) et que, toujours sur ce plan, la régression manuelle affecte le comportement rationnel. Il faut donner raison à Maria Montessori d'avoir marqué qu'il serait « logique, pour juger du développement psychique de l'enfant, de considérer, dès son apparition, l'expression de son "mouvement intellectuel" : c'est-à-dire le langage et l'activité de sa main qui aspire au travail »[1]. Jérome S. Bruner et d'autres ont démontré que pour venir à bout des difficultés que pose une coordination optimale entre les données spatiales et l'activité motrice, l'enfant doit s'en remettre aux informations fournies par son sens du toucher. « C'est surtout l'exploration de l'espace par le toucher qui lui permet de former des "schèmes efficaces" *(working schemata)* et d'accomplir ensuite des tâches motrices de plus en plus difficiles. Sans la curiosité provoquée par les objets ludiques et la prospection de leurs caractéristiques par le biais du toucher, la formation des schèmes serait à coup sûr moins sélective et moins adaptée. »[2]

On observe que le mouvement de préhension devient insensiblement un mouvement de désignation, lorsque, par exemple, l'enfant essaie de s'emparer d'objets qu'il ne peut atteindre. Comme le remarque Cassirer : « (...) Aucun animal ne franchit le seuil au-delà duquel le mouvement de préhension se transforme en geste de désignation. La "préhension à distance", comme on a appelé le geste d'indiquer avec la main, n'a pas dépassé chez les animaux, même les plus développés, le stade d'une première et incomplète ébauche. Ce simple fait relatif à l'évolution indique qu'il se cache dans cette "préhension à distance" un trait typique, une signification spirituelle au sens large. » En éloignant de lui le contenu représenté et désiré, le moi « constitue par là même un objet, un contenu "objectif" pour lui ». Tout progrès du concept et de la théorie pure « consiste précisément à dépasser progressivement cette première immédiateté sensible » jusqu'à faire apparaître l'objet, pour la réflexion critique du savoir sur lui-même, comme un « point infiniment éloigné », comme « une tâche pour la connaissance ». Un passage constant s'établit entre la « préhension » et la « compréhension ». Et l'on voit surgir du même coup

1. F. J. J. Buytendijk, *L'homme et l'animal, op. cit.*, p. 152 ; André Leroi-Gourhan, *Le geste et la parole,* Paris, Albin Michel, 1984, vol. II, p. 60 sq. et 259 sq. ; Maria Montessori, *L'enfant,* Paris, Gonthier, 1968, p. 64.

2. Voir Gabor Csepregi, *Le jeu rituel. Pour une phénoménologie de la mémoire corporelle,* in *Études phénoménologiques* 18, n° 36 (2002) : 97-118 ; Jerome S. Bruner, *Modalities of Memory, in* George A. Talland, Nancy C. Waugh (ed.), *The Pathology of Memory*, New York, Academic Press, 1969, 253-259.

toute la dimension gestuelle du corps, comment il peut signifier, non seulement les émotions et les désirs, mais aussi l'intelligence – en particulier lorsqu'au geste notre liberté substituera « le son comme moyen et comme substrat sensible », y créant ces sons articulés et symboles uniques que sont les mots, et dès lors « le langage en tant qu'activité libre et originale de l'esprit »[1].

« Comment trouver une formule [notait encore Valéry] pour cet appareil qui tour à tour frappe et bénit, reçoit et donne, alimente, prête serment, bat la mesure, lit chez l'aveugle, parle pour le muet, se tend vers l'ami, se dresse contre l'adversaire, et qui se fait marteau, tenaille, alphabet ?... Que sais-je ? Ce désordre presque lyrique suffit. Successivement instrumentale, symbolique, oratoire, calculatrice – agent universel, ne pourrait-on pas la qualifier d'*organe du possible* –, comme elle est, d'autre part, *l'organe de la certitude positive* ? » Or l'exigence excessive de la spécialisation entraîne avec elle l'atrophie de ce sens du possible ; et pourtant, écrit Gehlen, « notre corps dispose d'un sentiment suffisamment précis de ce qu'il n'est pas encore accompli, mais qu'il "peut aussi faire", de ce qu'il peut encore tenter de faire à l'intérieur de ses possibilités »[2].

La marque de l'homme est, en effet, comme le résume excellemment Gadamer, « d'être à ce point non spécialisé qu'il est doué d'une capacité d'adaptation fantastique, quasiment illimitée ». La main et la voix incarnent à la perfection la non-spécialisation humaine. Aristote signifiait l'infinité de la main en l'appelant l' « organe des organes », ou l'« outil des outils ». Comme le langage, elle reflète celle de l'intelligence. Si « la perte de la main » implique la « perte de la formation sensible », cela pourrait signifier au bout du compte celle de la faculté de juger. « La main est un organe spirituel et nos sens déploient une intelligence propre dans la mesure où ils sont comme inspirés de liberté dans la main qui palpe, saisit et montre. » Aussi, « la culture des sens signifie, en fin de compte, le développement de la faculté humaine de juger »[3].

Voilà donc reconnu à nouveau ce lien des sens et du sens commun avec la faculté de juger. Notons toutefois auparavant l'apport si

1. Ernst Cassirer, *La philosophie des formes symboliques,* 1 : *Le langage,* trad. Ole Hansen-Love et Jean Lacoste, Paris, Minuit, 1972, p. 131-133.

2. Paul Valéry, *Discours aux chirurgiens, op. cit.,* p. 919 ; Arnold Gehlen, « De l'expérience », in *Anthropologie et psychologie sociale,* trad. J.-L. Bandet, Paris, PUF, 1990, p. 34.

3. Hans-Georg Gadamer, « La perte de la formation sensible comme cause de la perte des critères de valeur », trad. de Fernand Couturier, Jean-Claude Petit et Monika Thoma, in *Herméneutique. Traduire, interpréter, agir,* Montréal, Fides, 1990, p. 35-49. Cf. Aristote, *De Partibus Animalium,* IV, 10, 687 *a* 21 ; *De anima,* III, 8, 432 *a* 1-2.

important, ici encore, des Anciens, auxquels Gadamer renvoie à juste titre en appuyant ses propos sur ceux d'Aristote. Nous savons par Aristote et Galien que déjà Anaxagore soutenait que l'être humain est intelligent parce qu'il a des mains. Il fallait dire plutôt qu'il a des mains parce qu'il est intelligent, note Aristote. Mais le lien entre l'intelligence et les mains a été de toute façon vite relevé[1]. L'idée que l'évolution a libéré la main sera chère à Darwin et est réaffirmée en paléontologie humaine aujourd'hui. L'importance et la signification de la station droite furent bien marquées par les anciens Grecs, notamment Platon et Aristote, mais aussi par l'antique sagesse chinoise, puis cent fois réitérées par la suite ; tous l'associent au bout du compte à notre nature intellectuelle[2].

Mais Grégoire de Nysse apportera des précisions qui lui ont valu l'approbation d'André Leroi-Gourhan à notre époque : la main libère la bouche en vue de la parole. « C'est ainsi que l'esprit [écrit Grégoire], grâce à la constitution de notre organisme, règle en nous la parole, comme un bon musicien : nous sommes ainsi devenus des êtres doués de parole, alors que, me semble-t-il, nous n'aurions jamais reçu le don du langage, si la lourde obligation de trouver la nourriture nécessaire aux besoins de notre corps avait dû être remplie par nos lèvres. Mais en réalité, cette charge est assumée par nos mains, qui laissent ainsi la bouche se mettre au service de la parole. » Grégoire explique le corps humain comme avant tout adapté à la parole : « Puisque l'homme est un être vivant doué de raison et de parole, il fallait que l'instrument qu'est pour lui son corps soit adapté aux besoins de la parole. Prenons une comparaison : on voit bien que les musiciens travaillent leur musique suivant la nature des instruments, et ne jouent pas de la flûte

1. Cf. DK 59 A 102 ; Aristote, *De Partibus Animalium,* IV, 10, 687 *a* 7. Voir par ailleurs Xénophon, *Mémorables,* I.4, 11 et 14.

2. Cf. Platon, *Timée,* 90 *a-b* : « (...) Cette âme nous élève au-dessus de la terre, en raison de son affinité avec le ciel, car nous sommes une plante non pas terrestre mais céleste. Et en effet c'est du côté du haut, du côté où eut lieu la naissance primitive de l'âme, que le Dieu a suspendu notre tête, qui est comme notre racine et, de la sorte, il a donné au corps tout entier la station droite » (trad. A. Rivaud) ; Aristote, *De Partibus Animalium,* IV, 10, 686 *a* 25 sq. : « L'homme, au lieu des pattes et des pieds de devant, possède des bras et ce qu'on appelle les mains. Car il est le seul des animaux à se tenir droit parce que sa nature et son essence sont divines. Or, la fonction de l'être divin par excellence c'est la pensée et la sagesse. Mais cette fonction n'aurait pas été facile à remplir si la partie supérieure du corps avait pesé lourdement » (trad. P. Louis) ; cf. 687 *a* 6 sq. ; Herder, dans ses *Idées en vue d'une histoire de l'humanité* : « Grâce à cette station verticale, l'homme devint une créature apte à créer ; il reçut des mains libres et créatrices. Et seule la station debout permet l'apparition du véritable langage humain » (cité par Kant dans son compte rendu critique : voir *Philosophie de l'histoire,* trad. S. Piobetta, Paris, Aubier, 1947, p. 101). Pour la tradition chinoise, voir le texte magnifique de Tung Chung-Shu, in *A Source Book in Chinese Philosophy,* translated and compiled by Wing-Tsit Chan, Princeton University Press, 1963, p. 280-281.

avec un luth ni de la cithare avec une flûte. De la même façon, il fallait que soient fabriqués des organes adaptés à la parole, afin que, émise par les organes phonateurs, elle puisse rendre un son répondant aux besoins du discours. C'est pourquoi les mains ont été articulées au corps. Si l'on peut compter par milliers les besoins de la vie auxquels ces instruments adroits qui suffisent à tout, les mains, peuvent prêter leur utilité, pour tout art, toute activité, si l'on a soin de prendre en compte la guerre comme la paix : eh bien, c'est avant tout pour la parole que la nature a ajouté les mains à notre corps. »[1] Pour Darwin et pour la paléontologie contemporaine, la verticalisation de l'animal humain libère la main et la face, ce qui permet le développement du cerveau et la faculté de symbolisation[2]. Non pas, insiste-t-on aujourd'hui, que tel organe provoque la formation de tel autre, mais « tout le corps est solidaire » (Leroi-Gourhan)[3].

On pressent en même temps l'importance de ce que la langue anglaise nomme *awareness,* d'une conscience sensorielle toujours plus éveillée. « Le non-éveil est la base de l'ignorance », confirme le bouddhisme[4]. L'éducation du coureur des bois en forêt, du marin en mer, est supérieure à cet égard, puisqu'ils sont infiniment plus alertes devant les immenses richesses du monde naturel, que la plupart d'entre nous, sans parler de ceux dont les yeux, les oreilles et les mains

1. Grégoire de Nysse, *La création de l'homme,* trad. J.-Y. Guillaumin, Paris, Desclée de Brouwer, 1982 ; respectivement, p. 63 ; p. 59-60.

2. Cf. André Leroi-Gourhan, *Le geste et la parole,* t. I : *Technique et langage,* Paris, Albin Michel, 1964, chap. 2, en particulier p. 41 sq. et 55 sq. ; *Les racines du monde,* Paris, Le Livre de poche, 1991, p. 175 : « Ce que dit Grégoire de Nysse est très proche de ce que j'ai essayé de dire moi-même, mais à près de deux mille ans de distance, et dans une ambiance métaphysique toute différente. » Voir d'autre part Charles Darwin, *The Descent of Man,* part I *c* 2, New York, Modern Library, n.d., p. 431-439. Aussi, « pour l'homme, la condition vraiment fondamentale, c'est la forme de son pied » (A. Leroi-Gourhan, *Les racines du monde,* p. 176 ; voir les explications détaillées, p. 176-178, et Darwin, p. 434). Observation analogue chez Grégoire de Nysse (*op. cit.,* chap. VIII, au début). Le pouce du pied des anthropoïdes est opposable ; le pouce du pied humain n'est pas opposable mais plantigrade, « mécaniquement la pièce maîtresse du squelette du pied » (Leroi-Gourhan, *ibid.*) ; c'est donc la formation exactement inverse de celle de la main où c'est au contraire l'opposition du pouce de la main qui explique la supériorité mécanique de celle-ci, comme on sait ; or il s'agit dans les deux cas du détail principal assurant la supériorité de l'animal humain.

3. André Leroi-Gourhan, *Les racines du monde,* p. 176 ; cf. p. 170-171 : « L'outil est en quelque sorte le prolongement du corps humain, la main est la commande centrale de l'outil, et l'histoire de la main entraîne celle de tout le corps. C'est l'une des grandes vérités qu'a découvertes le XIXe siècle, avec Cuvier : les parties d'un corps sont solidaires les unes des autres et on peut reconstituer avec une griffe (...) les formes et les caractères physiques des animaux les plus variés, avec une surprenante exactitude... (...) L'anatomie comparée est une des sciences les plus fermes et les plus convaincantes, parmi les sciences naturelles. La forme de chaque partie du corps est véritablement conditionnée par le corps tout entier. »

4. *A Source Book in Chinese Philosophy, op. cit.,* p. 400. On sait que *Bouddha* signifie l'« Éveillé ».

sont devenus pratiquement infirmes, en comparaison[1]. Apprendre à *voir* est la première des tâches pour lesquelles les éducateurs sont indispensables, écrivait, non sans raison, Nietzsche : « Apprendre à *voir* : habituer l'œil au calme, à la patience, à laisser les choses venir à lui, à suspendre le jugement, apprendre à faire le tour du particulier et à le saisir dans sa totalité. C'est là l'école préparatoire *élémentaire* de la vie de l'esprit : ne pas réagir immédiatement à toute sollicitation. » L'œil écoute, disait Claudel, s'agissant de peinture. Ce voir-là implique discernement, et par suite sens commun et intelligence.

Nietzsche ajoute : « Toute attitude antispirituelle, toute vulgarité vient de l'incapacité de résister à une sollicitation : on est *contraint* de réagir, on obéit à chaque impulsion. Dans bien des cas, une telle contrainte est déjà un signe de maladie, de décadence, un symptôme d'épuisement. »[2] Voilà qui décrit bien, entre autres, à plus d'un siècle de distance, l'asservissement aux médias électroniques, et qui invite à poser à neuf la question de ce que serait un monde dont soit absente toute expérience du toucher, du contact, de la *résistance* qu'offre le concret – monde fantomatique où nous ne nous sentirions plus nous-mêmes. L'agir humain oblige à choisir entre les contraires, lesquels, dans le concret, résistent et s'excluent mutuellement, comme l'illustre magnifiquement Hamlet. L'agir responsable est difficile, de même qu'est difficile le beau et ce qui donne sens à la vie et dès lors le goût de vivre. Il y a lieu de se demander si notre civilisation n'est pas en perte grave de valeurs tactiles. L'éducation des enfants l'est certainement.

Il est remarquable que le mot qui désigne le sens social par excellence, le tact, signifie d'abord le toucher délicat de la main. Les acceptions ultérieures de l'expression « sens commun » reflètent une évolution analogue. Cette évolution s'amorce dans la pensée stoïcienne qui semble dériver du « sens commun » aristotélicien le concept de notions

1. Sur la perte du sensible, voir Arnold Gehlen, « Nouveaux phénomènes culturels », in *Anthropologie et psychologie sociale,* trad. J.-L. Bandet, Paris, PUF, 1990, p. 192-210. Sur la perte d'expérience, Hermann Lübbe, « Erfahrungsverluste und Kompensationen. Zum philosophischen Problem der Erfahrung in der gegenwärtigen Welt », in *Der Mensch als Orientierungswaise ? ein interdisziplinärer Erkundungsgang,* Beiträge von Hermann Lübbe *[et al.]*, Freiburg, K. Alber, 1982, p. 145-168 ; et Odo Marquard, « The Age of Unwordliness ? A Contribution to the Analysis of the Present », in *In Defense of the Accidental. Philosophical Studies,* transl. R. W. Wallace, New York, Oxford University Press, 1991, p. 71-90. Sur la tentative de « produire grâce à la mégamachine une existence qui fasse appel à aussi peu de pensée et d'effort et d'intérêt personnel que possible », Lewis Mumford, « The Threat of Parasitism », in *The Myth of the Machine,* New York, Harcourt, Brace, Jovanovitch, 1970, p. 338-345. Nous avons développé davantage ces points dans notre livre, *La nouvelle ignorance et le problème de la culture, op. cit.*

2. Nietzsche, *Le crépuscule des idoles,* « Ce qui manque aux Allemands », 6, trad. Jean-Claude Hémery, Paris, Gallimard, « Idées », 1974, p. 81-82.

naturelles et communes (*prolêpseis* et *ennoai koinai*). Il s'agit de notions acceptées avant toute discussion, qui en sont du reste la condition même, comme elles le sont de toute recherche et de toute découverte, un fonds commun où tous les humains se retrouvent et se sentent solidaires et égaux. « Sous le couvert des *prolêpseis* et des *ennoai koinai,* mais sans perdre radicalement son ancrage dans une saisie perceptive des choses et du monde, c'est une notion plus "intellectuelle" du sens commun que les stoïciens mettent ainsi en évidence et à laquelle ils accordent une importance considérable », écrit Danielle Lories. Parmi ces notions appartenant à la raison commune, que nous partageons par conséquent tous du simple fait d'être nés humains, il faut compter celle de bien. Dans quelle mesure la notion de bien serait-elle « naturelle », dans quelle mesure ne serait-elle pas plutôt le fruit de la sagesse ? Percevoir, identifier, rechercher comme bien ce qui nous est profitable, avantageux, nous l'apprenons naturellement en vivant. Mais cette préconception naturelle n'en est pas moins appelée « à trouver son plein développement chez le sage, lequel *connaît* le bien, en a la *science.* (...) Le bien est alors conçu par une raison qui n'est autre que la raison humaine, commune et achevée, qui rejoint la raison naturelle universelle. Le bien comme valeur universelle relève ainsi d'un *sens commun* dans l'acception *communautaire* du mot ; il appartient à la communauté des êtres rationnels, est pensé par elle, alors que la préconception du bien reposait sur un sens commun perceptif ».

Or à la base même de tout l'édifice moral selon les stoïciens, se découvre à nouveau le toucher, sens de la perception de soi, sous la forme d'*entos haphê,* de « tact intérieur ». Le développement de ce thème débouche sur « une notion charnière qui sert d'articulation entre l'épistémologie, la psychologie et la morale : la *sunaisthêsis* » (en latin : *sensus sui,* « sensation de soi »). Le sujet de l'*aisthanesthai heautou,* de la perception de soi, est l'individu vivant, qui « ne peut être qu'un tout vivant. Un corps propre. Le corps que l'on est et non que l'on a ». Il s'agit d'une perception de soi comme soi unitaire – ni une simple conscience du corps, ni la conscience transparente d'une âme purement intellectuelle ou pure pensée ; d'un « je sens / je me sens » qui accompagne tous les états de conscience, toutes les représentations. Dans leur approche du « tact interne », les stoïciens fournissent « une description quasi phénoménologique du corps propre, d'un corps-sujet, pour utiliser un vocabulaire qui, pour être anachronique, ne paraît pas absolument déplacé », ajoute Danielle Lories. Il est remarquable que les stoïciens posent ce tact interne « au principe de tout le développement moral de l'individu », pour la raison qu'il est au principe de l'*oikeiôsis,* sens intime de soi, de l'identité personnelle, de la « reconnaissance de soi »[1].

Rien d'étonnant à ce que l'expression « sens commun » suggère aujourd'hui les notions d'équilibre et de « connaissance partagée », mais aussi de sens moral, comme l'illustre excellemment John Saul en évoquant les grandes figures de Solon et de Socrate. On voit comment cette signification s'enracine dans celles que nous venons de rappeler, désignant d'abord ces premières facultés de juger perceptives et intellectuelles. Ces dernières sont si essentielles à la vie humaine qu'aucun projet éducatif responsable ne saurait les ignorer. Mais il ne saurait non plus ignorer la position de citoyen du monde, qui exige l'exercice d'une « mentalité élargie », selon la formule bien connue de Kant. Les propos suivants de Hannah Arendt trouvent aujourd'hui une résonance encore plus grande que lorsqu'ils furent prononcés : « On juge toujours en tant que membre d'une communauté, guidé par son sens communautaire, son *sensus communis.* Mais en dernière analyse, on est membre d'une communauté mondiale par le simple fait qu'on est un être humain. »[2] Si le pouvoir de juger est une faculté spécifiquement politique, écrit Arendt, c'est qu'il est, dans le sens justement où l'entend Kant, « la faculté de voir les choses non seulement d'un point de vue personnel, mais dans la perspective de tous ceux qui se trouvent présents ». Le jugement est « l'une des facultés fondamentales de l'homme comme être politique, dans la mesure où il le rend capable de s'orienter dans le domaine public, dans le monde commun ». Ce sont là « des vues virtuellement aussi anciennes que l'expérience politique articulée. Les Grecs nommaient cette faculté *phronêsis,* ou perspicacité, et ils la considéraient comme la vertu principale ou l'excellence de l'homme d'État par opposition à la sagesse du philosophe ».

1. Danielle Lories, *op. cit.,* respectivement, p. 190, 260, 283, 285, 305, 321. C'est vers Hiéroclès que l'auteur se tourne d'abord, s'agissant de la perception de soi, puisqu'il est, à ses yeux, « de toutes les sources disponibles, la seule qui traite à la fois longuement et en profondeur de ce concept stoïcien de la perception de soi » (p. 277) ; mais s'y ajoute la lettre 121 de Sénèque (cf. p. 288), texte magnifique sur le sentiment de sa propre constitution *(constitutionis suae sensus),* et sur l'enfant, dont Jacques Brunschwig a excellemment marqué l'apport original (« L'argument des berceaux », dans *Études sur les philosophies hellénistiques,* Paris, PUF, « Épiméthée », 1995, spécialement, p. 99-104).

2. Cf. John R. Saul, *Vers l'équilibre, op. cit.,* p. 41 sq. ; sur la « connaissance partagée », voir p. 29 sq. et 52 sq. où il renvoie à l'*Orestie* d'Eschyle : Athéna « déclare qu'on ne doit pas assouvir sa colère par la vengeance, mais par l'exercice de la loi » ; Kant, *Critique de la faculté de juger,* § 40 ; Hannah Arendt, *Lectures on Kant's Political Philosophy,* ed. Ronald Beiner, University of Chicago Press, 1982, p. 75-76.

Or cette faculté prend racine dans ce qu'on appelle le sens commun, lequel « nous révèle la nature du monde dans la mesure où il est un monde commun. Nous lui devons que nos cinq sens strictement privés et "subjectifs", avec leurs données sensorielles, puissent s'ajuster à un monde non subjectif et "objectif" que nous avons en commun et partageons avec autrui. Juger est une importante activité – sinon la plus importante, en laquelle ce partager-le-monde-avec-autrui se produit ». Non seulement la conception kantienne du jugement répète-t-elle ainsi celle des Grecs, spécifiquement la *phronêsis* aristotélicienne, mais « l'une comme l'autre l'ancrent dans le sens commun », qui, « non content d'assurer le partage du monde par les différents sens [telle l'*aisthêsis koinê* aristotélicienne], est aussi communautaire. La réalité de la chose du monde est dans notre aptitude à la partager avec *autrui* »[1].

Non moins essentielle est du reste chez Aristote la notion de sentir avec autrui, *sunaisthanesthai,* qui trouve son sommet dans l'amitié *(philia),* dont la condition première est justement la vertu. L'ami véritable est un *allos autos,* un « autre soi », dont on se réjouit de l'existence, de la vie comme de la sienne propre, à condition de s'aimer d'abord soi-même à la façon du *spoudaios,* du « vertueux »[2]. Dans l'amitié, « vivre en commun avec quelqu'un, c'est *sentir en commun avec lui [to sunaisthanesthai]* et connaître en commun avec lui », *Éthique à Eudème* (VII, 12, 1244 *b* 23-26 ; cf. *EN,* 1170 *a* 27-1170 *b* 13). « Non seulement je sens que je sens, mais j'ai la capacité, sur fond de ce sens de moi-même, de ma vie, de sentir qu'un autre se sent lui-même sentir. *Sunaisthanesthai* semble ainsi renvoyer à ce qu'on appellera bien plus tard un sentiment d'*empathie* (...). » Il faut « être capable de prendre ainsi part au sentiment intime de soi qu'éprouve autrui ». On voit toute la portée de l'amitié, ainsi entendue, pour la *phronêsis* au sens de l'excellence politique présidant à la vie commune des citoyens. Car l'amitié s'avère alors le « lien social par excellence ».

1. Cf. Hannah Arendt, *La vie de l'esprit,* I : *La pensée,* trad. Lucienne Lotringer, Paris, PUF, 1981, p. 66-67 ; *La crise de la culture,* trad. sous la dir. de Patrick Lévy, Paris, Gallimard, 1972, spécialement p. 282-283 ; *La condition de l'homme moderne,* Paris, Calmann-Lévy, 1983, 234-235 : « Le seul caractère du monde qui permette d'en mesurer la réalité, c'est qu'il nous est commun à tous (...). Dans une collectivité donnée une diminution notable du sens commun [...] est donc [un] signe presque infaillible d'aliénation par rapport au monde. »

2. Il s'agit bien ici du rapport éthique à soi-même et non d'une simple « conscience de soi ». L'origine de l'amitié véritable est l'amour de soi du vertueux, contraire à l'égoïsme vulgaire. Les textes d'Aristote à cet égard sont lumineux et abondent dans les trois *Éthiques* (en supposant que la « Grande Morale » soit de lui). On nous permettra de renvoyer, pour le détail des références et des analyses, au chapitre sur l'amitié dans notre livre *De la dignité humaine,* Paris, PUF, 1995, p. 203-222.

Notre être étant par nature relationnel, il ne peut s'accomplir qu'« en bonnes relations avec ses semblables et dans un vivre-ensemble », dans le partage de paroles et de pensées, d'un sentir en commun qui prolonge et conforte le « sens du réel de l'*aisthêsis koinê* [sens commun] »[1].

C'est dire que notre être ne peut s'accomplir que dans le partage de paroles et de pensées, d'un sentir en commun, et que l'amitié s'avère le lien social par excellence. Nous avons vu que les stoïciens ont mis en relief un soi immédiatement lié à autrui, en relation à ses semblables dans son intimité même. Le sens de soi *(oikeiosis),* qui s'inscrit au plus profond de l'aptitude à juger, est immédiatement un sens communautaire, permettant de tenir et de porter ensemble la responsabilité de l'humain comme tel. En approfondissant ce que notre condition humaine a d'universel, les Grecs et leurs successeurs ont légué des trésors d'exemples et de réflexions d'une portée inestimable, spécialement pour nous aujourd'hui, alors qu'une même communauté de destin unit tous les humains pour la première fois.

La formation du jugement en éducation implique donc celle du jugement moral et du jugement politique qui voient les intérêts humains universels. Comme l'a fort bien marqué Marcel Conche, cela veut dire notamment ouvrir les yeux des jeunes au scandale des intolérances, des disparités extrêmes – misère et opulence – et les éveiller toujours davantage à une solidarité qui ne s'arrête pas aux limites des sociétés particulières. « L'enfant, comme tel, n'est jamais sectaire. Il vit dans l'élément de l'universel ; son accueil est sans limites. Il est donc raisonnable, plus que l'adulte, quoique n'ayant pas encore la maîtrise du rationnel. Il apporte le sentiment vécu de l'égalité universelle. »[2]

8 / L'IDENTITÉ

Cela dit, le développement psychologique n'est pas possible sans identifications, sans des éducateurs adultes des deux sexes, à commencer par un père et une mère, comme la psychologie des profondeurs ne cesse de nous le rappeler. Ce serait une illusion de croire que nos identités personnelles ne se forgeraient qu'en une sorte de monologue solitaire, alors que l'interaction avec d'autres, à coup de dialogues externes et internes, souvent de luttes, est cruciale. La conversation avec nos parents, père et

1. Danielle Lories, *op. cit.*, p. 148, 150, 151.
2. Marcel Conche, in *Éduquer, à quoi bon ?,* dir. Anita Hocquard, Paris, PUF, 1996, p. 66.

mère, avec tels de nos amis (ou ennemis), se poursuit en nous jusqu'à la fin de nos vies. Gadamer parle excellemment de « l'entretien illimité que nous sommes ». Découvrir à quel point la constitution de notre moi intime aura été affectée par de telles relations d'échange précises, spéciales, avec autrui, hommes et femmes, aide à mieux saisir la portée de l'enracinement dans une culture. L'une des questions majeures posées par l'ethnologie concerne ce que l'on a appelé justement « l'altérité essentielle ou intime », dont les représentations, dans les systèmes qu'étudie l'ethnologie, « en situent la nécessité au cœur même de l'individualité, interdisant du même coup de dissocier la question de l'identité collective de celle de l'identité individuelle » (Marc Augé)[1].

Nous existons dans la réciprocité, en particulier dans le langage, figure par excellence de la culture. Cette dialogique grâce à laquelle l'identité de chacune et chacun de nous s'élabore et se transforme tout au long de l'existence, passe par le langage des arts, des gestes, de l'amour, le partage des joies et des peines. C'est bien ce que veut dire au moins en partie le mot de Hölderlin : *Dichterisch wohnt der Mensch,* « c'est poétiquement que l'homme habite ». Le premier lieu que nous habitons, qu'il nous est impossible de jamais quitter, c'est nous-mêmes. Comme l'ont bien fait ressortir de grands philosophes contemporains tels Michel Henry et Jean Ladrière, dire que l'être humain habite « poétiquement », c'est rappeler que la ville de l'enfance n'est pas tant ce lieu concret où nous avons habité que cette seule ville où, toujours, nous habitons, qui est dans notre imagination et dans notre cœur, peuplée de tous ceux et celles que nous aimons, de ceux et celles aussi qui ont veillé sur nous et qui nous ont quittés, dont le visage s'est effacé mais la présence demeure, et les paroles et le sourire. « La ville qui compte pour nous, c'est celle que nous portons en nous », c'est le lieu où l'on a découvert la beauté, l'universel, la fragilité et la puissance de la vie, la fuite du temps, ses promesses, la tristesse, le désenchantement, l'insensé, la joie, l'amour, la vie du sens se construisant dans une approximation permanente.

1. Marc Augé, *Non-lieux. Introduction à une anthropologie de la surmodernité,* Paris, Le Seuil, 1992, p. 29-30 ; cf. Charles Taylor, *Multiculturalisme. Différence et démocratie,* avec des commentaires de Amy Gutmann, Steven C. Rockefeller, Michael Walzer, Susan Wolf, traduit par Denis-Armand Canal, Paris, Aubier, 1994, repris chez Flammarion, « Champs », p. 51 sq. Sur le thème de la constitution dialogique du soi, où Dostoïevski est maître, voir Mikhaïl Bakhtine, *La poétique de Dostoïevski,* Paris, Seuil, 1970, et *Esthétique et théories du roman,* trad. Dara Olivier, Paris, Gallimard, « Tel », 1978. Voir, par ailleurs, Clément Moisan et Renate Hildebrand, *Ces étrangers du dedans. Une histoire de l'écriture migrante au Québec (1937-1997),* Québec, Éditions Nota bene, 2001, et les réflexions profondes et pleines d'humour de Luc Bureau, dans *L'idiosphère. De Babel au village universel,* Montréal, L'Hexagone, 2001.

Le sentiment ne se manifeste pas sous la forme d'une représentation, d'une idée, mais plutôt comme une épreuve concrète. Il est toujours et nécessairement tel sentiment particulier – la joie, telle joie, la tristesse, telle tristesse, la peur, telle peur –, avec par suite une tonalité qui n'est que de lui et qui ne peut se saisir que dans le moment même où on l'éprouve. La tristesse n'est pas, si on veut, le monde, mais une modalité de ma présence à moi-même, où le monde apparaît comme triste « d'abord et essentiellement parce que *je suis* triste » (Ladrière). Tant et si bien que je me reçois ainsi à tout instant dans ma contingence même. La vie n'est pas présente *devant* nous. Le soi est affectivité, il est possibilité d'être affecté par lui-même. Il s'éprouve dans le sentiment. À cet égard, nous le voyons, notre être est essentiellement passif.

Il s'agit en même temps d'une ouverture, d'un dépassement, d'une disposition à subir, à recevoir le monde même. « Mais en même temps, et du même coup, c'est la révélation de l'existence. » Notre moi n'est pas donné d'un seul coup. « Le moi est une suite mélodique d'états affectifs. » Pas une « sommation d'instants discontinus », mais plutôt « un enchaînement fondu, continu » (Ladrière). Semblablement, lorsqu'on analyse un visage, on ne le saisit plus, ainsi que l'a rappelé Levinas. Le visage se révèle à la manière d'une mélodie, où chaque moment exprime un tout qui n'est aucunement une addition de parties mais une « manifestation progressive de soi ». De même pour la perception d'une personne, qui est celle d'une présence où se livre la vie même, porteuse de possibilités infinies. Le visage, la mélodie et la vie sont, en d'autres termes, des touts dynamiques. Chaque personne a une « essence », une figure unique, incomparable – non pas « intelligible », mais « affective ». Dans cet ordre d'expérience, *« tout comprendre est affectif »* (Michel Henry).

Aussi peut-on définir l'affectivité dans les termes suivants : « Ce qui se sent, sans que ce soit par l'intermédiaire d'un sens, est dans son essence affectivité. » Ce qui se sent, c'est-à-dire ce qui s'éprouve, se subit. Mais il ne s'agit pas ici d'une passivité comme celle de la perception sensorielle : lorsque nous tendons l'oreille pour recevoir des sons qui nous viennent d'ailleurs, notre oreille reçoit alors l'autre, préalablement à distance de soi. Dans le sentiment, au contraire, il y a une *auto-affection,* une relation que le sujet entretient avec soi-même sans médiation et sans altérité. « C'est l'amour, bien plutôt, ou l'ennui, *c'est le sentiment lui-même qui se reçoit et s'éprouve lui-même, de telle manière que cette capacité de se recevoir, de s'éprouver soi-même, d'être affecté par soi, constitue précisément ce qu'il y a d'affectif en lui, et ce qui fait de lui un sentiment* (...) *L'affectivité comme telle n'est jamais sensible* » (Michel Henry). Or il y a une variété pratiquement infinie de tonalités affectives[1].

La langue maternelle permet à chacune et chacun de participer aux communautés familiale, nationale et humaine, elle est notre premier accès au *logos* dans tous les sens du terme. Notre affectivité engage, elle, notre être tout entier, qui ne peut croître et s'épanouir sans l'approfondissement de nos relations avec nos proches, à l'intérieur de la famille et de la nation, cette grande communauté d'humains unis par des liens divers, mais avant tout, précisément, par la culture. La prise de conscience du degré d'intimité, d'immanence à soi, que nous vaut notre affectivité, et du caractère profondément dynamique de celle-ci, fait deviner la place capitale qui revient à l'affectivité dans l'éducation et la culture. Elle est essentielle pour comprendre en même temps l'importance, si grande dès lors, des arts.

Nous nous construisons dans la relation, dans la communication, le *logos* et la culture en ce sens. La nostalgie de ne pouvoir communiquer à fond et authentiquement semble démontrer que nous sommes faits pour communiquer et aimer, ce qui implique de notre part la reconnaissance de l'autre, du différent, de l'irréductible. Mais aussi qu'on ait quelque chose à dire à quelqu'un, quelque chose qui naisse par conséquent de l'intérieur, ce qui suppose à son tour qu'on connaisse sa propre identité, qu'on se comprenne un peu et s'accueille soi-même.

Bien des formes de parole ne sont pas une vraie communication parce qu'elles émanent d'un vide – ainsi cette foison croissante d'informations immédiates et donc médiocres que l'on jette aussitôt, certes, mais qui noient et étouffent les mémoires. La communication implique d'une certaine façon la personne qui communique, le risque de la confiance à autrui, à ce qui échappe. Il n'existe pas une façon de communiquer purement abstraite. L'enfer de la non-communication, de la solitude ainsi entendue, doit faire entrevoir que la communication humaine a une valeur, une signification, un poids bien au-delà de tout ce que l'on imagine, qu'elle est à la fois formidable et fragile, beaucoup plus délicate, riche, constructive (ou destructrice), qu'il n'apparaît à la surface. La véritable communication n'est possible qu'en des communautés humaines concrètes.

1. Michel Henry, *L'essence de la manifestation,* Paris, PUF, « Épiméthée », 1990, p. 573-622, § 52-55 ; les phrases soulignées le sont dans le texte ; Jean Ladrière, « La ville, inducteur existentiel », in *Vie sociale et destinée,* Gembloux, Duculot, 1973, p. 151-154.

Toute forme de nationalisme exacerbé, de racisme et d'intolérance s'inscrit en faux contre cela. C'est l'être humain lui-même, le « prodige de la vie humaine » (Char) qui est toujours le fait premier et fondamental. L'esprit humain vit en lui-même, grâce à des contenus qui ne sont accessibles qu'à lui et qui n'ont signification que pour lui. Par cette vie qui lui est intérieure, il peut s'exprimer à l'extérieur et s'objectiver en des œuvres, donnant ainsi un témoignage particulier de l'humanité. Tout un chacun, d'une certaine manière, vit de la culture, et baigne dans la sphère culturelle de son temps et de sa nation. L'œuvre culturelle la plus grande n'est cependant aucune de ses œuvres ou créations, mais bien plutôt l'être humain lui-même[1].

À mesure que le temps de la communication implose dans une diffusion instantanée, les repères spatiaux ne comptent plus guère. L'espace s'y est peu à peu émancipé des contraintes naturelles du corps humain. L'annulation des distances spatio-temporelles prive de leurs significations et de leurs forces identitaires les territoires auxquels les humains continuent à être attachés. L'altérité qui résiste, solide, dont on puisse « se saisir », disparaît. Aussi longtemps que l'autre est un objet il n'est jamais vraiment *autre,* mais plutôt une « chose » dans ma représentation, dans ma conscience, et toujours du « même ».

Nous avons vu comment nous nous constituons au contraire dans la relation, de préférence dans une communication authentique où il y a risque, confiance à ce qui échappe, découverte de soi dans la reconnaissance accordée par l'autre. Loin qu'il y ait alors perte de soi, elle est tout à l'opposé gain, enrichissement, comme on le voit le mieux en l'amitié authentique et dans l'amour. Dans l'amitié authentique, forme idéale de communauté humaine, l'autre est un autre soi. La solidarité humaine s'établit dans un « nous » où chacun porte en soi la figure de l'autre – cet autre-ci – en même temps que la sienne propre.

C'est assez dire l'importance de la connaissance de soi, de l'affectivité, de la découverte de l'ipséité – du « qui suis-je ? », qu'il convient d'éveiller au plus tôt chez l'enfant. Du respect en même temps, dès lors, de « qui est l'autre ? ». De cet autre chaque fois absolument unique au monde – comme cet ami qui est un autre *soi,* mais donc toujours également un *autre* avec qui la communication n'est possible que dans le respect de cette altérité indépassable.

1. René Char, *Recherche de la base et du sommet,* « Billets à Francis Curel », IV, in *Œuvres complètes,* Paris, Gallimard, « La Pléiade », 1983, p. 638 ; cf. Alain Finkielkraut, *Une voix qui vient de l'autre rive,* Paris, Gallimard, 2000, p. 127-138.

Chapitre II

LE REFUS DE LA VIOLENCE ET LE POUVOIR DE LA BEAUTÉ

« Dans nos ténèbres, il n'y a pas une place pour la Beauté. Toute la place est pour la Beauté » (René Char).

« Un soir, j'ai assis la Beauté sur mes genoux. – Et je l'ai trouvée amère. – Et je l'ai injuriée » (Arthur Rimbaud).

« Regarder et voir sont choses toutes différentes. On ne voit une chose que lorsqu'on en voit la beauté. C'est alors seulement qu'elle naît à l'existence » (Oscar Wilde).

« Le sens le plus profond du mot culture, pour les hommes, comme pour les plantes, consiste à se tourner vers la lumière, à croître en elle. Si nous aimons la liberté, c'est qu'elle nous laisse trouver la lumière par nous-mêmes et croître en elle » (Marc Fumaroli)[1].

1 / LE REFUS DE LA VIOLENCE

Posons au départ une ou deux questions fort simples. Quelle différence peut-il y avoir entre la violence à la télévision, et la violence en des chefs-d'œuvre indépassables comme *Œdipe-Roi* ou *King Lear* ? Le genre littéraire de la tragédie, hérité des Grecs, est en tant que tel lié à la violence, et plus d'un chef-d'œuvre de Shakespeare se termine par une quantité de morts violentes et de cadavres présents sous nos yeux.

1. René Char, *Feuillets d'Hypnos,* in *Œuvres complètes,* Paris, Gallimard, « La Pléiade », 1983, p. 232 ; Arthur Rimbaud, *Une saison en enfer,* in *Œuvres complètes,* Paris, Gallimard, « La Pléiade », 1972, p. 93 ; Oscar Wilde, *Le déclin du mensonge,* dans « Intentions », trad. Philippe Neel, revue par Carle Bonafous-Murat, Paris, Le Livre de poche, 2000, p. 76 ; Marc Fumaroli, *L'État culturel,* Paris, Éd. de Fallois, 1992 ; Le Livre de poche, 1999, p. 257.

Voire, l'*Iliade* d'Homère n'inaugure-t-elle pas déjà l'évocation de la violence ? Quoi de neuf ? pourrait-on dire. Pourquoi tant s'en faire ?

De quoi parle-t-on s'agissant de violence ? Une des formes extrêmes de la violence est le meurtre, la mort qu'un humain inflige à un autre ; ou encore le suicide, la mort infligée à soi-même ; un autre extrême apparaît dans la nature extérieure : feu, ouragan, cataclysme, inondation, avalanche, tremblement de terre ; ou encore dans la violence de la douleur, d'une épidémie. Mais surtout, entre le meurtre et l'ouragan, il y a ce que Paul Ricœur appelle « tout l'empire de l'entre-deux, qui est peut-être la violence même, la violence humaine » : la violence du désir, de la peur, de la haine ; celle de subjuguer l'autre humain, la tentative de le priver de liberté ou d'expression[1]. Or tout cela n'est-il pas le lot commun de l'expérience humaine ? Quoi de mal dès lors à en exhiber les images, fût-ce quotidiennement, aux jeunes comme aux moins jeunes ? Dans les mots de Hamlet aux comédiens, leur art n'a-t-il pas pour fin dès l'origine et encore maintenant « de présenter pour ainsi dire un miroir à la nature et de montrer à la vertu son portrait, à l'ignominie son visage, et au siècle même et à la société de ce temps quels sont leurs aspects et leurs caractères »[2] ?

Éric Weil faisait remarquer que si « la violence est un problème pour la philosophie, la philosophie n'en est pas un pour la violence, qui se rit du philosophe ou qui l'écarte quand elle le trouve gênant et sent en lui un obstacle sur la route sans tracé qui est sa réalité pour elle-même ». Le choix premier est en fait le choix entre violence et discours cohérent. Choix premier, parce qu'antérieur à tout discours. Le champ impliqué est immense. « La confrontation de la violence et du langage couvre la totalité des problèmes que nous pouvons nous poser concernant l'homme », souligne avec raison Paul Ricœur. Violence et *logos* (discours, langage, raison, culture) occupent à vrai dire chacun la totalité du champ humain. La question de la violence à la télévision a beau être spécifique, la pire des erreurs serait d'ignorer tout ce qu'elle implique et présuppose. La violence fait problème pour un être qui, en parlant, cherche le sens, qui a déjà fait un pas dans la discussion, qui sait quelque chose de la rationalité.

Ne nous y trompons pas. L'insistance sur la recherche de sens est ici capitale. Car une intelligence qui ne serait qu'instrumentale,

1. Paul Ricœur, *Lectures 1. Autour du politique,* Paris, Le Seuil, 1991, p. 131 sq.

2. *Hamlet,* III, II, 21-25, traduction de Yves Bonnefoy, Paris, Mercure de France, 1988 : « (...) the purpose of playing, whose end, both at the first and now, was and is, to hold, as 'twere, the mirror up to nature ; to show virtue her own feature, scorn her own image, and the very age and body of the time his form and pressure ».

confinée comme toute technique aux moyens, serait au contraire complice de la violence. Éric Weil l'a dit mieux que personne en des lignes prophétiques : « On sombrera dans la violence la plus nue si l'on prive l'existence humaine de tout sens en la limitant à ce que la société peut lui offrir de moyens *sans fin.* » L'absurdité du crime sans but, désespéré, est un vis-à-vis tout naturel d'une intelligence qui ne cherche pas d'abord le sens[1].

Aussi la philosophie est-elle refus de la violence. La non-violence est son point de départ et, au moins partiellement, son but final. Platon – pour ne citer ici qu'un seul philosophe classique – a fort bien compris que, pour sauver l'être humain de la violence, il faut donner un nouveau statut au discours, le moyen d'y parvenir étant le *dialogue,* au sein duquel s'affrontent deux dires, deux passions, deux opinions. Voici que, tout en parlant eux-mêmes, des interlocuteurs *laissent* parler, si bien qu'au bout du compte c'est le discours *(logos)* même qui parle en chacun d'eux, l'universel qui se manifeste. Voici qu'une exigence de droit se profile : ce qui justifie, ce qui fonde, ce qui légitime, c'est désormais la *raison (logos).* Il n'y a pas à s'étonner que le mot grec *logos* signifie à la fois « discours » et « raison ». Le discours tire son efficacité pour réconcilier les humains et pour ordonner leurs conduites, non pas simplement du fait qu'il peut convaincre autrui, mais bien plus encore de ce qu'il peut être *vrai,* exprimer correctement ce qui *est*[2].

Jacqueline de Romilly a du reste magnifiquement montré, encore récemment, que dans l'héritage des valeurs transmises d'abord, en notre tradition, par les anciens Grecs, le refus de la violence tient la première place. La violence est pour eux ce qui risque de perdre les humains et la justice s'avère le seul moyen d'y faire face. « L'importance de la justice comme point de départ de toute civilisation se rencontre pratiquement chez tous les auteurs », qui se révèlent toujours prêts à mettre en question, à plaider le pour et le contre des divers problèmes. Dans une tragédie d'Euripide, par exemple, « on trouve presque toujours au moins un grand débat organisé comme un véritable procès et cherchant la vérité à travers des thèses opposées que commente brièvement le chœur. Ce débat qu'on appelle l'agôn est essentiel au progrès de la pensée grecque et il est le reflet des usages de

1. Éric Weil, *Logique de la philosophie,* Paris, Vrin, 1967, p. 58 ; Paul Ricœur, *loc. cit. ;* Éric Weil, *Philosophie politique,* Paris, Vrin, 1971, p. 233.

2. Cf. Éric Weil, *Logique de la philosophie, op. cit.,* p. 54 sq. ; François Châtelet, *Platon,* Paris, Gallimard, 1965 ; *Hegel,* Paris, Le Seuil, 1968.

la justice »[1]. Il est aisé de reconnaître dans cet agôn, dans cette « lutte », les mêmes traits essentiels qu'au dialogue : la libre confrontation de positions contraires permet de mieux approcher le juste et le vrai.

De tels débats sont d'autant plus nécessaires aujourd'hui qu'on peut se demander si la pire des pathologies n'est pas d'ordre idéologique, à preuve les explosions inimaginables de violence et les atrocités innommables perpétrées au nom d'une idéologie ou d'une autre, nazisme en tête, au XXe siècle. Isaiah Berlin aimait rappeler qu' « il y a plus de cent ans le poète allemand Heine avertit les Français de ne pas sous-estimer le pouvoir des idées : des concepts philosophiques entretenus dans le calme du cabinet de travail d'un professeur pouvaient détruire une civilisation »[2].

La gravité d'une crise au sein de l'univers des connaissances et des communications, où la télévision occupe de nos jours celle du plus grand des pouvoirs, ne saurait être exagérée. Dans la mesure où les réalités d'ordre éthique, écologique, économique, politique, dont nous sommes responsables, dépendent de nos connaissances ou de leurs contraires (ignorances, erreurs), de même que de leur diffusion, il y a forcément une relation de causalité directe entre cette crise et les diverses autres crises – éthique, économique, politique, écologique – qui secouent notre monde. Le fait qu'il y ait aussi d'autres causes n'enlève pas la part de responsabilité humaine.

Le problème est bien résumé par Karl Popper : la télévision pourrait être « un remarquable outil d'éducation », mais elle sert plutôt à éduquer « nos enfants à la violence ». L'argument selon lequel on doit se fier à l'audimat pour offrir aux gens ce qu'ils attendent n'est nullement respectueux de la démocratie. Il est faux que de présenter des émissions de plus en plus médiocres corresponde aux principes de la démocratie. « Bien au contraire, la démocratie a toujours cherché à élever le niveau d'éducation ; c'est là son aspiration authentique. » L'esprit démocratique « a toujours été d'offrir, à tous, les possibilités les meilleures et les meilleures chances ». L'éducation est nécessaire dans toute société civilisée, dont les citoyens ne sont pas « le produit

1. Jacqueline de Romilly, *La Grèce antique contre la violence,* Paris, Éd. de Fallois, 2000, p. 17, 20 ; cf. son grand ouvrage, *La douceur dans la pensée grecque,* Paris, Les Belles Lettres, 1979 ; Pluriel, 1995.

2. Isaiah Berlin, *The Proper Study of Mankind,* An Anthology of Essays, edited by Henry Hardy and Roger Hausheer, New York, Farrar, Straus & Giroux, 1997, p. 192. Voir aussi Isaiah Berlin, *The Power of Ideas,* ed. Henry Hardy, New Jersey, Princeton, 1998.

du hasard, mais d'un processus éducatif. Or, la civilisation consiste essentiellement à réduire la violence ».

Les enfants ont la tâche difficile de s'adapter à leur environnement. L'« orientation dans le monde », l'aptitude à y trouver son chemin, dépendent initialement de cet environnement. Les familles où règne la violence génèrent des « enfants difficiles ». Or, « de nos jours [observe Popper], la violence s'est déplacée, s'emparant des écrans de télévision ». Les enfants y « contemplent la violence, jour après jour, pendant des heures. Il me semble, de par mon expérience, que nous atteignons là un point très important, voire capital. La télévision produit de la violence et introduit celle-ci dans des foyers qui autrement ne la connaîtraient pas ». À quoi s'ajoute le fait que les enfants, comme certains adultes même, ne font pas toujours bien la distinction entre la fiction et la réalité[1].

Ce dernier point est lui aussi capital. Pierre Bourdieu marque un point analogue en observant que « la télévision peut, paradoxalement, cacher en montrant ». Marc Augé constate à son tour que « nous vivons dans un monde d'images qui n'est ni vrai ni faux » ; pour des événements comme les guerres, l'image télévisée reste trompeuse : « ne montrant pas tout, elle ne dit rien ; ne disant pas tout, elle ne montre rien ». L'invasion des images que nous subissons aujourd'hui – « reçues plus passivement, à travers des écrans, et plus solitairement » – crée « un nouveau régime de fiction qui affecte aujourd'hui la vie sociale, la contamine, la pénètre, au point de nous faire douter d'elle, de sa réalité, de son sens et des catégories (l'identité, l'altérité) qui la constituent et la définissent ». C'est dire que « l'ennemi est en nous, déjà au cœur de la place, intra- plutôt qu'extra-terrestre ». La consommation passive des images qui circulent est « un puissant facteur de désintégration collective et d'aliénation individuelle »[2].

1. Karl Popper et John Condry, *La télévision : un danger pour la démocratie,* trad. Claude Orsoni, Paris, Anatolia Éditions, Bibliothèques 10/18, 1994, p. 20, 24-25, 33, 28-30, 33-34. Voir en outre American Psychological Association, *Violence on Television,* http://www.apa.org/pubinfo/violence.html ; et *Violence in the Media,* NCADI (National Clearinghouse for Alcohol and Drug Information) : CSAP (Centre for Substance Abuse and Prevention), http://www.health.org/govpubs/ms714/index.htm

2. Pierre Bourdieu, *Sur la télévision,* Paris, Liber Éditions, 1996, p. 17 sq. ; Marc Augé, *Le stade de l'écran,* in *L'empire des médias,* Manière de voir, 63, *Le Monde diplomatique,* mai-juin 2002, p. 34 ; *La guerre des rêves,* Paris, Le Seuil, 1997, p. 39, 11, 19, 42. Voir aussi Robert Kuby, Robert and Mihaly Csikszentmihalyi, *Television and the Quality of Life. How Viewing Shapes Everyday Experience,* Hillsdale, New Jersey, Lawrence Erlbaum Associates, 1990 ; et *Television Addiction Is No Mere Metaphor,* in *Scientific American,* February, 2002, http://www.sciam.com/2002/0202issue/0202kubey.html

Force est de constater que le petit nombre de pays détenant pour l'instant le monopole des « industries culturelles » en distribuent les produits insignifiants en tout point de la Terre à un public toujours plus large, érodant les spécificités culturelles, transmettant des systèmes implicites de valeurs, contribuant puissamment à la montée du « très grand vice » de la banalité (Baudelaire), d'une nouvelle « double ignorance », si on peut se permettre de reprendre ici une formule chère à Platon. L'ignorance ignorée qui fait vivre dans l'illusion de savoir alors qu'on ne sait pas est la cause des pires maux humains. La célèbre allégorie dite de la caverne l'illustre bien sous la forme de prisonniers enchaînés depuis longtemps au fond d'une caverne, où ils sont devenus experts en des ombres qu'ils prennent pour la réalité même, faute de rien connaître d'autre. Jean-Jacques Wunenburger et Alvin Kernan n'ont pas tort de voir en cette allégorie une clé du système télévisuel dominant. « La télévision, écrit ce dernier, est l'actualisation technologique de la caverne de Platon, un média de masse contrôlé par la publicité et soumis par suite à un marché de masse, projetant sur l'écran des images presque totalement fausses du monde. La fausseté est inscrite en un dispositif pavlovien qui fonctionne en déclarant à ses sujets comme ils sont libres et individuels tout en les conditionnant. À quel degré elle a rendu triviale et vulgaire la vie américaine n'a pas encore été, je pense, pleinement compris, mais les contours sont clairs pour quiconque regarde. Les Américains sont un peuple différent de ce qu'ils ont été et ce qu'ils sont a été largement fabriqué par la TV. »[1]

Aldous Huxley reprochait à certains artistes de son époque d'ignorer les thèmes les plus évidents, tant ils étaient horrifiés par les excès de l'art populaire. Toute vérité évidente n'est pas grande ; les banalités abondent. Mais toutes les grandes vérités sont évidentes. Ainsi l'amour des mères pour leurs enfants, la brièveté de l'existence, la beauté du premier amour. Or les producteurs d'art populaire les assènent, disait-il, avec une telle ineptie qu'elles deviennent pénibles au

1. Alvin Kernan, *In Plato's Cave,* Yale University Press, 1999, p. 232-233 ; cf. Jean-Jacques Wunenburger, *L'homme à l'âge de la télévision,* Paris, PUF, 2000, p. 20. Voir en outre André Pratte, *Les oiseaux de malheur. Essai sur les médias d'aujourd'hui,* Montréal, VLB Éd., 2000. Sur le kitsch en question, cf. Milan Kundera, *L'insoutenable légèreté de l'être,* trad. Françoise Kérel, Paris, Gallimard, 1984 : « S'il n'y a aucune différence entre le noble et le vil (...), l'existence humaine perd ses dimensions et devient d'une insoutenable légèreté » (p. 307) ; « Le rêve de Tereza dénonce la vraie fonction du kitsch : le kitsch est un paravent qui dissimule la mort » (p. 318) ; « Au royaume du kitsch totalitaire, les réponses sont données d'avance et excluent toute question nouvelle. Il en découle que le véritable adversaire du kitsch totalitaire, c'est l'homme qui interroge » (p. 319). Voir en outre Philippe Breton, *La parole manipulée,* Paris, La Découverte / Poche, 2000.

point qu'on en éprouve une sorte de honte et qu'elles finissent par ressembler à d'énormes mensonges. De là cette répugnance et cette peur chez des artistes pourtant d'une grande sensibilité. On préférait – toujours selon Huxley – la machine, la foule, le corps musclé, à l'âme, la solitude, la nature. La terreur qu'inspire l'évident aurait incité des écrivains à de laborieux efforts pour détruire le langage lui-même. « Ceux qui sont complètement logiques et sans pitié affichent un nihilisme total et voudraient voir l'abolition de tout art, de toute science et de toute société organisée. C'est extraordinaire jusqu'où une peur panique peut conduire ses victimes. » Ce qu'il y avait de plus audacieux dans l'art critiqué aurait résulté bien plutôt de cette terreur devant l'évident. « En prétendant que certaines choses ne sont pas là, alors qu'en fait elles y sont, une part considérable de l'art moderne se condamne à l'incomplétude, la stérilité, la décrépitude prématurée et la mort. »[1] Peut-être cette critique n'est-elle pas fondée quant à l'art de son temps, mais elle jette une lumière impossible à ignorer sur le statut actuel de la télévision.

Dans le mythe qui porte son nom, Narcisse ignore qu'il est la cause du reflet qu'il regarde. Il n'a personne dans sa vie, ni lui-même ni personne d'autre. Moi = Moi est l'équation de la psychose, du mélancolique concentré sur lui-même dans le vide. Des objets de notre fabrication se substituent aux humains autour de nous, offrant autant de reflets de nous-mêmes, rien d'autre. « Des milliards d'écrans disent le refus de Dieu » (Paul Chamberland). Jean Baudrillard décelait naguère à juste titre « la perte de la relation humaine (spontanée, réciproque, symbolique) » comme le fait majeur de nos sociétés[2]. Mondialiser de pareils modèles équivaut à mondialiser cette forme extrême de violence qu'est le suicide.

On aura compris que s'en tenir au seul risque mimétique de la télévision, en accusant la violence imagée d'engendrer la violence réelle, est insuffisant, même si ce risque ne fait aucun doute. L'enfant apprend tout au départ, langues et le reste, par imitation, et on sait depuis longtemps, nous l'avons rappelé, que l'affection naturelle pour les êtres et les choses connus en premier lieu laisse des marques indélébiles. Or un nombre croissant de jeunes sont sevrés de l'affection, du

1. Aldous Huxley, « Art and the Obvious », in *Music at Night* (1931), London, Penguin Books, 1950, p. 22-27.

2. Cf. Pierre Vadeboncœur, *L'humanité improvisée,* Montréal, Bellarmin, « L'essentiel », 2000, qui cite ce mot de Paul Chamberland et précise qu'écran est aussi à prendre « dans l'autre sens du terme » (p. 81) ; Jean Baudrillard, *La société de consommation,* Paris, Gallimard, « Idées », 1970, p. 18.

respect et de l'attention qui sont les conditions les plus indispensables au développement de l'esprit, nous l'avons rappelé également ; des objets comme le téléviseur induisent ainsi à la violence par défaut, notamment par le spectacle d'une violence brute et insensée qui se compare aux électrochocs qu'on administrait naguère aux malades mentaux. On doit à René Girard d'avoir démontré à quel point nos désirs mêmes sont mimétiques, suscités par des modèles, donc des désirs selon l'autre plutôt que selon soi. Et si cet autre était la télé ? L'identification affective à cet objet fugace et instable plutôt qu'à une présence réelle et à une histoire constituée n'augure rien de bon. Mais c'est là un champ suffisamment exploré par ailleurs, où nous ne nous aventurerons pas davantage[1].

Jean-Jacques Wunenburger nous semble avoir raison d'insister sur le fait que, plus encore cependant, « sous forme d'obsession poussant au passage à l'acte ou sous forme d'inhibition traumatique, ces images de violence quotidienne agressent l'individu, l'usent, l'appauvrissent, bref le dénaturent, l'aliènent ». Il rejoint à cet égard Iris Murdoch qui parlait de blessure profonde causée à la vie intérieure « par l'imposition d'images banales ou pornographiques ou violentes à la télévision ». Comme une cause majeure de la violence contre autrui et contre soi-même, nous retiendrions pour notre part l'ennui et la tristesse extrêmes entretenus par l'invasion d'images sans contenu, insignifiantes. Le « désir éperdu de clarté dont l'appel résonne au plus profond de l'homme » (Camus), le désir de sens, est si fort en nous qu'il ne peut que conduire au désespoir celles et ceux – les jeunes en particulier – qui, privés de parole efficace, sont plus conscients qu'on ne le pense de la grande découverte de Flaubert au XIXe siècle : cette bêtise qui non seulement « ne s'efface pas devant la science, la technique, le progrès, la modernité », mais au contraire, avec le progrès, « progresse elle aussi » (Kundera), sous la forme de la non-pensée des idées et des images reçues, dont la montée irrésistible, programmée, envahit désormais nos écrans. À force d'être consommées dans leurs représentations

1. Cf. René Girard, *Mensonge romantique et vérité romanesque*, Paris, Bernard Grasset, 1961 ; Pluriel, 2000, en particulier le chapitre premier sur le « désir triangulaire », p. 15-67. Pour une étude statistique récente d'effets au premier degré de la violence télévisée, voir Jeffrey G. Johnson, Patricia Cohen, Elisabeth M. Smalles, Stephanie Kasen, Judith S. Brook, *Television Viewing and Aggressive Behavior during Adolescence and Adulthood*, in *Science*, 29 March 2002, vol. 295, p. 2468-2471. Voir en outre Mark Crispin Miller, *Boxed in The Culture of TV*, Northwestern University Press, 1989 ; et, du même, *The Merchants of Cool*, Interview, Frontline http://www.pbs.org/wgbh/pages/frontline/shows/cool/interviews/crispinmiller.html, où l'auteur fait état d'émissions très populaires pour enfants dans lesquelles les adultes seraient systématiquement diabolisés.

à la télévision, par exemple, les pires horreurs paraissent étrangement irréelles à certains, comme des phantasmes : « La vérité de la chose vue, télévisée, magnétisée sur bande, c'est précisément que *je n'y étais pas*. Mais c'est le plus vrai que le vrai qui compte, autrement dit le fait d'y être sans y être, autrement dit encore le *phantasme* » (Baudrillard)[1].

L'alternative violence/*logos* demeure en somme inéluctable. À proportion que décroît la culture, la violence croît. Nous retrouvons ici cette nécessité absolue du sens *(meaning)*, confirmée par des millénaires d'expérience humaine et qu'un peu de réflexion critique doit suffire à faire voir. La télévision conjugue mots et musique, couleur et mouvement, elle offre un élargissement de l'expérience humaine au potentiel considérable, qui doit en principe susciter l'enthousiasme. La précision et la mobilité des images confèrent en outre au cinéma et à la télévision une capacité émotive particulièrement grande, analogue à cet égard à celle de la musique. Car les émotions, le nom l'indique, sont elles-mêmes des mouvements. Musique et cinéma réunis, s'ajoutant au pouvoir exceptionnel des images sur la vie intime, augmentent d'autant l'impact, auprès de la jeunesse tout spécialement, de ce qui pourrait être un grand art. Dans les faits toutefois, ainsi que le constate Alvin Kernan, l'image télévisuelle reste simplette : *what you see is what you get*. Cinquante ans de télévision n'ont pas rendu jusqu'à présent « un seul écrivain, ni même aucun directeur, célèbre – elle n'a fait que des stars. Ses œuvres sont éphémères, vues un instant sur l'écran et puis, sauf pour les reprises, disparues pour toujours, jamais appelées à vivre de longues vies sur des rayons de bibliothèque. Sa substance est l'image visuelle et l'oralité, non le mot imprimé plus abstrait, et elle n'encourage dès lors pas la complexité intellectuelle – l'ironie, l'ambiguïté, le paradoxe – ni la structure élaborée des idées qui caractérise les livres imprimés »[2].

Loin de s'y complaire ou de l'exploiter, les tragédies grecques dénonçaient précisément le caractère odieux de la violence. Le verbe incomparable de leurs auteurs, celui d'un Shakespeare plus tard, pose d'autre part de manière exemplaire les questions ultimes, donne à penser le sens de la vie, par-delà ses absurdités et ses violences, sans masquer ces dernières, et célèbre la grandeur humaine. Mais juste-

1. Jean-Jacques Wunenburger, *op. cit.*, p. 2 ; Iris Murdoch, *Metaphysics as a Guide to Morals*, London, Penguin Books, 1993, p. 308 sq. ; Albert Camus, *Le mythe de Sisyphe*, Paris, Gallimard, 1942, p. 37 ; Milan Kundera, *L'art du roman*, Paris, Gallimard, « Folio », 1986, p. 195-196 ; Jean Baudrillard, *La société de consommation*, *op. cit.*, p. 31-32.

2. Alvin Kernan, *In Plato's Cave*, *op. cit.*, p. 233-234.

ment, « les productions les plus hautes de l'humanité, les mathématiques, la poésie, la littérature, la philosophie, toutes ces choses ont été produites contre l'équivalent de l'audimat, contre la logique du commerce »[1].

Le cinéma, art universel, contemporain, populaire, offre lui aussi de magnifiques contre-exemples qui devraient inspirer davantage les médias. On l'a beaucoup critiqué non sans raison, dans l'École de Francfort en particulier, comme faisant partie de la culture de masse, objet des manipulations des industries culturelles. On lui a reproché d'aller trop vite pour la réflexion, de détruire la distance dont jouissent le théâtre et la musique. Il n'empêche qu'il peut faire appel à la littérature et au théâtre, à la musique et à la danse, à l'imagination symbolique, à l'humour, à la beauté de la nature, la lumière et la couleur, au mouvement aussi mais autrement que la musique, et surtout faire pressentir, mieux que tout autre art peut-être, le rôle de la contingence, le mystère abyssal du quotidien, de ce qui est donné à la vue dans la vie « ordinaire ». Même si « une tragédie du théâtre grec antique, dont l'action dramatique était beaucoup plus éloignée de mon monde et de mes expériences, pouvait me toucher à un niveau plus profond et plus personnel », écrit Bruno Bettelheim, les films exercent pour leur part la même fascination envoûtante que les rêves. « Comme dans le rêve, ce qui se passe sur l'écran peut avancer ou reculer dans le temps et dans l'espace. Le monde du rêve et celui du film sont l'un et l'autre un perpétuel *maintenant.* » Plus d'un chef-d'œuvre du cinéma, tel *Kagemusha* du cinéaste japonais Kurosawa, ont su nous persuader de la grandeur des humains les plus ordinaires et s'adresser aux préoccupations humaines les plus profondes et donc les plus universelles.

La force de communication du cinéma s'explique aussi en partie par le pouvoir sur la vie intime d'images qui lui font entreprendre une sorte de voyage intérieur où elle se confronte à d'autres. « Il va directement à nos sentiments, en profondeur, jusque dans la chambre noire de l'âme » déclare Bergman. John Berger voit également la clé de sa nostalgie et de son attrait dans ce qu'il appelle son sujet essentiel : « L'âme, à laquelle il offre un refuge global. » Le cinéma possède lui aussi le pouvoir de susciter l'émerveillement fondateur devant la splendeur du monde et de nos vies, que « la chaîne de toutes ces impressions inexactes où ne reste rien de ce que nous avons réellement éprouvé, qui constitue pour nous

1. Pierre Bourdieu, *op. cit.*, p. 29 ; cf. p. 5. Voir Harold Bloom, *Shakespeare, the Invention of the Human,* New York, Riverhead Books, 1998.

notre pensée, notre vie, la réalité » – que « ce mensonge-là » nous empêche trop souvent de plus jamais voir[1].

Nous ne croyons donc pas du tout que la solution proposée par Popper de soumettre la télévision à une censure et à un contrôle soit la bonne[2]. Il n'est pas d'autre solution réaliste, ici encore, que celle de l'éveil et l'éducation du jugement par des modèles d'un autre ordre. C'est en œuvrant au sein de la culture elle-même – et pourquoi pas dans le monde de la télévision lui-même – qu'on a les meilleures chances de trouver remède au mal. Nous le répétons, la télévision offre un potentiel considérable de culture et peut en outre servir la démocratie en favorisant une véritable « interactivité », de vrais débats[3]. Il faut miser sur la prise de conscience, discuter lucidement des pathologies concernées, tenter d'en cerner les causes et y chercher remède. Il faut qu'une réflexion collective et des débats publics, sereins et objectifs, sans restrictions indues de temps de parole et sans audimat, puissent s'ouvrir.

2 / LE POUVOIR DE LA BEAUTÉ

Dans le roman de Dostoïevski, *L'Idiot,* un athée appelé Hyppolite demande au prince Mychkine : « Est-il vrai, prince, que vous avez dit, un jour, que la « beauté » sauverait le monde ?... Quelle beauté sauvera le monde ? » Et dans les *Carnets* des *Démons,* Dostoïevski écrit : « La beauté est plus importante, la beauté est plus utile que le pain (...), la beauté seule est le but en vue duquel l'homme vit et la jeune génération périra si elle se trompe ne fût-ce que sur les formes de la beauté. »[4] Mais en quoi donc la beauté sauverait-elle le monde ? Et quelle beauté, en effet, question à laquelle le prince Mychkine ne répond pas.

1. Bruno Bettelheim, *Le poids d'une vie,* trad. Théo Carlier, Paris, Robert Laffont, 1991, p. 154-155 ; John Berger, *Keeping a rendez-vous,* New York, Pantheon Books, 1991, p. 154-155 ; Marcel Proust, *Le Temps retrouvé,* in *À la recherche du temps perdu,* III, Paris, Robert Laffont, 1987, p. 724-725.

2. Cf. Karl Popper, *op. cit.,* et *La leçon de ce siècle,* Entretien avec Giancarlo Bosetti, traduction de Jacqueline Henry et Claude Orsoni, Paris, Anatolia Éditions, 1993, p. 69 sq.

3. Voir Dominique Wolton, *Éloge du grand public. Une théorie critique de la télévision,* Paris, Flammarion, 1990, et le discours tout à fait remarquable d'Adrienne Clarkson, gouverneur général du Canada, *in* http://www.gg.ca/media/doc.asp?lang=f&DocID=1020.

4. Dostoïevski, *L'Idiot,* trad. A. Mousset, B. de Schloezer, S. Luneau, Paris, Gallimard, « La Pléiade », 1953, p. 464 ; *Carnets des Démons,* in *Les Démons,* trad. Boris de Schloezer, Paris, Gallimard, « La Pléiade », 1955, p. 974.

Ce que la question rend en tout cas clair, c'est que le monde ne sera pas sauvé par n'importe quelle beauté. Il doit en exister une qui peut le sauver, une autre qui peut le perdre. Ce que corrobore la prédiction des *Carnets* des *Démons* : se tromper sur les formes de beauté pourrait faire périr la jeune génération. Nous retrouvons ici l'indétermination initiale de notre condition humaine, sur le plan affectif comme sur le plan intellectuel, évoquée au chapitre précédent.

C'est ce que figurait avec humour le mythe d'Épiméthée que Platon attribue à Protagoras : petit dieu étourdi chargé de distribuer les qualités et facultés aux mortels, Épiméthée se serait trouvé bien dépourvu une fois parvenu au genre humain, car il « avait déjà dépensé, sans y prendre garde, toutes les facultés en faveur des animaux ». Si bien que quand ensuite survient Prométhée, il voit toutes les autres espèces « harmonieusement équipées, et l'homme nu, sans chaussures, sans couvertures, sans armes » (Platon, *Protagoras,* 321 *c*).

On se souvient du mot de Pic de la Mirandole : l'homme est pour commencer « indistinct ». C'est dans le pouvoir d'autodétermination que réside la dignité humaine et c'est là qu'il trouve le champ où exercer, de façon privilégiée, sa liberté. En le créant libre, Dieu, le « parfait artisan », disait à l'homme : « Je t'ai mis au milieu du monde, afin que tu puisses mieux contempler autour de toi ce que le monde contient. Je ne t'ai fait ni céleste ni terrestre, ni mortel ni immortel, afin que, souverain de toi-même, tu achèves ta propre forme librement, à la façon d'un peintre ou d'un sculpteur. Tu pourras dégénérer en formes inférieures, comme celles des bêtes, ou régénéré, atteindre les formes supérieures, qui sont divines. » En réalité, « les bêtes, au moment où elles naissent, portent en elles dès la matrice de leur mère, comme dit Lucilius, tout ce qu'elles auront. (...) Mais dans chaque homme, le Père a introduit des semences de toutes sortes, des germes de toute espèce de vie. (...) Qui n'admirerait ce caméléon que nous sommes ? »[1].

Il revient à nous, en somme, de choisir, de nous définir. Mais les propos de Dostoïevski suscitent naturellement une autre question. Pourquoi la beauté véritable serait-elle si importante et si utile que les jeunes périraient faute de l'avoir connue ? Comment prétendre que le beau soit plus « utile » que le pain, dans un contexte, par exemple, de famine et de pauvreté extrêmes, comme on en trouve de plus en plus dans le monde actuel ? Le pain est nécessaire à la survie du corps et

1. Jean Pic de la Mirandole, *De dignitate hominis,* in *Œuvres philosophiques,* trad. Olivier Boulnois et Giuseppe Tognon, Paris, PUF, 1993, p. 5-6. Jean Pic reprend ainsi le mythe d'Épiméthée, mais s'inspire en outre du livre de la Genèse (I, 26-28) et du *Timée* de Platon (41 *b* sq.). L'image du caméléon se retrouve chez Aristote (*EN,* I, 11, 1100 *b* 6).

qui meurt de faim n'est guère en mesure d'apprécier la beauté. Mais cette survie ne résistera pas non plus à une absence de sens. Il est difficile de ne pas penser ici, de nouveau, au suicide de nos jeunes, que n'empêche pas le pain, mais que pourrait empêcher une première découverte d'un sens à la vie donnée par l'expérience du beau. Qu'est-ce qui rend la vie digne d'être vécue ? Et de toute manière, comme nous le verrons au chapitre IV, seule la beauté morale appelée justice pourra jamais remédier aux inégalités inadmissibles qui génèrent ces famines et ces pauvretés qui vont partout croissant dans le monde d'aujourd'hui, et dont la cause première est la rapacité de quelques-uns, laideur par excellence s'il en est[1].

La Beauté de Béatrice chez Dante ennoblit, celle d'Hélène chez Homère conduit au désastre. La question des formes de beauté posée par Dostoïevski est tout de suite claire en présence du visage. On constate que, dans l'icône, le corps sert de support au visage, qui retient le regard : on y entrevoit les sentiments, la pensée, la vie intime. De même, si on veut, à un autre niveau, la *Joconde*. « La plus belle façade du monde [écrit Jean-Luc Marion] ne peut donner que ce qu'elle a, un effet de surface. Le visage se montre d'autant mieux qu'il laisse entrevoir le retrait d'où il provient ; par cette provenance il ouvre une profondeur, à partir de laquelle un regard peut nous arriver d'ailleurs – un regard plus ancien et plus lointain que le nôtre, sur lequel il vient, pèse et qu'il contredit ; le visage comme tel m'adresse un regard, qui exerce d'emblée comme un appel et un commandement »[2].

Mais le visage n'est souvent que l'occasion de représenter autre chose, réduisant la beauté féminine, par exemple, à celle d'un objet plutôt que d'un sujet : avilissement grave, puisque la femme n'est alors plus considérée pour elle-même, mais en fonction de l'homme ou d'un marché quelconque. Ou la réduisant au statut de l'idole. Or « l'idole fascine, et captive le regard, précisément parce qu'en elle il ne se trouve rien qui ne se doive exposer au regard, l'attirer, le combler, le retenir ». Elle « masque d'autant mieux l'invisible qu'elle se marque de plus de visibilité »[3].

1. Voir Sylvie Brunel, *La Faim dans le monde. Comprendre pour agir,* Paris, PUF, 1999. « L'un des faits les plus remarquables de la terrible histoire de la faim, c'est qu'il n'y a jamais eu de famine grave dans aucun pays doté d'une forme démocratique de gouvernement et possédant une presse relativement libre » (Amartya Sen, *El Pais,* Madrid, 16 octobre 1998). Voir d'autre part François de Bernard, *La Pauvreté durable,* suivi de : *Le gouvernement de la pauvreté,* Paris, Éd. du Félin, 2002.

2. Jean-Luc Marion, *Le phénomène érotique,* Paris, Grasset, 2003, p. 258-259.

3. Jean-Luc Marion, *Dieu sans l'être,* Paris, PUF, « Quadrige », 1991, p. 18, 41. Cf., du même auteur, *L'idole et la distance,* Paris, Grasset, 1977.

D'autres illustrations de fausses beautés abondent en musique, comme l'a bien marqué Pascal Quignard, dans *La haine de la musique,* faisant état de l'usage qu'on fit à Auschwitz d'une certaine musique dans l'exécution de millions d'êtres humains, de la violence que certaines formes de musique peuvent engendrer ou favoriser, à un degré croissant d'ailleurs au moment où nous écrivons ceci, et de leur « violence propre, originaire » qui pourtant aujourd'hui nous assaille, à la campagne comme à la ville. Il faut être bien naïf, ou de mauvaise foi, pour ne pas voir à quel point, comme l'écrit Michael Prowse, les modes sociales sont plus que jamais, médias aidant, absorbées comme par des éponges ; certaines musiques, qui ont fortement contribué à susciter des assassinats de jeunes, se comparent à de la strychnine – absorbée, là encore, par des éponges[1].

Nous voilà de nouveau reconduits au thème de la violence. Qu'en est-il cependant de la beauté ?

On a parlé de nos jours de la mort du beau, puis de la mort de la mort du beau. Il est à craindre que ce ne soient là propos d'intellectuels en mal de formules convenues et de modes, comparables aux « aveugles de génie » de la célèbre nouvelle de H. G. Wells, *Le pays des aveugles* : « Depuis quatorze générations, ces gens vivaient aveugles et séparés de l'univers visible et voyant. Tous les termes concernant la vue étaient tombés en désuétude ; les souvenirs de l'extérieur s'étaient atténués et transformés en histoires enfantines, et les habitants avaient cessé de s'intéresser à ce qui existait en dehors des pentes rocheuses dominant leur mur d'enceinte. Des aveugles de génie étaient nés parmi eux, qui avaient révoqué en doute les lambeaux de croyance et de traditions remontant à l'époque où leurs ancêtres voyaient, et qui avaient écarté tout cela comme autant de rêveries illusoires, et l'avaient remplacé par de plus saines explications. »[2]

Plus pertinente nous semble la question : pourquoi aime-t-on tant, de fait, la beauté, sous une forme ou une autre ? Pourquoi le feu fascine-t-il ? L'éclair que l'on voit dans la nuit, demandait Plotin, pourquoi est-il beau ? D'où nous vient l'admiration devant certains visages burinés par le temps, ou un regard d'enfant ? Pourquoi retourne-t-on sans cesse voir le même chef-d'œuvre, émerveillé chaque fois davantage, si bien que sa

1. Cf. Pascal Quignard, *La haine de la musique,* Paris, Calmann-Lévy, 1996 ; Gallimard, « Folio », p. 197-285 ; nous en avons parlé plus longuement dans *La nouvelle ignorance et le problème de la culture, op. cit.,* p. 148-150 ; et Michael Prowse, Idols should take rap for a violent society, in *Financial Times,* June 12, 2003.

2. H. G. Wells, *Le pays des aveugles,* trad. Henry D. Davray et B. Kozakiewicz, Paris, Mercure de France, 1914 ; « Folio », 1984, p. 22-23.

beauté « croît » ? Peut-on prétendre ignorer tout de l'éblouissement de la beauté intelligible, comme celle des mathématiques, où d'aucuns trouvent, avec Russell, la « beauté suprême, beauté froide et austère (...) sublimement pure » ? Nous admirons la beauté d'actions généreuses ou héroïques, voire tout simplement justes. Sans parler de la lumière irréductible qu'il nous arrive de rechercher par-delà ce « visage énigmatique, clos par l'évidence même de la beauté, visage encore scellé », qui surgit de partout. Pourquoi donc, malgré d'innombrables divergences de nature et de goût, tout être humain est-il attiré par le beau et s'écarte de ce qui lui semble laid, pourquoi sommes-nous ainsi faits ? Pourquoi est-ce la beauté qui, dit Platon, « attire le plus l'amour *(erasmiôtaton)* », pourquoi, selon le mot de Rilke, « le Beau n'est-il rien autre que le commencement de terrible, qu'à peine à ce degré nous pouvons supporter encore », au point de suggérer « que nous n'habitons pas vraiment chez nous, dans le monde interprété »[1] ? Comment comprendre ces propos d'Alain : « La beauté souveraine n'existe nullement en image. Et le grand poète, si connu, si familier en ses préparations, étonne toujours par le trait sublime, qui n'existe qu'un moment par la voix, et ne laisse point de sillage. Ainsi le printemps ne parle jamais qu'une fois ; plusieurs fois, c'est toujours une fois. L'oreille n'est nullement préparée, ni habituée. Comme la cathédrale, au tournant de la rue, étonne toujours et toujours de la même manière ; ou plutôt, il n'y a point de manière, mais une chose infatigable et un sentiment neuf. Ainsi le miracle du rossignol sonne comme Virgile. La beauté n'est jamais connue. »[2]

On voit apparaître, dans un contexte ironique, une première définition du beau dans l'*Hippias Majeur* (attribué à Platon), reprise ensuite par Plotin : le beau est « ce qui plaît à la vue et à l'ouïe »[3]. Qui refuserait que le beau soit au moins cela ? Dans la réflexion sur le beau au cours de l'histoire, l'insistance sur la vue et, accessoirement, sur l'ouïe, sera constante[4]. On ne juge jamais « belles », à proprement parler, les

1. Cf. respectivement, Plotin, *Ennéades,* I, 6, 1 ; John Keats, *Endymion,* 1-2 : « A thing of beauty is a joy for ever :/ Its loveliness increases » ; Bertrand Russell, *Mysticism and Logic* (1917), New York, Doubleday, p. 57 (comparer Aristote, *Métaphysique,* M, 3, 1978 *a* 31 - 1078 *b* 5) ; Olivier Clément, *Questions sur l'homme,* Paris, Stock, 1972, p. 185 sq. ; Platon, *Phèdre,* 150 *d* 8 ; Rainer Maria Rilke, *Première Élégie de Duino,* trad. A. Guerne, Paris, Le Seuil, 1972, p. 9. Voir Jean-François de Raymond, *La beauté morale,* in *Laval théologique et philosophique,* 56, 3 (octobre 2000), p. 425.

2. Alain, *Le rossignol,* dans *Propos I,* Paris, Gallimard, « La Pléiade », 1956, p. 262-263.

3. Platon, *Hippias Majeur,* 297 *a* 5 sq. (cf. *Philèbe,* 51 *a-b*) ; Plotin, *loc. cit.*

4. Ainsi Descartes : « sinon que le mot de *beau* semble plus particulièrement se rapporter au sens de la vue » (*Lettre à Mersenne,* 18 mars 1630) ; « mais nous appelons beau ou laid ce qui nous est ainsi représenté par nos sens extérieurs, principalement par celui de la vue, lequel seul est plus considéré que tous les autres » (*Les Passions de l'âme,* art. 85).

réalités perçues par l'odorat, le toucher, le goût. Certes, voir, entendre ont d'autres significations – nous parlons des yeux de l'intelligence, des yeux du cœur, d'avoir « des oreilles pour entendre ». Mais d'où viennent à la vue et à l'ouïe ce privilège ?

On constate d'emblée que, parmi nos sens, la vue et l'ouïe nous apportent le plus de connaissance du « réel », ainsi que le relevait déjà Héraclite[1]. En dehors même de leur utilité, les perceptions sensibles, précise Aristote, « nous plaisent par elles-mêmes, et, plus que toutes les autres, les sensations visuelles ». Non seulement pour agir, mais même lorsque nous ne nous proposons aucune action, nous préférons la vue au reste[2]. Nous aimons, en somme, voir pour voir – une époque aussi visuelle que la nôtre serait malvenue de le nier. On dit bien tenir à quelque chose « comme à la prunelle de ses yeux ». Que la musique manifeste, comme nous le verrons, combien est intime le lien entre le son et la vie émotive, et que le lien de la parole au son mette en relief, de surcroît, le rôle capital de l'ouïe dans la vie de l'intelligence – au point qu'on puisse parler de l'écoute, de la « résonance » même du silence[3] –, voilà qui témoigne assez de la proximité étonnante entre l'oreille, la vie affective et la vie de l'intelligence. Il n'empêche qu'au strict niveau sensoriel la vue atteint tous les corps non seulement en leurs couleurs mais aussi en leurs figures, dimensions, mouvements et nombres, là où l'ouïe doit se contenter des qualités sonores.

Cette faculté d'atteindre les choses mêmes, en certaines de leurs qualités constitutives, en leurs propriétés communes et leurs aspects quantitatifs, la vue la partage avec le plus fondamental de nos sens, le toucher, dont nous avons parlé au chapitre précédent. On le devine, peu de contrastes sont aussi riches en enseignements que celui qui oppose le toucher et la vue, dont la polarité illustre le plus fidèlement notre condition réelle à l'égard de la connaissance – sa pauvreté relative comme sa grandeur. Car connaître, c'est avant tout, pour nous, *voir*. Nous ne disons pas, observait Augustin, « écoute comme cela étincelle », ni : « sens comme cela brille », ni : « goûte comme cela resplendit », ni : « touche comme cela éclate ». C'est le mot *voir* qui convient pour toutes ces impressions, et même nous disons non seulement : « vois quelle lumière ! » (ce que les yeux seuls peuvent faire),

1. Cf. H. Diels et W. Kranz, *Die Fragmente der Vorsokratiker, op. cit.*, 22 B 55 : « J'honore de préférence tout ce dont il y a vue, ouïe, apprendre par expérience » (traduction inspirée de celle de Marcel Conche et de ses commentaires, *in* Héraclite, *Fragments, op. cit.*, p. 264-265).

2. Aristote, *Métaphysique*, A, 1, 980 *a* 21-26, trad. Tricot modifiée.

3. Cf. Martin Heidegger, *Acheminements vers la parole*, trad. J. Beaufret, W. Brokmeier, F. Fédier, Paris, Gallimard, 1976, p. 34.

mais encore : « Vois quel son, vois quelle odeur, vois quelle saveur, vois quelle dureté. » Pour autant qu'ils « explorent quelque objet pour le connaître », nous disons des autres sens qu'ils « voient »[1]. Si l'expérience des autres sens est ainsi rapprochée de la vision, c'est que cette dernière a vraiment, pour nous, valeur de paradigme. Ce qui suggère que les traits essentiels de la vision puissent bien révéler, pour peu qu'on y soit attentif, ceux du connaître humain en sa forme idéale.

« L'œil [écrit Rilke], par qui la beauté de l'univers est révélée à notre contemplation, est d'une telle excellence que quiconque se résignerait à sa perte se priverait de connaître toutes les œuvres de la nature dont la vue fait demeurer l'âme contente dans la prison du corps, grâce aux yeux qui lui représentent l'infinie variété de la création : qui les perd abandonne cette âme dans une obscure prison où cesse toute espérance de revoir le soleil, lumière de l'univers. »[2] Merleau-Ponty, qui cite cette belle page de Rilke, renchérit : « Il faut prendre à la lettre ce que nous enseigne la vision : que par elle nous touchons le soleil, les étoiles, nous sommes en même temps partout, aussi près des lointains que des choses proches (...). Elle seule nous apprend que des êtres différents, « extérieurs », étrangers l'un à l'autre, sont pourtant absolument *ensemble,* la « simultanéité » – mystère que les psychologues manient comme les enfants des explosifs »[3].

Le maître mot de la vision, c'est la clarté, la saisie des différences. D'un coup, l'œil embrasse un espace immense, y discernant à la fois couleurs, lignes, contours, dimensions, nombres, mouvements, physionomies, une multitude de choses diverses et, les rapportant les unes aux autres, les perçoit ensemble. Ni cette simultanéité ni cette ubiquité ne l'empêchent cependant d'atteindre ces objets jusqu'en leurs formes ou figures particulières et leur quantité même, nous venons de le constater à neuf. Non moins expressif que le grec *kosmos* (à la fois ordre, resplendissement, monde), le mot « univers » (étymologiquement : « tourné tout entier d'un seul élan vers ») traduit cette saisie simultanée mais distincte d'une pluralité au sein d'une unité, cette séparation dans l'union que nous nommons « vision claire ». Rien ne permet d'identifier les choses et de les distinguer les unes des autres avec autant d'exactitude que leur figure ; et si celle-ci est accessible au toucher, elle est perceptible à l'œil avec une précision beaucoup plus grande. Ainsi, la splendeur de l'univers nous est bel et bien dévoilée en l'œil.

1. Cf. saint Augustin, *Confessions,* X, 35, 54.

2. Rilke, *Auguste Rodin,* Paris, 1928, p. 150 ; cité par Maurice Merleau-Ponty, *L'œil et l'esprit,* Paris, Gallimard, 1964, p. 82-83.

3. Maurice Merleau-Ponty, *L'œil et l'esprit, op. cit.,* p. 83.

Wittgenstein écrivait, dans ses *Carnets* : « Le miracle, esthétiquement parlant, c'est qu'il y ait un monde. Que ce qui est soit. »[1] Or les arts plastiques témoignent de la merveille proprement inépuisable du simple monde visible. Ainsi le peintre célèbre-t-il ce que Merleau-Ponty appelait « l'énigme de la visibilité ». Il vit dans la fascination. « L'idée d'une peinture universelle, d'une totalisation de la peinture, d'une peinture toute réalisée est dépourvue de sens. Durerait-il des millions d'années encore, le monde, pour les peintres, s'il en reste, sera encore à peindre, il finira sans avoir été achevé. » Il y a une clarté, saisissante et insaisissable, du monde visible, qui émeut l'artiste, qu'il découvre et qu'inlassablement il recrée et *« rend visible ».* Cette clarté n'est pas une possession définitive de l'objet. Tout au contraire, la vision « est elle-même question »[2]. Le mystère du visible n'est pas moins grand que sa révélation.

À quoi s'ajoute l'art qui abstrait et détache de l'univers pour mieux faire éprouver la vie, la subjectivité, comme l'a bien montré Michel Henry : « Kandinsky a fait la découverte de l'abstraction : la découverte de cette vie invisible partout répandue sous l'enveloppe des choses et les soutenant dans l'être. » Et « si l'on réfléchit une dernière fois aux moyens de la peinture, on voit que c'est justement d'être détachés de l'univers, du contexte objectif d'un paysage, par exemple, que couleurs et graphismes tirent leur puissance envoûtante. Et cette puissance, c'est précisément leur subjectivité ». Se fondant sur ce qu'il appelle « la double nature du signe : retrait hors de, et reversion au monde », Paul Ricœur marque de son côté comment « la capacité de faire retour au monde est portée au vif par l'œuvre d'art, précisément parce que le retrait y est infiniment plus radical que dans le langage ordinaire, où cette fonction est comme assourdie, atténuée ». Si bien qu' « à mesure que se creuse l'écart avec le réel, se renforce le pouvoir de morsure sur le monde de notre expérience. Plus est large le retrait, plus est vif le retour sur le réel, comme venant de plus loin, comme si notre expérience était visitée d'infiniment plus loin qu'elle »[3].

Si le mot « voir » s'applique déjà aux autres sens que la vue, il s'emploie autant, de façon analogique, pour les activités plus élevées

1. Ludwig Wittgenstein, *Carnets 1914-1916,* trad. Gilles Granger, Paris, Gallimard, 1971, p. 159 ; le texte se lit : « Das kunstlerische Wunder ist, dass es die Welt gibt. Dass es das gibt, was es gibt » ; d'après *Notebooks 1914-1916,* ed. by G. H. von Wright and G. E. M. Anscombe, Blackwell, Oxford, Second Edition, 1977, p. 86.

2. Maurice Merleau-Ponty, *L'œil et l'esprit, op. cit.,* p. 26, 31, 90, 74, 59 sq.

3. Michel Henry, *Voir l'invisible,* Paris, Éd. François Bourin, 1988, p. 229, p. 231 ; Paul Ricœur, *La critique et la conviction. Entretien avec François Azouvi et Marc de Launay,* Paris, Calmann-Lévy, 1995, p. 263-264.

et plus intérieures de l'intelligence et du cœur. Quand on dit : « je vois », à la suite d'une explication, ce n'est pas à l'œil du corps que l'on pense. « Ce que la vue est au corps, l'intellect *(noûs)* l'est à l'âme. »[1] Mais que veut dire « intellect » ou « intelligence » ? L'étymologie posait autrefois *intelligere* : *intus legere,* « lire à l'intérieur ». Les linguistes préfèrent aujourd'hui *inter-legere,* « cueillir, rassembler, ou trier – parmi », et donc, « lire ». Or, que fait celui qui lit ? L'intellection, écrit Augustin, est comme une lecture : *qui autem intellegit quasi legit* : « Lorsque vous voyez une page d'écriture, si vous ne savez pas lire vous dites : "Qu'y a-t-il d'écrit là ?" Vous voyez déjà quelque chose et vous demandez encore ce qu'il y a. Celui à qui vous demandez l'intelligence de ce que vous avez vu, vous montrera autre chose. Il a d'autres yeux que les vôtres. »[2] Que font ces autres yeux ? Ils reconnaissent un ordre qui a été mis là pour eux et qui n'est que mystère aux yeux de qui n'a pas appris à le voir. Cette reconnaissance suppose la capacité de discerner à travers le divers l'unité qui donne sens. « Cela se fait de cette façon que nous rassemblons les lettres. Sans un tel rassemblement, c'est-à-dire sans la récolte *(die Lese)* au sens de moisson et de vendange, nous ne serions jamais capable de lire *(lesen)* un seul mot, même par une observation rigoureuse des caractères. »[3]

Le propre de l'intelligence est de manifester et, comme l'œil, de faire voir. C'est elle qui voit cet ordre, dans et par-delà le sensible, que la vue ne voit pas plus que l'œil qui ne sait pas lire ne sait déchiffrer le sens de la disposition des signes. Grâce à elle, une immensité nouvelle se découvre. La profusion des arts, des sciences, des cultures même, n'en donne qu'un aperçu. Parmi les êtres de cet univers, il n'est pas de vue plus perçante que la sienne, et sa lecture des choses visibles ne peut s'y confiner. Car de même qu'un œil sain cherche la lumière, s'y retrouve chez soi et s'y réjouit, ainsi l'intelligence valide est-elle sans cesse en quête d'une transparence, intelligible cette fois, intérieure et par conséquent spirituelle, dont la lumière du jour n'offre encore qu'une faible image.

Or, ce qui témoigne avant tout de l'intelligence, c'est la parole ; il faut admirer la lumière de la parole, d'autant plus précieuse qu'on y peut trouver ce que l'âme conçoit, y compris les réalités intelligibles les

1. Aristote, *Éthique à Nicomaque,* I, 4, 1096 *b* 28-29 (trad. Tricot).

2. Saint Augustin, *In Joannis Evangelium,* tract. XXIV, 2, P.L. 35, 1593. Cf. *Sermon 98,* PL 38, 592.

3. Martin Heidegger, *Qu'appelle-t-on penser ?,* trad. A. Becker et G. Granel, Paris, PUF, 1959, p. 192.

plus profondes. C'est vraiment en pénétrant à l'intérieur des choses sur lesquelles se porte son regard que l'intelligence y reconnaît ce qu'elles sont, y discernant, à mesure qu'elle avance, les déterminations intelligibles qui les fondent, la première étant l'être. « Qu'*est*-ce ? » « Pourquoi *est*-ce ainsi ? », telles sont les questions, Socrate l'a montré, qui ébranlent l'ordre apparent des choses, mais définissent l'art de penser. Ce que cachent les aspects sensibles, ce que recèlent les significations d'un discours, toute la virtualité d'un principe, aussi inapparente qu'un arbre dans la semence, la cause invisible d'un effet visible – tout cela reste imperméable aux sens cantonnés dans l'extériorité. Mais, en lisant au-dedans des choses, notre intelligence forme des paroles intérieures. Elle *conçoit* – le mot n'est pas trop fort : ce que vous dites était là en vous avant que vous ne l'extériorisiez, et s'y est formé comme l'enfant dans le sein de sa mère, ou alors, ce n'est pas un *dire*. Le perroquet ne *dit* rien parce qu'il n'a rien à dire. La parole extérieure se veut toujours le signe d'une parole intérieure produite par une intelligence : plus celle-ci est lumineuse, plus la parole pourra l'être. Un des apports les plus remarquables de la science cognitive, et des travaux de Jerry Fodor en particulier, est d'avoir fait ressortir de manière originale l'existence d'un langage de la pensée *(lingua mentis)*. De même, Paul Grice a su renouveler la philosophie du langage, la linguistique et les sciences cognitives, en démontrant à neuf l'antériorité des intentions de communication, du « vouloir dire » et par conséquent de la pensée sur le langage[1].

Si Socrate interrogeait les hommes en leur posant la question « qu'est-ce ? », c'est qu'il se rendait compte que renoncer à discuter le dire des hommes, c'était abandonner « l'accès le plus sûr vers la réalité ». « L'être des choses, leur *quid* se révèle d'abord non pas dans ce que nous en voyons, mais dans ce que l'on en dit, les opinions qui circulent sur elles. »[2] La parole extérieure étant à la fois sensible et l'expression de la pensée humaine, elle demeure un moyen de « rendre

1. Cf. Jerry Fodor, *The Language of Thought,* Harvard University Press, 1975, et Paul Grice, *Studies in the Way of Words,* Harvard University Press, 1989, qui contient notamment l'article fondateur « Meaning » (*The Philosophical Review,* 66, 1957, p. 677-688) et des développements ultérieurs sur le même thème ; voir en outre Steven Pinker, *The Language Instinct. How the Mind Creates Language,* New York, Harper Perennial, 1995 ; *How the Mind Works,* New York, W. W. Norton & Company, 1997. Dans une autre perspective, voir le texte remarquable de Jean-Yves Lacoste, *La connaissance silencieuse. Des évidences antéprédicatives à une critique de l'apophase,* in *LTP,* 58, 1 (février 2002), p. 137-153, et le numéro thématique du même *Laval théologique et philosophique* sur le discours intérieur : 57, 2 (juin 2001), en particulier l'article de Marie-Andrée Ricard, *Herméneutique contemporaine. Le verbe intérieur au sein de l'herméneutique de Hans-Georg Gadamer,* p. 251-260.

2. L. Strauss, *Droit naturel et histoire,* Paris, Plon, 1954, p. 138 sq.

visible » le pur intelligible, ou, mieux, d'y conduire. C'est au langage que l'intelligence se confie. Il est donc juste de dire avec Hegel : « C'est dans les mots que nous pensons », ou avec Platon : « Pensée *(dianoia)* et discours *(logos)*, c'est la même chose, sauf que c'est le dialogue intérieur et silencieux de l'âme avec elle-même que nous avons appelé de ce nom de pensée. »[1]

Or, on n'en trouve sans doute nulle part une meilleure illustration que dans l'analogie (*analogia* = « proportion »), dont les mots de vision et de lumière offrent d'excellents exemples – pour ne rien dire de « figure », « clarté », « beauté ». Aussi la réflexion sur la vision, l'intelligence et la parole est-elle doublement nécessaire. Compte tenu de la similitude entre « voir » par l'œil corporel et « voir » par l'intelligence, on comprend sans peine que le mot « voir » s'applique à cette dernière. Celui toutefois qui a compris combien plus ample encore est la manifestation qui s'effectue dans l'intelligence en comparaison de l'œil corporel, combien plus extraordinaire sa puissance en même temps d'unification et de distinction, l'étendue de ses perspectives, le degré d'être des réalités qu'elle est en mesure d'envisager, sait aussitôt que c'est à l'intelligence que le mot de vision et de lumière conviennent le plus proprement. Il comprend l'analogie et peut dès lors – mais à condition de ne jamais perdre de vue l'enracinement initial dans le sensible – porter le regard plus avant.

Cependant que, réussie, la métaphore éblouit par le transport rapide qu'elle opère, nous mettant « sous les yeux » *(pro ommatôn)* des similitudes jusque-là inaperçues entre des réalités distantes, au moins en apparence, l'analogie, plus lente, permet de considérer une pluralité d'universels dans un certain ordre. Il n'est peut-être pas d'œuvre plus parfaite, à cet égard, qu'une langue vraiment parvenue à pleine maturité. « Quand un mot est transféré dans un domaine d'application auquel il n'appartenait pas à l'origine, la véritable signification "originaire" ressort comme si elle était mise en relief. La langue a opéré ainsi par anticipation une abstraction qui est en soi tâche d'analyse conceptuelle. La pensée n'a plus qu'à exploiter ce travail préalable. »[2]

1. G. W. F. Hegel, *Enzyklopädie* (1830), § 462 : « Es ist in Namen, dass wir denken » ; Platon, *Sophiste,* 263 *e* et *Théétète,* 189 *e.*

2. Hans-Georg Gadamer, *Vérité et Méthode, op. cit.,* p. 121. C'est à Aristote que nous empruntons l'expression « sous les yeux » : *pro ommatôn* (*Rhétorique,* III, 11, 1411 *b* 22, 23, 25 ; cf. *ibid.,* 1412 *a* 11-13) ; voir là-dessus Paul Ricœur, *La Métaphore vive,* Paris, Le Seuil, 1975 ; « Points », 1997, p. 388 sq. Cf., d'autre part, le numéro thématique sur l'analogie de la revue *Les Études philosophiques,* juillet-décembre 1989.

Mais revenons à notre thème initial de la beauté. Remettons-nous en mémoire le texte du *Phèdre* de Platon auquel nous faisions allusion au départ. Nous sommes au cœur du second discours de Socrate ; il a été question de « délire divin » *(theia mania),* dont la quatrième forme est le « délire d'amour, qui paraît quand, à la vue de la beauté d'ici-bas, on prend des ailes au souvenir ainsi éveillé de la beauté véritable » (249 *d* 3-4). « Maintenant que nous sommes venus en ce monde, elle a été saisie par nous, brillante de la plus vive clarté, au moyen du sens qui, entre ceux que nous possédons, a le plus de clarté. Si, de toutes les sensations que nous procure le corps, celle qui se présente avec le plus d'acuité est effectivement la vue *(opsis),* par la vue cependant nous ne voyons pas la Pensée *(phronêsis)* (250 *d* 2-5) » ; ni, faut-il ajouter, aucune de ces autres réalités de grand prix pour les âmes, telles la Justice, la Sagesse (cf. 250 *b* 1-3) ; encore moins, ces réalités sublimes, réelles entre toutes, que sont les formes suprêmement intelligibles, comme le Bien, le Vrai, l'Un. Quelles « inimaginables amours » nous vaudrait la vue, dans le cas où il lui serait donné « que parvînt jusqu'à elle *(eis opsin)* un clair simulacre *(eidôlon)* de la Pensée, pareil à ceux que nous avons de la Beauté. Mais c'est un fait que, seule, la Beauté *(kallos)* a eu cette prérogative de pouvoir être ce qui se manifeste avec le plus d'éclat *(ekphanestaton)* et ce qui le plus attire l'amour *(erasmiôtaton)* (250 *d* 5-8) ». Si terre à terre qu'il puisse être, l'amoureux « perd pied », il est, dit-on, « transporté », « en extase » (*ekstasis*) ; « hors de soi », il ne « s'appartient plus ». Voici la réalité transfigurée par un « coup de foudre » ; il se voit arraché à sa finitude ; l'infini et l'éternité sont on ne peut plus réels et, comme en témoignent toutes les chansons d'amour, lui montent aux lèvres. Plus il aimera, plus la vue et la présence de l'être aimé lui seront nécessaires, et, loin de s'atténuer avec le temps, l'éclat du premier jour s'approfondira bien au-delà de ce qu'on pouvait imaginer au début. L'effet de la beauté sur nous, c'est l'effet de la vue de l'être aimé sur l'amant véritable.

Quels en sont les éléments ? D'abord que, si elle a quelque chose d'infini, l'attirance éprouvée est tout le contraire du mauvais infini de la convoitise, notamment de « la convoitise des yeux » (I, *Jean,* 2, 16), la curiosité. Ici sont utiles les analyses de Heidegger, qui cite d'ailleurs le passage de saint Augustin que nous évoquions plus haut[1] : la curiosité ne s'intéresse qu'à l'aspect extérieur des choses ; elle ne cherche nullement à comprendre, mais seulement à voir. S'agitant et poursui-

1. Martin Heidegger, *Sein und Zeit,* Tübingen, Max Niemeyer Verlag, 1929, § 36, p. 170 sq. ; puis p. 346 sq. ; et saint Augustin, *Confessions,* X, 35, 54-57.

vant l'excitation d'une nouveauté continuelle, c'est la possibilité constante de la distraction qui l'occupe. Elle n'a rien à voir avec l'observation et l'émerveillement. Elle ne désire pas tant savoir qu'avoir su. Jamais elle ne séjournera où que ce soit. Il est évident que le voir de la curiosité est à l'opposé de la contemplation du beau, c'est-à-dire de la *theôria*. Or cette opposition met en vive lumière, par contraste, ce qu'il y a de plus grand en l'homme : son regard. Le regard du curieux ne s'oppose pas seulement à celui de l'amant ; il s'oppose également à celui de l'intelligence. Le curieux est irrémédiablement dyslexique, sans cesse à la poursuite du neuf qui est vieux aussitôt vu : il fuit et se fuit. Ce qui le caractérise, c'est l'abstrait au sens d'isolé, de séparé, d'unilatéral.

On pourrait montrer que l'envahissement progressif d'un visuel médiocre ajoute, aux effets nocifs déjà relevés, celui d'émousser l'intelligence au profit de l'esprit d'abstraction, dénoncé avec raison par Gabriel Marcel, dans *Les hommes contre l'humain,* comme facteur de guerre et de « techniques d'avilissement ». La parole de Dostoïevski, « La beauté sauvera le monde », trouve ici une première application et s'avère la seule réaliste. Rien de plus lucide que le *Discours de Stockholm* où Soljenitsyne, pour commenter cette parole, évoque « cette ancienne trinité que composent la vérité, la bonté et la beauté », et précise : « la conviction profonde qu'entraîne une vraie œuvre d'art est absolument irréfutable, et elle contraint même le cœur le plus hostile à se soumettre (...). Une œuvre d'art porte en soi sa propre confirmation. »[1] Cette force de conviction – on peut d'ailleurs penser aux œuvres de Soljenitsyne lui-même, qui précipitèrent la chute de l'empire soviétique – vient de ce qu'une telle œuvre d'art restitue, au bénéfice de notre regard, l'intégrité oubliée, ou perdue. Semblables en cela à ceux de la curiosité, nos regards étaient trop dispersés pour apercevoir la profondeur de ce qui est ; une des tâches de l'artiste est de nous y réveiller. « Nos yeux à facettes sont adaptés au quantitatif, à ce qui est émietté ; nous sommes devenus des analystes du monde, et aussi de l'âme, et ne sommes plus capables de voir une totalité. »[2] Or la beauté nous met toujours en présence d'une totalité et démasque l'esprit d'abstraction.

Revenons aux éléments essentiels à la saisie authentique du beau suivant le texte du *Phèdre*. Comment comprendre le fameux *ekphanes-*

1. Alexandre Soljenitsyne, *Les droits de l'écrivain,* suivi de *Discours de Stockholm,* Paris, Le Seuil, 1972, p. 97. Voir le chapitre qui prend cette formule pour titre, *in* Corinne Marion, *Qui a peur de Soljenitsyne ?,* Paris, Fayard, 1980, p. 171-180.

2. Hans Urs von Balthasar, *La Gloire et la Croix,* trad. R. Givord, Aubier, Paris, 1965, I, p. 22.

taton, que Robin traduit : « ce qui se manifeste avec le plus d'éclat » (250 *d* 8) ? Pour l'exprimer en deux mots, à la suite d'Iris Murdoch : « la beauté est, comme dit Platon, visiblement transcendante »[1]. Nous aimons la beauté parce que, présente visiblement, elle nous fait accéder, comme en un éclair, à l'invisible. Mais il y a bien plus. « La beauté, dit Heidegger, est un destin de l'être de la vérité, où la vérité signifie le dévoilement de ce qui se voile. Beau n'est pas ce qui plaît, mais ce qui tombe sous ce destin de la vérité qui se produit quand l'éternellement inapparaissant, et partant l'invisible, parvient dans le paraître le plus paraissant. »[2] Ou encore, s'agissant de l'œuvre d'art : « L'être (...) ordonne la lumière de son paraître dans l'œuvre. La lumière du paraître ordonnée en l'œuvre, c'est la beauté. *La beauté est un mode d'éclosion de la vérité.* »[3] Et Hans Urs von Balthasar : « Elle est le fond suprême et mystérieux de l'être qui transparaît à travers toutes les apparitions. D'une manière plus précise, elle est tout d'abord la manifestation immédiate de cet excédent irréductible qu'on découvre en tout ce qui est révélé, de cet éternel surcroît qui habite l'être de tout existant. Ce qui éveille la joie esthétique, ce n'est pas seulement la correspondance entre l'essence et l'apparition, mais la certitude absolument incompréhensible que l'essence apparaît réellement dans l'apparition (qui pourtant n'est pas l'essence), et qu'elle y apparaît comme un être qui est éternellement plus que lui-même, donc qui n'est pas susceptible d'une apparition définitive. Mais c'est précisément cette absence d'apparition qui apparaît. C'est le comparatif éternel qui s'exprime dans le positif. »[4]

On voit se déployer, dans ces textes, divers éléments des définitions de la beauté splendeur du vrai, splendeur de l'être, splendeur de la forme, splendeur de l'ordre. Le lien entre les transcendantaux, entre l'être, le bien, le vrai, l'un et la beauté, est expressément affirmé. Ce qui est propre à la beauté est cependant qu'elle est lumière, rayonnement, clarté, apparaître – mais apparaître éclatant de l'insondable, qu'on croyait le plus distant et qui nous surprend, causant dès lors une

1. Iris Murdoch, *The Fire and the Sun,* Oxford University Press, 1977, p. 77.

2. *Qu'appelle-t-on penser ?, op. cit.,* p. 31-32.

3. *L'origine de l'œuvre d'art,* dans *Chemins qui ne mènent nulle part,* trad. W. Brokmeier, Gallimard, Paris, 1962, coll. « Idées », p. 62. Sur *ekphanestaton,* cf. *La question de la technique,* dans *Essais et Conférences,* trad. A. Préau, Gallimard, Paris, 1958, p. 47 ; et *Nietzsche I,* trad. P. Klossowski, Gallimard, Paris, 1971, p. 153, et *passim.* Voir en outre la magnifique conclusion de l'ouvrage de Hans-Georg Gadamer, *Vérité et méthode, op. cit.,* p. 503-516, dans laquelle ce texte du *Phèdre* de Platon occupe une place centrale.

4. Hans Urs von Balthasar, *Phénoménologie de la vérité,* trad. R. Givord, Paris, Beauchesne, 1952, p. 212-213.

joie indicible. D'où le mot cher à Platon, *exaiphnês,* « soudain », comme l'étincelle ; l'évidence soudaine de la présence en ce que je vois de la plus inouïe profondeur, laquelle ne passera pas, même si ma vision en est appelée à s'évanouir ; comme si, dans un excès de générosité, transparaissait l'invisibilité même de l'invisible, son inaccessibilité rendue un instant accessible. La beauté est éclat visible et intelligible à la fois : c'est pourquoi elle s'impose comme la vérité.

3 / DE LA MUSIQUE AVANT TOUTES CHOSES

Les arts nous éveillent à nous-mêmes en contribuant de manière indispensable à l'épanouissement de l'affectivité, le beau, ce « génie amical que nous rencontrons partout » (Hegel), ayant aussi, plus que toute chose, le pouvoir de faire aimer, comme nous venons de voir. Il est appel de l'esprit à s'éveiller à l'esprit. L'artiste semble s'abandonner à cet appel qui lui vient d'un point qui se trouve au-delà de lui-même. L'expérience montre que l'œuvre d'art impose un rude labeur, une lutte ; l'artiste ne se soumet pas moins à cet appel, comme en témoigne Homère le premier, au Chant VI de l'*Odyssée,* dans l'attitude d'Ulysse devant Nausicaa et dans ses propos où la beauté est vue tour à tour comme sacrée, puis sans précédent, puis salutaire – sauvant littéralement la vie : Augustin la décrira comme un radeau au milieu des vagues en mer – puis un appel qu'on salue, une invitation urgente à admirer au risque de perdre autrement nos vies[1]. Pour Dante elle crée la vie, ainsi Béatrice *La vita nova,* « la vie nouvelle », titre de sa première œuvre importante. Diotima avait rappelé, dans le *Banquet* de Platon, la fécondité de la beauté « dans l'âme encore bien plus que dans le corps, pour les choses dont l'âme doit être féconde et qu'elle doit enfanter », parmi lesquelles la pensée et les œuvres des poètes, mais aussi les œuvres morales et politiques : « la partie de loin la plus haute et la plus belle de la pensée, dit-elle, est celle qui touche l'ordonnance des cités et de tout ce qui s'administre : on l'appelle prudence et justice » (*Banquet,* 209 *a-b* ; trad. Vicaire).

1. Homère, *Odyssée,* VI, 168-186 ; voir les pages remarquables d'Elaine Scarry, *On Beauty and Being Just,* Princeton University Press, 1999, p. 21-33, qui retrouve ce thème chez Platon, Plotin, le Pseudo-Denys, Thomas d'Aquin, Albert le Grand, Marcile Ficin, Dante et bien d'autres, dont James Joyce. À propos de la riche tradition de pensée qui fait dériver *kalos,* « beau », de *kalein,* « appeler », voir les réflexions stimulantes de Jean-Louis Chrétien, *L'arche de la parole,* Paris, PUF, 1998, p. 108 sq.

La plupart des humains dorment en plein jour, constatait Héraclite, même s'ils baignent dans une lumière, un *logos,* qu'ils ne voient pas parce qu'ils lui préfèrent le monde privé du sommeil. (Le mot grec est ici *idian,* qu'on traduit par « propre », « privé » ; le dérivé français est « idiot », et pour cause.) La culture est éveil au *logos,* éveil à « cette réalité que nous risquerions fort de mourir sans avoir connue, et qui est tout simplement notre vie » – comme l'a magnifiquement dit Proust – au lieu des « nomenclatures », des « buts pratiques que nous appelons faussement la vie », qu' « amassent au-dessus de nos impressions vraies, pour nous les cacher entièrement », l'amour-propre, la passion, l'esprit d'imitation, l'intelligence abstraite, les habitudes. « Par l'art seulement nous pouvons sortir de nous, savoir ce que voit un autre de cet univers qui n'est pas le même que le nôtre et dont les paysages nous seraient restés aussi inconnus que ceux qu'il peut y avoir dans la lune. Grâce à l'art, au lieu de voir un seul monde, le nôtre, nous le voyons se multiplier, et, autant qu'il y a d'artistes originaux, autant nous avons de mondes à notre disposition, plus différents les uns des autres que ceux qui roulent dans l'infini et, bien des siècles après qu'est éteint le foyer dont il émanait, qu'il s'appelât Rembrandt ou Ver Meer, nous envoient encore leur rayon spécial. » En consumant l'artiste l'art consume d'une certaine manière l'égoïsme humain. Dans les termes de Jean Larose, « par la littérature, il est possible, selon le beau mot d'une de mes étudiantes, de connaître l'expérience de l'autre sans en recevoir une leçon. Elle pénètre le mystère, accueille, connaît, transfigure les choses inanimées, les animaux, les races, les pauvres, les esclaves, les malades, les agonisants, et même les morts »[1].

Cicéron faisait remarquer que, déjà par la vue, l'être humain « est le seul être vivant à percevoir la beauté, la grâce, l'accord des parties entre elles », ajoutant qu'en « faisant passer des yeux à l'âme l'image de ces qualités (...) il peut conserver dans l'âme beauté, constance, ordre dans les desseins et dans les actions (...) » (*De officiis,* I, 14). On observe aujourd'hui que ce qui se perd le plus rapidement et le plus fréquemment dans tous les cas de maladie mentale ou de dépression, c'est l'appréhension de la réalité en tous ses aspects et celle de son existence même, donnée par le sens commun selon ce qui a été dit plus haut. Or cette expérience si nécessaire du réel atteint un sommet dans

1. Hegel, *Esthétique,* trad. S. Jankélévitch, Paris, Flammarion, « Champs », 1979, vol. 1, p. 11 et p. 29 sq. ; Héraclite, *in* DK 22 B 1 et 2 ; chez Marcel Conche, Héraclite, *Fragments, op. cit.,* fr. 2 et 7 ; Marcel Proust, *Le Temps retrouvé,* in *À la recherche du temps perdu,* III, Paris, Robert Laffont, 1987, p. 725 ; Jean Larose, *L'amour du pauvre,* Montréal, Boréal, 1991, p. 19.

la création artistique[1]. Quand l'œil aperçoit quelque chose de beau, l'effet peut s'en faire sentir au niveau du toucher – dans la main, par exemple, qui tentera d'en faire le dessin, de tracer un portrait ou de reproduire l'expérience d'une autre manière encore. De même la musique peut émouvoir physiologiquement l'organisme, cependant que le contact d'une surface douce peut faire penser à la musique et à Dieu, comme chez Augustin[2]. Nous retrouvons là cette solidarité du corps dont il a été question au chapitre précédent. Mais il est clair que cette solidarité doit, elle aussi, être cultivée. Il y a là une piste essentielle à explorer davantage, celle de la formation du jugement par les arts et le beau.

Cela dit, c'est à la musique qu'on a, depuis toujours, dans toutes les traditions, accordé la primauté à cet égard. Pourquoi donc ?

« Dès lors, Glaucon, repris-je, n'est-ce pas pour les motifs suivants qu'élever les enfants dans la musique [et dans la poésie] constitue une valeur suprême ? Parce que le rythme et l'harmonie, plus que tout, pénètrent au fond de l'âme, la touchant avec une force d'une très grande puissance en lui apportant la grâce, et l'imprègnent dès lors de cette grâce, si on a été correctement élevé ? Et parce que, en l'absence de cela, c'est le contraire qui se produit ? » Grâce à elle on aimera faire l'éloge du beau, s'en réjouir et le recueillir « au fond de l'âme pour s'en nourrir et devenir un homme de bien ». Quand plus tard « la raison intervient, on la chérit et on la reconnaît »[3]. Ainsi parle Platon dans un des nombreux textes classiques de la Grèce antique sur la musique dans l'éducation – qui vont tous dans le même sens.

Si la raison a la beauté pour elle, sa douceur n'use pas de contrainte, explique Platon dans Les *Lois,* mais elle a dès lors besoin d'auxiliaires, face aux deux conseillers opposés, aveugles, que nous avons tous au-dedans de nous-mêmes, qui sont le plaisir et la douleur. Or « le plaisir, l'amitié, la douleur, la haine naissent comme il faut dans les âmes avant l'éveil de la raison »[4]. C'est cependant sous les formes du plaisir et de la douleur « que la vertu et le vice apparaissent tout d'abord dans l'âme » (653 *a* 5-7), et « j'entends par éducation *(paideia)* la première acquisition que l'enfant fait de la vertu »

1. Cf. Herbert Read, « Art and the development of personality », in *The Forms of Things Unknown,* New York, Horizon Press, 1960, p. 94-105.

2. Voir Elaine Scarry, *On Beauty and Being Just,* Princeton University Press, 1999, p. 3 sq.

3. Platon, *La République,* III, 401 *d* - 402 *a*, trad. Georges Leroux, Paris, GF-Flammarion, 2002. Nous nous inspirons ici en partie des propos d'un de nos maîtres, Jasmin Boulay, *Le rôle de la musique dans l'éducation,* in *LTP,* vol. XVII, n° 2, 1961, p. 262-274 (sur J. Boulay, voir le collectif *Honneur aux maîtres,* dir. Marguerite Léna, Paris, Critérion, 1991, p. 133-136).

4. *Lois* II, 653 *b*, trad. E. des Places ; cf. I, 645 *a* 5-6 et 644 *b* 6-7.

(653 *b* 1-2), si bien que « ces plaisirs et ces douleurs correctement formés sont la matière de l'éducation » (653 *b* 7-8). Celui qui possède la vertu agit par amour de la vertu (plutôt que par peur des châtiments, ou en vue de quelque récompense extérieure, comme l'honneur, les richesses, etc.). La beauté précède la raison et suscite l'amour, mais tout particulièrement la beauté des figures et des modulations de la musique, faite de rythme et d'harmonie, dont la justesse procure un vif plaisir à l'âme puisqu'elle y reconnaît ses propres configurations (655 *a* - 657 *c*).

Aristote insiste à diverses reprises sur la joie qu'on reçoit de la musique, qui, « disons-nous tous, compte parmi les plus grands plaisirs » (*Politique,* VIII, 4, 1339 *b* 20). Tout comme la gymnastique donne au corps une certaine forme, « la musique peut, elle aussi, façonner le caractère d'une certaine manière, en habituant à pouvoir goûter de vraies joies » (1339 *a* 23-25). Son influence sur le caractère moral et sur l'âme est claire. Puisque la musique suscite en nous l'enthousiasme, qui est « un état affectif du caractère de l'âme » (1340 *a* 10-12), et que la vertu « consiste à éprouver à juste titre de la joie, de l'amour ou de la haine, rien évidemment n'est plus nécessaire à apprendre et à rendre habituel que de porter des jugements justes et de trouver sa joie dans des mœurs honnêtes et dans de belles actions » (1340 *a* 15-18). « C'est dans les rythmes et les mélodies surtout qu'on trouve des imitations très proches de la nature réelle de la colère, de la douceur, et aussi du courage et de la tempérance, et de tous leurs contraires, et des autres qualités morales (cela, les faits le montrent clairement : à entendre de telles imitations, on change d'état d'âme). Et l'habitude d'éprouver de la douleur ou de la joie à de telles similitudes est bien proche de ce qu'on ressent de même en face de la réalité » (1340 *a* 18-25). Tout cela montre à l'évidence les bienfaits de la musique dans l'éducation (cf. 1340 *b* 11-17). La raison en est claire, encore une fois : « il paraît y avoir en nous quelque affinité *(suggeneia)* avec les harmonies et les rythmes », à telle enseigne que certains pythagoriciens pensaient que l'âme *est* une harmonie (1340 *b* 17-19).

On aurait au reste bien tort d'isoler, à ce sujet, les Grecs. Car il n'existe pas, à notre connaissance, de tradition de sagesse qui n'ait dit substantiellement la même chose. Dans le *Li-Ki* confucéen, on lit : « Le propre de la musique est de sonder la source des sentiments et de découvrir ce qui doit être corrigé (...). Quand on permet à la musique d'exercer sur la vie intérieure l'action ordonnatrice qui lui est propre, elle fortifie dans l'âme les sentiments paisibles, droits, honnêtes, sincères. Quand y règne cet ordre, on goûte alors la joie. »[1] Le magnifique traité d'Al-Farabi sur la musique explique que « l'homme, et tout animal doué de voix, selon qu'il est dans la joie ou sous l'empire de la douleur, émet des sons spéciaux » ; ils « émettent des sons qui varient avec l'émotion, par exemple quand ils sont dans la joie ou en proie à la frayeur. La voix de l'homme est guidée par d'autres états d'âme. Elle peut exprimer la tristesse, la tendresse, la colère. Inversement, ces sons, ces notes feront naître chez l'auditeur ces mêmes passions, ces mêmes états d'âme, pourront les exalter, les effacer ou les apaiser ». De même le *Li-Ki,* pour y revenir *:* « Lorsqu'un sentiment se produit en présence d'un objet, il se traduit par des sons de voix (...) » Ainsi lorsque le cœur est sous le poids du chagrin le son est faible et s'éteint aussitôt. Lorsque le cœur est sous l'impression du bonheur, le son a de l'ampleur et se prolonge. Éprouve-t-il une joie subite et passagère le son part soudain et se répand au loin. S'il est ému de colère la voix s'enfle et le ton est acerbe. S'il est pénétré de respect le son est franc et distinct. Lorsqu'il éprouve un sentiment d'affection le son est doux et moelleux[2].

Après avoir fait l'éloge de la parole, du geste, et des yeux, Jean-Jacques Rousseau écrivait : « Mais lorsqu'il est question d'émouvoir le cœur et d'enflammer les passions, c'est tout autre chose. L'impression successive du discours, qui frappe à coups redoublés vous donne bien une autre émotion que la présence de l'objet où d'un coup d'œil vous avez tout vu (...). Les passions ont leurs gestes, mais elles ont aussi leurs accents, et ces accents qui nous font tressaillir, ces accents auxquels on ne peut dérober son organe pénètrent par lui jusqu'au fond du cœur, y portent malgré nous les mouvements qui les arrachent, et nous font sentir ce que nous entendons. »[3] Voilà qui répond d'avance, pour ainsi dire, à la question de savoir si la musique « représente » les passions. Dans une étude fouillée sur l'esthétique et la subjectivité de Kant à Nietzsche, Andrew Bowie attribue à diverses reprises l'originalité et la puissance de la musique au fait qu'elle serait, dans ses termes, « non représentative ». « La raison de l'élévation de la musique chez Schopenhauer [écrit-il], c'est que, contrairement aux autres formes d'art, la musique est non représentative. » Elle parle, de façon directe, de désir, de volonté. Rien de plus juste, si l'on restreint le sens

1. *Sian Dai Li-Ki,* cité par J. Boulay, *loc. cit.,* p. 162.

2. Al-Farabi, « Grand Traité de la Musique », Livres I et II, *in* Rodolphe d'Erlanger, *La musique arabe,* t. I, Paris, Geuthner, 1930, p. 13-14 ; *Li-Ki, loc. cit.*

3. Jean-Jacques Rousseau, « Essai sur l'origine des langues », chap. Ier, in *Œuvres complètes,* V, Paris, Gallimard, « La Pléiade », 1995, p. 377-378.

de représentation à ses formes visuelles ; la déclarer alors non représentative fait en effet tout à fait sens. Mais ce serait ne pas voir que la musique représente au contraire, de la seule manière possible, en les rendant vivement présentes en leurs dynamismes mêmes, nos émotions et nos passions. Car elle nous fait revivre plus clairement, de manière inimitable, leurs mouvements, temps, rythmes et harmonies (ou disharmonies) propres, leurs configurations infiniment variées, inépuisables, jetant ainsi une lueur unique, fort incomplète encore, mais combien précieuse, sur l'univers immense des sentiments humains, et sur nous-mêmes par conséquent. Elle les re-présente mieux que tout autre médium, puisqu'une présentation visuelle ne peut offrir que les signes corporels de ces sentiments.

On ne dira jamais assez que les émotions sont des dynamismes de connaissance de valeurs qui échappent à la raison calculatrice ou instrumentale. Le personnage admirablement caricaturé par Dickens dans *Hard Times,* l'éducateur Thomas Gradgrind, dont l'univers est purement « factuel », tout en mesures et en chiffres, l'illustre bien, par contraste : « Facts alone are wanted in life. Plant nothing else, and root out everything else. » Tout de la vie concrète des enfants qu'il a à éduquer – tout de la *vie* tout court, en fait – lui échappe, à lui qui se croit le réaliste par excellence, alors qu'il ignore l'imagination, la sensibilité, l'écoute, la justice. Il y a là une allégorie de l'utilitarisme économique, dominant encore aujourd'hui – avec quelles désastreuses conséquences. Bien plus « réaliste », à vrai dire, est la musique, qui ne cesse de redonner vie à nos sentiments, aux qualités morales, et donc – à condition qu'on l'écoute vraiment – de nous révéler à nous-mêmes, de façon critique, tâche essentielle de la culture. La musique « ne ment pas » (sauf si on l'écoute sans l'écouter, à l'instar des nazis)[1].

Schopenhauer avançait du reste les précisions suivantes : « À proprement parler, il n'y a dans toute la musique que deux accords fondamentaux : l'accord dissonant de septième et l'accord parfait harmonique ; tous les autres peuvent s'y ramener. De même, pour la volonté il n'existe au fond que le contentement et le déplaisir, quelques formes multiples qu'ils puissent revêtir. Et comme il n'y a que deux dispositions générales de notre cœur, la sérénité ou du moins la vigueur et l'affliction ou du moins l'angoisse, de même la musique ne connaît que deux modes généraux, répondant à ces deux états, le majeur et le

1. Charles Dickens, *Hard Times,* Chapter I, London, Penguin Classics, 1995, p. 9 : « Seuls les faits sont désirés dans la vie. Ne plantez rien d'autre, et déracinez tout le reste » ; George Steiner, *Dans le château de Barbe-Bleue. Notes pour une Redéfinition de la Culture,* trad. Lucienne Lotringer, Paris, Le Seuil, 1973 ; « Folio », 1986, p. 137.

mineur, dont elle doit toujours suivre l'un ou l'autre. C'est une véritable merveille que cette aptitude du mode mineur à exprimer la douleur avec une rapidité aussi soudaine, par des traits aussi touchants et aussi peu méconnaissables, sans aucun mélange de souffrance physique, sans aucun recours à la convention. On peut juger par là jusqu'à quel point la musique touche, par sa racine, au plus profond de l'essence des choses et de l'homme. »[1]

Et Hegel : « Hors de l'art, le son est déjà, en tant qu'interjection, cri de douleur, soupir, rire, l'extériorisation immédiate la plus vivante d'états d'âme et de sensations, le "ah" et le "oh" de l'être intime. On trouve ici une autoproduction et une objectivité de l'âme en tant qu'âme (...). Ces exclamations, certes, ne sont pas des signes arbitraires articulés en représentations au même titre que les éléments phoniques de la parole, et n'énoncent donc pas le contenu d'une représentation dans son universalité en tant que représentation, mais manifestent à même le son et dans le son lui-même une disposition intérieure, une sensation qui se dépose immédiatement dans ces sons, dont l'émission soulage le cœur. » L'art des sons évolue ainsi dans un royaume tout autre que l'architecture qui « érige ses ouvrages gigantesques pour la contemplation extérieure en des forme symboliques, tandis que le bruissement éphémère du monde des sons va se loger par l'oreille au cœur de l'être intime, et met l'âme à l'unisson de sensations sympathiques. »[2]

Pourquoi donc, demande aujourd'hui Anthony Storr, l'oreille est-elle si profondément associée à l'émotion et à nos relations avec autrui ? Serait-ce que, au commencement de la vie, nous entendons avant même de voir ? Notre première expérience d'entendre a lieu dans le sein maternel, bien avant notre saut dans le dangereux monde. Selon David Burrows, « Un enfant qui n'est pas encore né peut tressaillir dans le sein maternel au son d'une porte fermée en claquant. La riche et chaude cacophonie du sein maternel a été enregistrée : le battement de cœur de la mère et sa respiration comptent parmi les premiers indices qu'ont les bébés de l'existence d'un monde au-delà de leur propre peau. » Les Grecs, Platon et Aristote les premiers, répète Anthony Storr, ont eu raison de soutenir que la musique peut être uti-

1. Andrew Bowie, *Aesthetics and Subjectivity : from Kant to Nietzsche,* Manchester University Press, 1990, p. 209 ; Arthur Schopenhauer, *Le monde comme volonté et comme représentation,* Supplément au livre troisième, chap. XXXIX, trad. A. Burdeau revue et corrigée par Richard Roos, Paris, PUF, 1978, p. 1199.

2. Hegel, *Cours d'esthétique III* (éd. Hotho), trad. de Jean-Paul Lefebvre et Veronika von Schenck, Paris, Aubier, 1997, p. 137, 127.

lisée à mauvais comme à bon escient. Contrairement à la science, l'art n'est jamais périmé. Les vues sur son sens et sa portée ne le sont pas davantage. La *Messe en si* de Bach n'a pas été dépassée par la *Missa solemnis* de Beethoven. Les quatuors de Bartok n'ont pas supplanté ceux de Beethoven. « Je ne serais pas surpris d'apprendre, ajoute Storr, que l'exposition à une musique qui a une structure raisonnablement complexe facilite l'établissement de circuits neuronaux qui améliorent les fonctions cérébrales. Cela n'a pas encore été démontré ; mais nous pouvons affirmer avec confiance que Platon et Aristote avaient raison. La musique est un instrument puissant d'éducation qui peut être utilisé à bon ou mauvais escient, et nous devrions nous assurer qu'à tous en notre société la chance soit donnée de profiter d'une gamme étendue de musiques de différents genres. »[1]

Peu ont su avec autant de profondeur que Hegel expliquer l'impact sur nous de la musique, grâce à l'ouïe, notre sens le plus sublime. Le fait central à prendre en compte est que le son s'anéantit aussitôt après avoir surgi. Il fournit ainsi à la musique les matériaux qui lui permettront de manifester la subjectivité intérieure, l'intériorité pure. Les arts plastiques (la peinture, par exemple) laissent leur mode d'expression extérieur « subsister en toute liberté et indépendance ». Le tableau que je contemple est pour ainsi dire dehors, totalement distinct de moi (ce qui ne s'applique pas de la même manière au cas de la peinture « abstraite », avons-nous vu toutefois, à la suite de Michel Henry et de Paul Ricœur). L'extériorisation de la musique n'aboutit pas, en revanche, à une objectivité permanente dans l'espace : la musique « n'est portée que par l'intériorité subjective et n'existe que pour elle et par elle ». L'extériorisation ici disparaît aussitôt apparue. Dès que l'oreille a perçu le son, il s'éteint ; « l'impression produite par lui s'intériorise aussitôt ; les sons ne trouvent leur écho qu'au plus profond de l'âme, atteinte et remuée dans sa subjectivité idéelle ».

L'âme « est habituée à vivre dans l'intériorité et la profondeur insondable des sentiments ». L'expression musicale ayant pour contenu « l'intériorité elle-même, le fond et le sens les plus intimes de la chose et du sentiment, du fait aussi qu'au lieu de procéder à la formation de figures spatiales, elle a pour élément le son périssable et évanescent, elle communique ses mouvements au siège le plus profond de la vie de l'âme. Elle s'empare aussi de la conscience qui ne s'oppose

1. David Burrows, *Sound, Speech and Music,* Amherst University of Massachusetts Press, 1990, p. 17 ; Anthony Storr, *Music and the Mind,* New York, The Free Press, 1992, p. 26-27, 45-46, 48.

plus à aucun objet et qui, ayant perdu sa liberté, se laisse emporter par le flot irrésistible des sons ». Aussi, « la puissance de la musique est une puissance *élémentaire,* en ce sens qu'elle réside dans l'élément même dans lequel cet art évolue, c'est-à-dire dans le son ». L'instrument le plus libre et, par sa sonorité, le plus parfait, reste la voix humaine, qui « réunit les propriétés de tous les instruments ». Mais surtout elle « se laisse percevoir comme la résonance de l'âme elle-même », au point que « dans le chant c'est à travers son propre corps que l'âme retentit »[1]. Paul Ricœur ajoute aujourd'hui : « Lorsque nous écoutons telle musique, nous entrons dans une région de l'âme qui ne peut être explorée autrement que par l'audition de *cette* pièce. Chaque œuvre est authentiquement une modalité d'âme, une modulation d'âme. »[2]

George Steiner va plus loin encore : « La musique *signifie.* Elle regorge de significations qui ne sauraient se traduire dans des structures logiques ni dans des mots. » Mais que signifie-t-elle ? Une énergie « tangible » que la logique et la parole ne peuvent exprimer, une source et une fin qui « dépassent l'entendement humain », une « logique du sens différente de celle de la raison ». Elle est affaire de joie, de tristesse aussi, d'amour surtout. « La musique met notre être d'homme ou de femme en contact avec ce qui transcende le dicible, ce qui dépasse l'analysable (...). Les sens du sens de la musique sont transcendants ». Il n'y a pas à s'étonner que « pour de nombreux êtres humains, la religion est devenue la musique en laquelle ils croient. Dans les extases du pop et du rock, ce rapport est aigu ». Et Adorno : « Le langage musical est d'un tout autre type que le langage signifiant. En cela réside son aspect religieux. Ce qui est dit est, dans le phénomène musical, tout à la fois précis et caché. Toute musique a pour Idée la forme du Nom divin. Prière démythifiée, délivrée de la magie de l'effet, la musique représente la tentative humaine, si vaine soit-elle, d'énoncer le Nom lui-même, au lieu de communiquer des significations. »[3]

Le mot *mousikê* évoque le festival des Muses dans la mythologie grecque, signifiant l'inspiration de tous les arts, tous conviés à la célé-

1. Nous citons ici cette fois des extraits de la traduction de S. Jankélévitch, dans G. W. F. Hegel, *Esthétique,* t. III, 1re Partie, Paris, Aubier, 1944, p. 307-330.

2. Paul Ricœur, *La critique et la conviction. Entretien avec François Azouvi et Marc de Launay,* Paris, Calmann-Lévy, 1995, p. 261-262.

3. George Steiner, *Réelles Présences. Les arts du sens,* trad. Michel R. de Pauw, Paris, Gallimard, 1991, p. 258-260 ; Theodor W. Adorno, *Quasi una fantasia,* trad. Jean-Louis Leleu, Paris, Gallimard, 1982, p. 4-5.

bration, spécialement le chant poétique. Même la philosophie y prétend, témoin cette question de Socrate : Y a-t-il « plus haute musique que la philosophie, et n'est-ce pas là ce que, moi, je fais ? » Par tous les arts, mais d'abord par la musique, l'être humain chante l'acceptation amoureuse de la splendeur du monde, de la grâce du don de beauté. La fête, la jubilation, la supplication, l'indicible, l'amour trouvent en elle une expression qu'ils ne sauraient trouver ailleurs – *cantare amantis est* (saint Augustin) ; « if music be the food of love, play on ; / Give me excess of it (...) » (*Twelfth Night,* I, 1, 1-2). « Sans la musique, la vie serait une erreur » (Nietzsche)[1].

C'est que la musique est, comme tous les arts, médiatrice de *sens.* Elle est médiatrice de sens pour autant qu'elle est, dans son déploiement même, mouvement vers du sens. Un sens toujours imminent qui jamais ne se révèle pleinement : « Sans relâche, la musique indique ce qu'elle veut dire, et le précise. Mais l'intention ne cesse, en même temps, de rester voilée », ajoute Adorno. Pour Borges, bien plus : « tous les arts aspirent à la condition de la musique. La musique, les états de félicité, la mythologie, les visages travaillés par le temps, certains crépuscules et certains lieux veulent nous dire quelque chose, ou nous l'ont dit, et nous n'aurions pas dû le laisser perdre, ou sont sur le point de le dire ; cette imminence d'une révélation, qui ne se produit pas, est peut-être le fait esthétique »[2].

Qu'on soit bon ou mauvais nageur, les mouvements des bras qui permettent d'avancer sans s'engloutir dans les flots reviennent obligatoirement au même point de départ, qui est en ce sens indépassable. De même l'amante et l'amant diront et vivront sans cesse, comme à l'origine, leur amour – sans quoi il périt vite. Le chercheur – que nous sommes tous aussi, sous un jour ou l'autre, à bien y penser – doit poser chaque jour à neuf les questions définissant sa recherche, sans quoi il périclite, passe vite outre-tombe, « mort-vivant » selon l'expression d'Einstein. De là le caractère « existentiel » de la musique, les retours incessants et les progrès constants qu'elle nous fait éprouver : nos vies concrètes étant toutes, sans exception, dépendantes avant tout d'un sens dont la quête ne saurait avoir de cesse. La conscience du naufrage qui, faute de sens, menace constamment toute vie humaine, sur le plan psychologique et spirituel autant que sur le plan physique,

1. Platon, *Phédon,* 61 *a*, trad. Léon Robin ; Nietzsche, *Le crépuscule des idoles,* « Maximes et traits », 33, *op. cit.,* p. 21.

2. George Steiner, *Réelles présences, op. cit.,* 1991, p. 258, 210 ; Theodor W. Adorno, *Quasi una fantasia, loc. cit.* ; Jorge Luis Borges, « La muraille et les livres », in *Enquêtes,* trad. Paul et Syvia Bénichou, Paris, Gallimard, 1967 ; « Folio », 1992, p. 18-19.

est vitale. En cas de naufrage on se déleste de tout ce qui n'est pas essentiel[1].

La dimension intellectuelle extraordinaire de la musique n'échappe à personne. Il n'est que de penser au génie prodigieux de Bach à cet égard, où intelligence et sens sont tous deux manifestement comblés. Cette dimension fascinait déjà les pythagoriciens, qui ont découvert l'octave, la quinte et la quarte, preuve par excellence, à leurs yeux, de leur théorie du nombre comme l'essence des choses. Fondée sur des proportions mathématiques évidentes, sorte d'arithmétique concrète en ce sens, la musique leur offrait une démonstration éblouissante du lien profond unissant les mathématiques au monde sensible ; on sait que le premier sens du mot grec *harmonia* est justement « octave », et qu'il est dû aux pythagoriciens. Qui plus est, l'identité du moi à travers l'évanescence du son et du temps, est respectée et exprimée, assurée, par la *mesure*. Les intervalles du temps sont alors ramenés à une unité déterminée, révélant ici encore des nombres concrets. On y retrouve une image vivante de la propre unité du moi dans la multiplicité, par le retour constant de cette unité ; le rythme assure une continuité du moi, à la manière des battements du cœur, ou à celle du pouls. Dans la danse, ou le ballet, toute la personne sera prise, la musique passant alors dans les jambes et dans l'attitude entière du corps.

La voix humaine est à ce point individuelle et unique qu'elle rend immédiatement présente, sentie et pressentie, telle personne et nulle autre. Elle est l'instrument le plus libre et le plus parfait, résumant et maîtrisant d'avance tous les sons qu'assumeront séparément tels et tels instruments. Dans le chant, l'âme tire les sons de son corps même, pour ainsi dire, plutôt que de corps étrangers comme dans la musique instrumentale. « Le chant est simultanément la plus charnelle et la plus spirituelle des réalités », remarque George Steiner. « La racine de la musique est le chant », écrit le grand compositeur hongrois, Zoltán Kodály, dans un article consacré à l'initiation de l'enfant à la musique. Aussi la pratique active du chant demeure-t-elle le moyen le meilleur et le plus accessible d'arriver à connaître et à apprécier la musique. « Grâce à elle, l'enfant parvient à se représenter intérieurement la musique écrite, c'est-à-dire à développer l'audition intérieure des thèmes mélodiques. » Il ne faut surtout pas négliger le développement de

1. Cf., sur le naufrage, José Ortega y Gasset, « Goethe desde dentro » (1932), dans *Obras Completas,* IV, Madrid, Revista de Occidente, 1957, p. 397 sq. Les mêmes thèmes de la précarité de l'essentiel et de l'épreuve de l'humanité se trouvent déjà dans le *Phèdre* (245 *c* sq.) de Platon, comme le montre bien Jean-Louis Chrétien, dans *L'Effroi du beau,* Paris, Le Cerf (« La Nuit surveillée »), 1987, p. 44 sq.

l'oreille intérieure. Les éléments rythmiques et mélodiques les plus simples « doivent être introduits à travers le jeu ». L'éducation qu'offre la musique aide les jeunes à « distinguer le vrai du faux, le bon du mauvais ». Comme Schumann, Kodály voit dans la musique une « "nourriture spirituelle" indispensable au développement harmonieux et équilibré de l'enfant, sans quoi l'enfant souffre d'anémie spirituelle, c'est-à-dire d'un appauvrissement de la sensibilité, d'une atrophie de l'imagination, d'une régression de la subtilité intellectuelle et d'une perte du sens de la responsabilité ». Contre le « poison » d'une musique pourrie dès son jeune âge, tout remède ultérieur s'avère inefficace[1].

Chanter est avant tout émettre et entendre des sons. Nous éprouvons alors notre corps de l'intérieur comme source de sons, mais aussi pour ainsi dire à distance. Il s'ensuit un double rapport au corps, bien perçu par Maine de Biran : lorsque l'individu « exerce avec intention l'organe vocal, son moi semble se diviser en deux personnes distinctes qui se correspondent : l'un parle, l'autre écoute ». C'est ce qui semble inciter l'enfant, très tôt, à jouer avec les sons. « L'enfant [écrit Gabor Csepregi] se sert de ses propres expressions vocales pour "inventer" l'un de ses premiers jeux d'adaptation et de relations réciproques. Lorsqu'il se met à expérimenter avec sa propre voix, il perçoit les sons émis comme des "invitations" à produire d'autres sons. Tout comme les mouvements de sa main, les sons deviennent pour lui des objets ludiques, riches en possibilités sensori-motrices. » Tout ce que nous avons dit du jeu plus haut s'applique parfaitement à la musique. « Dans la musique pure, le principe du jeu parvient à une autonomie complète », insistait Nicolai Hartmann ; « la musique est le plus libre des arts ». On y retrouve les traits de la participation active et du va-et-vient qui engage. Elle absorbe ceux qui jouent et ceux qui écoutent dans une expérience où les séparations et les oppositions tendent à disparaître, et au sein de laquelle, on le constate facilement, naît spontanément la convivialité. Elle fournit la double joie de la création et de la détente. Or manquer la joie, répétons-le, est tout manquer[2].

1. George Steiner, *Errata. Récit d'une pensée,* trad. P.-E. Dauzat, Paris, Gallimard, 1998, p. 97 ; Gabor Csepregi, *Sur la signification actuelle de l'éducation musicale selon Kodály,* Studia Musicologica, 34, 1992, p. 153-165.

2. Maine de Biran, *Influence de l'habitude sur la faculté de penser,* Paris, PUF, 1954, p. 120 ; Gabor Csepregi, *Le corps sonore : pour une phénoménologie du chant,* in L.-P. Bordeleau et S. Charles (dir.), « Corps et science : Enjeux culturels et philosophiques », Montréal, Liber, 1999, p. 108 ; René A. Spitz, *De la naissance à la parole,* trad. L. Flournoy, Paris, PUF, 1968, p. 72-74 ; Nicolai Hartmann, *Ästhetik,* 2. Aufl., Berlin, Walter de Gruyter & Co., 1966, p. 166-169, et Gabor Csepregi, *The Relevance of Nicolai Hartmann's Musical Aesthetics,* in *Axiomathes,* 12, 2001, p. 339-354 ; Anthony Storr, *op. cit.,* p. 124 sq. ; A. N. Whitehead, *The Aims of Education,* New York, Macmillan, 1929 ; Mentor Books, p. 64.

Il importe donc de « faire », de « jouer », si modestement que ce soit, de la musique et non pas seulement d'en entendre. D'autant plus qu'elle offre une « libération émotionnelle » (Plessner) unique, qu'elle enthousiasme, soulage et console. La violence est en partie causée, nous l'avons dit, par l'incapacité de s'exprimer. « L'âme crie fort pour se libérer dans le changement », dit Whitehead. Nous rejoignons ici le thème majeur de la catharsis chez Aristote, qui voyait dans cette « purgation » une des trois raisons fondamentales pour lesquelles la musique devait occuper la première place dans l'éducation, les deux autres étant l'éducation morale et le loisir, comme nous l'avons entrevu[1].

Il faut, en d'autres termes, accorder aux arts du beau véritable, à commencer par la musique, toute la place qui s'impose en éducation. Les arts entraînent le regard à voir au-delà de l'immédiat, de la banalisation dans laquelle enferment la routine et l'habitude. Ils apprennent en outre à *aimer voir* – ce qui se transpose à tous les ordres d'expérience. L'éducation a pour tâche principale de donner et de nourrir la passion d'apprendre, de voir, de savoir, d'aimer ce qui en est digne. L'éducation par les arts, par le beau sensible d'abord, n'est certes qu'une lointaine propédeutique à l'accueil de formes de beauté plus élevées, telle la beauté morale, pour commencer. Mais les premières expériences de sens qu'offrent la beauté esthétique et la pratique des arts n'en sont pas moins essentielles.

1. Helmuth Plessner, « Zur Phänomenologie der Musik », in *Gesammelte Schriften,* Frankfurt am Main, Suhrkamp Verlag, 1982, vol. 7, p. 61-65 ; A. N. Whitehead, *Science and the Modern World,* Macmillan, Free Press, 1967, p. 202 ; Aristote, *Politique,* VIII, chap. 5-7.

Chapitre III

LETTRES VIVANTES

« Le verbe lire ne supporte pas l'impératif. Aversion qu'il partage avec quelques autres : le verbe "aimer"... le verbe "rêver"... » (Daniel Pennac).

« L'Histoire avec une grande hache » (Georges Perec).

« Il me semble parfois que toute la philosophie n'est qu'une méditation de Shakespeare » (Levinas)[1].

1 / LIRE

Quand la nuit tombe, l'univers se rétrécit. Son immensité, sa réalité sont révélées par la lumière. Un monde dénué de sens, à dominante techno-scientifique, aux finalités non critiquées, est un monde rétréci, sans vie car sans esprit, une nuit sans étoiles, et mortifère. L'éveil à soi-même et à autrui que rend possible la lecture est justement l'éveil de l'esprit, lequel est avant tout désir de lumière – *erôs,* dit Platon, *oregein* dit Aristote[2]. L'art de lire ferait découvrir à l'analphabète le monde immense, prodigieux, tout intérieur, de la lecture. Si la langue maternelle, quelle qu'elle soit, constitue l'accès par excellence au langage – au *logos* – l'accès à l'écrit éveille et enrichit de manière irremplaçable le verbe, la pensée et la volonté, la vie même en ce qu'elle a de plus intime et de meilleur. L'enseignement littéraire oblige à une lecture lente, car il doit réclamer l'attention, faire réfléchir, juger. Les grands textes (notamment ceux dont la vitalité est telle qu'ils ont survécu à l'usure de siècles et de millénaires) nous mettent en contact direct avec la pensée de génies, avec celle d'autres peuples, d'autres époques, et d'autant mieux s'il s'agit de textes premiers, qui, étant à

1. Daniel Pennac, *Comme un roman,* Paris, Gallimard, 1992, « Folio », 1997, p. 13 ; Georges Perec, cité par Alain Finkielkraut, *Une voix qui vient de l'autre rive,* Paris, Gallimard, 2000, p. 135 ; Emmanuel Levinas, *Le temps et l'autre,* Paris, PUF, « Quadrige », 1983, p. 60.

2. Cf. Henri Maldiney, « Psychose et présence », dans *Penser l'homme et la folie,* Grenoble, Éd. Jérôme Millon, 1991, p. 5-82.

l'origine de l'expression de nos concepts, offrent des données de base à notre réflexion personnelle, au langage même au moyen duquel nous pensons chez ceux qui l'ont forgé pour nous. Le sujet de la littérature est à la fois le plus difficile et le plus vital qui soit, puisqu'il s'agit essentiellement du bien et du mal qui ne sont jamais vécus autrement en ce monde qu'au sein de la contingence, dans le maquis de circonstances infiniment variables. La littérature ouvre à la sensibilité, la façon de voir, la condition des autres : aussi s'avère-t-elle de plus en plus indispensable à toute vie politique responsable, spécialement dans le contexte de la mondialisation[1].

La lecture cultive en outre la capacité de former des jugements et des opinions propres ; elle prépare au changement, en particulier au changement ultime universel, la mort. La maturité est tout : sans lecture, le soi se disperse. Elle contribue grandement au développement de la confiance en soi. L'extraordinaire puissance cognitive d'un Shakespeare, pour ne donner qu'un exemple, est un stimulant éducatif incomparable. On ne saurait sous-estimer, de plus, le rôle capital de l'ironie – ainsi l'ironie constante de Hamlet qui, quand il dit une chose, veut pratiquement toujours en signifier une autre, et fréquemment l'opposé. « La perte de l'ironie est la mort de la lecture, et de ce qu'il y avait de civilisé dans nos natures. »[2] Or l'ironie, nous le verrons, exige de l'attention et la capacité de penser les contraires, par conséquent une intelligence éveillée.

« Le témoignage ultime est celui de l'enfant. La porte qu'il ouvre aux visiteurs diurnes et nocturnes en provenance des régions de l'imagination relève des vérités psychologiques premières. (...) L'histoire racontée à un enfant, le conte que l'on lui lit, la ballade que, peut-être inconsciemment, il mémorise, touchent son cœur. À la lettre. (...) C'est dans le commerce intime qu'il entretient avec la vitalité et la substance des visiteurs qu'il imagine, que l'enfant met à l'épreuve et assemble les composantes de son moi en formation. (...) Priver un enfant de l'enchantement de l'histoire, de l'élan du poème, écrit ou oral, c'est comme l'enterrer vivant. C'est l'emmurer dans le vide. La mythologie, les voyages qui mènent de Charybde en Scylla, ou conduisent au fond des terriers, la logique turbulente de la Bible, des » jardins de la poésie «, sont les grands visiteurs. Une bande dessinée, c'est toujours mieux que rien dès lors qu'elle traduit la vie

1. Cf. Jacqueline de Romilly, *Écrits sur l'enseignement,* Paris, Éd. de Fallois, 1991, p. 19-21 ; Martha C. Nussbaum, *Poetic Justice. The Literary Imagination and Public Life,* Boston, Beacon Press, 1995.

2. Harold Bloom, *How to Read and Why,* New York, Scribner, 2000, p. 23-25.

féconde du langage. Il faut rendre l'enfant sensible, vulnérable aux sources de l'être qui habitent le poétique » (George Steiner). Plus tard devra s'épanouir sa capacité d'entretenir un débat à l'intérieur de lui-même, et ainsi se former son intelligence et sa conscience. À cet effet, « la lecture, la réflexion sur les textes et la pensée des auteurs sont primordiales ». Faute d'un matériel riche et varié pour la stimuler et l'occuper, la subjectivité humaine ne peut se développer ; ce sont alors « les émotions et les représentations les plus archaïques qui vont s'imposer, quitte parfois à cohabiter avec un fonctionnement rationnel très sophistiqué » (Tony Anatrella)[1].

Laisser l'imagination des jeunes s'atrophier, en faire des prisonniers de l'immédiat, c'est les rendre d'emblée dépassés, séniles à 20 ans et bientôt, faute d'exercice, sans mémoire, comme ces pauvres bêtes qui « se trouvent chaque matin devant l'oubli de ce qu'elles ont vécu la veille », condamnées à « travailler sur un matériel minime d'expériences » (Ortega). Éveiller leur imagination et leur cœur à des chefs-d'œuvre, artistiques ou autres, c'est les ouvrir à ce qui est tout simplement notre vie, à ses défis, ses idéaux, ses difficultés, à ce qui donne le goût, la passion, de vivre. « Si l'enfant est maintenu à l'écart des textes, au plein sens du terme, il subira très tôt une mort du cœur et de l'imagination », d'autant que ce sont en réalité « les mots qui frappent à la porte avec le plus d'insistance » : comme l'enseigne Dante, ils « peuvent, avec une force substantielle, échauffer l'âme et la rendre réceptive à l'amour » (Steiner)[2].

Des nourritures fortes s'imposent assez vite, ici comme ailleurs, dans la mesure du possible. Elles ne sont pas toujours celles qu'on pense. Dans son *Journal* du 20 juillet 1955, Julien Green notait, avec beaucoup d'à-propos : « Rien de plus instructif, en ce qui concerne la relativité de la gloire humaine, que de lire des listes de *nouveautés* au verso de livres imprimés il y a trente ou quarante ans. Pas un nom ne surnage sur ce lac d'oubli, pas un titre. (...) Je pense à tous ceux dont on parlait et dont pas une syllabe ne reste. Mais il y a mieux. Qu'on dresse, si l'on peut, la liste à peu près complète des écrivains du XVIIe siècle. En reste-t-il, je ne dis pas un dixième, mais un centième ? Un cinq centième peut-être pour toute la Renaissance et le Moyen Âge. Et pour l'Antiquité, hélas... J'ai vu, moi qui ne suis pas encore

1. George Steiner, *Réelles présences,* Paris, Gallimard, 1991, p. 228-229 ; Tony Anatrella, *Non à la société dépressive,* Paris, Flammarion, « Champs », 1993, p. 54.

2. Ortega y Gasset, *La révolte des masses,* trad. Louis Parrot, avec une préface de l'auteur pour le lecteur français, Paris, Gallimard, « Idées », 1961, p. 40 ; George Steiner, *Réelles présences, op. cit.,* p. 229 et 231.

vieux, la débâcle des vivants comme celle des morts. Les gloires d'avant-guerre se sont écroulées un peu partout dans le monde, et par centaines. Se croire quelque chose est une grande ânerie. »[1]

On accordera sans peine au grand écrivain hongrois Stephen Vizinczey que les œuvres appelées au contraire à durer sont celles des écrivains « qui dépeignent l'humanité de la manière la plus chargée de sens – voilà pourquoi le plus grand auteur dramatique français est Shakespeare traduit en français ». Mais même si, « au cours des deux derniers millénaires, il n'y a eu qu'un seul Shakespeare pour le théâtre mondial »[2], la littérature mondiale offre des richesses inouïes, de plus en plus accessibles en traductions diverses et en collections de poche, ce qui marque un progrès récent considérable et doit rendre optimiste. Et il y a eu la Grèce.

D'où vient l'influence immense qu'ont exercée les œuvres grecques, la pensée grecque, et jusqu'aux mots grecs ? « D'où peut venir, comment peut-on expliquer [demande à juste titre Jacqueline de Romilly] que ces œuvres grecques d'il y a vingt ou trente siècles nous donnent, avec tant de force, ce sentiment d'être encore actuelles et d'être faites pour tous les temps ? » C'est au point qu'il y a lieu de se demander si ne valent aussi pour nous les propos que Thucydide met dans la bouche de Périclès : Athènes est pour la Grèce une « vivante leçon », une « éducation » *(paideusin)*. « Nous cultivons le beau dans la simplicité, et les choses de l'esprit sans manquer de fermeté », vient-il de dire[3].

S'agissant d'éducation, la question fondamentale est posée par Aristophane de savoir s'il faut préférer l'éducation intellectuelle et non pas plutôt le sport et la formation morale ; cependant qu'Euripide critique les excès du sport, Aristophane s'en prend à l'intellectualisme. La question théorique préliminaire est posée par Platon, Thucydide et, un siècle plus tard, par Isocrate : « La vertu s'enseigne-t-elle ? ». Nous avons vu au chapitre I comment Platon et Aristote mettaient au tout premier rang l'éducation dès la première enfance.

La culture du corps allait de pair avec celle de l'esprit, témoin la place centrale assignée à la gymnastique. L'art grec sera copié à la Renaissance comme il l'avait été à Rome. La Grèce inaugure la cul-

1. Julien Green, *Journal 1928-1958,* Paris, Plon, 1961, p. 1034.

2. *Vérités et mensonges en littérature,* traduit de l'anglais par Philippe Babo et Marie-Claude Peugeot, Paris, Éd. du Rocher, 2001, p. 21-23.

3. Jacqueline de Romilly, *Pourquoi la Grèce ?* Paris, Éd. de Fallois, 1992 (dont nous nous inspirons en partie pour les lignes qui suivent) ; « Le Livre de poche », p. 8 ; Thucydide, *La guerre du Péloponnèse,* II, 41, 1 et II, 40, 1, trad. Jacqueline de Romilly, Paris, Les Belles Lettres, 1962.

ture écrite, elle est la patrie des mathématiques avec les pythagoriciens et plus tard Euclide, des cosmogonies avec les présocratiques, penseurs d'une profondeur inégalée, tels Héraclite, Parménide, Anaxagore, rayonnant « d'un éclat plus vif que jamais » (Nietzsche). Le ve siècle athénien a inventé la démocratie et la réflexion politique, créé la tragédie (Eschyle, Sophocle, Euripide), donné forme à la comédie (Aristophane), vu l'invention de l'histoire (Hérodote, puis Thucydide), les constructions de l'Acropole et les statues de Phidias, il a été le siècle de Socrate, et celui de la naissance de la médecine scientifique, avec Hippocrate.

La « densité intemporelle » des grands auteurs grecs dans tous les genres, dès Homère, ne cesse d'étonner. Leur dépouillement suggère à chaque instant des profondeurs cachées sous tant de simplicité, rendant leurs héros proches des lecteurs et de leur expérience, en tout temps et en tout lieu. Point d'analyses, ni de jugements d'ordre moral chez Homère, qui retient l'aspect le plus humain, ne prête à ses personnages que les émotions et les gestes essentiels entre tous. Thucydide a justifié une fois pour toutes l'histoire comme un récit riche d'enseignements permettant de comprendre bien plus que le seul passé : « À l'audition, l'absence de merveilleux dans les faits rapportés paraîtra sans doute en diminuer le charme ; mais, si l'on veut voir clair dans les événements passés et dans ceux qui, à l'avenir, en vertu du caractère humain *(kata to anthrôpinon)* qui est le leur, présenteront des similitudes ou des analogies, qu'alors on les juge utiles, et cela suffira ; ils constituent un trésor pour toujours *(ktêma es aiei),* plutôt qu'une production d'apparat pour un auditoire du moment » (I, 22, 4). Dans le corpus hippocratique, la question primordiale de la médecine est celle de l'être humain, sans quoi la médecine perd son sens.

Les tragédies étaient des manifestations collectives, auxquelles tout le peuple assistait. Les auteurs devaient émouvoir tout le monde, ce qui explique qu'elles ont constitué un genre littéraire si étroitement lié à la démocratie. La survie des Électre et des Iphigénie dans le théâtre de tous les temps et de tant de pays, celle d'Antigone, celle d'Œdipe, de tant d'autres figures mythiques, témoigne assez de leur réussite dans cette aspiration caractéristique à l'universel. Les thèmes de la comédie grecque sont les problèmes humains et sociaux les plus larges : les folies de la guerre, les beautés de la paix, la place des femmes, la répartition de la richesse. « Quelle forme de comédie au monde s'est jamais taillé de tels sujets ? (...) Un homme qui s'envole sur un escargot pour s'en aller acheter la paix chez les dieux est une fantaisie un peu folle ; mais, du coup, il ne s'agit plus de telle paix, en telle année : il s'agit de la paix, pour n'importe qui, toujours. »[1]

Les divers régimes portent toujours les noms grecs : démocratie et aristocratie, oligarchie, monarchie, tyrannie – classement qui demeure l'armature de toute la pensée politique. Dans le domaine politique, les mots, les concepts, l'idéal fournis par la Grèce demeurent aussi toniques et vivaces que lorsqu'ils furent d'abord découverts, comme nés d'un désir de mise en commun, de dire et de définir des principes et des visées assimilables pour tous, qui a fait école. Témoin ces propos de Solon : « Ainsi le mal public entre dans la maison de chacun : la porte de la cour se refuse à l'arrêter ; il a vite fait de sauter par-dessus la clôture élevée ; de toute façon, il retrouve même qui s'est réfugié au fond de la chambre. Voilà ce que mon cœur m'ordonne d'enseigner aux Athéniens : les mauvaises lois *(dusnomiè)* apportent à la cité bien des maux : les bonnes lois *(eunomiè)* font voir en tout l'ordre et la discipline ; elles mettent souvent des entraves à l'injustice, aplanissent les sentiers abrupts, font cesser la convoitise et disparaître la démesure, dessèchent en leur croissance les fleurs de l'égarement, redressent les arrêts tortueux, adoucissent les actes de l'orgueil, etc. » (vers 26-37, trad. G. Mathieu).

La condamnation de la guerre traverse tous les textes grecs, dès Hérodote : « Personne n'est assez fou pour préférer la guerre à la paix : dans la paix, les fils ensevelissent leurs pères, dans la guerre, les pères ensevelissent leurs fils (I, 87). » Euripide, dans les *Suppliantes* (480-493), déplore que les hommes, dans leur folie, préfèrent « la guerre et l'asservissement du faible par le fort, de l'État par l'État, et de l'homme par l'homme ».

Jacqueline de Romilly a excellemment montré que l'idée de la liberté nous vient de Grèce, où elle a été découverte et proclamée avec force, pour la première fois et de façon durable. Athènes a installé le débat au centre de la vie publique, tout mis en œuvre pour que la parole fût nécessaire et souveraine, les échanges d'idées constants. La tolérance allait de soi déjà chez Hérodote encore, qui juge « complètement fou » de « railler ce que la piété et la coutume commandent de respecter. En effet, que l'on propose à tous les hommes de choisir, entre les coutumes qui existent, celles qui sont les plus belles et chacun désignera celles de son pays – tant chacun juge ses propres coutumes supérieures à toutes les autres. Il n'est donc pas normal, pour tout autre qu'un fou du moins, de tourner en dérision les choses de ce

1. Jacqueline de Romilly, *Pourquoi la Grèce ?, op. cit.*, p. 255.

genre » (III, 38)[1]. Les considérations suivantes d'Antiphon le Sophiste, pour modestes qu'elles soient, méritent d'être citées encore aujourd'hui : « (...) Ceux qui descendent d'illustres ancêtres, nous les honorons et nous les vénérons ; mais ceux qui ne descendent pas d'une illustre famille, nous ne les honorons ni ne les vénérons. En cela, nous sommes des Barbares les uns pour les autres, puisque par nature nous sommes en tout semblables, et aussi bien les Barbares que les Grecs. Il convient de considérer les besoins que la nature impose à tous les hommes : tous parviennent à y subvenir dans les mêmes conditions, et en ce qui concerne tous ces besoins, aucun de nous n'est différent, qu'il soit barbare ou grec : nous respirons tous le même air avec une bouche et un nez, nous mangeons tous en nous aidant de nos mains (...) »[2].

Grâce aux sophistes et aux rhéteurs, mais surtout à Socrate, qui s'adresse à n'importe qui, la pensée s'aiguise, c'est le surgissement extraordinaire de l'art de raisonner, de discuter. Sa méthode part du jugement de chacun à propos de notions que tous croient connaître, suscitant la réflexion critique la plus féconde, ouvrant la philosophie à tous, en particulier l'éthique – dont le nom est aussi grec que celui de mathématiques – c'est-à-dire la quête du sens à donner à la vie et à la mort. « Quelqu'un qui pose une question et feint d'ignorer la réponse, c'est pour nous Socrate. Quelqu'un qui relève avec étonnement une contradiction, c'est encore Socrate. Quelqu'un qui préfère l'âme au corps, c'est Socrate. Quelqu'un qui meurt injustement aussi » (Jacqueline de Romilly).

Nul, à notre connaissance, n'a mieux dit l'essentiel ici que Jacques Brunschwig : « Socrate n'est pas un philosophe comme les autres : il est le totem de la philosophie occidentale. En chaque pensée qui s'éveille et s'interroge, il revit ; en chaque pensée qu'on humilie ou qu'on étouffe, il meurt à neuf. La place exceptionnelle qu'il tient dans notre culture est celle du héros fondateur, du père originaire, qui s'enveloppe dans une obscurité sacrée, et que chacun porte en soi comme une présence familière. Il appartient inséparablement à l'histoire et au mythe de l'esprit. Nous ne connaissons avec certitude

1. Pour Hérodote, nous citons la traduction de A. Barguet : Hérodote, *L'Enquête,* in *Historiens grecs,* I, Hérodote, Thucydide, Paris, Gallimard, « La Pléiade », 1964. Voir d'autre part Jacqueline de Romilly, *La douceur dans la pensée grecque,* Paris, Les Belles Lettres, 1979 ; et *La Grèce antique à la découverte de la liberté,* Paris, Éd. de Fallois, 1989.

2. Antiphon le Sophiste, in *Papyrus d'Oxyrhyncos* [qui s'interrompt ici pour ce passage], XI, 1364, éd. Hunt, *in* DK 87 B 44, trad. Jean-Paul Dumont in *Les Présocratiques,* Paris, Gallimard, « La Pléiade », 1988, p. 1108-1109.

presque aucune de ses pensées, et nous le reconnaîtrions dans la rue. Lui qui n'écrivit rien, des monceaux de livres interrogent son énigme ; lui qui n'enseigna rien, des systèmes colossaux se réclament de son patronage. Le vrai Socrate est peut-être à jamais enseveli sous sa légende, qui personnifie en lui la conscience philosophique, unité de la conscience intellectuelle et de la conscience morale. L'avènement radical que la tradition lui attribue est, dans une large mesure, une illusion rétrospective, que chacun du reste formule à sa façon. Sa rupture avec les "présocratiques" et son antagonisme avec les sophistes furent peut-être moins profonds qu'il n'y paraît ; et la pensée grecque est sans doute moins "socratocentrique" qu'elle ne se présente. Cela dit, il faut bien qu'il y ait eu en cet homme de quoi rendre possibles et la ciguë et Platon. »[1]

« Sous l'empire des lois écrites, pauvre et riche ont les mêmes droits, lit-on dans les *Suppliantes* d'Euripide. Le faible peut répondre à l'insulte du fort, et le petit, s'il a raison, vaincre le grand. Quant à la liberté, elle est dans ces paroles : "Qui veut, qui peut donner un avis sage à sa patrie ?" Lors, à son gré, chacun peut briller ou se taire. Peut-on imaginer plus belle égalité ? » (434-441). Dans *Antigone* et *Œdipe-Roi,* Sophocle marque l'importance aussi des lois non écrites, qui sont, contrairement aux lois écrites, universelles, « en usage de façon semblable dans tout pays », dira Xénophon, « reconnues par tous » *(para pasin)*, dira Aristote (*Rhétorique,* I, 1368 *b*).

La phrase célèbre de Térence : « Je suis homme et rien de ce qui est humain ne m'est étranger » est due à un Grec, Ménandre. En approfondissant ce que notre condition humaine a d'universel et de commun, les Grecs, « soucieux d'aller à l'essentiel et épris de contacts avec les autres » (Jacqueline de Romilly), ont offert au dialogue entre les cultures, désormais – répétons-le – rendu plus que jamais nécessaire par la mondialisation, des trésors d'exemples et de réflexions d'une portée inestimable[2].

Mais pour que cette portée soit effective, ces trésors doivent être connus. Il n'y a pas plus injustement déshérité que quiconque a été tenu dans l'ignorance des trésors dont il a hérité en vérité et qui sont pourtant enfouis en ses propres terres. Il vendra alors ses terres comme de la pacotille au premier marchand venu, quitte à

1. Jacqueline de Romilly, *Pourquoi la Grèce ?, op. cit.,* p. 274-275 ; Jacques Brunschwig, in *Encyclopædia Universalis,* vol. 15, 1973, *s.v.,* « Socrate et les écoles socratiques » ; voir en outre le bel *Éloge de Socrate,* de Pierre Hadot, Paris, Éd. Allia, 1999.

2. Térence, *Héautontimoroumenos,* I, 25 ; Jacqueline de Romilly, *Pourquoi la Grèce ?, op. cit.,* p. 119.

s'enlever la vie un peu plus tard quand il croira ne plus avoir aucun bien.

Il faut donner raison à Danièle Sallenave, dont les propos critiques, dans *Lettres mortes,* frappent juste. Les Lettres devraient « occuper une place tout à fait éminente dans la formation de chacun et de tous – de l'homme privé et du citoyen. Car avec les Lettres il y va de la réflexion, du goût, du jugement, de la pensée ». L'école est en fait « le seul lieu où la lutte peut être menée contre les privilèges hérités (...). Ce qui est élitiste, ce n'est pas de réussir, c'est d'y être aidé par la naissance. Le beau mot d'égalité signifie cela : offrir au plus grand nombre la possibilité d'exceller ». Les clichés contre la recherche d'excellence ne résistent pas longtemps dans le sport. L'unanimité est vite faite : un mauvais joueur doit, de préférence, s'en aller ailleurs. Pourquoi en serait-il autrement en d'autres domaines, et surtout là où c'est le bien commun qui est en jeu ?

Nous nous croyons libérés des tyrannies anciennes, et nous voilà cependant « aveuglés devant des tyrannies naissantes ». Il n'y a pourtant pas de liberté pour l'ignorant, comme le disait bien Condorcet. La question de la démagogie demeure l'une des plus préoccupantes de notre temps. « Mais comment la combattre sinon en la prenant à sa racine ? » Pour y résister, « il faut être éduqué », il faut réduire par conséquent l' « inculture de masse ». La démagogie, elle, dénie tout pouvoir à l'éducation. « L'inculture est en revanche un secours inestimable pour les desseins criminels des tyrans. » La démagogie commence très tôt : « elle commence quand on renonce à la grandeur et au sérieux de ce qu'on enseigne, elle commence quand on flatte ».

La vie en société suppose des citoyens conscients. « La pensée, les livres, font arme pour résister aux démagogues. » La société tout entière « a besoin de penser le monde qu'elle vit » ; ce qu'elle n'apprendra que « dans les livres, par l'exercice qu'ils offrent de la réflexion, de la pensée critique et du jugement ». Il faut comprendre qu'en principe l'Université relie à l'universel, et qu'en faisant cela il *affranchit,* il *émancipe.* « L'enfant veut qu'on l'élève », disait Alain. En élevant, on arrache à l'ignorance, à la *doxa,* aux préjugés, aux noirceurs. Il s'agit, encore une fois, de « produire ainsi les conditions de la liberté : la formation du jugement ».

« La perte de la connaissance générale des textes les plus communs de notre culture, l'ignorance des langues anciennes, ou de l'état ancien de notre langue quand ce n'est pas de la langue écrite d'aujourd'hui, rendent de plus en plus problématique un enseignement des Lettres. Il n'est pas jusqu'à la déchristianisation (au sens culturel, non au sens religieux) qui n'ait des effets négatifs et ne rende parfois impossible la lecture de textes classiques, donc le partage et la compréhension de la réflexion qui les animait. » On n'a peur de rien « lorsqu'on a soi-même connu le bénéfice de l'émancipation par les livres ». Les Lettres ont pour mission essentielle « de donner à tous, par l'étude des (grands) textes, les bases de la réflexion, de l'esprit critique, du jugement esthétique, politique, personnel, civique ». Elles sont « une des étapes par lesquelles on accède à la constitution de soi ».

La langue est instrument de pouvoir, et, donnée au peuple, remise aux mains des plus défavorisés, elle favorise cette fois la démocratie véritable. Mais la langue n'est pas plus réductible à des fonctions que ne l'est l'amour. Elle est cet « héritage que ne précède aucun testament » selon la belle formule de René Char dans les *Feuillets d'Hypnos,* marque et lieu de la liberté. La haine de l'écrit littéraire conduit à la pire des paupérisations, pour reprendre un terme d'Edgar Morin. Il s'agit de fournir « les armes de la distance et de la réflexion critique », d'arracher à la « philosophie spontanée » qui risque fort de n'être encore que de la *doxa,* voire à la fuite dans la « valse méthodologique »[1]. On ne saurait mieux dire.

Les témoignages de celles ou ceux qui réussissent dans la vie dite « pratique » ne sont pas moins instructifs : « Dans les entreprises, plus on monte haut, plus on peut se passer des techniques – parce qu'on a les techniciens à sa disposition ; la seule chose qu'on ne peut remplacer c'est le jugement et, pour la formation du jugement, rien n'égale l'art rhétorique (celui qui, dans les études littéraires, développe la dissertation) et la fréquentation intelligente des classiques. »[2]

Marcel Proust décrit, en termes inimitables, l'entrée en soi que suscite la lecture de grands textes :

> « (...) Il existe certains esprits (...) qu'une sorte de paresse ou de frivolité empêche de descendre spontanément dans les régions profondes de soi-même où commence la véritable vie de l'esprit. Ce n'est pas qu'une fois qu'on les y a conduits ils ne soient capables d'y découvrir et d'y exploiter de véritables richesses, mais, sans cette intervention étrangère, ils vivent à la surface dans un perpétuel oubli d'eux-mêmes, dans une sorte de passivité qui les rend le jouet de tous les plaisirs, les diminue à la taille de ceux qui les entourent et les agitent, et, pareils à ce gentilhomme qui, partageant depuis son enfance la vie des voleurs de grand chemin, ne se souvenait plus de son nom, pour avoir depuis trop longtemps cessé de le porter, ils finiraient par abolir en eux tout sen-

1. Danièle Sallenave, *Lettres mortes,* Paris, Michalon, 1995, p. 26, 42-50, 72, 76, 85, 114-129, 145-169.

2. P. Moussa, cité par Jacqueline de Romilly, *Lettre aux parents sur les choix scolaires,* Paris, Éd. de Fallois, 1994, p. 55.

timent et tout souvenir de leur noblesse spirituelle, si une impulsion extérieure ne venait les réintroduire en quelque sorte de force dans la vie de l'esprit, où ils retrouvent subitement la puissance de penser par eux-mêmes et de créer. Or, cette impulsion que l'esprit paresseux ne peut trouver en lui-même et qui doit lui venir d'autrui, il est clair qu'il doit la recevoir au sein de la solitude hors de laquelle, nous l'avons vu, ne peut se produire cette activité créatrice qu'il s'agit précisément de ressusciter en lui. De la pure solitude l'esprit paresseux ne pourrait rien tirer, puisqu'il est incapable de mettre de lui-même en branle son activité créatrice. Mais la conversation la plus élevée, les conseils les plus pressants ne lui serviraient non plus à rien, puisque cette activité originale ils ne peuvent la produire directement. Ce qu'il faut donc, c'est une intervention qui, tout en venant d'un autre, se produise au fond de nous-mêmes, c'est bien l'impulsion d'un autre esprit, mais reçue au sein de la solitude. Or nous avons vu que c'était précisément là la définition de la lecture, et qu'à la lecture seule elle convenait. La seule discipline qui puisse exercer une influence favorable sur de tels esprits, c'est donc la lecture : ce qu'il fallait démontrer, comme disent les géomètres. Mais, là encore, la lecture n'agit qu'à la façon d'une incitation qui ne peut en rien se substituer à notre activité personnelle ; elle se contente de nous en rendre l'usage (...). »

Et ceci, encore :

« Dans la lecture, l'amitié est soudain ramenée à sa pureté première. Avec les livres, pas d'amabilité. Ces amis-là, si nous passons la soirée avec eux, c'est vraiment que nous en avons envie. Eux, du moins, nous ne les quittons souvent qu'à regret. Et quand nous les avons quittés, aucune de ces pensées qui gâtent l'amitié : Qu'ont-ils pensé de nous ? – N'avons-nous pas manqué de tact ? – Avons-nous plu ? – et la peur d'être oublié pour tel autre. Toutes ces agitations de l'amitié expirent au seuil de cette amitié pure et calme qu'est la lecture. Pas de déférence non plus ; nous ne rions de ce que dit Molière que dans la mesure exacte où nous le trouvons drôle ; quand il nous ennuie, nous n'avons pas peur d'avoir l'air ennuyé, et quand nous en avons décidément assez d'être avec lui, nous le remettons à sa place aussi brusquement que s'il n'avait ni génie ni célébrité. L'atmosphère de cette pure amitié est le silence, plus pur que la parole. »

Et ceci, pour finir :

« La capacité de lecture profitable, si l'on peut ainsi dire, est beaucoup plus grande chez les penseurs que chez les écrivains d'imagination. Schopenhauer, par exemple, nous offre l'image d'un esprit dont la vitalité porte légèrement la plus énorme lecture, chaque connaissance nouvelle étant immédiatement réduite à la part de réalité, à la portion vivante qu'elle contient. Schopenhauer n'avance jamais une opinion sans l'appuyer aussitôt sur plusieurs citations, mais on sent que les textes cités ne sont pour lui que des exemples, des allusions inconscientes et anticipées où il aime à retrouver quelques traits de sa propre pensée, mais qui ne l'ont nullement inspirée. »[1]

Le mode de la lecture est davantage celui du toucher, de l'intériorité. La meilleure analogie est celle de la chaleur qui pénètre

1. Marcel Proust, *Sur la lecture* (1905), Paris, Actes Sud, 1988, p. 26 sq., 42-43.

insensiblement, de manière intime, nous envahit tout entier, comme l'amour et comme l'amitié. Proust a raison de considérer les livres dans la perspective de l'amitié. Dans *Psychanalyse du feu,* Gaston Bachelard a décrit avec génie « ce besoin de *pénétrer,* d'aller à l'*intérieur* des choses, à l'*intérieur* des êtres » comme « une séduction de l'intuition de chaleur intime. Où l'œil ne va pas, où la main n'entre pas, la chaleur s'insinue ». Il y a « communion par le dedans »[1]. L'amour, de même, peut nous transformer jusqu'au plus intime de nous-mêmes, nous transfigurer totalement. Il fait fondre, consume comme un brasier, supprime tous les obstacles, mieux encore que l'intelligence. Il liquéfie, dit-on. Lumière du cœur signifie : ouverture, accueil, disponibilité, fécondité. Rien n'obscurcit et n'aveugle autant que la haine. Ici lumière et chaleur font corps, comme dans le feu.

2 / MYTHOS

« C'est un mythe » veut dire, dans la langue de tous les jours, « c'est faux ». Ce qui est donc reconnaître, contre tous les scepticismes de mise, l'existence du contraire, le vrai. Il saute aux yeux que s'il y a du faux, c'est que le vrai existe ou est possible à tout le moins. Quelle serait la vérité de l'art, en ce cas, puisque le faux y abonde, et que veut dire, plus profondément, le mot « mythe » ?

Mythos signifie « parole », « histoire », « fable », « intrigue », « récit ». Ainsi l'histoire d'Œdipe représentée dans l'*Œdipe-Roi* et l'*Œdipe à Colone* de Sophocle ou celle de *Hamlet*. Ce qui étonne au départ est l'immense emprise du « mythe », entendu en ce sens, sur les humains, aujourd'hui comme toujours. La fiction jouit en effet d'une « brûlante autorité », à laquelle cherchent à échapper la lecture littérale et le documentaire. « C'est que la fiction s'accroche. »[2] C'est l'impact extraordinaire, sur les auditoires modernes, des mythes d'Œdipe et de Hamlet qui a tant stimulé Freud à en chercher la clef.

Mais avant d'y revenir, reconnaissons que le mot « mythe » a bien d'autres sens. Ainsi, à l'extrême opposé en apparence, ce que nous

1. Gaston Bachelard, *Psychanalyse du feu,* Paris, Gallimard, « Idées », 1968, p. 70. L'histoire lue chaque soir était, écrit Daniel Pennac, « un retour au seul paradis qui vaille : l'intimité. Sans le savoir, nous découvrions une des fonctions essentielles du conte, et, plus vastement, de l'art en général, qui est d'imposer une trêve au combat des hommes. L'amour y gagnait une peau neuve. C'était gratuit » (*Comme un roman, op. cit.,* p. 36-37).

2. George Steiner, *Réelles présences, op. cit.,* p. 231.

disent de grands historiens des religions, tel Mircea Eliade qui rappelle que pour les sociétés « primitives » et archaïques, pour les groupes humains où le mythe s'avère le fondement même de la vie sociale et de la culture, « le mythe est une *histoire vraie* qui s'est passée au commencement du Temps et qui sert de modèle aux comportements des humains ». Grâce à lui, l'être humain des sociétés archaïques « se détache du temps profane et rejoint magiquement le Grand Temps, le temps sacré »[1]. On est loin du mythe entendu comme « une sorte de légende, un récit d'événements fabuleux, recelant d'ailleurs en soi une doctrine plus ou moins rudimentaire »[2]. Loin aussi de la loi des trois états d'Auguste Comte, décrivant l'évolution de l'humanité comme allant de l'âge mythique ou théologique à l'âge métaphysique pour culminer dans l'âge positif. Loin encore du « mythe » au sens courant aujourd'hui que nous venons de rappeler, selon lequel telle histoire, telle affaire, tel idéal « est un mythe » signifie bel et bien : c'est tout à fait faux.

La définition classique du mythe se lit d'ailleurs : *logos pseudês eikonizôn alêtheian* : « discours faux figurant la vérité ». « The truest poetry is the most feigning », renchérit Shakespeare : « La poésie la plus vraie est celle qui feint le plus. » Et il n'est pas difficile d'entrevoir que la même chose puisse se dire de l'art en général. Ainsi Oscar Wilde : « la conclusion dernière, c'est que le mensonge, affirmation de belles choses inexactes, est le but même de l'art ». Mais qu'est-ce que cela veut dire exactement ? Où se trouvent au juste le « vrai » et le « faux » en art ? Que veut dire ici « mensonge », « feinte », et surtout « vérité » ? Que serait donc cette « vérité » ou cette « fausseté » des œuvres d'art qui jalonnent l'histoire des civilisations ? Et pour revenir à « la formation que donne la littérature », comment comprendre ce que Jean Larose appelle, avec raison croyons-nous, « le miracle éducatif opéré par des textes dont toute l'efficacité formative repose sur cette fausseté, sur cette artificialité – que leur reprochent les pédagogues »[3] ?

Considérons un instant l'exemple de la peinture. Où se vérifie l' « authenticité » d'un portrait ? Les chefs-d'œuvre que sont les quelque quarante autoportraits de Rembrandt apparaissent comme

1. Mircea Eliade, *Mythes, rêves et mystères,* Paris, Gallimard, 1957 ; « Idées », 1972, p. 21-22. Sur le mythe et la philosophie, voir surtout Jean-François Mattéi, *Platon et le miroir du mythe,* Paris, PUF, « Thémis Philosophie »,1996.

2. Georges Gusdorf, *Mythe et métaphysique,* Paris, Flammarion, « Champs », 1984, p. 59.

3. Théon d'Alexandrie, *in Progymnasmata,* Spengler, 72 ; Shakespeare, *As You Like It,* III, III, 16 ; Oscar Wilde, « Le déclin du mensonge », dans *Intentions, op. cit.,* p. 88 ; Jean Larose, *L'amour du pauvre, op. cit.,* p. 17.

autant de tentatives, par l'artiste, de reproduire son « vrai » visage à différentes périodes de sa vie. Sont-ils « vrais » parce qu'ils ressembleraient chacun au « vrai » visage original, saisi à différents moments de sa vie, comme par des photos ? « C'est l'artiste qui est véridique et c'est la photo qui est menteuse, car, dans la réalité, le temps ne s'arrête pas », remarquait Rodin. Ou seraient-ils au contraire plus « vrais » que le visage en chair et en os, dès longtemps disparu, de Rembrandt ? Les chaussures de la célèbre peinture de Van Gogh sont-elles moins « vraies » que la ou les paires de chaussures qu'il a pu considérer quand il composait son tableau ? D'aucuns diront qu'elles sont au contraire bien plus « vraies », puisque ce tableau continuera d'émerveiller des millions de regards à travers les âges alors que les « modèles originaux » ont vite basculé dans le néant. Qu'est-ce alors qui mérite l'appellation de « vraies » chaussures ? Quelque idée platonicienne de la chaussure à laquelle aurait accès le génie de l'artiste, la « paire de chaussures de paysan » en soi ? N'est-il pas évident que je ne puis chausser les chaussures du tableau et qu'elles ne sont donc pas de « vraies » chaussures ? De quoi capituler devant la question du « vrai » et du « faux »[1] ?

Bernard Saladin d'Anglure a fait valoir la conviction des Inuits que les noms et les mythes ont beaucoup plus de « réalité » que les individus humains ; ceux-ci, comme tous les particuliers sensibles (cette table, ce crayon, etc.), passent, alors que les noms, eux, durent, et semblablement les mythes. Conviction qui n'est pas sans analogie avec celle des anciens Grecs frappés par la fluidité du monde sensible et par l'invariance, en revanche, de l'universel. Il est clair que les mots renvoient d'abord à des universaux, même lorsqu'ils tentent de désigner un singulier. « Ceci », « cet individu-ci » sont des universaux attribuables à une infinité de possibles. Le langage humain est incapable de *dire* le singulier.

Les poètes, les artistes, mentent-ils vraiment ? Comédies, tragédies, mimes, films, romans, peintures, sculptures, tout cela ment-il ? Il y a fausseté au sens où les *Fables* de La Fontaine seraient « fausses » parce que les animaux en vérité ne parlent pas. C'est donc à condition d'être « faux » qu'ils seront vrais : « toutes ces choses ne sont en partie

1. La remarque de Rodin est citée par Maurice Merleau-Ponty, in *L'œil et l'esprit, op. cit.*, p. 80. Cf. Kenneth Clark, *An Introduction to Rembrandt,* New York, Harper & Row, 1978 : « He was driven on by a passion to set down every shape, area, tone and colour exactly as he saw it ; and he had concluded that human beings must be accepted exactly as they are. That is how we find them in the Bible – without extenuation or disguise. And if Rembrandt was to approach all his sitters in this way, he must begin with the sitter he knew best » (p. 26).

vraies qu'autant qu'elles sont fausses en partie ; ce qui contribue à les rendre vraies, c'est justement que, sous d'autres rapports elles sont fausses » (saint Augustin). Sur la scène, Roscius, l'acteur, est une fausse Hécube, un faux Priam. Mais lui comme un autre acteur excellera d'autant plus qu'il saura mieux se désincarner, devenir l'autre et ne pas être lui-même, réussir à créer l'illusion qu'il est Hector, Andromaque, Hercule, Jules César, qui on voudra. En excellent pédagogue, Diderot provoquait en déclarant que « c'est le manque absolu de sensibilité qui prépare les acteurs sublimes ». Le grand acteur français Louis Jouvet décrivait l'idéal de l'acteur en ces termes : « Il va enfin, pense-t-il, loger son âme, son corps dans des êtres dignes de lui » ; la première forme de sincérité de ce « locataire usurpateur », c'est « l'art de se tricher soi-même », insistant sur le vide que doit faire le comédien pour accueillir en lui le personnage, sur le dédoublement essentiel à l'illusion théâtrale et sur la « pratique intelligente du paraître et de l'être, de l'ostentation et de l'authentique » de la « conciliation de ces deux extrêmes, de ces deux contraires ».

Un véritable portrait en peinture est obligatoirement un faux visage, tout comme ce reflet dans le miroir est une fausse femme ou un faux homme. L'illusion est ici médiatrice de vérité, et on ne peut justement pas s'en passer. La *Septième Lettre* attribuée à Platon résume bien la portée de la dépendance où nous nous découvrons relativement à des médiations qui risquent chaque fois de faire écran. Pour atteindre le cercle lui-même, dit Platon (342 *a* sq.), je dois passer par quatre éléments médiateurs : le nom « cercle », la définition, l'image *(eidolon)*, la science. Or, comme le résume bien Gadamer, « ils sont tous les quatre empêtrés dans la dialectique de l'image. Dans la mesure où la chose doit se représenter en eux, ils sont tous soumis à la nécessité d'être quelque chose par eux-mêmes. Ce qui veut représenter quelque chose ne peut pas être ce qu'il représente. Il appartient à l'être de ces moyens comme tels d'avoir un non-être à eux. Leur être est en quelque sorte d'être le non-être de ce qu'ils représentent. De là provient, selon Platon, que nous soyons toujours à nouveau tentés de prendre l'accessoire pour l'essentiel ».

Tout l'être du signe consiste pareillement à faire venir autre chose que lui-même à l'esprit, avec tous les risques qui alimentent depuis toujours les sophismes de tout crin. De là, aussi bien, un bonne part des difficultés de la communication. Le cas de l'art a valeur de paradigme quant au problème du vrai. Il est illusion si on y cherche la reproduction la plus fidèle possible d'originaux singuliers, selon une interprétation stupide de l'idée de *mimêsis,* d' « imitation de la nature » – comme dans l'exemple classique des raisins peints par Zeuxis, que des pigeons vivants vinrent picorer. Le « faux » de la représentation artistique, la « fiction », est indispensable pour manifester « une réalité plus haute, née de l'esprit ». Dans les termes de Hegel :

[L'art] présente sur la réalité extérieure la même supériorité que la pensée : ce que nous recherchons dans l'art, comme dans la pensée, c'est la vérité. Dans son apparence même, l'art nous fait entrevoir quelque chose qui dépasse l'apparence : la pensée ; alors que le monde sensible et direct, loin d'être la révélation implicite d'une pensée, dissimule la pensée sous un amas d'impuretés, pour se mettre lui-même en relief, pour faire croire que lui seul représente le réel et le vrai. Il s'ingénie à rendre inaccessible le dedans en l'enfouissant sous le dehors, c'est-à-dire sous la forme. L'art, au contraire, dans toutes ces représentations, nous met en présence d'un principe supérieur. Dans ce que nous appelons nature, monde extérieur, l'esprit a beaucoup de mal à se retrouver et à se reconnaître. Il résulte de toutes ces remarques sur la nature du beau que, si l'art peut être traité d'apparence, son apparence est de nature toute particulière. Il est apparent à sa manière qui n'a rien de commun avec la signification que nous attachons à l'apparence en général[1].

Cassirer a su admirablement faire ressortir la dimension cognitive de l'imitation, la *mimêsis* comme *poiêsis,* activité créatrice et formatrice, libre projet de l'esprit dont le modèle est intérieur et n'a donc rien d'une copie. Elle « ne consiste jamais à redessiner, trait pour trait, un contenu de réalité, mais à extraire de cette réalité un moment pertinent afin de tracer les "contours" caractéristiques de sa silhouette. Par là l'imitation est déjà sur la voie de la représentation, dans laquelle les objets ne sont pas pris dans leur achèvement, mais où la conscience elle-même les construit en suivant leurs caractéristiques constitutives »[2].

Le discours poétique convient d'autant mieux aux choses humaines que les événements de la vie sont soumis au temps et n'offrent pas de trame cohérente à nos regards, paraissant souvent même irrationnels, arbitraires, absurdes. Le singulier, constatent les philosophes depuis l'aube des temps, ne peut pas être défini et n'a pas l'intelligibilité de l'universel. « L'être individuel, de quelque mode que ce soit, est, pour le dire tout à fait universellement, "contingent" *(zufällig)* » (Husserl). Des choses nous « arrivent » qui nous « touchent » et nous « atteignent », ce que dit bien le mot latin « contingent », nous « tombent

1. Saint Augustin, *Soliloques,* II, x, 18 ; Denis Diderot, *Paradoxe sur le comédien,* Paris, Garnier-Flammarion, 1967, p. 133 ; Louis Jouvet, *Le comédien désincarné,* Paris, Flammarion, 1954, p. 43-44, 90 ; Hans-Georg Gadamer, *L'art de comprendre,* trad. Marianna Simon, Paris, Aubier, 1982, p. 239 ; Hegel, *Esthétique,* trad. S. Jankélévitch, Paris, Flammarion, « Champs », 1979, vol. I, p. 30-31.

2. Ernst Cassirer, *La philosophie des formes symboliques, op. cit.,* p. 134.

dessus », comme dit l'allemand *zufällig,* adviennent. Pour qui est soumis au temps, les événements futurs demeurent contingents au sens strict de ce terme (ce qui peut être ou ne pas être) et donc angoissants. Aussi faisons-nous appel à des « histoires », des « fables » *(muthoi),* comme à autant de trames appelées à introduire dans nos vies quelque intelligibilité, du sens, dépassant la simple narration brute d'un singulier pur. En décrivant des possibles, nous accédons à l'universel, à l'agir humain représenté concrètement en des actions exemplaires : « la poésie est plus philosophique et plus noble que l'histoire : car la poésie traite plutôt de l'universel » (Aristote, *Poétique,* c. 9, 1451 *b* 5-7)[1].

« Encore, encore... » demande l'enfant, réclamant le même conte, parfois jour après jour. C'est une manière de surmonter le temps en le reprenant sans cesse à son début, en quelque sorte, et en engendrant à neuf des événements qui découvrent cette fois une trame nécessaire qu'ils n'ont pas autrement. Et dès lors une intelligibilité beaucoup plus proche de la vie que celle, si admirable, certes, des mathématiques, où cependant, selon le mot profond de Bertrand Russell, « we never know what we are talking about », « nous ne savons jamais de quoi nous parlons ». Plus proche de la vie qui est devenir, temporalité, et mystère. « Le mythe est d'abord pédagogie de la transgression », écrit magnifiquement Jean Ladrière. La pensée thématique a besoin d'une pensée plus ancienne, d'une présence antérieure dans la représentation, comme on le voit dans le passage des mythes cosmologiques à la pensée spéculative sur le cosmos, où le déploiement successif est déjà schématisé[2]. De même, pourrait-on dire, pour l'imagination de l'enfant et pour nous tous en vue de la réflexion sur la vie ; ne cessons-nous pas de mettre plus ou moins consciemment un ordre provisoire dans nos imaginations et nos mémoires, en fredonnant des airs de musique, par exemple ? Raconter est fondamental, et d'autant plus si le jeune peut en imagination (ce qui est infiniment plus fécond que par les yeux, pour ainsi dire) s'identifier à l'héroïne ou au héros et en admirer le courage et l'astuce en des circonstances fantastiques, comme en témoigne le succès de *Harry Potter* ou du *Seigneur des Anneaux.*

1. Husserl, *Idées directrices pour une phénoménologie et une philosophie phénoménologique pures,* I, § 2, trad. Paul Ricœur, Paris, Gallimard, 1950. p. 16 ; sur le contingent, voir Jean-Luc Marion, *Étant donné.* Essai d'une phénoménologie de la donation, Paris, PUF, 1997, p. 177 sq. et p. 213 sq., où l'on trouvera toutes les références pertinentes, notamment à Aristote.

2. Jean Ladrière, *L'articulation du sens,* Paris, Le Cerf, 1984, I, p. 191-214. Voir en outre les riches et profondes analyses de Paul Ricœur, *Temps et récit,* 3 vol., Paris, Le Seuil, 1983-1985.

L'enfant dit « cet objet m'a fait mal ». « Il s'agit là pour lui d'une manière d'affirmer, de jouer la réalité », remarquait Gusdorf. On « joue » encore la réalité au théâtre, au cinéma, à la télévision, dans la littérature, en peinture, en sculpture, en voyant sur cette toile Mona Lisa, dans ce marbre David, un visage, un corps humain. L'intérêt de la conscience mythique, c'est qu'elle prend acte d'une totalité vitale, vivante, et tente de la comprendre en la jouant. Il s'agit de dépasser l'immédiat sensible, le singulier, l'actuel en ce sens, vers un ordre de réalité plus vrai, mais qui devra être perpétuellement dépassé lui-même, puisqu'il est symbolique.

Comme l'a bien montré Whitehead, notre pensée n'est pas d'un côté rationnelle, de l'autre symbolique, notre pensée est tout entière symbolique ; les symboles utilisés par la « science » pour appréhender le mode matériel en témoignent à leur manière ; d'autres symboles, les plus riches et les plus nuancés, sont les mots ; d'autres symboles encore servent à tenter d'exprimer les aspirations de notre vie totale, du point de vue humain, comme le font les arts, notamment la musique et la poésie. Pour celles de nos aspirations qui visent à dépasser le monde, il y a le symbolisme religieux[1].

À quoi serviraient les poètes, demandait Goethe, s'ils se bornaient à nous donner de simples faits. Ils doivent, bien plutôt, nous donner du « meilleur, du plus vrai, du plus accessible ». L'amour de Roméo et Juliette est plus « vrai », plus présent que l'amour vécu dans la réalité, la colère au théâtre est plus « vraie », plus présente que la colère réelle, car au théâtre les passions sont sublimées. De plus, la poésie s'adresse à l'intelligence et à l'imagination, qu'elle met en activité par le moyen de simples mots, là où la peinture donne au moins la couleur, et la sculpture la forme et des valeurs tactiles[2].

Même lorsqu'ils ont recours à d'autres symboles, les savants ont besoin du langage ordinaire afin de se comprendre eux-mêmes et de communiquer leur savoir et sa signification à d'autres. Ils sont de plus, comme tout le monde, des agents moraux. Dans les excellents termes d'Iris Murdoch, « l'aspect le plus essentiel et le plus fondamental de la culture est l'étude de la littérature, puisqu'on éduque ainsi à se repré-

1. Georges Gusdorf, *Mythe et métaphysique,* Paris, Flammarion, « Champs », 1984, p. 63 ; A. N. Whitehead, *Symbolism. Its Meaning and Effect* [1927], New York, Capricor Books, 1955.

2. Ce point est bien marqué par Schopenhauer, dans *Le monde comme volonté et comme représentation, Supplément au livre troisième,* XXXIV, trad. A. Burdeau revue et corrigée par Richard Roos, Paris, PUF, 1966, p. 1140-1141 : « L'œuvre d'art ne doit pas tout livrer directement aux sens, mais juste ce qu'il faut pour mettre l'imagination en bonne voie, l'imagination doit toujours avoir quelque chose à ajouter, c'est elle qui doit même dire le dernier mot. »

senter et à comprendre les situations humaines. Nous sommes des hommes et nous sommes des agents moraux avant d'être des savants, et la place de la science dans la vie humaine doit être discutée dans des *mots*. C'est pourquoi c'est et ce sera toujours plus important de connaître Shakespeare que de connaître quelque savant que ce soit ; et s'il est un "Shakespeare de la science" son nom est Aristote »[1].

3 / LA FIGURE DE LA TRAGÉDIE

Au terme d'un petit livre d'une rare profondeur, Pierre Vadeboncœur fait observer qu'« aux yeux du postmodernisme, la difficulté du bien se résout par la suppression du concept de difficulté. Celui-ci se dissout dans la facilité générale à laquelle on convie l'humanité, dans une sorte d'abolition des contraires ». Car on oublie ainsi, ou feint d'oublier la figure du bien peut-être la plus indéniable, celle de la tragédie. « La figure de la tragédie, inséparable de celle du bien, ne se laisse pas mettre de côté indéfiniment par un superficiel système du bonheur assuré par l'oubli. Cette figure une fois dans la place, les autres figures rentreront à sa suite. »[2]

N'est-il pas paradoxal que de tout temps la dignité humaine apparaisse le plus clairement dans l'épreuve, voire le malheur, comme le montre bien l'art, en particulier la poésie tragique ? « (...) Toute notion réaliste de la tragédie [observe George Steiner] doit partir du fait de la catastrophe. Les tragédies finissent mal. Le personnage tragique est brisé par des forces qu'on ne peut ni comprendre complètement ni vaincre par la sagesse rationnelle. (...) La tragédie est irréparable (...) Œdipe ne retrouve ni ses yeux ni son sceptre. La tragédie nous répète que le domaine de la raison, de l'ordre et de la justice est terriblement limité, et que nul progrès de notre science ou de nos moyens techniques ne l'élargira. En dehors de l'homme et en lui, il y a *l'autre,* l'autre monde. »[3]

Or il n'empêche, comme le marquait aussi bien A. J. Festugière, que « ce qui peut rester, dans cette sombre perspective sophocléenne, de consolation pour l'homme, nous le retrouverons dans le sentiment

1. Iris Murdoch, *The Sovereignty of Good,* London, Routledge & Kegan Paul, 1970, p. 34.
2. Pierre Vadeboncœur, *L'humanité improvisée,* Québec, Bellarmin, « L'essentiel », 2000, p. 177 et 181-182.
3. George Steiner, *La mort de la tragédie,* trad. Rose Celli, Paris, Gallimard, « Folio », 1993, p. 16-18.

de la *grandeur*. (...) Car le malheur, quand il a dépassé toute borne, nous donne le sentiment du sacré. Il semble que les dieux, quand ils ont totalement écrasé l'homme, et qu'ils le voient porter sa dignité dans l'infortune, soient pris d'une sorte d'admiration. Alors cet aveugle, ce mendiant, leur devient cher, et ils finissent par le glorifier. (...) Ce qui est sûr, c'est que les Grecs ont toujours attaché la gloire à la grandeur morale, à la pratique de ce qu'ils nomment *arêtê,* ce qui est essentiellement la force dans le malheur »[1].

George Steiner va tout à fait dans le même sens : « Pourtant, de l'excès même de ses souffrances naît le droit de l'homme à la dignité. Impuissant et brisé, devenu un mendiant aveugle chassé de la cité, il se revêt d'une grandeur nouvelle. (...) Il n'en devient pas pour autant un innocent mais il est sanctifié comme s'il avait passé par les flammes. C'est pourquoi il y a dans le dénouement de la grande tragédie, qu'elle soit grecque, shakespearienne ou classique, un mélange de douleur et de joie, de lamentation sur la chute de l'homme et d'allégresse pour la résurrection de son âme. Aucune autre forme poétique ne produit cet effet mystérieux, qui fait d'*Œdipe,* du *Roi Lear* et de *Phèdre* les créations jusqu'à ce jour les plus nobles de l'esprit. » De même, pour Schopenhauer, « le plaisir que nous prenons à la tragédie se rattache non pas au sentiment du beau, mais au sentiment du sublime, dont il est même le sentiment le plus élevé. (...) Chaque tragédie réclame une existence tout autre, un monde différent, dont nous ne pouvons jamais acquérir qu'une connaissance indirecte, par ce sentiment même qui est provoqué en nous »[2].

Homère nous montre Achille, dans l'*Iliade*, hésitant entre « deux sortes de génie » ; dès le début du premier chant, le héros est prisonnier d'une alternative *(diandicha)* et s'interroge lui-même pour choisir « ce qui vaut mieux »[3]. Dans la plus ancienne des tragédies qui nous soit parvenue, les *Suppliantes* d'Eschyle, le roi Pelasgos apparaît placé, comme Hamlet, devant une alternative sans « issue exempte de douleur », et seul responsable de sa décision : « L'angoisse prend mon cœur. Dois-je agir ou ne pas agir ? »[4] C'est à travers la liberté, mais

1. A. J. Festugière, *De l'essence de la tragédie grecque* Paris, Aubier-Montaigne, 1969, p. 22-23.

2. George Steiner, *La mort de la tragédie, loc. cit.* ; Arthur Schopenhauer, *Le Monde comme volonté et représentation,* Supplément au livre troisième, chap. XXXVII, trad. A. Burdeau revue et corrigée par Richard Roos, PUF, 1966, p. 1171.

3. *Iliade,* IX, 411-416 ; I, 189.

4. Eschyle, *Les Suppliantes,* 442 et 379-380 (texte établi et traduit par Paul Mazon, Paris, Les Belles Lettres, 1953).

aussi la *finitude* même de l'être humain, qu'apparaît ainsi d'abord sa dignité – comme si, dès l'Antiquité, la représentation par l'art de la souffrance, de la maladie et de la mort, nous éveillait davantage à la grandeur humaine. Une constante surprenante se manifeste en somme déjà : la dignité humaine est d'abord associée à l'être humain désarmé, faible.

« Un héros ne montre jamais mieux sa grandeur que dans l'échec, tel Priam tombé aux genoux d'Achille (*Iliade,* XXIV, 383-384), tel Œdipe mendiant et aveugle », écrivait René Schaerer : « Péguy n'a pas tort d'affirmer que les héros l'emportent sur les dieux. Ceux-ci réussissent trop bien pour qu'on les aime vraiment. Il leur manque "la triple grandeur de l'homme, la mort, la misère, le risque (...). Ils manquent de manque *(Clio)*". »[1] La phrase du vieil Œdipe ne laisse pas d'étonner : « c'est donc quand je ne suis plus rien, que je deviens vraiment un homme ». Une fois assumée, une condition de passivité pratiquement totale se transforme en action proprement humaine, et même l'anéantissement peut donner lieu à l'action la plus élevée – l'acte intérieur délibéré permettant à l'être humain de parvenir, quelles que soient les apparences, à la dignité du « Deviens ce que tu es »[2]. D'où vient donc la dignité ainsi reconnue au pauvre ou à l'infirme, au malade et au mourant, à celle ou celui qui n'a rien, voire, diront certains, qui n'*est* rien ?

L'universalité de l'émotion éprouvée face à de telles représentations est étonnante. Il s'agit de l'émotion qui définit la *catharsis* (« purgation », « purification »), selon l'analyse classique héritée d'Aristote, avant tout la crainte (ou l'angoisse) et la pitié (ou compassion). C'est à juste titre, comme le remarque Habermas, que « Walter Schulz a introduit, en tant qu' "instances de l'éthique", non seulement la raison mais encore la pitié ». Il est possible, en effet, « de justifier l'universalité de la pitié comme une réaction à la violation des structures universelles de l'intersubjectivité dans lesquelles se stabilise l'identité du moi, qui doit être protégée. Comprise comme une catégorie non pas psychologique mais éthique, la pitié est suscitée par les violations de l'intégrité du moi, c'est-à-dire d'une structure symbolique comme celle de la dignité humaine, et seulement de façon médiate par des violations de l'intégrité physique. En ce sens, la pitié correspond exactement au concept du mal moral, explicité par Schulz ».

1. René Schaerer, *Le héros, le sage et l'événement,* Paris, Aubier, 1964, p. 83.

2. Sophocle, *Œdipe à Colone,* 393, trad. Paul Mazon, Paris, Les Belles Lettres, 1960 ; Pindare, *Pythiques,* II, 72.

L'une des intuitions les plus profondes de Fichte, écrit en effet Walter Schulz, « consiste à déclarer que, d'un point de vue théorique abstrait, autrui, au même titre que le monde des objets, peut être nié par moi, en tant que sujet conscient de soi, et que seul l'aspect moral m'en empêche en m'invitant à me limiter par rapport à autrui et à le *reconnaître*. On voit ici de façon très nette la structure dialectique du moi. En tant que conscience de soi, le moi se donne la possibilité d'anéantir l'autre ; c'est pourquoi seul le moi, en tant que conscience morale, peut s'interdire cette possibilité. Toute éthique repose sur une autodiscipline, c'est-à-dire sur l'opposition à l'égoïsme qu'il y a en moi-même... »[1].

Le point essentiel, c'est la vérité du vécu, *veritas vitae*. Il faut éprouver la compassion dans les relations interpersonnelles concrètes pour savoir ce que c'est, pour savoir ce que c'est qu'être « humain ». Or c'est précisément sur l'universalisation de tels sentiments que repose l'efficace des tragédies. Il y a ici un accès autre que celui de la raison, que permet l'œuvre d'art réussie. On a affaire à une expérience de vérité sous la forme d'une « modification subie par le sujet lorsqu'il rencontre quelque chose de véritablement important pour lui. On peut dire de l'art qu'il est expérience de vérité s'il est expérience authentique, c'est-à-dire si la rencontre avec l'œuvre modifie réellement l'observateur »[2].

Gadamer a mis en valeur le fait de la reconnaissance effectuée par la représentation artistique. Non pas au sens banal que le connu est reconnu. « La joie de reconnaître est au contraire celle d'accéder à une connaissance qui ne se réduit pas à celle du connu. Dans la reconnaissance, ce que nous connaissons se dégage comme en vertu d'une illumination, de toute contingence et variabilité des circonstances qui le conditionnent et il est saisi dans son essence. Il est connu comme étant quelque chose. » Le jeu cultuel et le jeu théâtral renvoient au-delà d'eux-mêmes, ils représentent pour quelqu'un et c'est ce qui constitue l'être de l'art. Il est « comme ouvert en direction du spectateur », c'est en lui seulement « qu'il parvient à la plénitude de son sens », le jeu lui-même étant « l'ensemble composé des joueurs et des spectateurs ». Gadamer relève le fait que Platon parle à

1. Walter Schulz, *Philosophie in der veränderten Welt,* Stuttgart, Klett-Cotta, 1972, p. 749-751 ; Jürgen Habermas, *Logique des sciences sociales et autres essais,* trad. Rainer Rochlitz, Paris, PUF, 1987, p. 293, note 19.

2. Gianni Vattimo, *La fin de la modernité,* trad. Charles Alunni, Paris, Le Seuil, 1987, p. 127-128, qui fait référence à la notion d'*Erfahrung,* d'origine hégélienne, appliquée par Gadamer à la rencontre avec l'œuvre d'art.

l'occasion (*Philèbe,* 50 *b*) de « la comédie et de la tragédie de la vie comme de celles de la scène », la joie prise dans les deux cas étant justement « la joie de la connaissance ». Cette métamorphose fait en effet « entrer dans le vrai ». L'enfant qui se déguise, déjà évoqué par Aristote, veut qu'on reconnaisse « ce que "c'est" » (*Poétique,* 4, 1448 *b* 16), confirmant ainsi ce qu'il connaît et non pas du tout lui-même sous la dissimulation : le plaisir ne recouvre pas ici une intention de se cacher, mais bien plutôt de manifester. « Qui imite quelque chose fait entrer dans la présence ce qu'il connaît et la manière dont il le connaît. » L'imitation a donc « une fonction éminente de connaissance ».

La temporalité de l'œuvre d'art se comprend le mieux à partir de l'expérience temporelle de la fête, qui est, on le sait, « célébration, présent *sui generis* ». Or de même que la fête n'existe que célébrée, la *theôria* est une véritable participation, non un agir, mais un pâtir *(pathos),* saisissement et ravissement par le spectacle. L'être hors-de-soi, l'extase décrite dans le *Phèdre* de Platon (dont nous avons parlé au chapitre précédent) n'est pas réductible à une folie : « en vérité, l'être hors-de-soi est la possibilité positive d'être totalement à quelque chose d'autre. "Présence à" qui est oubli de soi », lequel s'oppose radicalement au regard de la simple curiosité dont l'objet ne concerne au fond personne, n'a aucun sens pour le spectateur, rien qui l'invite à y revenir réellement.

Ce point est capital. Il ne suffit pas de prendre acte du fait, certes important, de la « contemporanéité », du caractère « présent » au sens dit, de l'œuvre d'art, mais il faut voir à quel degré de profondeur, en effet, le spectateur est concerné. C'est ici que la figure de la tragédie est particulièrement révélatrice. « Aristote a orienté de manière décisive le problème de l'esthétique en incluant dans la définition de l'essence de la tragédie *l'effet produit sur le spectateur* ». *Eleos,* qu'on traduit par « pitié » est en réalité « la détresse *(Jammer)* qui saisit quelqu'un à la vue de ce que nous appelons déchirant. Ainsi nous déchire le sort d'Œdipe (tel est l'exemple qu'Aristote a constamment en vue) ». Quant à *phobos,* traduit le plus souvent par « crainte », il signifie « le frisson d'angoisse qui nous saisit » alors. « Détresse et angoisse sont des modes de l'*ekstasis,* de l'être-hors-de-soi, qui témoignent de la fascination exercée par ce qui se déroule devant nous ». Il ne s'agit de rien de semblable à une aventure ou à une griserie qui étourdit, mais d'un approfondissement de notre propre continuité avec nous-mêmes. « La tristesse tragique provient de la connaissance de soi qui échoit au spectateur.

Il se retrouve lui-même dans les événements tragiques parce que c'est sa propre histoire. »[1]

La dignité humaine est ainsi découverte dans l'expérience de notre finitude telle que vécue à travers la représentation d'un chef-d'œuvre artistique ; « vécue », c'est-à-dire éprouvée et pensée à la fois ; nous y sommes impliqués tout entiers ; nos vies à tous en tant qu'humains, leur sens ou non-sens, et le reste. Il s'agit de l'être humain concret, en situation, pas d'une abstraction. *Experior,* « éprouver, faire l'expérience », renvoie à *periculum,* « essai, épreuve, » puis « risque, danger, péril » ; et à *peritus,* « qui a l'expérience de » ; d'où « habile dans », proche du grec *peira,* « épreuve, essai » ; *per* connote « passer par », « traverser ». La sagesse inscrite dans la langue ordinaire autour du mot « expérience » indique ainsi d'emblée une épreuve, une traversée qui marque. La formule célèbre des tragédiens grecs, *pathei mathos* (« on apprend en souffrant »)[2], semblerait s'appliquer aussi à des œuvres d'art qui réussissent à faire revivre certaines souffrances d'une manière qui libère. Myriam Revault d'Allonnes le résume fort bien, s'inspirant du chapitre 13 de la *Poétique* d'Aristote, « la *philanthropia* – le "sens de l'humain" – est la condition de possibilité du schème (ou de la configuration) tragique, schème au sein duquel va pouvoir s'exercer, à travers la frayeur et la pitié, la reconnaissance du semblable »[3].

De manière analogue, Anne Cheng montre qu'on peut voir dans « la grande idée neuve de Confucius », le *ren* – terme qui signifie également « le sens de l'humain » – que l'on ne « devient humain que dans sa relation à autrui » et que « c'est le lien moral qui est premier en ce qu'il est fondateur et constitutif de la nature de tout être humain »[4].

Il faut bien voir, somme toute, à quel point est faux le lieu commun paresseux selon lequel « valeurs » et « faits » seraient des contraires mutuellement exclusifs. Max Scheler l'a démontré, « les valeurs sont des faits, qui appartiennent à un genre déterminé d'expérience », manifestant la justesse de l'affirmation que « le monde est un bien

1. Hans-Georg Gadamer, *Vérité et méthode, op. cit.,* p. 119-152 ; spécialement 132, 16, 127, 130, 131, 133, 140, 142, 143-144, 147, 148, 150.

2. Eschyle, *Agamemnon,* 173-178, spécialement 177 ; cf. *Euménides,* 520 sq., et Sophocle, *Antigone,* 1272 : *echô mathôn deilaios.* Sur ce thème, voir avant tout William Chase Green, *Moira. Fate, Good and Evil in Greek Thought,* Harvard University Press, 1944 ; New York, Harper Torchbooks, 1963.

3. Myriam Revault d'Allonnes, *Fragile humanité,* Paris, Aubier, 2002, p. 159. Cf. la correspondance de Sigmund Freud et Wilhelm Fliess, en particulier la lettre du 15 octobre 1897, et la préface de Jean Starobinski à Ernest Jones, *Hamlet et Œdipe,* trad. Anne-Marie Le Gall, Paris, Gallimard, 1967, à propos de l'effet saisissant de la tragédie selon Freud, très proche ici d'Aristote : « La tragédie est efficace par son aptitude à éveiller la sympathie » (Starobinski, p. IX).

4. Anne Cheng, *Histoire de la pensée chinoise,* Paris, Le Seuil, 1997, p. 68 sq.

aussi originairement qu'il est une chose ». Comme l'explique excellemment Jean-Yves Lacoste, la valeur « apparaît en faisant pression sur l'affect », pression qui « est de l'ordre du fait, qu'il nous est seulement demandé de ratifier ». De même, non seulement l'œuvre d'art est-elle « vue (ou entendue) et sentie, mais nous passerions à côté d'elle si nous ne réagissions affectivement à son apparition. Elle est un visible qui *doit* être ressenti, un phénomène dont l'apparition sollicite l'affect autant qu'il sollicite la perception. Et si c'est peu dire, et peut-être mal dire, que de trouver "belle" l'œuvre d'art, c'est au moins confesser sous quelles conditions indispensables nous en dirons plus et mieux, c'est au moins confesser que l'œuvre d'art a ouvert pour nous le champ d'une connaissance affective (ce qui ne veut pas dire "connaissance exclusivement affective") »[1].

Réfléchissant sur le caractère impérieux que peut prendre une réaction affective comme celle de l'indignation suscitée par des humiliations, P. F. Strawson a mis en relief la dimension morale que révèle un tel sentiment lorsqu'il persiste et prend la forme d'un ressentiment latent. Habermas, commentant Strawson, écrit : « Aux sentiments de l'offensé fait pendant la reconnaissance de celui à qui l'on dispense un bienfait et à la condamnation d'un acte juste fait pendant l'admiration pour un acte de bonté. Innombrables sont les nuances de notre sensibilité par rapport à l'indifférence, au mépris, à la malveillance, à la satisfaction, à la reconnaissance, à l'encouragement, à la consolation, etc. Naturellement, les sentiments de faute et d'obligation sont centraux. » Habermas marque bien que l'indignation et le ressentiment sont ressentis à l'égard d'une personne qui a violé notre intégrité, et que cela vient du « manquement à *l'attente normative,* sous-jacente et fondamentale, valable, non seulement pour moi et pour autrui, mais aussi pour *toute personne qui appartient* à un même groupe social, et même, dès lors qu'il s'agit de normes strictement morales, pour tout acteur responsable ». Ne parler que d'utilité sociale, précise de son côté Strawson, revient à oublier quelque chose de vital : « Cet élément vital peut être réhabilité si nous portons attention à ce tissu complexe qu'est celui des attitudes et des sentiments qui constituent une partie essentielle de la vie morale que nous connaissons et qui s'opposent tout à fait à l'attitude objective. Il suffit, en effet, de prêter attention à

1. Jean-Yves Lacoste, *Du phénomène de la valeur au discours de la norme,* in *Freiburger Zeitschrift für Philosophie und Theologie,* Bd. 44 (1997) Heft 1-2, p. 87-103 ; nos citations, p. 87-88 ; Max Scheler, *Der Formalismus in der Ethik,* GW, 2, p. 195 : « Werte sind Tatsachen, gehörig zu einer bestimmten Erfahrungsart », et p. 44 : « Die Welt ist so ursprünglich ein Gut, wie sie ein Ding ist. »

cet ensemble d'attitudes pour que nous puissions retrouver, à partir des faits tels que nous les connaissons, un sens à ce que nous voulons dire, c'est-à-dire à *tout* ce que nous voulons dire lorsque, usant du langage de la moralité, nous parlons de mérite, de responsabilité, de faute, de condamnation et de justice. »[1]

Or à vrai dire, dans toutes les cultures, à toute époque, un fragment de tragédie, un épigramme, un texte législatif, un proverbe, une inscription funéraire, un conte, une chanson, une œuvre d'art, une œuvre de sagesse, auront témoigné « d'une exigence plus vieille que toute formulation philosophique », qui a toujours été que « quelque chose est dû à l'être humain du seul fait qu'il est humain »[2]. La reconnaissance de cette exigence se précise à mesure que s'affirment les civilisations, la plus remarquable étant celle qu'on y accorde d'emblée aux plus faibles et aux plus démunis, la place centrale de la mansuétude et du respect à l'égard des pauvres. En Inde, les Lois de Manu, d'origine ancienne, déclarent, sans ambages : « Les enfants, les vieillards, les pauvres et les malades doivent être considérés comme les seigneurs de l'atmosphère. » La sagesse chinoise met au premier rang la « capacité de conforter les autres »[3]. Le respect des pauvres dans tous les sens du terme, de ceux qui souffrent, est, on le sait, au cœur des traditions juive et chrétienne. Le Coran fait état des devoirs envers les orphelins, les pauvres, les voyageurs sans logis, les nécessiteux, ceux qui sont réduits à l'esclavage[4]. La compassion est un des deux idéaux principaux du bouddhisme[5]. Partout on semble pressentir que c'est dans le

1. Jürgen Habermas, *Morale et communication,* trad. Christian Bouchindhomme, Paris, Le Cerf, 1986, p. 65-71 ; P. F. Strawson, *Freedom and Resentment, and other Essays,* London, Methuen, 1974, p. 9-23.

2. Paul Ricœur, « Pour l'être humain du seul fait qu'il est humain », *in* Jean-François de Raymond (dir.), *Les enjeux des droits de l'homme,* Paris, Larousse, 1988, p. 236-237. Voir Jeanne Hersch (dir.), *Le Droit d'être un Homme. Anthologie mondiale de la liberté,* Recueil de textes, Paris, Unesco et Robert Laffont, 1968 ; réédition J.-C. Lattès - Unesco, Paris, 1984 et 1990, où sont rassemblés plus de mille fragments de tous les continents, en provenance des cultures les plus diverses et de tous les temps, du IIIe millénaire avant notre ère jusqu'en 1948, date de l'adoption, par l'Assemblée générale des Nations unies, de la *Déclaration universelle des droits de l'homme.*

3. Nous retrouvons ici le *ren.* Selon Marcel Granet, toute la doctrine confucéenne de « la vertu suprême », le *ren* (ou *jen*) se définit comme « un sentiment actif de la *dignité humaine* », fondé sur le respect de soi et le respect d'autrui - dont elle fait au reste dériver la règle d'or ; cf. *La pensée chinoise,* Paris, Albin Michel, 1968, p. 395-398. Voir Confucius, *Entretiens* (trad. Anne Cheng, Paris, Le Seuil, « Points Sagesse », 1981), XII, 22 ; cf. VI, 23 ; IV, 15.

4. Cf. *I Rois* 21 ; *Isaïe,* 58, 6-10 ; *Deutéronome,* 15, 1-15 ; 24, 10-15 ; 26, 12 ; *Proverbes* 14, 21 ; 17, 5 ; 22, 22-23 ; 23, 10-11 ; *Matthieu,* 5, 3-12 ; *Luc,* 6, 20-26 ; 10, 29-37 ; *Marc,* 12, 41-44 ; *Luc,* 16, 19-25 ; *Matthieu* 25, 31-46 ; et Azim Nanji, *Islamic Ethics,* in *A Companion to Ethics,* ed. Peter Singer, Oxford, Basil Blackwell, 1991, p. 108 sq.

5. Sur la sagesse et la compassion dans le bouddhisme, voir R. E. Florida, dans *Buddhist Approaches to Abortion,* in *Asian Philosophy,* vol. 1, n° 1, 1991, p. 39-50.

dénuement que l'humain se révèle le plus clairement et impose pour ainsi dire sa noblesse propre – celle de son être, non de quelque avoir – à la conscience. Chez les Grecs, la parole évoquée plus haut du vieil Œdipe, aveugle et en haillons, pratiquement abandonné, l'exprime on ne peut mieux : « c'est donc quand je ne suis plus rien, que je deviens vraiment un homme »[1].

Plus étonnant, si c'est possible, est le respect des morts, illustré dès la nuit des temps par les premiers humains, dont le geste caractéristique est la sépulture offerte à leurs morts. « Il faut rappeler ce qui a été finalement découvert dans la petite grotte française près de La Chapelle-aux-Saints en 1908. Voici qu'à travers des millénaires nous sommes en mesure d'observer un spectacle très émouvant. Car ces hommes aux cerveaux prisonniers d'un crâne présageant le singe, ces hommes dont des savants avaient soutenu qu'ils ne sauraient posséder de pensées au-delà de celles de la brute, avaient enseveli leurs morts dans la douleur. (...) Tel est le geste humain par lequel nous reconnaissons un homme, même si c'est sous un front rappelant celui du singe qu'il nous considère. »[2]

Pourquoi est-on ému, aujourd'hui encore, jusqu'à l'approbation, devant la décision de la jeune Antigone (dans la grande tragédie de Sophocle qui porte son nom) de refuser, au péril de sa propre vie, de laisser là « sans larmes ni sépulture », pâture des oiseaux ou des chiens, le corps de son frère Polynice, pourtant dénoncé comme traître, et de défendre son droit à la sépulture, son appartenance à une commune humanité, au nom de « lois non écrites, inébranlables, des dieux » ? Le mort à l'état de cadavre n'étant plus, et entièrement à la merci des forces naturelles, les vivants ont à son endroit un devoir sacré : celui de faire en sorte que, tout cadavre qu'il soit, il demeure membre de la communauté humaine. Le symbole du rite de la sépulture le rend à nouveau présent[3]. Le jugement d'Antigone est d'ordre éthique et non un simple jugement catégoriel. Car il a la forme d'un engagement : je dis que le cadavre de mon frère mérite tous les honneurs dus à un être humain et c'est mon devoir d'agir en conséquence, même au prix de ma vie, puisque je suis sa sœur et que

1. Sophocle, *Œdipe à Colone,* texte établi par Alphonse Dain et traduit par Paul Mazon, Paris, Les Belles Lettres, 1960, v. 393.

2. Loren Eiseley, *The Firmament of Time,* New York, Atheneum, 1962, p. 112-113.

3. Sophocle, *Antigone,* trad. Paul Mazon, Paris, Les Belles Lettres ; voir en particulier v. 26-30 (cf. 203-206) ; v. 453-457 ; v. 71-74 ; cf. v. 909-914 ; et v. 924 : « Ma piété m'a valu le renom d'une impie » (cf. v. 942-943). On retrouve la même préoccupation pour ces lois gravées au fond de la conscience dans *Ajax* (cf. 1129 sq. et 1343 sq.), *Œdipe-Roi* (863 sq.), *Électre* (1090 sq.).

nos parents ne sont plus[1]. Son geste marque la primauté de la conscience, de valeurs que l'être humain ressent intérieurement, comme nous le reverrons plus loin.

4 / FIGURES DU COMIQUE

Le jeu des contraires qu'on retrouve sous des figures diverses dans la comédie – en particulier dans l'« esprit » et dans l'humour – offre un autre dépassement de notre finitude, qui n'est pas moins significatif. Nous retiendrons ici trois de ces figures.

a) L'éloge paradoxal

Dans une série d'études excellentes, Patrick Dandrey a retracé l'éloge paradoxal jusqu'à ses origines dans l'Antiquité grecque, chez les grands sophistes d'abord, en particulier Gorgias en son *Éloge d'Hélène,* chez Platon ensuite, qui le retourne contre les sophistes dans le *Phèdre,* et, surtout, dans le *Banquet.* D'autres grands moments de l'histoire de ce tour d'esprit sont l'*Éloge de la folie* d'Érasme, le fameux prologue de *Gargantua* et le *Tiers Livre* de Rabelais, le *Dom Juan* de Molière[2].

La célèbre tirade d'*éloge du tabac,* prononcée par Sganarelle au lever du rideau de *Dom Juan,* n'est pas si étrange qu'on l'a dit, tant s'en faut :

« Quoi que puisse dire Aristote, et toute la Philosophie, il n'est rien d'égal au tabac, c'est la passion des honnêtes gens, et qui vit sans tabac n'est pas digne de vivre. Non seulement il réjouit et purge les cerveaux humains, mais encore il instruit les âmes

1. Cf. v. 909-914 : « un mari mort, je pouvais en trouver un autre et avoir de lui un enfant, si j'avais perdu mon premier époux ; mais, mon père et ma mère une fois dans la tombe, nul autre frère ne me fût jamais né. Le voilà, le principe pour lequel je t'ai fait passer avant tout autre » ; et v. 924 : « ma piété m'a valu le renom d'une impie » (cf. v. 942-943). « Elle n'insiste, écrit Vladimir Soloviev, que sur son droit absolu de remplir son devoir absolu de piété et d'amour fraternel, de donner une sépulture honorable à son parent le plus proche qui ne peut l'obtenir que d'elle (...) (*La justification du bien,* trad. T. D. M., Paris, Montaigne, 1939, p. 219 sq.).

2. Voir Patrick Dandrey, *L'éloge paradoxal de Gorgias à Molière,* Paris, PUF, 1997 ; *Dom Juan, ou la critique de la raison comique,* Paris, Honoré Champion, 1993, p. 17-78 ; *Molière ou l'esthétique du ridicule,* Paris, Klincksieck, 1992, p. 174 sq. ; *La Médecine et la maladie dans le théâtre de Molière,* I. *Sganarelle et la médecine ou De la mélancolie érotique,* Paris, Klincksieck, 1998, p. 265-324. Nos propos sur l'éloge paradoxal, de même que leurs illustrations, s'inspirent largement de ces travaux.

à la vertu, et l'on apprend avec lui à devenir honnête homme. Ne voyez-vous pas bien, dès qu'on en prend, de quelle manière obligeante on en use avec tout le monde, et comme on est ravi d'en donner à droit, et à gauche, partout où l'on se trouve ? On n'attend pas même qu'on en demande, et l'on court au-devant du souhait des gens : tant il est vrai, que le tabac inspire des sentiments d'honneur, et de vertu, à tous ceux qui en prennent » (*Dom Juan,* I, 1).

Aristote avait comparé le prologue d'un poème dramatique au prélude dans un morceau de flûte, où les « joueurs de flûte commencent par faire entendre un morceau qu'ils sont en état de bien jouer et le rattachent à la tonique de la pièce à exécuter ; ainsi dans les discours épidictiques faut-il écrire un morceau de ce caractère ; puis, aussitôt que ce morceau de choix est débité, il faut y accorder le ton du discours et l'y enchaîner : c'est ce que font tous les orateurs »[1]. C'est bien également ce que Molière respecte en l'occurrence.

Dans le cas présent, comme à maintes reprises dans la suite de *Dom Juan,* il s'agit cependant de ce que les Grecs avaient appelé *paradoxon encomium* – « éloge paradoxal ». Sganarelle prend bien soin de poursuivre en disant : « Mais c'est assez de cette matière, reprenons un peu notre discours. Si bien donc, mon cher Gusman, que Done Elvire ta maîtresse [...] », marquant ainsi combien ténus sont les liens avec ce qui suit, cependant que l'éloge du tabac donne, par contre, le ton de tout ce qui suivra, diversement illustré par l'éloge de l'inconstance (I, 2), celui de l'hypocrisie (V, 2), le blâme de l'honneur et l'éloge de la couardise (III, 3), et par toute l'esthétique du paradoxe, particulièrement manifeste en cette comédie. « Véritable machine à féconder de l'ambiguïté, cette pièce est peut-être plus folle encore que l'éloge érasmien », écrit avec justesse Patrick Dandrey. Cette « liberté du tour paradoxal qui permet de dire une chose et son contraire en même temps (...) constitue un merveilleux opérateur d'ambiguïté »[2].

En fait :

« (...) l'écriture pseudo-encomiastique procède de l'exploitation facétieuse ou satirique, didactique ou ludique, bouffonne ou zététique, du décalage entre un discours emphatique régulier, ayant toutes les apparences du conformisme, et la thèse ou l'objet qui s'y trouve loué en dépit de l'évidence, de la logique et de l'opinion couramment admises – ou simplement contre toute attente. Le principe, on le voit, consiste, pour la forme du discours, à jouer sur la *parodie,* ou sur le pastiche au moins ; et sur le *paradoxe* pour la thèse ou l'objet qu'il traite. Ce jeu combine une constante : l'ensemble

1. Aristote, *Rhétorique* III, 14, 1414 *b* 19-26, trad. Médéric Dufour et André Wartelle, Paris, Les Belles Lettres, 1973.

2. *La Médecine et la maladie dans le théâtre de Molière,* I. *Sganarelle et la médecine ou De la mélancolie érotique, op. cit.,* p. 277.

des règles immuables de l'éloquence épidéictique ; et une variable susceptible de variations à l'infini : le sujet traité. Il suffit à celui-ci d'être incongru pour convenir au projet. Ce qui, en théorie, ouvre un champ de possibilités sans limites au choix de l'orateur. »[1]

Il est significatif que le plus grand écrivain comique français avant Molière, qui est Rabelais, ait choisi de se réclamer, dès la première page de son prologue à *Gargantua,* du portrait que trace Alcibiade de Socrate dans le *Banquet* de Platon (215 *b-c* ; 216 *d* - 217 *a*), où il compare Socrate à un silène sculpté, personnage laid au dehors, mais qui contient à l'intérieur des images de dieux « fascinantes », « divines et précieuses », « parfaitement belles et extraordinaires » – « louant [écrit Rabelais] son précepteur Socrates, sans controverse prince des philosophes, entre aultres parolles le dist être semblable ès Silènes. (...) Tel disait estre Socrates, parce que, le voyans au dehors et l'estimans par l'extériore apparence, n'en eussiez donné un coupeau d'oignon, tant laid il estoit de corps et ridicule en son maintien (...). Mais, ouvrans ceste boyte, eussiez au dedans trouvé une céleste et impérissable drogue : entendement plus que humain, vertus merveilleuses, courage invincible, sobresse non pareille, contentement certain, asseurance parfaicte, déprisement incroyable de tout ce pourquoy les humains tant veiglent, courent, travaillent, navigent et bataillent ». Si, de même, on ouvre le livre de Gargantua et pèse soigneusement « ce qui y est déduict », « lors congnoistrez que la drogue dedans contenue est bien d'aultre valeur que ne promettait la boite, c'est-à-dire que les matières icy traictées ne sont tant folâtres comme le titre au-dessus prétendoit »[2].

On retrouve donc à nouveau là le jeu des contraires. Comme l'écrit Patrick Dandrey dans *Molière ou l'esthétique du ridicule,* Platon pratique « le *pseudo-encomion* à l'envers, en le métamorphosant en instrument "ironique" au service d'une quête du vrai sous le masque du paradoxe et de l'incongruité »[3]. Les sophistes sont tous beaux, chez Platon, Socrate est laid et ridicule d'aspect. L'étrangeté *(atopia)* de Socrate ne se dément pas, elle est capitale aux yeux de Platon. « Mais l'étrangeté de cet homme-là, de sa personne, de ses propos, rien ne peut se trouver qui en approche, même en cherchant bien, ni dans le

1. Patrick Dandrey, *op. cit.*, p. 270 ; *Dom Juan, ou la critique de la raison comique, op. cit.*, p. 19.
2. *La vie très horrifique du grand Gargantua, père de Pantagruel, Prologue de l'auteur,* in Rabelais, *Œuvres complètes,* texte établi et annoté par Jacques Boulenger, Paris, Gallimard, « La Pléiade », 1942, p. 25. Voir Mikhaïl Bakhtine, *L'œuvre de François Rabelais et la culture populaire au Moyen Âge et sous la Renaissance,* traduit du russe par Andrée Robel, Paris, Gallimard, 1970.
3. Patrick Dandrey, *Molière ou l'esthétique du ridicule, op. cit.*, p. 175.

présent ni dans les temps anciens, à moins bien sûr qu'on le compare à ceux que je dis : non pas à aucun être humain mais aux silènes et aux satyres – qu'il s'agisse de sa personne ou de ses paroles. Car c'est une chose que j'ai omise en commençant : ses discours aussi sont tout à fait pareils aux silènes qu'on ouvre » (Alcibiade encore, dans le *Banquet*). De même Calliclès dans le *Gorgias* : « que tu es absurde *(atopos),* Socrate ! »

Le trait principal de Socrate demeure l'ironie, mêlée d'humour. À l'exclamation de Calliclès : « Comme tu rabâches toujours les mêmes choses, Socrate ! », ce dernier répond : « Non seulement les mêmes choses, Calliclès, mais sur les mêmes sujets ». Selon Alcibiade encore (chez Platon), « il passe toute sa vie à faire le naïf, à plaisanter avec les gens », en grec : *eirôneuomenos de kai paizôn panta ton bion pros tous anthropous diatelei.* Kierkegaard n'est pas dupe : « Ce qui trompe avec Socrate c'est que son ironie est si spirituelle, son intellectualité si éminente qu'on est tenté d'oublier complètement que son action est en même temps pour lui question de vie et de mort. »[1] En se moquant de Socrate, on se moque du « prince des philosophes » pourtant, qui se moque à son tour des sophistes et des puissants de ce monde, tout cela sous la plume d'un des plus grands philosophes et dramaturges à la fois de l'histoire, à savoir Platon. On n'a donc pas attendu Molière pour se moquer des philosophes, qui le fait cependant délicieusement et sciemment, comme pour les médecins charlatans, les sots savants, les hypocrites et tant d'autres formes de prétention[2].

b) L'ironie

Dans un des traitements les plus classiques et les plus complets de l'allégorie, celui de Quintilien, on lit que la « première forme » d'allégorie « résulte surtout d'une suite de métaphores ». L'ironie est cependant comptée comme une allégorie « où l'on entend le contraire de ce que les mots expriment ». Quintilien distingue entre l'ironie dans

1. Respectivement, *Gorgias,* 490 *e* ; cf. Xénophon, *Mémorables,* 4, 4, 6 ; Platon, *Banquet,* 216 *e* 5-6 ; 221 *d* ; *Gorgias,* 491 *b* 1 ; Kierkegaard, *Journal (Extraits),* vol. V, 1854-1855, trad. Ferlov et Gateau, Paris, Gallimard, 1961, p. 146. Sur Socrate, voir aujourd'hui, spécialement, Gregory Vlastos, *Socrate : Ironie et philosophie morale,* traduit par Catherine Dalimier, Paris, Aubier, 1993, et l'ouvrage toujours aussi remarquable de W. K. C. Guthrie, *Socrates,* Cambridge University Press, 1971.

2. Outre les livres déjà cités de Patrick Dandrey, voir, en particulier, l'excellente étude de Gérard Defaux, *Molière ou les métamorphoses du comique,* seconde édition, Paris, Klincksieck, 1992.

le trope (opposition entre les mots), et l'ironie « dans la figure »[1], distinction que nous retrouverons bientôt.

L'ironie offre en réalité le meilleur exemple de ce que Freud dénomme formellement, en y insistant, « la représentation par le contraire » *(die Darstellung durchs Gegenteil)*[2], dont il analyse diverses formes par le détail. « L'ironie, déclare-t-il, ne comporte aucune autre technique que la représentation par le contraire » ; et il propose en guise d'illustration l'exemple « le plus célèbre de toute la littérature mondiale » (Beda Alleman), la phrase « Brutus est un homme d'honneur », sorte de leitmotiv du fameux discours de Marc Antoine dans le *Jules César* de Shakespeare[3]. Brutus, Cassius et les autres viennent d'assassiner César, mais ils sont bien vus de la foule. Quand Antoine avance les premières fois que « Brutus is an honourable man », et que les autres assassins aussi sont « honorables », la proposition est donc entendue en son sens littéral par la foule. Mais sous l'effet du discours d'Antoine, surtout après qu'il aura fait part du testament de César favorable à tous et chacun des citoyens romains, le sens véritable de la proposition, le sens ironique, devient transparent à la foule : « They were traitors : honourable men ! » : « Ils étaient des traîtres. Hommes d'honneur ! » Pourtant Marc Antoine ne dit jamais autre chose que « Brutus est un homme d'honneur ». Cette phrase progresse, en l'esprit du peuple, d'un sens littéral à un sens diamétralement opposé : tous ont compris, à la fin, qu' « homme d'honneur » signifie son exact contraire : « traître ». Or l'efficacité du procédé est extraordinaire : il faut se demander pourquoi. L'ironie, écrit Freud, « consiste essentiellement à dire le contraire de ce que l'on veut suggérer, tout en évitant aux autres l'occasion de la contradiction : les inflexions de la voix, les gestes significatifs, quelques artifices de style dans la langue écrite, indiquent clairement que l'on pense juste le contraire de ce que l'on dit. L'ironie n'est de mise que lorsque l'interlocuteur est prêt à entendre le contraire, de telle sorte qu'il ne peut lui-même échapper ainsi à l'envie de contredire. (...) L'ironie offre à celui qui l'entend le plaisir comique, probablement

1. Quintilien, *Institution oratoire,* VIII, 44, 54 ; IX, 2, 46 ; sur la valeur, encore aujourd'hui, de la définition de l'ironie héritée de Quintilien, voir Gregory Vlastos, *Socrate. Ironie et philosophie morale,* trad. Catherine Dalimier, Paris, Aubier, 1994, p. 37 sq. ; voir aussi Roland Barthes, *L'aventure sémiologique,* Paris, Le Seuil, 1985, p. 85-164.

2. Sigmund Freud, *Le mot d'esprit et ses rapports avec l'inconscient,* trad. Marie Bonaparte et M. Nathan, Paris, Gallimard, 1969, p. 101.

3. *Julius Caesar,* III, II. Cf. Freud, *loc. cit.*, p. 106 ; Beda Alleman, *De l'ironie en tant que principe littéraire,* in *Poétique,* novembre 1978 (n° 36), Paris, Le Seuil, p. 385-386, 388, 395-396.

parce qu'elle lui inspire un effort de contradiction dont l'inutilité apparaît aussitôt »[1].

Quand, au début de l'*Hippias Majeur,* Socrate traite le suffisant Hippias de « beau » et de « sage », tout le monde, sauf Hippias, comprend qu'il veut dire le contraire, et la balourdise d'Hippias est d'entrée de jeu évidente ; en voilà un qui n'est pas « prêt à entendre le contraire ». À supposer qu'il l'eût entendu toutefois, désirant aussitôt contredire il se serait aperçu que le contraire était déjà dans le propos de Socrate : l' « inutilité apparaît aussitôt ». Un « Non, je suis ignorant » était surérogatoire. Tout comme le mensonge, ou l'hypocrisie, ou l'art du comédien, l'ironie, la litote et les formes analogues d' « esprit » supposent que deux contraires sont vus à la fois en leur unité et en leur distinction. On peut dire ici ce que Hegel dit des opposés qui, « dans leur concept même, contiennent l'autre » *(in ihrem Begriffe selbst die andere enthält)* ; connaissance sans laquelle, ajoute-t-il, on ne peut faire proprement un pas en philosophie[2]. Rien en fait ne manifeste mieux une réalité à l'esprit que son contraire ; dans les termes de Schopenhauer, « les contraires s'éclairent toujours mutuellement, et le jour se révèle en même temps que la nuit, comme l'a dit excellemment Spinoza »[3].

Mais revenons à notre question précédente : d'où vient l'efficacité extraordinaire de l'ironie ? Ici les sources classiques sont du plus grand secours[4]. Les dictionnaires répètent aujourd'hui, avec raison certes, qu'ironiser consiste à se moquer de quelque chose ou de quelqu'un en lui disant le contraire de ce qu'on veut faire entendre. Mais Quintilien apporte une distinction importante : celle de la différence entre le trope et la figure : « Dans le trope, l'opposition est entre les mots ; dans la figure, la pensée et parfois toute la façon de présenter la cause est en opposition avec la forme et le ton. Que dis-je ? la vie entière

1. Freud, *loc. cit.*, p. 267.

2. G. W. F. Hegel, *Wissenschaft der Logik,* ed. Georg Lasson (1934), 2 vol., Hamburg, Meiner, 1963, II, p. 56.

3. *Le Monde comme volonté et comme représentation,* IV, 65, *in fine,* trad. A. Burdeau, Paris, PUF, 1966.

4. Voir notamment Quintilien, *Institution oratoire,* livre IX, spécialement II, 44-46 ; livre VIII, VI, 1 ; cf. Cicéron, *De Oratore,* III, 203, et tout le contexte à partir de 199 ; de même que *Brutus,* 392 (excellent sur l'ironie contre les sots vaniteux, où Molière s'avèrera maître). Et d'autre part, dans l'excellent ouvrage, *Irony, an Historical Introduction,* London, Allen & Unwin, 1926, les observations de J. A. K. Thomson sur le Socrate de Platon comme « the greatest portrait in literature » (p. 163) ; « The case of Plato is somewhat extraordinary. He has nowhere discussed the full meaning and nature of Irony, although, of Irony, as we now understand it, he is in a sense the creator as he remains perhaps the greatest master » (p. 3-4) ; « There could be no second Plato : the Platonic Irony died with him » (p. 196).

d'un homme paraît n'être qu'une ironie, comme parut l'être celle de Socrate. » On voit d'emblée à quel point les deux, le trope et la figure, s'appliquent à Molière, et en particulier l'insistance sur « la vie entière » d'un personnage.

Mais il y a mieux encore chez Quintilien, qui met le doigt sur l'essentiel quand il écrit que l'auditeur doit alors « pour ainsi dire trouver » *(quasi inveniendum)*[1]. L'exemple shakespearien de « Et Brutus est un homme d'honneur » illustre admirablement la justesse de cette remarque. On ne pourra plus vous enlever, vous dans la foule exhortée par Marc Antoine, ce que vous avez découvert vous-même, à savoir qu' « homme d'honneur » voulait dire « traître », au-delà des apparences. C'est comme si vous le saviez même déjà d'une certaine façon, puisque vous avez décelé l'ironie. Outre le plaisir comique, souligné par Freud, il y a donc celui de l'invention (au sens latin du terme), de la découverte personnelle.

En d'autres termes, l'ironie « sollicite l'intellection », comme le notait avec justesse Vladimir Jankélévitch : en choisissant l' « altérité la plus aiguë : elle exprime non pas quelque chose d'autre que ce qu'elle pense, comme n'importe quelle allégorie, mais le contraire, qui est l'autre le plus autre ; l'extrêmement autre ». En revanche, selon les observations de Freud, qu'il est facile de faire siennes, « le rêve ne peut d'aucune façon exprimer l'alternative « ou bien, ou bien » *(Entweder-Oder)* »[2]. Il est donc tout à fait approprié de parler de « mot d'esprit » – ou d'esprit tout court. Seule l'intelligence peut saisir un contraire en son contraire.

L'étymologie grecque des mots correspondants n'est pas moins éloquente. Les meilleures études philologiques font remonter *Noûs* à la racine originelle *snu* signifiant « flairer », « pressentir »[3]. *Noûs* a dès Homère le sens fondamental d'une prise de conscience soudaine, à l'occasion d'une perception, d'une situation importante à grand impact émotif. Réaliser par exemple que cette personne apparaissant sous les traits d'une vieille femme est en réalité la déesse Aphrodite : il ne s'agit pas d'une constatation plus claire de sa figure externe mais bien d'une saisie de sa vraie nature au-delà de l'apparence. Ou encore

1. Quintilien, *Institution oratoire,* respectivement IX, 2, 46 et IX, 2, 65-66, trad. Henri Bornecque, Paris, Garnier, 1934, III, p. 293 et p. 303.

2. Vladimir Jankélévitch, *L'ironie,* Paris, Flammarion, 1964, « Champs », p. 64 et p. 71 ; Freud, *Die Traumdeutung,* in *Gesammelte Werke,* II/III, Frankfurt, Fischer, 1942, p. 321 et 323.

3. Cf. Kurt von Fritz, « Nous and nœin in the homeric poems », in *Classical Philology,* 38 (1943), p. 79-93 ; E. Schwyzer, « Beiträge zur griechischen Wortforschung », in *Festschrift Paul Kreischmer,* New York, 1926, p. 244-251 ; mais voir aussi Douglas G. Frame, *The Origins of Greek Nous,* thèse de doctorat, Harvard University, avril, 1971.

voir soudain que cet homme qui avait l'air d'être mon ami est en réalité l'ennemi. « La prise de conscience de la vérité vient toujours comme une intuition soudaine : la vérité est soudainement "vue" »[1].

C'est bien ce qu'éprouve la foule sous l'effet de l'ironie de Marc Antoine. Elle est profondément émue maintenant en faveur de Jules César et contre ses assassins. Mais il en va de même des spectateurs ou des lecteurs véritables de cette tragédie de Shakespeare, selon cette loi du théâtre qui veut, dans les termes de Valéry, « que le spectateur puisse et doive toujours s'identifier, s'unir – à quelqu'un qui est sur la scène. Par quoi, il fait partie de la pièce et la joue, – ce que signifie le mot *d'intérêt :* Être dans l'affaire »[2].

c) L'humour

Le mot latin *humus,* « terre », a donné *humilis,* « qui reste à terre, qui ne s'élève pas de terre ». De même *humo* (« enterrer » les morts), d'où *humatio,* et à partir de Pline, *inhumare,* « mettre en terre, inhumer ». *Humus* signifie et donne « homme » au sens général d'« être humain », car proprement « né de la terre » ou « terrestre » *(humo natus)*[3]. *Homo* se distingue de *vir* (« mâle »), tout de même qu'*anthropos* se distingue de *anêr*. De là *genus hominum* (cf. *genus humanum*), le « genre humain ». Dans ce sens, écrivent Ernout et Meillet, « *homo* désigne aussi bien la femme que l'homme (cf. grec *ho, hê anthropos*) »[4]. On sait qu'« humour » a été emprunté par les Anglais au français « humeur » à la fin du XVIIe siècle, au sens de « penchant à la plaisanterie ». Bref, « humour », « humilité », « humanité », « inhumation », sont dès longtemps proches les uns des autres, selon la sagesse inscrite dans la langue ordinaire.

L'humour implique la saisie d'une incongruité fondamentale, le comique étant essentiellement – nous en avons entrevu des formes s'agissant de l'ironie – disconvenance, incongruité, incommensurabilité. Bergson a cependant raison, croyons-nous, d'insister qu'« il n'y a

1. Cf. Kurt von Fritz, « Nous, Nœin and their Derivatives in Presocratic Philosophy (excluding Anaxagoras) », in *Classical Philology,* 40 (1945), 223-42 ; 41 (1946), 12-34.

2. Paul Valéry, *Tel quel,* in *Œuvres,* J. Hytier (éd.), Paris, Gallimard, « La Pléiade », 1960, II, p. 567.

3. Quintilien, *op. cit.,* I, 6, 34 ; lire à ce propos les belles pages de Jean Clair, in *La barbarie ordinaire. Music à Dachau,* Paris, Gallimard, 2001, p. 73 sq.

4. Cf. A. Ernout et A. Meillet, *Dictionnaire étymologique de la langue latine,* Paris, Klincksieck, 4e éd., 1959, s.v. *humus.*

pas de comique en dehors de ce qui est proprement *humain* »[1]. Les animaux ne deviennent comiques que si on les considère d'un point de vue anthropomorphique. Mais n'importe quelle incongruité humaine peut s'avérer comique. En particulier l'incongruité entre l'infinité de l'esprit – évidente en l'expérience de penser ou celle d'aimer – au regard de la finitude du corps et même de celle de l'univers. Le comique et le tragique reflètent tous deux la finitude de notre condition[2].

Cependant l'humour relativise cette finitude, dans la mesure où il met entre parenthèses, l'espace d'un moment, le tragique de notre condition. Il implique un dépassement de cette finitude, l'idée que cette dernière n'est pas définitive. On y fait en outre l'expérience de la joie, comme dans le jeu, comme dans l'enfance même. Redisons-le : « Le véritable réalisme, toujours et partout, est celui des poètes : découvrir où réside la joie, et lui donner une voix bien au-delà du chant. Car manquer la joie, c'est tout manquer. Dans la joie des acteurs réside le sens de toute action. »[3]

Les puissants de ce monde ne font guère pitié au regard des victimes de leur pouvoir. Mais l'humour offre une autre version de ces dures réalités. Les plus à plaindre sont bien plutôt, en dernière analyse, les victimes de l'illusion. Or le pouvoir est l'illusion ultime, le rire révélant que le pouvoir est incapable de transcender les limites du monde empirique. Le rire le fait le plus aisément du monde, chaque fois qu'il relativise les nécessités apparemment inébranlables de ce monde. De même pour toutes les prétentions qui accompagnent si facilement telle ou telle forme de pouvoir – celles de savants, de médecins, de prétendus sages ou philosophes chez Molière – au regard desquelles tel fou chez Shakespeare, ou un Don Quichotte, s'avèrent sages. L'humour a l'avantage d'être la plus universellement accessible, la plus démocratique, des figures de l'esprit, où nous nous reconnaissons comme tous des humains et seulement des humains, liés au même *humus*. Ce qui n'empêche pas de donner en même temps raison à Chesterton de voir l'humour comme néanmoins plus « divin » que l'esprit (« wit »), du fait qu'il a davantage « le sens des

1. Henri Bergson, *Le rire*, Paris, PUF, 1940 ; « Quadrige », 1995, p. 2.

2. Cf. Platon, *Banquet*, 223 *d* ; le génie de la tragédie et celui de la comédie seraient le même.

3. Robert Louis Stevenson, « Les porteurs de lanterne », in *Essais sur l'art et la fiction*, trad. France-Marie Watkins et Michel Le Bris, Paris, Petite Bibliothèque Payot, 1992, p. 58. Voir en outre les pages remarquables de Peter L. Berger sur ce qu'il appelle « signals of transcendence », parmi lesquels figurent le jeu et l'humour (*A Rumor of Angels. Modern Society and the Rediscovery of the Supernatural*, New York, Doubleday Anchor Book, 1970, respectivement p. 57-60, 69-72).

mystères »[1]. Il suppose l'humilité (l'*humus* encore), la capacité de rire de soi, de pressentir *autrement* l'énigme de la contingence. Il fait voir, jusque dans le détail de la vie immédiate, l'incongruité de notre condition, présupposant, par conséquent, une perception aiguë de notre étrangeté et des formes variées du non-sens. À l'instar de l'ironie, il exige la saisie simultanée des contraires. Mais il est plus pénétrant que l'ironie, car il implique une connaissance réaliste de soi-même et l'équilibre de toute la personnalité. Aussi n'est-il point de plus sûr indice de bêtise, mais aussi de fanatisme, de graves déficiences caractérielles, que l'absence d'humour. La floraison exubérante d'œuvres picturales, de caricatures, de bandes dessinées, de films comiques géniaux, de même que des grandes œuvres humoristiques ou satiriques d'Aristophane, Juvénal, Rabelais, Molière, La Fontaine, Cervantès, Gogol, Shakespeare, Swift, Dickens, Waugh, Wodehouse et de tant de leurs pairs en toutes les cultures, est aussi essentielle à l'équilibre social et politique que les chefs-d'œuvre tragiques[2].

La *Lettre sur la comédie de l'Imposteur* fait admirablement ressortir la signification à la fois éthique et esthétique du ridicule comme « une des plus sublimes matières de la véritable morale ». En voici deux trop brefs extraits :

« Quoique la nature nous ait fait naître capables de connaître la raison pour la suivre, pourtant, jugeant bien que si elle ne s'y attachait quelque marque sensible qui nous rendît cette connaissance facile, notre faiblesse et notre paresse nous priveraient de l'effet d'un si rare avantage, elle a voulu donner à cette raison quelque sorte de forme extérieure et de dehors reconnaissable. Cette forme est, en général, quelque motif de joie, et quelque manière de plaisir que notre âme trouve dans tout objet moral. »

Et, plus loin :

« Le ridicule est donc la forme extérieure et sensible que la providence de la nature a attachée à tout ce qui est déraisonnable, pour nous en faire apercevoir, et nous obliger à le fuir. Pour connaître ce ridicule il faut connaître la raison dont il signifie le

1. G. K. Chesterton, « Humour », in *Encyclopœdia Britannica,* 14th Edition, London, 1929, vol. 11, p. 883-885. « A laugh is like a love affair in that it carries a man completely off his feet ; a laugh is like a creed or a church in that it asks that a man should trust himself to it. A man must sacrifice himself to the God of Laughter, who has stricken him with a sacred madness. As a woman can make a fool of a man, so a joke makes a fool of a man. And a man must love a joke more than himself, or he will not surrender his pride for it. A man must take what is called a leap in the dark, as he does when he is married or when he dies, or when he is born, or when he does almost anything else that is important » (G. K. Chesterton, « W. W. Jacobs », in *a Handful of Authors. Essays on Books and Writers,* Dorothy Collins (ed.), New York, Sheed and Ward, 1953, p. 29).

2. Sur cette importante question, voir en particulier Martha C. Nussbaum, *Poetic Justice. The Literary Imagination and Public Life,* Boston, Beacon Press, 1995.

défaut, et voir en quoi elle consiste. Son caractère n'est autre, dans le fond, que le fameux *quod decet* des anciens : de sorte que la bienséance est à l'égard de la convenance ce que les platoniciens disent que la beauté est à l'égard de la bonté, c'est-à-dire qu'elle en est la fleur, le dehors, le corps et l'apparence extérieure ; que la bienséance est la raison apparente, et que la convenance est la raison essentielle. De là vient que ce qui sied bien est toujours fondé sur quelque raison de convenance, comme l'indécence sur quelque disconvenance, c'est-à-dire le ridicule sur quelque manque de raison. »[1]

Bref, « la disconvenance est l'essence du ridicule », une forme de laideur qui fait éclater la beauté qu'on lui oppose. On croirait réentendre les paroles du *Sophiste* de Platon sur la *catharsis* effectuée par la « réfutation », l'*elenchos,* en vertu de la honte que suscite la découverte de cette laideur de l'âme qu'est l'ignorance[2]. Dans la préface au *Tartuffe,* Molière dit très clairement que c'est la philosophie détournée de son emploi qui est sa cible. Il la défend en réalité contre ses contrefaçons, car elle est, écrit-il, « un présent du ciel ». « Se moquer de la philosophie, c'est vraiment philosopher », disait Pascal[3]. Se moquer de soi-même philosophant n'est possible qu'en raison de la capacité illimitée de distanciation de soi de l'esprit humain, de sa manifeste transcendance.

Force est de reconnaître les limites du discours, son inadéquation face à tant de réalités qui le dépassent, comme celle de l'amour, par exemple, voire de l'humour lui-même. Mais le jeu des contraires en notre esprit, constamment relevé dans ce qui précède (éloge paradoxal, ironie, humour), démontre chaque fois avec quelle facilité nous dépassons tous, en tant que simples humains, ces limites. Les figures du comique témoignent de la présence effective de cet esprit infini en chacune et chacun de nous, lorsque nous rions tous de concert avec Rabelais et Molière, Shakespeare, Wodehouse et bien d'autres.

Mais nous retrouvons aussi, du même coup, ce que nous découvrions à propos de la tragédie : la grandeur de l'art véritable, donnant

1. *Lettre sur la comédie de l'Imposteur,* in Molière, *Œuvres complètes,* Georges Couton (éd.), Paris, Gallimard, « La Pléiade », 1971, vol. I, p. 1173-1175. Dans le « Postscript » de son *Molière. A New Criticism* (New York, Anchor Books, 1962), W. G. Moore relève toute la portée de la phrase « Pour connaître le ridicule, il faut connaître la raison qui en signifie le défaut », y ajoutant ce commentaire : « To write his scenes about unreason he must have possessed a singularly firm hold on reason, common sense, intellectual equilibrium. Perhaps my conclusion of 1949 was unjust to this intellectual serenity, which along with a powerful imagination added a new dimension to comedy » (p. 150).

2. Cf. Platon, *Le Sophiste,* 229 *e* à 231 *b*. En 228 *e*, l'ignorance est décrite comme une laideur, une absence de mesure « qui transporte partout sa difformité générique ». L'exhortation morale ne suffit pas : il faut expulser le mal d'abord, effectuer une purgation ou purification *(catharsis),* désintoxiquer avant d'alimenter. La honte *(aischunê)* expulse le laid, premier pas vers la beauté.

3. *Pensées,* 4 (Brunschvicg), 513 (Lafuma).

voix et parole à l'inquiétude et à l'anxiété, le plus souvent inexprimables, qui se trouvent au fond de notre être. Ramenant l'être humain aux profondeurs de ce qui existe réellement, l'entraînant à prendre conscience de cette inquiétude, et le rendant ainsi plus conscient et plus humain, il offre une parole de l'origine, qui scrute au-delà de l'immédiat le sens de notre finitude, ce qu'il ne saurait faire sans avoir dépassé cette finitude.

Chapitre IV

LE POLITIQUE

« Il me paraît important de maintenir, dès le début, la dimension politique de l'éducation (...). Le politique constitue le milieu par excellence d'accomplissement des potentialités humaines » (Paul Ricœur).

« Le sentiment de notre existence dépend pour une bonne part du regard que les autres portent sur nous : aussi peut-on qualifier de non humaine l'expérience de qui a vécu des jours où l'homme a été un objet aux yeux de l'homme » (Primo Levi).

« Comment était-il capable de causer tant de souffrance et d'être responsable de tant de morts ? Eh bien, *en n'en pensant rien* » (Stephen Vicinczey)[1].

1 / LE DÉFI

L'idéal d'une fraternité vraiment universelle, proclamé par les grandes chartes de droits humains, s'impose plus que jamais en raison du processus de mondialisation qui unit de façon croissante le sort de l'économie, de la culture et de la société. Il implique ce que le

1. Paul Ricœur, in *Éduquer, à quoi bon ?,* (dir.) Anita Hocquard, Paris, PUF, 1996, p. 96 et 101 ; Primo Levi, *Si c'est un homme,* trad. Martine Schruoffenegger, Paris, Julliard, 1987, p. 185 ; Stephen Vizinczey, *Les lâches sont dangereux,* in *Vérités et mensonges en littérature,* trad. Philippe Babo et Marie-Claude Peugeot, Paris, Éd. du Rocher, 2001, p. 222 : il s'agit ici de Franz Stangl, commandant de Sobibor et de Treblinka ; dans le seul camp de Treblinka, 1 200 000 hommes et femmes furent tués entre l'été 1942 et l'été 1943. L'auteur précise que Stangl « était un homme *bien* sous tous rapports, dont le trait de caractère le plus répréhensible était la peur. C'est cela qui l'a conduit d'abord à l'euthanasie des infirmes, puis au meurtre de masse ». Il ajoute : « Stangl manquait de la capacité d'imagination qui lui aurait permis de se mettre à la place des autres. Il était, hélas, tout à fait normal à cet égard – c'est la raison pour laquelle l'actualité d'aujourd'hui est celle qu'on connaît. La plupart des gens sont incapables de prendre conscience d'une chose simplement parce qu'ils la voient de leurs propres yeux ; aucune chose n'est réelle pour eux, à moins qu'ils n'y pensent et y repensent pendant si longtemps que leurs faibles facultés soient finalement éveillées et qu'ils deviennent capables de l'*imaginer* ; alors, la chose devient réelle. (...) L'État, pour préserver sa sécurité, doit cultiver l'imagination » (*ibid.,* p. 221-224).

Préambule de la Déclaration universelle des droits de l'homme de 1948 posait en principe, à savoir « la reconnaissance de la dignité inhérente à tous les membres de la famille humaine et de leurs droits égaux et inaliénables », qui constitue « le fondement de la liberté, de la justice et de la paix dans le monde ». Que veut dire « dignité » ? Rien de moins que ceci : l'être humain est au-dessus de tout prix. Ce qui a un prix, rappelait Kant, peut être remplacé par quelque chose d'autre, à titre d'équivalent ; au contraire, ce qui est supérieur à tout prix a une valeur absolue, jamais relative. Tel est le sens de dignité ici. Elle signifie que chaque être humain est unique au monde, qu'il doit être considéré comme une fin, n'est jamais réductible à un moyen, du seul fait qu'il est humain. On l'a vu au chapitre précédent, la reconnaissance de cette exigence est de toute époque. Il est faux qu'elle soit quelque chose d' « occidental », encore plus faux qu'elle soit propre aux Lumières. Elle se découvre chez tous les humains, dans toutes les cultures et se précise à mesure que s'affirment les civilisations. La reconnaissance la plus remarquable, nous l'avons vu également, est celle qu'on y accorde d'emblée aux plus faibles et aux plus démunis, la place centrale de la mansuétude et du respect à l'égard des pauvres.

Subordonner le politique à l'économique, l'exercice du pouvoir politique à l'enrichissement, le travail de tous à l'enrichissement de quelques-uns, est un crime, qui entraîne des perversions et des pratiques infâmes. Il semble que le « bien » le plus lucratif dans le monde actuel, ce soient les armes de mort. « Le meurtre est la question », écrivait Camus dans une page prophétique sur le nihilisme, annonçant la tragique spirale de mort pour des centaines de millions d'humains aujourd'hui dans la cruauté ou l'indifférence : homicides, suicides, tortures, coercition injuste, le recours nullement nécessaire à la peine de mort, les déportations, l'esclavage, l'exploitation la plus éhontée des femmes et des enfants. Partout, sous-développement et sur-développement se côtoient de manière inadmissible. De nouvelles inégalités, de nouvelles marginalisations, de nouvelles situations d'extrême pauvreté accompagnent le processus de mondialisation, source d'immenses profits pour quelques-uns, donnant le spectacle, où qu'elles se manifestent, d'injustices si flagrantes que l'élimination de ces situations où des personnes humaines sont privées de l'essentiel devrait être une priorité absolue.

Réduire la mondialisation à un marché, c'est oublier à nouveau que le travail est pour le travailleur et non le travailleur pour le travail, que le marché doit être en tout temps subordonné au bien commun, c'est-à-dire au bien de chaque personne humaine sans aucune exception. Jamais le désir de reconnaissance réciproque ne s'est manifesté avec autant d'ampleur qu'aujourd'hui, où tant d'individus et de peuples ressentent le mépris, ou l'indifférence, comme des atteintes à leur liberté même. Femmes et hommes luttent avec ardeur pour qu'on reconnaisse en eux les agents responsables, autonomes, uniques, qu'ils veulent être, plutôt que des entités statistiques, des numéros, sans nom propre. C'est là un des traits les plus remarquables de notre temps. Les conséquences de ce désir de compréhension mutuelle, de solidarité, dont la portée échappe à trop de figures politiques, sont souvent paradoxales. Dans mon âpre quête de reconnaissance, je puis par exemple préférer être maltraité et mal gouverné par quelqu'un qui me tient pour un égal, plutôt que d'être bien traité mais avec condescendance par un individu qui ne me reconnaît pas pour ce que je veux être. Or il est évident que ce qui donne tout son sens, sa force à ce désir n'est autre que son origine : la reconnaissance implicite de la dignité de notre commune humanité.

Par-delà toutes les différences, se découvre, disions-nous, une solidarité humaine fondamentale. L'être humain concret, nous l'avons rappelé, se manifeste dans la réciprocité, en particulier dans le langage. Mes échanges avec l'autre supposent à la fois altérité et parité, notre égalité et notre liberté dans la parole, traits caractéristiques de la justice. La réflexion contemporaine sur l'autre et sur son visage a mis en relief la dimension d'emblée éthique des rapports proprement humains ; à l'instar de la beauté, la « pauvreté essentielle », la vulnérabilité de l'humain en tant que tel, oblige. Autrui, a-t-on dit avec raison, est celui que je ne peux pas inventer, qui résiste de toute son altérité à sa réduction au même, surtout au même que moi. L'uniformité engendre en revanche le conformisme, dont l'autre visage est l'intolérance. La culture promeut la dignité humaine, à tout niveau et dans tout contexte. Il y a lieu de se demander si la voie la plus féconde et la plus réaliste à long terme pour le processus de mondialisation n'est pas dès lors la voie d'un véritable dialogue entre les cultures, dans le respect réciproque. Un des acquis indéniables de notre temps est l'accès croissant à d'autres cultures. Chaque culture représente un capital de richesse humaine considérable. Chaque peuple incarne une expérience irremplaçable, différente, de la condition humaine. « Si nous n'essayons pas de la comprendre, nous ne pouvons pas nous comprendre » (Claude Lévi-Strauss). Cette voie semble en tout cas nécessaire à l'édification d'un monde capable de regarder en face son propre avenir.

2 / OBSTACLES

Les obstacles ne manquent pas, toutefois.

Deux points majeurs frappent d'emblée dans la Déclaration universelle de 1948 : *a)* Ce qui fonde l'égalité des droits humains et leur caractère inaliénable, c'est la dignité de tous les membres de la famille humaine sans exception ; *b)* Le fondement de la liberté, de la justice et de la paix dans le monde est la dignité humaine[1].

Mais si, après plus d'un demi-siècle, ces propos n'ont pas pris une ride et s'avèrent en réalité plus pressants que jamais, ce qui frappe tout autant est leur inefficacité apparente. Les catalogues d'atrocités répertoriées par *Amnesty International* révèlent que les droits humains sont de plus en plus bafoués dans notre monde et que les principes de la Déclaration continuent d'être violés dans plus de 140 pays et territoires ; les fléaux les plus graves de nos sociétés – telles la violence, la pauvreté, l'autodestruction des jeunes – montrent aussi que ces principes n'y ont guère pénétré les consciences.

Qu'entend-on au juste, dès lors, sous « dignité humaine » ? En 1951, quelques semaines avant sa mort, André Gide écrivait dans son *Journal* : « “Noblesse, dignité, grandeur”... ces termes, j'ai crainte et presque honte à m'en servir, tant on abusa d'eux sans vergogne. Extorqués comme ils sont aujourd'hui, on dirait presque des mots obscènes ; comme, du reste, tous les mots nobles : à commencer par le mot “vertu”. Mais ce ne sont pas les mots seuls qui se sont avilis, c'est aussi ce qu'ils veulent dire : la signification de ces mots a changé et leur dévalorisation ne fait que rendre flagrante la faillite générale de ce qui nous paraissait sacré : de ce qui nous invitait à vivre, de ce qui nous sauvait du désespoir. » Plus loin, dans le même *Journal,* il définit fort bien la différence essentielle entre deux acceptions opposées du mot « dignité », lorsqu'il écrit : « Il est quantité de gens qui, dès l'éveil, se mettent au “garde-à-vous” et cherchent à remplir leur personnage. Même seuls, ils se campent. Il va sans dire que ce n'est pas de cette dignité que je veux parler ; mais bien d'une sorte de respect de soi-même et d'autrui, qui n'a pas à se marquer au dehors. »[2]

1. Cf. *Déclaration universelle des droits de l'homme,* Amnesty International Belgique francophone, Bruxelles, « Folio », 1988, p. 18 et 26 ; et Jean-François de Raymond, *Géopolitique des droits de l'homme,* in *Les Enjeux des droits de l'homme,* Jean-François de Raymond (dir.), Paris, Larousse, 1988, p. 23-42.

2. André Gide, *Ainsi soit-il ou Les jeux sont faits,* Paris, Gallimard, 1952 ; texte revu et augmenté, « L'Imaginaire », 2001, respectivement p. 96-97 et p. 115.

Il y a aujourd'hui une inflation évidente du mot « dignité », s'agissant de dignité humaine, où se retrouve cette même ambiguïté centrale. Que veut dire « mourir dans la dignité », par exemple ? S'agit-il d'une mort où l'on « remplit son personnage », qui aurait à « se marquer au dehors » ? Et sinon, de quoi au juste ? La notion de dignité qui a donné lieu à une si extraordinaire unanimité entre les nations, par-delà les divergences multiples, dans la Déclaration de 1948, est-elle concevable sans un appel à la transcendance ? Est-elle compatible avec le nihilisme ordinaire qui imprègne la culture ambiante ? Bien plus, si Nietzsche a eu raison en sa prédiction de deux siècles à venir de nihilisme (jusqu'à présent, comment lui donner tort ?), et s'il a eu raison de définir le nihilisme comme il l'a fait – « il manque le but, il manque la réponse au "Pourquoi ?" ; que signifie le nihilisme ? *Que les valeurs les plus élevées se dévaluent* »[1] – il est permis de se demander à neuf si nos principes d'action sont aussi loin de la barbarie que nous aimons le croire[2].

Car le mot « nihilisme » désigne alors simplement le fait qu'il n'y a plus que des « valeurs » au sens où l'argent, par exemple, est une « valeur ». Tout est au même niveau et plus rien (*nihil* est le latin pour « rien ») n'excelle. « En quoi consiste la barbarie, demandait Goethe, sinon précisément en ce qu'elle méconnaît ce qui excelle ? »[3] Nous voilà loin de l'être humain conçu comme fin selon la définition de la dignité humaine proposée par Kant et évoquée plus haut.

Or il y a pourtant, nous l'avons rappelé, une découverte, une

1. « Nihilism : es fehlt das Ziel ; es fehlt die Antwort auf das "Warum ?" was bedeutet Nihilism ? – dass die obersten Werthe sich entwerthen » (Friedrich Nietzsche, *Nachgelassene Fragmente, Herbst 1887 bis März 1888,* in Nietzsche Werke, Kritische Gesamtausgabe, éd. Giorgio Colli et Mazzino Montinari, Berlin, Walter de Gruyter, 1970, VIII, 2, p. 14). Cf. Franco Volpi, *Il nichilismo,* Rome, Editori Laterza, 1996, p. 3 sq. ; Stanley Rosen, *Nihilism. A Philosophical Essay,* Yale University Press, 1969 ; Denise Souche-Dagues, *Nihilismes,* Paris, PUF, 1996 ; Michel Haar, *Par-delà le nihilisme. Nouveaux essais sur Nietzsche,* Paris, PUF, 1998.

2. « Je passe sur la succession de bouleversements, la "formidable logique de terreur" et les guerres immenses dont Nietzsche a prévu qu'elles seraient l'apanage du XXe siècle, comme suite immédiate à ce déséquilibre : l'homme actuel est l'homme qui se croit définitif, stable en sa nature, heureux dans le petit cercle fermé de lui-même, livré à l'esprit de vengeance, alors que, poussé par la force impersonnelle de la science et par la force propre de l'événement qui le libère des valeurs, il a un pouvoir qui le dépasse sans qu'il cherche à se dépasser lui-même en ce pouvoir » (Maurice Blanchot, « Réflexions sur le nihilisme », in *L'Entretien infini,* Paris, Gallimard, 1969, p. 221).

3. Il s'agit de propos de Goethe à Eckermann tenus le 22 mars 1831, soit un an avant sa mort : « Niebuhr avait raison, dit Goethe, quand il prévoyait un retour à la barbarie. La voilà : nous y sommes en plein ; car en quoi consiste la barbarie, sinon précisément en ce qu'elle méconnaît ce qui excelle ? *(das Vortreffliche)* » (*Goethes Gespräche mit Eckermann,* II, 22 März 1831, Wiesbaden, Insel-Verlag, 1955, p. 455 ; trad. Jean Chuzeville, Paris, Gallimard, 1949, p. 345). Voir surtout Jean-François Mattéi, *La Barbarie intérieure. Essai sur l'immonde moderne,* Paris, PUF, 1999, 3e éd. augmentée, 2001.

reconnaissance *de facto* de la dignité de la personne humaine, du respect unique qu'elle mérite qui, dans l'histoire et dans la conscience des humains, précède les doctrines. On peut parler, en ce sens, d'une primauté de l'éthique. Il convient d'y être d'autant plus attentif que c'est essentiellement sous la caution d'idéologies immolant « à l'être abstrait les êtres réels » (Benjamin Constant) que le XXe siècle s'est singularisé par l'étendue des meurtres, des tortures, des génocides. La marque du nihilisme, écrivait encore Camus, est son « indifférence à la vie »[1]. L'infernale « logique » de l'exclusion est la même que celle des réductionnismes auxquels nous a habitués (avec d'excellents résultats dans son cas) la méthodologie scientifique. On crée des paradigmes à partir de définitions, ou de conceptions *a priori* – de l' « homme », par exemple – mais cette fois pour légitimer une forme ou l'autre d'exclusion (ainsi les *Untermenschen,* « sous-hommes », ou les *Unmenschen,* « non-hommes », décrétés tels par l'idéologie nazie).

Un exemple en est aujourd'hui le « problème d'identité quasi insoluble » qu'entraînent les efforts d'homogénéisation des espaces urbains, créant des environnements entièrement artificiels assurant « l'anonymat et la spécialisation fonctionnelle de l'espace ». Les habitants de telles villes se voient privés « de leur capacité à produire du sens, et donc du savoir-faire nécessaire pour prendre en charge et résoudre ce problème d'identité »[2].

Mais la forme la plus cruelle d'exclusion est celle que dénonce Amin Maalouf dans son livre *Les Identités meurtrières*. Elle consiste – pour justifier les massacres ou toute autre forme de violence faite à autrui, voire à soi-même – à substituer à l'individu concret l'une de ses appartenances : identité ethnique, nationale, religieuse, etc. Réduire l'identité à une seule appartenance installe les humains « dans une attitude partiale, sectaire, intolérante, dominatrice, quelquefois suicidaire », dans une vision biaisée et distordue. Chacune de nos nombreuses appartenances nous relie à un grand nombre de personnes ; mais aucune personne au monde ne partage toutes mes appartenances, ni même une grande partie de celles-ci. « Chaque personne, sans exception aucune, est dotée d'une identité composite » : complexe,

1. Albert Camus, *L'Homme révolté,* Paris, Gallimard, 1951, « Folio », 1996, p. 17 et 19. Voir Eric D. Weitz, *A Century of Genocide. Utopias of Race and Nation,* Princeton University Press, 2003.

2. Sur ce dernier point, voir Zygmunt Bauman, *Le coût humain de la mondialisation,* trad. Alexandre Abensour, Paris, Hachette Littérature, 1999, p. 74 ; l'étude fondamentale est ici celle de Richard Sennett, *Uses of Disorder : Personal Identity and City Life,* London, Faber & Faber, 1996. Du même Richard Sennett, voir maintenant *Respect de la dignité de l'homme dans un monde d'inégalités,* trad. Pierre-Emmanuel Dauzat, Paris, Albin Michel, 2003.

unique, irremplaçable, ne se confondant avec aucune autre. Qui plus est, « l'identité n'est pas donnée une fois pour toutes, elle se construit et se transforme tout au long de l'existence ». C'est ce concret de la vie de chacune et de chacun qu'occultent les passions destructrices, en substituant aux personnes des étiquettes, sous la caution d'abstractions faisant fi des êtres réels[1]. La pire des cruautés est celle qui va jusqu'à légitimer par des théories, des idéologies, de prétendues « philosophies », les déviances collectives impliquant un groupe, un peuple, une société – pensons au racisme, aux guerres ethniques, aux diverses formes d'esclavage, aux injustices sociales, aux tortures. Le mal même – l'horreur absolue, Auschwitz et tout ce qui y ressemble – est alors appelé « bien ».

3 / TYRANNIE MÉDIATIQUE ET DÉMAGOGIE

Les nouveaux pouvoirs de communication restructurent tant l'action politique que le monde de l'économie et de la science et façonnent la société selon de nouveaux modèles culturels. Leur impact sur la vie des personnes et des peuples, le libre afflux des mots et des images à l'échelle mondiale, transforment les relations humaines à tous les niveaux, et même la compréhension du monde, démontrant à neuf à quel point l'évolution des sociétés est déterminée par la culture d'abord, bien avant les modes de production ou les régimes politiques.

La thèse centrale de Karl Popper sur la télévision, dans le livre cité au chapitre II, nous semble fondée : « Il ne devrait exister dans une démocratie aucun pouvoir politique incontrôlé. Or la télévision est devenue aujourd'hui un pouvoir colossal ; on peut même dire qu'elle est potentiellement le plus important de tous, comme si elle avait remplacé la voix de Dieu. Et il en sera ainsi tant que nous continuerons à supporter ses abus. La télévision a acquis un pouvoir trop étendu au sein de la démocratie. Nulle démocratie ne peut survivre si l'on ne met pas fin à cette toute-puissance. » Appliquée à l'ensemble du pouvoir médiatique, la question devient, écrit à juste titre Yves Charles Zarka : « Les médias sont-ils nécessairement un pouvoir ? Si ce n'est pas le

1. Cf. Amin Maalouf, *Les Identités meurtrières,* Paris, Grasset, 1998 ; « Le Livre de poche », 2001, p. 15-46 ; lire en outre Gabriel Marcel, *Les hommes contre l'humain* (1951), nouvelle édition sous la direction de Jeanne Parain-Vial, préface de Paul Ricœur, Paris, Éditions universitaires, 1991, en particulier les chapitres intitulés *Les techniques d'avilissement* (p. 35-53) et *L'esprit d'abstraction, facteur de guerre* (p. 97-102).

cas, comment se sont-ils constitués en pouvoir sans contre-pouvoir, en pouvoir sans limites ? »[1]

Balzac avait vu juste dans les *Illusions perdues,* « qui montrent les médias inévitablement modelés par des gens de talent opportunistes et par le pouvoir de l'argent », comme le relève Stephen Vizinczey. « Le centre de la scène culturelle est revendiqué par ceux qui, talentueux ou non, ont la malhonnêteté nécessaire à l'emploi. Comme, à l'époque de Balzac, les médias en étaient tout juste à leurs débuts, ne disposant encore pour tout moyen technologique que de l'imprimerie, et qu'ils n'exerçaient qu'une influence très limitée en comparaison des effets combinés, de nos jours, de la radio, de la télévision, du cinéma et de la presse, le roman a plus de pertinence aujourd'hui que lorsqu'il fut écrit. Si vous n'avez pas lu ce livre, il vous est impossible de comprendre pleinement le monde dans lequel vous vivez. » Le roman abonde en « hommes au cœur tendre qui ne feraient pas de mal à une mouche, et qui pourtant trompent, trahissent, exploitent, escroquent, volent et ruinent leurs semblables à contrecœur, et uniquement parce qu'ils ne peuvent pas faire autrement pour arriver là où ils veulent aller »[2].

La description par Platon, au livre VIII de *La République,* de l'anarchie démocratique – plus exactement de la démagogie – a marqué toutes les époques, qui l'ont volontiers reprise à leur compte en périodes de désordres. Le thème est trop vaste pour y entrer ici dans le détail. Mais on se souviendra que, dans le *Gorgias,* Socrate force ce dernier à admettre qu'aussitôt qu'il ne se soucie plus du vrai, le langage sert à d'autres fins et dégénère en instrument de pouvoir. C'est la destruction de la communication. Il ne reste que la « persuasion », et à la limite que la « flatterie », qui est l'essence de la démagogie. « Flatterie » ne signifie pas simplement dire des choses qui seront agréables, mais bien plutôt poursuivre un dessein ultérieur qui est d'obtenir quelque avantage de celle ou de celui qui l'écoute ; on est « intéressé ». L'autre devient dès lors un objet qu'on manipule ; on ne lui reconnaît aucune dignité personnelle, se concentrant sur ses faiblesses afin de mieux l'utiliser à ses propres fins. Il faut relire les pages de *La République* sur le gros animal qu'il suffit de savoir flatter, qui « appelle bonnes les choses qui lui font plaisir, mauvaises celles qui l'irritent, incapable par ailleurs de donner quelque fondement de raison à tous ces jugements »[3].

1. Karl Popper et John Condry, *La télévision : un danger pour la démocratie,* trad. Claude Orsoni, Paris, Anatolia Éd., « Bibliothèques 10/18 », 1994, p. 35-36 ; Yves Charles Zarka, *Démocratie et pouvoir médiatique,* in *Cités,* 10, 2002, p. 128.

2. Stephen Vizinczey, *Vérités et mensonges en littérature, op. cit.,* p. 117-118.

3. Platon, *La République,* 493 *a-c*, trad. Georges Leroux, Paris, GF-Flammarion, 2002.

Aux yeux d'Aristote, « le principe fondamental du régime démocratique, c'est la liberté ». La démocratie se recommande tout particulièrement pour la diversité des points de vue qu'elle respecte et met en œuvre. Il reconnaît aussi toutefois que de tout temps « la tyrannie peut naître d'une démocratie extrême ». Dans les démocraties, « la principale cause des changements est l'impudence des démagogues ». La tyrannie vise trois objectifs : « le premier c'est d'avilir l'âme de ses sujets (un être pusillanime ne saurait comploter contre personne) ; le deuxième, c'est de semer entre eux la méfiance (car la tyrannie ne peut être renversée tant que des citoyens ne se font pas confiance entre eux ; c'est pourquoi les tyrans sont en guerre contre tous les honnêtes gens : ils les estiment dangereux pour leur pouvoir, non seulement par leur refus de se soumettre à une autorité despotique, mais aussi par la confiance qu'ils ont entre eux ou inspirent aux autres et la volonté de ne dénoncer personne ni parmi eux ni parmi les autres) ; le troisième, c'est de les priver de tout pouvoir d'agir (on ne tente pas l'impossible, ni par conséquent de renverser la tyrannie, quand on ne dispose pas de la puissance) ». Bref, les « trois intentions fondamentales » des tyrans sont de « soit empêcher la confiance mutuelle, soit enlever tout pouvoir d'agir, soit avilir les esprits ». La démagogie engendre la pire des tyrannies qui, comme l'hydre à mille têtes, est la plus difficile à combattre et à éliminer[1].

Les grandes figures de la réflexion moderne sur la démocratie, tels Montesquieu, Locke, Kant, Tocqueville, ont tous partagé la même inquiétude des Grecs relativement aux possibles excès dans l'usage des libertés. Tocqueville a montré que « préférer l'égalité dans la servitude à l'inégalité dans la liberté », est la menace à laquelle la démocratie est constamment confrontée. Or, justement, l'effet sur l'esprit démocratique du plus grand des pouvoirs aujourd'hui, celui des médias, est « le règne de la médiocrité et la mise en place de formes rampantes de despotisme ». L'appauvrissement culturel qui résulte de l'instauration du divertissement comme une norme par laquelle on évalue toutes les œuvres, fussent-elles littéraires, poétiques, voire philosophiques, évoque l'avilissement des esprits comme une des trois intentions fondamentales des tyrans[2].

1. Aristote, *Politique,* VI, 1, 1317 *a* 40-41 ; III, 10, 1281 *b* 4 -15 ; IV, 11, 1296 *a* 3 ; V, 4, 1304 *b* 21 ; V, 11, 1314 *a* 15-29, texte établi et traduit par Jean Aubonnet, Paris, Les Belles Lettres, 1960-1989.

2. Alexis de Tocqueville, *De la démocratie en Amérique,* t. I, première partie, chap. III, Paris, GF, 1981, p. 66 ; Yves Charles Zarka, *Démocratie et pouvoir médiatique,* in *Cités,* 10, 2002, p. 119-129.

Benjamin Barber voit clair : « La fameuse “main invisible” des marchés, à défaut d'être contrôlée par une tête souveraine, est au service de l'appétit de richesses. La tyrannie, ici, est indirecte, souvent même amicale. Alexis de Tocqueville a, le premier, saisi sa nature. Il y a cent soixante ans, il écrivait : « Les fers et les bourreaux étaient les rudes instruments que la tyrannie utilisait autrefois, mais la civilisation de notre époque a perfectionné jusqu'au despotisme lui-même (...). Les monarques avaient (...) matérialisé l'oppression : les républiques démocratiques actuelles en ont fait une affaire de l'esprit. (...) Le corps est laissé libre, mais l'âme est asservie. » L'idéologie du choix semble libérer le corps – vous pouvez choisir entre seize marques de dentifrice, onze modèles de camionnettes... – mais réduit fatalement l'espace de la liberté mentale : on ne peut pas choisir de ne pas choisir, c'est-à-dire choisir de se retirer du marché ou de rejeter les demandes du corps. »[1]

On était naguère conscient qu'une propagande peut être vraie ou, le plus souvent, fausse. Mais on n'avait pas prévu ce tiers : le développement d'une vaste industrie de communication de masse non pas tant concernée par la vérité ou la fausseté que par l'irréel, par ce qui n'a aucune pertinence. On avait oublié de prendre en compte « l'appétit presque infini de l'être humain pour les distractions »[2]. Le monde de « rêve » de la publicité exerce aujourd'hui une influence incalculable, tout en ne disant à peu près rien de sensé, entièrement soumis qu'il est à des intérêts financiers immenses. De même les médias, dans la mesure où ils vivent de ce qui plaît, qui peut être par exemple le spectacle de la violence, ou ce que les Allemands appellent *Schadenfreude,* se délecter des malheurs d'autrui : médisances, calomnies, scandales, potins débiles. Tout l'arsenal des moyens de communication peut être ici mis à contribution : films, chansons, images de toutes sortes, enregistrements divers, pour produire, par les montages qu'on veut, *l'effet de réel,* qu'on peut charger ensuite d' « implications politiques, éthiques, etc., propres à déclencher des sentiments forts, souvent négatifs, comme le racisme, la xénophobie, la peur-haine de l'étranger » et « exercer des effets sociaux de mobilisation (ou de démobilisation) »[3].

1. Benjamin Barber, *Djihad versus McWorld. Mondialisation et intégrisme contre la démocratie,* trad. Michel Valois, Paris, Desclée de Brouwer, 1996, Le Livre de poche, « Pluriel », p. 222.

2. Aldous Huxley, *Brave New World Revisited,* London, Triad/Panther Books, 1983, p. 60-62 ; le verbe d'origine, le verbe latin *distrahere,* signifie en premier lieu « écarteler », comme par des chevaux sauvages courant en des directions opposées. Voir aujourd'hui Richard Winter, *Still Bored In a Culture of Entertainment,* Illinois, InterVarsity Press, 2002.

3. Pierre Bourdieu, *Sur la télévision,* Paris, Liber Éditions, 1996, p. 20-21. Sur la *Schadenfreude* comme forme extrême de la vilenie, voir Kant, *Leçons sur l'éthique,* trad. Luc Langlois, Paris, Le Livre de poche, 1997, p. 364-365.

Judea Pearl, père de Daniel Pearl, journaliste du *Wall Street Journal* exécuté au Pakistan en 2002, pose les bonnes questions : « Sous le silence cynique des dirigeants de ce monde, des centaines de millions d'âmes ont péri dans les flammes de la haine ethnique et de l'antisémitisme l'année dernière. C'est sans conteste la plus importante progression de la haine raciale dans l'histoire de l'humanité. Comment cela est-il possible ? Comment a-t-on pu laisser la haine et la cruauté atteindre de tels sommets ? » Non moins juste est le témoignage qui suit : « Depuis les attaques du 11 septembre 2001, il est de bon ton de montrer du doigt le fondamentalisme religieux, d'une part, et le rejet de la politique américaine de l'autre. Cependant, je suis perturbé par le fait que la presse et les médias jouent un si grand rôle dans la diffusion de cette haine. »[1]

Qui pense abstrait ? Une cliente dit à une marchande d'œufs : « vos œufs sont pourris ! » Quoi ! réplique la marchande : c'est plutôt toi qui es pourrie ! Suit une attaque contre le père, la mère et la grand-mère de la cliente ; puis contre la manière dont la cliente est vêtue, etc. Mais il ne sera jamais question des œufs. À cet exemple bien connu de Hegel, on pourrait ajouter celui du « Bulvérisme » selon C. S. Lewis : la destinée d'Ézéchiel Bulver se détermina à l'âge de 5 ans lorsqu'il entendit sa mère dire à son père, qui avait soutenu que les deux côtés réunis d'un triangle sont plus grands que le troisième côté : « Oh, tu dis cela *parce que tu es un homme* ». C'est à ce moment-là, rapporte É. Bulver, que s'est manifesté à mon esprit cette grande vérité : « La réfutation n'est pas une partie nécessaire de l'argumentation. Prenez pour acquis que votre adversaire a tort, puis expliquez son erreur, et le monde sera à vos pieds. Cherchez à prouver qu'il se trompe ou (pire encore) essayez de découvrir s'il a tort ou non, et le dynamisme national de notre époque vous clouera au mur. »[2] C'est ainsi que Bulver devint un des créateurs du XXe siècle. Au lieu du recours à la raison afin de déterminer le vrai ou le faux, le juste ou l'injuste, s'attaquer à la personne, à sa psychologie, à son histoire, à quelque étiquette commode qu'on lui substitue, est beaucoup moins exigeant et combien plus payant.

À l'intérieur même du discours des idées, l'élément de surprise, le sensationnel, brise l'ennui intellectuel de beaucoup et tiendra lieu de

1. Judea Pearl, « Je suis juif, mais ressaisissez-vous ! », in *Le Devoir,* 16 juin 2003. Sur les médias sous ce rapport, voir la critique cinglante de Susan Sontag, *Regarding the Pain of Others,* New York, Farrar, Strauss & Giroux, 2003.

2. Voir Hegel, *Wer denkt abstract ?,* in Studienausgabe I, Karl Löwith et Manfred Riedel (éd.), Frankfurt, Fischer, 1968, p. 77-81 ; C. S. Lewis, « Bulverism », in *First and Second Things,* W. Hooper (ed.), Collins, Fount Paperbacks, 1985, p. 16.

moyen de conviction. L'art consistera à déguiser, cacher les messages réels. La difficulté de discerner entre le sophiste et l'honnête homme (entre le loup et le chien, selon l'image bien connue de Platon dans *Le Sophiste,* 231 *a*) est exploitée à fond. Sous des dehors de concurrence affectée, nous assistons à une homogénéisation de fait des contenus et des types d'information recherchés, en même temps qu'à l'établissement par les médias d'une tyrannie de l'opinion publique, un des vices naturels les plus importants des sociétés démocratiques selon Tocqueville.

Rien de plus naturel en effet, en pareille optique, que l'exclusion graduelle du discours articulé des plateaux de télévision, contre laquelle protestait à juste titre Pierre Bourdieu en renonçant d'ailleurs lui-même aux illustrations visuelles, « comme une manière d'affirmer l'autonomie du discours analytique et critique » et de ne pas brouiller la ligne d'un propos « argumentatif et démonstratif ». Le principe est admirablement formulé par George Orwell dans *1984* : « Afin de gouverner, et de continuer à gouverner, il faut être capable de disloquer le sens de la réalité. » Cela s'appelle « contrôle de la réalité ». « Quelle belle chose que la destruction des mots. »[1]

La lutte pour les droits de la personne – pour avoir le droit d'avoir des droits – passe par la lutte contre le mensonge : redonner aux mots leur vrai sens. Il y a, autrement, réduction à un esclavage, mépris de l'autre. Quiconque s'empare du pouvoir en éliminant le critère du vrai, fait du langage un pur instrument de propagande, d'avilissement. Le jargon de la révolution, la langue de bois, le « kitsch totalitaire » (Kundera) l'attestent tous. L'injustice allie la persuasion et la force brutale, constatait déjà Platon dans la *République,* sous la forme d'une intimidation à peine voilée. La parole manipulée, l'absence de toute parole sensée, peuvent servir à réduire qui que ce soit au statut de non-personne. La dégradation commence dès que le mot perd sa dignité, qui est de dire la vérité, d'être le lieu où elle se dévoile, le lieu de manifestation du réel. Il suffit de rappeler Kafka, *Le Procès* : voici qu'on vient vous arrêter ; vous ne savez pourquoi ni ne le saurez jamais : votre parole a perdu toute efficacité et après de longues palabres on vous exécute. « L'arrestation de Joseph K., les tribunaux opaques, sa mort littéralement bestiale sont l'alphabet du totalitarisme. La logique démentielle de la bureaucratie que le roman évoque est celle de

1. Pierre Bourdieu, *op. cit.,* p. 7 ; George Orwell, *1984,* London, Penguin Books, 1954, p. 171 ; 44 ; cf. 46, 61. Sur le sort que les nazis ont fait subir à la langue allemande, voir le texte toujours percutant de George Steiner, « The Hollow Miracle », dans *Language and Silence,* London, Faber & Faber, 1967, p. 117-132.

nos professions, de nos litiges, de nos visas, de nos fiscalités, même dans les gris plus légers du libéralisme. »[1] Les décideurs suivent sans regarder plus loin ceux qui les précèdent dans le précipice – « comme vous sçavez, estre du mouton le naturel, tousjours suivre le premier, quelque part qu'il aille »[2].

Il importe par suite au plus haut point que subsistent dans la société des lieux de vérité, de justice. Or si ces lieux sont atteints, que faire ? Si les médias et les institutions sont aux mains de ceux-là mêmes qui sont corrompus, soumis au règne de la marchandise ou à la transformation de toute valeur en marchandise, la question de Juvénal ne s'applique que trop bien : *quis custodiet ipsos custodes ?* (« Qui garde les gardiens eux-mêmes ? »).

De plus, un des effets des systèmes démocratiques tient « en ceci que la discussion politique autorise les opinions les plus diverses, les plus contrastées (ce qui peut être un bien), mais aussi qu'elle vient à mettre sur le même pied le pour et le contre, légitimant par là les avis les plus fantaisistes, voire les plus aberrants (ce qui a des conséquences relativistes redoutables). En ce sens, la démocratie pluraliste est déstabilisatrice au niveau le plus radical, agaçant le sens commun et rendant souvent vain un débat piégé par des démagogues ou des sophistes qu'on ne parvient pas toujours à démêler des protagonistes sérieux ». Or, « des argumentations se développent qui organisent en quelque sorte ce désordre sur le plan de la pensée »[3].

L'éducateur a la tâche primordiale de prémunir contre l'inhumain, de le dénoncer et de tenter d'y remédier, à l'instar de Socrate. Comment être juste ? Alain parlait de cette justice profonde, « sagesse tout intérieure » sur laquelle nul au monde n'a puissance. Peu ont su aussi habilement stigmatiser les « Marchands de sommeil », tout ce qui ligote la raison, l'enferme ou referme sur elle-même, contre l'humain. « Toute puissance politique agit par les esprits et sur les esprits. Les armées sont armées par l'opinion. Dès que les citoyens refusent d'approuver et de croire, les canons et les mitrailleuses ne peuvent plus rien. » Le journalisme, les « médias de lumière », les « faiseurs d'ombre » nous insensibilisent à la réalité et risquent de faire sombrer dans l'inconscience. Comme tout narcissisme, d'autre part, « la déification de l'humain par lui-même conduit à la destruction de l'humanité

1. George Steiner, *De la Bible à Kafka,* trad. Pierre-Emmanuel Dauzat, Paris, Bayard, 2002, p. 50.

2. « Comment Panurge feist en mer noyer le marchant et les moutons », in Rabelais, *Œuvres complètes,* Jacques Boulenger (éd.), Paris, Gallimard, « La Pléiade », 1942, p. 581.

3. Paul Valadier, *Morale en désordre. Un plaidoyer pour l'homme,* Paris, Le Seuil, 2002, p. 8-9.

et de la civilisation ». Or les narcissismes sont multiples, depuis les dictatures jusqu'à l' « urbain » qui se perçoit comme étant au-delà de la nature. La vraie culture éveille au monde et à autrui, dénoue l'esprit, le guérit de l'obsession et de la folie qui font voir une chose constamment sous le même angle, fortifie le jugement qui « est la seule puissance qui fasse de l'humain un être véritablement libre » ; aussi faut-il donner au peuple tout entier accès à cette culture[1].

Il faut ajouter que la perception de l'inhumain n'est possible qu'à partir du vif sentiment de son opposé, de ce que nous avons appelé, avec d'autres, le sens de l'humain. Ce sens est donné par la conscience morale, par cette exigence de nous-mêmes à l'égard de nous-mêmes qui nous fait pressentir qu'en causant injustement un tort à autrui, c'est immédiatement à nous-mêmes que nous faisons du tort. C'était là le sens de la thèse défendue par Socrate (dans le *Gorgias*) selon laquelle il vaut mieux subir une injustice qu'en commettre une. Il est aisé de voir que droit implique devoir, puisqu'ils sont comme l'envers et l'endroit d'une même réalité. Si une chose vous est due, il s'ensuit que c'est pour d'autres un *devoir,* une *obligation* de vous la rendre ; de même que pour vous-même ce qui est dû à d'autres. Voici qu'apparaît clairement la relation à *autrui*. Nous voilà en fait déjà au cœur de la justice, qui se distingue de l'amitié par le fait que dans la justice l'autre est en quelque sorte *séparé* ; si j'éprouve pour vous de l'amitié, voire simplement une sympathie naturelle, les gestes qui en résulteront ne seront pas le fait de la justice comme telle. La justice se vérifie plutôt dans la reconnaissance d'une dette, d'un dû, à l'égard de l'*autre* comme *autre*. Sa grandeur se vérifie le plus clairement dans les cas où l'altérité est la plus prononcée : plus l'autre est loin de moi, moins j'ai d'affinité avec lui, plus le devoir à son endroit relèvera-t-il de la justice proprement dite. Toutes les manières d'éliminer pratiquement autrui participent de l'injustice : ainsi les multiples formes d'intolérance et de discrimination : racisme, sexisme, fanatisme prétendument religieux, etc. ; il en est de subtiles, tels la calomnie, la médisance, le « meurtre civil » (détruire sa réputation), etc.[2].

Ne voit-on pas encore là avec quelle netteté est ainsi mise en évidence la dignité humaine, comme la seule réalité qui puisse, quel que soit l'autre, continuer de faire de lui un autre moi ? Tel est du reste le

1. Alain, *Vigiles de l'esprit,* Paris, Gallimard, 1942, spécialement p. 54-55, 66-68, 115-119, 120-121, 148.

2. Sur « l'invention du sujet de droit » et sur la position de Leibniz en particulier, qui fait reposer sa théorie du droit sur l'amour, voir Yves Charles Zarka, *L'autre voie de la subjectivité,* Paris, Beauchesne, 2000.

sens de la règle universelle, dite d'or : « ne fais pas aux autres ce que tu ne voudrais pas qu'on te fasse » (*Entretiens de Confucius,* XV, 23) ; « Faites aux autres ce que vous voudriez qu'ils vous fassent » (*Matthieu,* 7, 12). Il y a là comme une expression de la solidarité humaine la plus fondamentale. Le sol de cette solidarité est la conscience, par laquelle « l'homme lui-même, l'individu humain, devient l'universel, devient une totalité de sens ». Car, comme l'explique lumineusement Robert Spaemann, « parler de la conscience revient à parler de la dignité de l'homme. Cela revient à parler de ce que l'homme n'est pas un cas d'une entité universelle, un exemplaire au sein d'une espèce, mais que chaque individu est lui-même, en tant qu'individu, une totalité, qu'il est lui-même déjà l' "universel" »[1].

Le développement de la conscience a cependant lui aussi besoin de l'aide d'autrui. On voit très distinctement chez les enfants qu'il y a en tout être humain une disposition de la conscience, une capacité de discerner entre le bien et le mal. Comme le rappelle Spaemann, « ils ont un sens très développé de la justice. Ils sont indignés lorsqu'ils voient que la justice n'est pas respectée. Ils possèdent un sens de ce que sont les notes justes et les notes fausses, la bonté et la sincérité ; mais s'ils ne voient pas ces valeurs incarnées dans une autorité, cet organe s'atrophie ». Les mots, les paroles sont pour eux le médium de la transparence et de la vérité. Mais pour peu qu'ils découvrent l'utilité de mentir, voire le mensonge chez les adultes, cet éclat disparaît petit à petit et des formes atrophiées de la conscience se développent. Ici encore les médias aggravent la situation. Huxley conseillait avec humour et profondeur à la fois qu'il faudrait leur enseigner « l'art de la dissociation », afin de les prémunir contre les amalgames publicitaires et les fausses associations du politiquement correct ; leur faire voir, par exemple, qu'il n'y a guère de rapport entre une jolie femme et les mérites d'un dentifrice, puis, à des niveaux plus profonds, aucun lien nécessaire non plus entre la grandeur de la politique ou de la religion et la guerre. C'est une autre manière de redire combien est essentiel le développement du sens critique, du jugement, le mieux servi ici sans doute par les disciplines qui contribuent à aiguiser l'esprit, à lui donner de la précision, de la clarté, en enseignant à « abstraire, comparer, analyser, diviser, définir, et raisonner, correctement » (Newman)[2] ?

1. Robert Spaemann, *Notions fondamentales de morale,* trad. Stéphane Robilliard, Paris, Flammarion, 1999, p. 92 et 90. Sur la conscience, voir en particulier Kant, *Leçons d'éthique, op. cit.,* p. 243-250, et les notes du traducteur, Luc Langlois.

2. Robert Spaemann, *ibid.,* p. 98 ; Aldous Huxley, *Ends and Means,* London, Chatto & Windus, 1937, p. 217 sq. ; John Henry Newman, *The Idea of a University* (ed. I. T. Ker), Oxford, 1976, p. 272-273.

Le recours au dialogue présuppose la liberté des interlocuteurs, la capacité d'infléchir le jugement d'autrui, comme celle de laisser infléchir le sien, en vue du bien commun. Il y a pathologie politique lorsque des régimes suscitent des fatalismes défaitistes, invitant à une acceptation résignée d'un destin qu'on ne saurait mettre en cause – autre trait classique des tyrannies relevé plus haut. Comme l'a fait observer John R. Saul, il n'y a pas de démocratie, pas de vote, pas de choix, pas de citoyens si tout est contrôlé par des forces économiques inéluctables, si le monde est vu comme constitué d'individus atomiques, de plus en plus détachés de toute collectivité, esclaves de la rapacité de quelques-uns. Il n'y a donc pas lieu de s'étonner de la coïncidence curieuse, constatée par Habermas, d'un sentiment d'impuissance politique avec le soi-disant triomphe planétaire de la démocratie. À quoi s'ajoute le paradoxe suivant, que rapporte Federico Mayor, directeur général de l'Unesco : « Plus le monde se globalise et plus il s'individualise et se fragmente. En réalité, c'est justement parce qu'il se mondialise qu'il s'atomise à vue d'œil : car dans un marché qui devient global, la fragmentation, loin de comporter des sanctions, est profitable, et les institutions médiatrices qui fondaient le lien social – la nation, le travail, la famille et l'école – sont en proie à un processus de dissociation. »[1]

4 / LES IDENTITÉS MODERNES

On peut situer le développement de la notion moderne d'identité – comme le font Charles Taylor et Lionel Trilling – autour de l'idéal d'authenticité, à la faveur de l'accent mis par la culture moderne sur la subjectivité. Cet accent est une reprise de l'évolution amorcée par saint Augustin : l'accent sur l'homme intérieur, sur la conscience personnelle, – une reprise, aussi, à vrai dire, du « Connais-toi toi-même » des sagesses antiques.

Ici le philosophe le plus représentatif aura été Jean-Jacques Rousseau, exhortant au contact intime avec soi-même, à ce qu'il appelait « le sentiment de l'existence », qui, écrit-il dans la Cinquième Promenade des *Rêveries du promeneur solitaire* (1782), « est par lui-même un

1. Jürgen Habermas, *Après l'État-nation,* Paris, Fayard, 2000, p. 77 ; John R. Saul *in* http://www.abc.net.au/specials/saul/fulltext.htm ; Federico Mayor, *Un monde nouveau,* Paris, Unesco, Odile Jacob, 1999, p. 453.

sentiment précieux de contentement et de paix qui suffirait seul pour rendre cette existence chère et douce ». Chacun de nous a une manière originale d'être humain, dira Herder, « chacune de nos voix a quelque chose d'unique à dire » (Taylor). Il s'agit désormais d'être fidèle à soi-même, à ce qu'être humain signifie pour *soi.* Il en ira de même pour les cultures ; les peuples doivent être fidèles à eux-mêmes. Individus et cultures ont ainsi à découvrir leur propre façon originale d'être. L' « identité » signifie dès lors qui nous sommes, « d'où nous venons », intégrant et donnant sens à nos goûts, nos désirs, nos opinions, nos aspirations et le reste[1].

Voilà qui semble dire à quel point chacune, chacun d'entre nous est unique. Mais n'est-ce pas du même coup reconnaître la différence et la poser même en principe ? Ce qui suscite d'emblée un problème majeur, du moins en apparence. Le principe d'égalité de liberté auquel nous tenons tous en bonne démocratie ne devrait-il pas entraîner, au contraire, l'absence de différentiation ? Ne faudrait-il pas, au nom de l'égalité universelle des droits humains, éliminer justement toute différentiation ? C'est-à-dire supprimer les identités, celles des individus et celles des cultures, au sens de la conception moderne de l'identité, synonyme d'authenticité, dont nous venons de parler ? Ou faut-il, au contraire, une politique de la reconnaissance, parfois appelée une politique de la différence, reconnaissant en fait le droit universel à une identité propre ? L'universalité serait ainsi mise au service de la différence. Il semble pourtant que nous tombions ainsi de Charybde en Sylla : l'universalisme reproche à la politique de la différence de violer le principe de non-discrimination ; la politique de la différence dénonce l'imposition à tous d'un modèle homogène[2].

Un autre défi majeur aux identités modernes pourrait se résumer comme suit. On peut, avec Jean Ladrière, définir la culture comme

1. Voir Charles Taylor, *Multiculturalisme. Différence et démocratie,* avec des commentaires de Amy Gutmann, Steven C. Rockefeller, Michael Walzer, Susan Wolf, traduit par Denis-Armand Canal, Paris, Aubier, 1994 ; Flammarion, « Champs », p. 44-51 ; *Sources of the Self,* Cambridge University Press, 1989, spécialement les chapitres 5 à 12 ; et Lionel Trilling, *Sincerity and Authenticity,* New York, Norton, 1969.

2. Cette problématique et son histoire sont explorées avec une lucidité exemplaire par Charles Taylor dans le petit volume, *Multiculturalisme..., op. cit.* Myriam Revault d'Allones fait remarquer que « la dynamique de l'individualisme moderne instaure paradoxalement et dans un même mouvement cette socialité non politique qui conquiert le domaine public et propose alors à la liberté de se déployer positivement et de se réinvestir dans d'autres activités que celles qui lui étaient imparties dans la *polis* grecque, par exemple » (*Le dépérissement de la politique,* Paris, Aubier, 1999 ; Flammarion, « Champs », 2002, p. 102). Elle souligne la pertinence à cet égard de l'analyse d'Alain Renaut dans *L'ère de l'individu* (Paris, Gallimard, 1989). Voir aussi Sylvie Mesure et Alain Renaut, *Alter Ego. Les paradoxes de l'identité démocratique.* Paris, Aubier, 1999.

« l'ensemble des formes effectives – langue, coutumes, modèles de comportement, formes symboliques, formes expressives, modèles de structuration de l'espace et du temps, instauration d'un réseau concret de relations humaines – en lesquelles la vie est appelée à prendre figure ». Mais aujourd'hui aucune de ces formes effectives n'échappe à la mondialisation de la techno-science. D'où cette tension entre d'une part « un système abstrait, indifférent aux cultures et à la dimension du sens, qui pénètre aujourd'hui nos existences mais en même temps les ignore, système qui tend de plus en plus à se déterminer à partir de lui-même et à poser comme fin son propre développement » et, d'autre part, la dimension d'enracinement par laquelle les humains gardent accès à leur être authentique, à un horizon de finalité, à la forme éthique de l'existence, à tout ce qui concerne le sens de la vie humaine proprement dite et la rend digne d'être vécue[1].

5 / ÉTHIQUE ET BIEN COMMUN

L'idée plus que jamais réaliste, en pareil contexte, est dès lors celle du bien commun et le meilleur moyen d'assurer ce dernier demeure la démocratie véritable. Les travaux remarquables d'Amartya Sen, prix Nobel d'économie en 1998, ne laissent pas de le faire voir, de même qu'ils ont su démontrer comment des peuples différents, aux cultures différentes, peuvent partager des valeurs et des engagements communs, autour de la primauté de la liberté et de l'universalité des droits humains, par exemple[2]. La démocratie véritable est cependant extrêmement concrète et complexe, elle implique le dynamisme constant de recherches, de découvertes, de développements, de choix en vue du bien commun, qu'on s'efforce sans cesse de réaliser de manière pratique. Elle suppose une éducation aidant chacune et chacun à se forger, de façon critique, une culture propre. Seule une telle culture pourrait sauver l'expert de son expertise, le technicien de sa technique, les sociétés humaines de la mondialisation de l'ignorance.

1. Jean Ladrière, *Perspectives sur la philosophie africaine*, in *Revue africaine de théologie*, avril 1981, p. 67 et 76.

2. Voir, par exemple, Amartya Sen, *Development as Freedom*, New York, Alfred A. Knopf, 1999, spécialement les chapitres 6, *The Importance of Democracy*, p. 146-159, et 10, *Culture and Human* Rights, p. 227-248. Cf., en outre, Christine M. Koggel, *Perspectives on Equality. Constructing a Relational Theory*, New York, Rowman & Littlefield Publishers, Inc., 1998 ; et Christine Koggel (ed.), *Moral Issues in Global Perspective*, Peterborough, Broadview Press, 1999.

Le discours du scientifique, de l'économiste, du politique, de tout citoyen à vrai dire, ressortit à la culture et ne saurait faire l'économie de l'éthique. (Celui de l'économiste, par exemple, ne saurait ignorer le fait massif de la pauvreté, évoqué plus haut, sous peine de commettre lui aussi, en tant que citoyen ou être humain tout court, le paralogisme du concret mal placé.) Le langage qui nous est propre, à nous humains, fait en effet référence d'emblée au juste et à l'injuste, au bien et au mal. Quand d'ailleurs les mots de cet ordre ont perdu leur sens, la barbarie n'est pas loin ; seul, nous l'avons répété, le *logos* offre une solution de rechange à la violence. Dans sa célèbre *Conférence sur l'éthique,* Wittgenstein allait jusqu'à qualifier l'éthique de « surnaturelle », et son langage de non « naturel » : on y affronte « les bornes du langage », écrivait-il. « Dans la mesure où l'éthique naît du désir de dire quelque chose de la signification ultime de la vie, du bien absolu, de ce qui a une valeur absolue, l'éthique ne peut pas être science. » Le lieu de vérification de ce que l'on avance en éthique est en effet bien différent des chaises et des tables, puisqu'on y fait appel à la conscience. De là la pertinence particulière du témoignage en éthique. On ne peut communiquer, argumenter, à propos du juste et de l'injuste, du bien et du mal, sans des mots et sans les concepts universels auxquels ces mots renvoient[1].

Le dénominateur commun de la vie de chacun des peuples du monde est ainsi leur culture, l'expression fondamentale et unificatrice de leur existence. Dire « culture », c'est alors exprimer l'identité nationale qui constitue l'âme des peuples et survit aux épreuves de tout genre. En fonction de sa culture, chaque peuple se distingue de l'autre, qu'il peut compléter par son propre apport spécifique. Maints pays pauvres en biens matériels, mais riches en culture, peuvent puissamment aider les autres à cet égard. Expression par excellence de l'esprit des peuples, la culture ne saurait être séparée de tous les autres problèmes de l'existence humaine – la paix, la liberté, la faim, l'emploi, par exemple. Leur solution dépend en effet d'elle, puisque c'est elle qui permet de les comprendre, de les situer dans la vie, d'y trouver remèdes ou de les prévenir. C'est encore elle, entendue dans le même sens large, qui garantit la croissance des peuples et préserve leur intégrité.

Ce qu'on appelle la crise économique est un effet patent de la crise éthique, voire plus radicalement encore, de la crise culturelle que nous

1. Ludwig Wittgenstein, *Leçons et conversations suivies de Conférence sur l'Éthique,* trad. Jacques Fauve, Paris, Gallimard, « Idées », 1971, p. 155 ; et *Tractatus logico-philosophicus,* 6. 421 : « Die Ethik ist transzendental ». Cf. Aristote, *Politique,* I, 2, 1253 *a* 9 - 1253 *a* 12.

traversons. Séparer l'éthique de la culture donne les résultats accablants du siècle dernier, Auschwitz en tête[1]. Il y a avant tout *une* crise. Le fléau de la pauvreté qui croît chaque jour de manière exponentielle est en réalité le fait de la fausse culture de l'économisme, c'est-à-dire de la théorie selon laquelle le socle des sociétés humaines serait l'économie. En résultent les immenses ravages de la pauvreté, dont les causes premières sont la rapacité et l'égoïsme. On n'a jamais été aussi riche en biens matériels qu'aujourd'hui, depuis qu'on a mis la spéculation au-dessus de la production et qu'on a réalisé, de surcroît, à quel point sont lucratives les armes de mort. Jamais biens et argents n'ont-ils été répartis de manière aussi inégale. La « main invisible » des seules lois du marché opère sauvagement, créant ces gouffres toujours plus grands et combien visibles, eux, entre riches et pauvres, d'une nation à l'autre, ou à l'intérieur de chacune. Tiers Monde et Quart-Monde s'ensuivent.

Bien avant l'économie, il y a l'humain, un mot appelé à rendre un son étrange et dépassé à des oreilles barbares comme celles des responsables de ces guerres insensées dans lesquelles n'a pas tardé à s'enliser le siècle qui débute. Malgré qu'on en ait, il faut répéter que ce qui doit être mis au centre des sociétés humaines, c'est bien plutôt le sens de l'humain, de la dignité humaine. Une autre manière de dire la même chose est d'affirmer, toujours à neuf, la priorité de la culture, entendue comme ce qui fait sens, permet de vivre *vraiment* en société humaine. Si on pouvait le reconnaître enfin dans les faits, l'économie même y gagnerait vite au-delà de tout ce qu'on peut croire, car on cesserait de mettre au premier rang les lois de la convoitise.

Le mot latin *persona* signifie en premier lieu « masque de théâtre » ; le mot grec correspondant, *prosôpon,* désigne la « face », le « visage », ce qui est donné au regard de l'autre, et aussi « masque ». Viendront ensuite naturellement d'autres sens, désignant le personnage, le rôle qu'il joue et l'acteur qui joue ce rôle. Ces mots ne désigneront que plus tard celui ou celle qui parle, pour ainsi dire, derrière le masque, la personne au sens qui nous est familier. Cette évolution de sens est tout à fait naturelle. Car nous ne voyons jamais de nos yeux corporels la personne, mais toujours un masque, un visage demeurant du reste souvent énigmatique, que chacune ou chacun compose plus ou moins délibérément. Mais alors, comment parvient-on à la personne au sens plus profond (qu'a maintenant ce mot d'ailleurs) ?

1. Nul n'a mieux articulé ces liens que George Steiner, à notre connaissance ; voir entre autres *Dans le château de Barbe-Bleue. Notes pour une redéfinition de la culture* [1971], trad. Lucienne Lotringer, Paris, Gallimard, « Folio », 1986.

Nous possédons tous un accès privilégié à la personne humaine, puisque nous savons tous grâce à l'expérience ordinaire ce que c'est que percevoir, sentir, désirer, penser, vouloir, aimer, et le reste, toutes réalités qui ne sont jamais accessibles, en tant que telles, aux sens externes. L'activité vivante de penser ne peut jamais être séparée, alors que nous pouvons – et nous le faisons parfois – séparer certaines opérations de pensée (les programmant dans un ordinateur, par exemple). Seuls ceux qui n'ont jamais aimé ne savent pas ce qu'est l'amour. Alors que nous ne voyons jamais ni notre conscience, ni notre pensée, ni notre amour, ni l'immense étendue de nos perceptions, émotions, imaginations, rêves, désirs, goûts et dégoûts, vices et vertus, aspirations, intentions, convictions, et ainsi de suite, tout cela constitue pourtant la substance de nos vies et de nos expériences en tant que personnes. Elles nous sont plus connues en ce sens-là – et sont à vrai dire ce qui compte le plus pour nous. De là vient qu'il soit vrai de dire que notre seul accès à l'autre personne en tant que personne est notre accès à nous-mêmes. Il est tout à fait légitime que nous exigions des définitions et des explications afin de clarifier toujours davantage notre compréhension de nous-mêmes et de notre comportement. Mais il reste que la condition essentielle afin de pouvoir juger de l'exactitude des réponses avancées – les définitions de la personne humaine incluses – n'est évidemment pas quelque connaissance de pointe relevant de domaines aussi spécifiques et bien définis que la physique, les mathématiques, la biologie ou la psychologie. La condition essentielle c'est l'expérience humaine tout entière.

Jamais le mystère humain n'a-t-il semblé plus considérable, pourtant. Jamais n'avons-nous disposé d'autant d'informations sur nous-mêmes, d'une aussi grande variété de perspectives complémentaires sur les humains que nous sommes. La quantité croissante d'informations périphériques à notre propre sujet semble nous éloigner de plus en plus du centre. Jamais n'avons-nous moins su qu'à notre époque ce que nous sommes, ont insisté de grands philosophes contemporains[1].

Quand je reconnais l'humanité de l'autre, je le fais donc au moyen d'une connaissance antérieure qui est d'abord l'accès à ma propre humanité. Or il s'agit, au vrai, du monde de notre responsabilité personnelle. Comme l'a rappelé avec une vigueur singulière Vaclav Havel, « des notions telles que la justice, l'honneur, la trahison, l'amitié,

1. Max Scheler, *Die Stellung des Menschen im Kosmos,* 1928, p. 13 sq. ; et Martin Heidegger, *Kant und das problem der Metaphysik,* Vierte, erweiterte Auflage 1973, p. 203 ; « (...) Keine Zeit wusste weniger, was der Mensch sei, als die heutige. Keiner Zeit ist der Mensch so fragwürdig geworden wie der unsrigen. »

l'infidélité, le courage ou la compassion possèdent dans ce monde un contenu tout à fait concret, par rapport à des personnes concrètes, un contenu très important pour la vie concrète ; bref, elles ont encore du poids ». Rien n'est plus décadent, et une invite certaine aux pires violences, qu'une « époque qui nie la signification contraignante de l'expérience personnelle – y compris celle du mystère et de l'absolu – et qui substitue, à l'absolu personnellement expérimenté comme mesure du monde, un absolu nouveau, créé par les hommes et qui n'a plus rien de mystérieux, un absolu libéré des "caprices" de la subjectivité, et, partant, l'absolu impersonnel et inhumain de la soi-disant "objectivité", de la connaissance rationnelle objective du projet scientifique sur le monde »[1].

C'est la vie la plus « ordinaire » (si une telle chose existe) qui sollicite ainsi la première l'éveil de la conscience à un niveau profond. Il faudrait être singulièrement anesthésié pour ne point voir la vie, ne point voir l'esprit dans le regard d'autrui, dans un geste ou une parole, pour être fermé à l'émotion, la bonté, la joie, l'angoisse, la colère, l'admiration, la tendresse, la compréhension sur un visage. L'esprit n'a rien à voir avec le fantôme qu'ont inventé les dualismes sommaires. Rien n'est en réalité plus concret, plus vivant, plus manifeste que l'esprit ; nous l'éprouvons dans l'expérience d'aimer ou celle de penser, nous le saisissons (et pouvons le contempler) chaque jour dans l'expression réelle du corps humain. Ainsi, selon les mots de Proust, chez nos « humbles frères » même lorsqu'ils sont peu instruits, « dans la lueur impossible à méconnaître de leurs yeux où pourtant elle ne s'applique à rien »[2]. Pour le nier, il faudrait faire fi de la vie humaine à son niveau le plus élémentaire. Fernand Dumont parlait, avec justesse, d'une « abolition de la transcendance », du « brouillage de figures tangibles susceptibles de rallier de haut l'accord des esprits ». Or la « figure tangible » par excellence, c'est l'être humain. La reconnaissance de son unique dignité est, elle, susceptible de rallier les esprits[3].

Il faut en somme, comme l'a admirablement marqué Amin Maalouf, « que personne ne se sente exclu de la civilisation commune qui est en train de naître, que chacun puisse y retrouver sa langue identitaire, et certains symboles de sa culture propre ». Mais aussi « chacun devrait pouvoir inclure, dans ce qu'il estime être son identité, une

1. Vaclav Havel, « La politique et la conscience », in *Essais politiques,* Paris, Calmann-Lévy, 1989, p. 223-247.

2. Marcel Proust, *À l'ombre des jeunes filles en fleur,* dans *À la recherche du temps perdu,* Paris, Robert Laffont, « Bouquins », 1987, vol. 1, p. 539.

3. Fernand Dumont, *L'avenir de la mémoire,* Québec, Nuit blanche Éd., 1995, p. 49.

composante nouvelle, appelée à prendre de plus en plus d'importance au cours du nouveau siècle, du nouveau millénaire : le sentiment d'appartenir aussi à l'aventure humaine »[1].

6 / LA MÉDIATION DES AUTRES LIBERTÉS

Tout autre chose qu'un dressage, l'éducation vise l'exercice concret de la liberté, l'épanouissement d'un agir vraiment personnel. C'est pourquoi nous en parlons en termes d'éveil progressif et d'autonomie croissante. Une norme ne devient efficace que dans la mesure où une conscience décide de la faire sienne, c'est-à-dire d'en faire une condition de l'action. Il ne suffit donc pas que la norme existe, il faut que nous l'assumions, nous la donnions à nous-même comme une loi intérieure. Ce qui n'est possible qu'en vertu de notre liberté. L'aspect de contrainte doit progressivement disparaître. « La norme, comme on dit, doit être intériorisée ; petit à petit, l'enfant finit par reconnaître que c'est bien conformément à elle qu'il doit agir. Quand il a reconnu cela il n'agit plus sous l'effet d'une contrainte mais simplement parce qu'il s'aperçoit lui-même qu'il doit agir de telle ou telle manière ; à ce moment-là il s'est donné à lui-même sa propre loi. Ce qui n'était d'abord qu'une loi extérieure, la volonté de ses parents ou de ses éducateurs, devient maintenant une loi intérieure et une telle loi oblige en toute circonstance. »[2]

De même, tous les éléments constitutifs de notre éducation ont été intériorisés, incorporés dans notre propre être et continuent à jouer en chacune de nos décisions. Valeurs, idéaux, informations de toutes sortes, normes, tout ce qui a été acquis dans nos familles, nos écoles, les différents milieux où nous avons vécu, sans omettre ce trésor de savoirs oubliés qu'a magnifiquement décrit Jacqueline de Romilly, où « chaque connaissance se double d'élans affectifs qui, peu à peu, dessinent nos goûts et nos aspirations »[3].

Nous l'avons constaté à diverses reprises déjà dans les pages qui précèdent, l'existence humaine est liée au temps d'une manière tout à fait particulière. Nous vivons le temps par une « distension de l'âme »,

1. Amin Maalouf, *Les Identités meurtrières...*, p. 187-188.

2. Jean Ladrière, *L'éthique dans l'univers de la rationalité,* Namur et Québec, Artel-Fides, « Catalyses », 1997, p. 123.

3. Jacqueline de Romilly, *Le Trésor des savoirs oubliés,* Paris, Éd. de Fallois, 1998, p. 112.

selon la belle expression de saint Augustin reprise par Paul Ricœur dans le tout premier chapitre de *Temps et récit*. Car le présent de notre conscience contient à la fois les trois composantes du temps, le passé qui n'est plus, le présent toujours autre, et l'avenir qui n'est pas encore, par la triple médiation du souvenir, de l'attention et de l'attente. Certains philosophes ont détaché le préfixe « ek » dans « existence » pour mieux marquer à quel point nous sommes perpétuellement comme expulsés hors de nous-mêmes, projetés vers quelque état à venir, en attente incessante d'un être toujours en suspens. Mais à chaque instant également, la vie de la conscience cesse d'être ce qu'elle était, son vécu bascule dans ce passé qui n'est plus, sauf en sa mémoire. De contingent qu'il était aussi longtemps que futur, tel acte est devenu inéluctable : il ne peut plus ne pas être et en même temps n'est plus, sauf, encore une fois, dans une mémoire, et dans ses conséquences et leurs suites. Notre conscience ne cesse ainsi de se déterminer à neuf au fur et à mesure que de nouveaux présents la marquent de la même manière. Notre existence est, en un mot, constamment affectée par une scission qui sépare son être présent de son être à venir, et s'éprouvant ainsi à distance d'elle-même, se vit simultanément comme manque et dépassement de ce manque, tendue vers un accomplissement toujours en avant d'elle-même qu'elle ne peut viser d'atteindre que par l'action. Mais l'action est toujours particulière, cernée par des circonstances chaque fois inédites, souvent imprévisibles. La problématique éthique vient du désir profond d'une réalisation authentique de soi qu'on a en charge d'assumer par soi-même, dans son action ou, si on veut, du sens de la responsabilité de l'être qu'on se donne en agissant. Elle vient du poids de la liberté.

Nous nous découvrons ainsi comme des questions pour nous-mêmes, comme des réalités à être, non toutes faites, dont nous portons la responsabilité. Il n'empêche que « la médiation la plus significative, la plus décisive, la plus chargée de potentialités et aussi de périls, c'est, pour chaque liberté, celle des autres libertés. Le domaine des relations humaines est, par excellence, quoique non de façon exclusive, le lieu de l'éthique »[1]. Comment surmonter tout ce qui s'oppose à l'émergence des libertés ? La médiation du droit est ce qui donne ici à l'éthique sa figure concrète au sein du politique. Mais pour agir de manière efficace sur la vie sociale, le pouvoir doit se concrétiser dans des institutions, dans des décisions, être confié à certains, ce qui le fait

1. Jean Ladrière, *op. cit.*, p. 203. Sur les apories du temps, voir Jean-Yves Lacoste, *Note sur le temps. Essai sur les raisons de la mémoire et de l'espérance*, Paris, PUF, 1990.

retomber dans des pesanteurs d'objectivation et de chosification et l'amène à introduire des opacités qui risquent fort de compromettre sa tâche. C'est là le paradoxe du pouvoir, la source des ambiguïtés du politique, Ce contenu conditionné, rempli de tensions, de contradictions, d'enjeux, de projets, est indépendant de l'horizon éthique d'où le politique tire son sens. Il ne satisfera à cet horizon qu'en portant les relations humaines à un niveau éthique où chacun est véritablement traité comme fin pour chacun des autres. Le plus haut défi du politique est ainsi bel et bien la reconnaissance effective de la dignité de chaque être humain, sans exception. Telle est la norme que chacune et chacun sont appelés à intérioriser au cours du processus éducatif.

Zygmunt Bauman reconnaît à l'« exquise acuité » de vue et de plume d'Aristote l'articulation de rien moins que les « prolégomènes de toute sociologie future ». Revenons avec Bauman et Aristote au point de départ du politique. Pourquoi l'être humain est-il par nature un « animal politique », bien plus que les abeilles ou autres animaux grégaires ? Parce que seul parmi les animaux il a la parole *(logos)*, laquelle « est faite pour exprimer l'utile et le nuisible et par suite aussi le juste et l'injuste. Tel est en effet le caractère distinctif de l'homme en face de tous les autres animaux : seul il perçoit le bien et le mal, le juste et l'injuste, et les autres valeurs ; or c'est la possession commune de ces valeurs qui fait la famille et la cité »[1]. On peut, à tort ou à raison, imaginer la vertu comme quelque chose d'individuel, qui n'a pas besoin des autres, mais il n'en va pas de même de la justice, car « la justice est politique *(hê de dikaiosunê politikon)* » ; « en effet, la justice est la règle de la communauté politique ; or c'est l'exercice de la justice qui détermine ce qui est juste » (1253 *a* 37-38). Ce n'est en somme que par le politique que la notion de bien et de mal peut trouver son accomplissement dans une vie partagée. C'est pourquoi seul un être dégradé ou un être surhumain peuvent vivre en dehors de la société humaine, comme l'indique Aristote (1253 *a* 3-7). Mais la justice doit être ouverte, accessible en permanence. Il n'existe pas de société qui puisse se décrire comme une sorte d'incarnation de la justice accomplie. Une société ne peut être juste qu'en sachant ne jamais se satisfaire du niveau de justice atteint, et en recherchant sans relâche plus de justice et une meilleure justice. C'est dans cette perspective dynamique, d'une politique sans cesse critique de la réalité présente, et tendue vers des idéaux où chacun puisse se reconnaître, que Bauman

1. Zygmunt Bauman, *Society under Siege,* Cambridge, Polity Press, 2002, p. 53 sq. ; Aristote, *Politique,* I, 2, 1253 *a* 10 ; et 14-18.

voit l'apport d'Aristote comme spécialement actuel. La justice demeure une tâche à l'horizon d'un futur qu'on ne voit pas, mais que les exigences du présent ne cessent de convoquer.

L'institution originelle de la démocratie n'est pas moins instructive. Le mot grec *demos,* « peuple », désigne d'abord le pauvre. La vraie différence séparant oligarchie et démocratie, selon Aristote, n'était pas le nombre, mais la richesse et la pauvreté, la liberté étant « le partage de tous ». En démocratie athénienne, le pauvre accédait à la dignité politique : il avait une prise directe sur le pouvoir par la parole. Tous les citoyens pouvaient prendre la parole dans l'assemblée du peuple, l'*ekklesia,* le véritable organe de décision. Or cette égalité de tous les citoyens était jugée supérieure en raison même de leur diversité. Nous l'avons mentionné, l'essentiel de la défense de la démocratie par Aristote se fonde précisément sur cette diversité dans l'unité : « Car, comme ils sont nombreux, chacun a sa part de vertu et de sagesse, et leur réunion fait de la multitude comme un être unique, ayant de multiples pieds, de multiples mains, de nombreuses sensations, et également riche en formes de caractères et d'intelligence. C'est bien pourquoi la multitude juge mieux des œuvres musicales et poétiques : si chacun juge bien d'une partie, tous jugent bien du tout. » Et encore : « Rien n'empêche parfois la multitude *(to plêthos)* d'être meilleure et plus riche que le petit nombre, si on la prend non pas individuellement mais collectivement. »[1]

L'avantage *de principe* que nous avons sur la démocratie athénienne antique est que nous ne subissons plus l'exclusion des femmes, des esclaves et des métèques du titre de citoyen qui seul donnait le droit de parole au pauvre. Comme le marque avec éloquence Benjamin Barber, « notre force humaine réside dans notre capacité de communauté », ce qui fait de l'idéal de participation la position la plus réaliste qui soit pour un monde aux prises comme le nôtre avec le « vertige du relativisme » (Clifford Geertz). Héraclite avait bien vu que l'harmonie se fonde en réalité sur la contrariété, sur l'ajustement des opposés : ses exemples sont la lyre et l'arc tendu (DK 22 B 51) ; il ajoutait que « l'harmonie invisible est meilleure que l'harmonie visible » (B 54). La lyre suggère la musique qui offre sans doute en effet le meilleur exemple de cette loi. Dans une symphonie l'opposition entre les instruments doit être aussi nette que possible, chacun conservant son timbre propre en vue de l'harmonie de l'ensemble, de l'unité

1. Sur le pauvre, cf. Platon, *République,* VIII, 557 *a* ; Aristote, *Politique,* III, 8, 1279 *b* 34, 1280 *a* 6 ; nous citons, respectivement, *Politique,* III, 11, 1281 *b* 4-10 et III, 13, 1283 *b* 33-35 ; cf. Jacqueline de Romilly, *Problèmes de la démocratie grecque,* Paris, Agora, 1986, p. 22-26, 110-117.

qui attirera tout à elle. De même la paix est-elle toujours à conquérir de haute lutte, dans la tension et l'unité maintenue des contraires, comme d'ailleurs la vie elle-même. Le consensus auquel peuvent conduire des débats et des actions démocratiques n'a rien en commun avec l'unité imposée par un démagogue. La participation de tous à la démocratie a en outre l'avantage de respecter l'évolution des identités, et ce caractère profondément dynamique de l'existence humaine, qui se vit, comme nous le disions, sur le mode d'une mise en suspens[1].

Mais pour que tout cela soit, il faut la parole. « He that made us with such large discourse, / Looking before and after, gave us not / That capability and god-like reason/ To fust in us unus'd » (Shakespeare)[2]. Comme le proclame dans son titre même un classique de la philosophie contemporaine d'expression anglaise, nous « *faisons* des choses avec des mots »[3]. On peut détruire irrémédiablement la réputation de quelqu'un, sa vie entière, en chuchotant quelques mots à l'oreille d'un voisin. Comment quelques sons de voix sans conséquence apparente peuvent-ils être investis d'une telle puissance ? De même, à l'inverse, le bien commun est-il le mieux servi par le pouvoir des mots : toutes les institutions au service de la justice, voire le pouvoir politique, en dépendent. Il est donc le mieux servi par l'éducation et la culture.

Dans un opuscule tout à fait remarquable de 1784, intitulé *Idée d'une histoire universelle au point de vue cosmopolite,* Kant formulait neuf propositions dont la cinquième se lit : « Le plus grand problème pour l'espèce humaine, celui que la nature contraint l'homme à résoudre, est d'atteindre une société civile administrant universellement le droit. » C'est seulement dans la société qui possède la plus grande liberté, précisait-il, « que peut être atteint dans l'humanité le dessein suprême de la nature ». Retrouvant, avec son génie propre, les thèmes de la lutte et de l'harmonie des contraires, Kant écrit : « Ainsi, dans une forêt, les arbres, justement parce que chacun essaie de ravir à l'autre l'air et le soleil, se contraignent réciproquement à chercher l'un et l'autre au-dessus d'eux, et par suite ils poussent beaux et droits, tandis que ceux qui lancent à leur gré leurs branches en liberté et à l'écart des autres poussent rabougris, tordus et courbés. Toute culture et tout art dont se pare l'humanité, ainsi que l'ordre social le plus beau, sont

1. Cf. Benjamin R. Barber, *A Passion for Democracy,* Princeton University Press, 1998, p. 11-18.

2. *Hamlet,* IV, iv, 36-39 : « Oh, celui-là qui nous dota de ce vaste discours ? Qui voit si loin dans le passé et l'avenir / Ne nous a pas donné cette capacité et cette raison divine / Pour qu'inactive elle moisisse en nous » (trad. Yves Bonnefoy modifiée).

3. J. L. Austin, *How to do Things with Words,* Harvard, 1962.

des fruits de l'insociabilité, qui est forcée par elle-même de se discipliner et de développer ainsi complètement, par cet artifice imposé, les germes de la nature. »

Il n'empêche que ce problème est en même temps le plus difficile et ne pourra être résolu qu'en dernier, s'empresse-t-il de dire dès la sixième proposition. C'est que « l'homme est un animal qui, lorsqu'il vit parmi d'autres individus de son espèce, *a besoin d'un maître.* (...) Mais où prend-il ce maître ? Nulle part ailleurs que dans l'espèce humaine. Mais ce maître est, tout comme lui, un animal qui a besoin d'un maître ». De sorte qu'au bout du compte « le chef suprême doit être juste *par lui-même,* et cependant être un homme ». Cette tâche est la plus difficile de toutes parce que « le bois dont l'homme est fait est si courbe qu'on ne peut rien y tailler de bien droit », ajoute-t-il dans une formule qui fera spécialement fortune à notre époque. Hautement cultivés par l'art et la science, ajoute Kant, civilisés jusqu'à en être accablés pour ce qui est des bienséances sociales, « il s'en faut de beaucoup que nous puissions déjà nous tenir pour *moralisés.* Car l'idée de la moralité appartient encore à la culture ».

Suivent un peu plus loin ces lignes : « Mais tant que des États consacreront toutes leurs forces à leurs visées expansionnistes vaines et violentes, tant qu'ils entraveront ainsi constamment le lent effort de formation interne du mode de pensée de leurs citoyens, leur retirant même tout soutien à cet égard, on ne peut s'attendre à aucun résultat de ce genre ; car il faut pour cela un long travail intérieur de chaque communauté en vue de former ses citoyens »[1]. Comment mieux décrire notre propre situation actuelle et l'avenir politique à viser par l'éducation ? Le fait que ce texte longtemps (plus de deux siècles) recouvert de poussière ait trouvé de nos jours toute la reconnaissance qu'il mérite, doit donner espoir.

7 / LA *PHRONÊSIS* ET LE SENS DU RÉEL

L'éveil nécessaire à l'action bonne est l'éveil au particulier contingent. « Si l'homme délibère de l'avenir, c'est que l'avenir est contingent et que l'homme peut, dans une certaine mesure *en décider* », ce qui

1. E. Kant, *Idée d'une histoire universelle au point de vue cosmopolite,* trad. Luc Ferry, dans Kant, *Œuvres philosophiques,* II, Paris, Gallimard, « La Pléiade », 1985, p. 193-195 ; 199. Cf. Jean-François de Raymond, *Les droits de l'homme : une anti-idéologie,* in *Les enjeux des droits de l'homme,* Jean-François de Raymond (dir.), *op. cit.*

suppose « la contingence des futurs », rappelle Danielle Lories. Le concept de *phronêsis* chez Aristote (« prudence », « sagesse pratique »), que la pensée contemporaine a diversement repris à son compte, spécialement en Allemagne, est ici fort éclairant. Il désigne une vertu qui n'a « pas seulement pour objet les universaux, mais elle doit aussi connaître les singuliers » (Aristote, *Éthique à Nicomaque,* VI, 5, 1141 *b* 15-16). Comment voir ce qu'il faut faire ici et maintenant, pour peu qu'on veuille « bien agir » *(eu prattein),* bien vivre ensemble, agir au mieux pour le bien de la communauté ? Périclès et ses semblables offrent un paradigme de « l'homme prudent », du *phronimos :* ce sont des sages parce qu'ils « sont capables de voir ce qui est bon pour eux et ce qui l'est pour les hommes. Or ce sont les chefs de famille et les hommes politiques qui sont capables de cela » (1140 *b* 7-10). Pierre Aubenque l'explique bien : « la vie heureuse (qu'il s'agisse de la cité ou de la maison comme de l'individu) est la totalité qui transcende les fins particulières ». Le *phronimos* est en ce sens « l'homme de vues d'ensemble (...) ce qu'il voit est une totalité concrète – le bien total de la communauté ou de l'individu ».

La prudence permet d'être, en un mot, « dans la réalité ». Le lien avec le sens commun – dont il a été question au chapitre I – est dès lors évident. Aptitude au jugement pratique, à « affronter *efficacement* et *droitement* (en vue du bien-agir) les situations qui se présentent », la *phronêsis* assure un « *sens du réel,* du particulier concret et contingent, dans le prolongement intellectualisé, si l'on veut, de celui que l'*aisthêsis koinê* [le sens commun] accomplit à même la perception sensible ». Cette insistance sur le particulier est essentielle. Le difficile n'est pas de savoir qu'il faut être courageux, il est de savoir ce que commande le courage ici et maintenant. La *phronêsis* doit donc être « capacité de choisir judicieusement les moyens », dans « la visée de la fin bonne, du bien-agir ». Comme l'écrit encore Danielle Lories, « Aristote insiste seulement plus que d'autres sur le fait que viser le bien doit vouloir dire chercher effectivement à l'atteindre, c'est-à-dire exercer son habileté aux moyens d'y parvenir ». Comme l'action morale, l'action heureuse a sa fin en elle-même, on ne saurait « considérer les moyens sans s'occuper de la fin, ni viser la fin sans penser à mettre en œuvre les moyens ».

Le lieu de la responsabilité morale est la *proairesis,* le choix, qui trouve son achèvement dans la décision et l'action qui s'ensuit. La simple habileté *(deinotes)* est une faculté moralement neutre. Si le but poursuivi est vil *(phaulos),* elle n'est que fourberie (1144 *a* 27-31). Aussi y a-t-il un rapport de dépendance réciproque entre les vertus éthiques et la *phronêsis*. Le bien n'apparaît tel dans le concret qu'à l'homme de bien, la vertu est nécessaire pour rendre droite l'intention (1144 *a* 20), rectifier le désir. « La perversité détourne notre regard et du coup nous fait nous tromper sur les principes de l'action. Par conséquent, il saute aux yeux qu'il est impossible d'être sage si l'on n'est pas bon » (*a* 34-36). De là aussi, précise d'autre part Aristote, « que nous appelons la tempérance de ce nom de *sophrosunê* qui signifie "sauvegarde la sagesse". Mais ce qu'elle sauvegarde, c'est le jugement pratique » (1140 *b* 11-13). Ce dernier point est capital : le jugement spéculatif (en géométrie, par exemple) n'est nullement affecté par le vice ; le sont seulement les jugements pratiques, les principes de nos actions étant les fins auxquelles elles sont ordonnées. « L'intempérance fait oublier la fin au profit, par exemple, de ce que l'on prend pour un bien immédiat : le plaisir ou l'évitement de la douleur. » Le vice n'est rien de moins que « la corruption du principe même de l'action » (1140 *b* 19-20), l'aveuglement à l'égard de la fin.

Cette « sagesse », cette « excellence intellectuelle du jugement sur le particulier », issue de l'expérience, fait donc du *phronimos* « le porteur vivant de la norme » (Aubenque)[1]. C'est redire encore combien la qualité du politique dépend de l'éthique et par conséquent de l'éducation morale.

1. Voir Danielle Lories, *Le sens commun et le jugement du phronimos, op. cit.*, p. 114, 121-124, 132-133, 138, 142-145. Les citations de Pierre Aubenque sont tirées de *La prudence chez Aristote*, Paris, PUF, 1976 (1963), p. 112, 111, 56-57. Les références à Aristote, entre parenthèses dans le texte, renvoient toutes, on l'aura compris, à l'*Éthique à Nicomaque*.

Chapitre V

L'ENSEIGNEMENT ET LES SAVOIRS

« Le principe suprême de toute éducation : n'offrir un mets qu'à ceux qui ont faim » (Nietzsche).

« Les abeilles pillottent deçà delà les fleurs, mais elles en font apres le miel, qui est tout leur ; ce n'est plus thin ni marjolaine : ainsi les pieces empruntées d'autruy, il les transformera et confondera, pour en faire un ouvrage tout sien : à sçavoir son jugement. Son institution, son travail et estude ne vise qu'à le former » (Montaigne).

« Laquelle de nous deux est la plus noble ? Celle qui, absorbée dans son étroit quadrilatère, toute à s'occuper d'elle-même, se nourrissant et s'engendrant elle-même, tourne tout en excrément et venin et ne produit rien en définitive que toile d'araignée et crottes de mouche, ou celle qui, dans une quête universelle, au prix d'une longue recherche, de beaucoup d'étude, d'un vrai jugement, et discernement des choses, rapporte chez elle du miel et de la cire ? » (Swift)[1].

1 / ENSEIGNER : L'ENFANCE DE L'ART

Les ouvrages de qualité ne se comptent plus qui dénoncent ce que l'un d'entre eux a appelé la pédagogie du vide. « Il y a quelque chose de pourri au royaume de l'École, chacun le sent bien », déclarent les auteurs de *La gestion de l'ignorance,* tout en relevant à juste titre la manie « de croire trouver à ces déficiences une cause, voire un remède, avant même de les avoir clairement établies »[2].

1. Nietzsche, *Aurore,* § 195 : « (...) zuwider dem obersten Satze aller Bildung : dass man nur dem, *der Hunger darnach hat,* eine Speise gebe ! » (*Morgenröte,* § 195) ; Montaigne, *Essais,* I, 26, Albert Thibaudet (éd.), Paris, Gallimard, « La Pléiade », 1950, p. 184 ; Jonathan Swift, *The Battle of the Books,* traduction citée par Marc Fumaroli dans *L'État culturel,* Paris, Éd. de Fallois, 1992 ; « Le Livre de poche », 1999, p. 261. Pour ce texte de Swift, voir en outre *La Querelle des Anciens et des Modernes,* précédé d'un essai de Marc Fumaroli, suivi d'une postface de Jean-Robert Armogathe, édition établie et annotée par Anne-Marie Lecocq, Paris, Gallimard, « Folio classique », 2001, p. 409 sq., et en particulier p. 422 sq.

2. Marie-Claude Bartholy, Jean-Pierre Despin, *La gestion de l'ignorance,* Paris, PUF, 1993, p. 1 ; cf. Hervé Boillot, Michel Le Du, *La pédagogie du vide. Critique du discours pédagogique*

Quelles sont donc ces déficiences ? « L'École n'enseigne plus ou enseigne de moins en moins les savoirs fondamentaux et, pire encore, encombre les jeunes cervelles d'une congérie disparate de pseudo-savoirs », notent Marie-Claude Bartholy et Jean-Pierre Despin. « L'École est devenue et devient de plus en plus un lieu où on prend l'accessoire pour l'essentiel, l'accident pour la substance. » Les auteurs donnent l'exemple d'un sujet de philosophie politique des plus élémentaires : « La fin justifie-t-elle les moyens ? », proposé en classe après un cours sur Machiavel, qui a servi à démontrer « de façon criante, l'absolue inutilité et même l'absolue nocivité de tout ce qui s'appelle "méthodologie" ». Il n'y a pas de « méthode pour comprendre un sujet ou un énoncé de problème », ajoutent-ils non sans justesse. « Mais de plus en plus, par lassitude et renoncement, on fait comme s'il y en avait une. » On peut même penser que « toutes les manies qui envahissent l'École relèvent de cette croyance en Sainte Méthodologie et de cette récusation de la réflexion ».

Ils font en outre le procès des barbarismes « évaluation sommative » et « évaluation formative », d'une « dictature des pédagogues », d'une révolution « qui consiste à dessaisir la compétence pour faire prévaloir le marché », d'une gestion technocratique de l'École, qualifiée justement de « gestion de l'ignorance ». De plus, « la rhétorique des moyens a, à son tour, un effet : la confusion inavouable du bien commun et du corporatisme » (critique fondamentale que nous retrouverons sous la plume du Canadien John Saul) qui donne lieu à une « vision instrumentaliste de l'École », à « d'amphigouriques traités de pédagogie, directement copiés sur des manuels de techniques de vente », à « la domination de l'esprit de commerce sur l'esprit des études ». Ils ne craignent pas de dire qu'on a « délaissé, tronqué, raboté l'essentiel possible au profit de l'inessentiel impossible », et, s'agissant des pédagogues, « intervenants intérieurs » : « ils sont irrémédiablement nuls. Ils n'ont pas enseigné, ils ont très peu enseigné, ils ne savent pas enseigner, mais ils enseignent à enseigner ». Et pourtant, faut-il s'en étonner, on est à l'École « pour apprendre quelque chose de bien défini, d'intemporel, d'éternel, d'universel, qui a ses règles et ses exigences propres, ce quelque chose fût-il la plus modeste des connaissances »[1].

contemporain, Paris, PUF, 1993 ; Philippe Nemo, *Le chaos pédagogique,* Paris, Albin Michel, 1993 ; Thomas De Koninck, *La nouvelle ignorance et le problème de la culture,* Paris, PUF, 2000, 2e éd., 2001.

1. *La gestion de l'ignorance, op. cit.,* respectivement, p. 22, 34, 37-38, 74, 76, 89, 96, 116, 118, 125, 184, 241, 172.

Jean-François Mattéi nous semble avoir excellemment résumé l'essentiel en s'opposant au « refus délibéré d'accepter la stratégie du sens, réclamée par l'élève sur le visage du maître, au bénéfice de la stratégie de la procédure, imposée par le maître à l'élève sous couvert de libération », et à tout ce qui scande « le procès de l'apprentissage sans s'intéresser au contenu réel de l'enseignement et, bien entendu, à ce que ressent l'enfant – pensif – devant ces méthodes qui le plient au *scholarly process,* entendons au conformisme pédagogique »[1].

Le premier défi de l'enseignement est, en effet, bien plutôt, de faire naître l'enthousiasme. Il faut cultiver par tous les moyens l'intérêt, provoquer le besoin d'apprendre, éveiller la passion de connaître, le sens de l'urgence des questions, susciter la joie de la découverte. Il faut savoir ménager l'attente, ne pas tout dire d'emblée mais en dire assez pour que l'étudiante ou l'étudiant nourrisse la passion de parfaire son propre apprentissage. Il faut « l'échange *intime, irremplaçable* entre celui qui enseigne et celui qui est là pour apprendre. Nous pourrions même préciser entre celui qui *veut* enseigner et celui qui *veut* apprendre puisque ces deux conditions constituent la base même de l'activité de l'enseignement. Qu'il y ait dans la classe deux, dix, trente ou cinquante élèves, *une relation dynamique et vivante doit se créer* »[2].

La joie d'apprendre est fondamentale ; la joie de faire comprendre aux autres ce que l'on sait et ce que l'on aime ne l'est pas moins pour les enseignants. On constate qu'en faisant comprendre une matière, on s'exalte de mieux la comprendre. On revient à la source. L'amour de l'enseignement, la passion d'éduquer se transmettent tout naturellement, incitant les jeunes d'esprit à progresser d'eux-mêmes vers de nouvelles quêtes de sens et de savoir, de nouvelles questions.

« L'intelligence ne peut être menée que par le désir », insistait Simone Weil. « Pour qu'il y ait désir, il faut qu'il y ait plaisir et joie. L'intelligence ne grandit et ne porte de fruits que dans la joie. La joie d'apprendre est aussi indispensable aux études que la respiration aux coureurs. Là où elle est absente, il n'y a pas d'étudiants, mais de

1. Jean-François Mattéi, *La barbarie intérieure, op. cit.,* p. 150. L'auteur indique, p. 138, note 1, une série d'ouvrages critiques de l'éducation actuelle qui devraient combler les appétits les plus exigeants. Nous avons présenté quelques éléments de diagnostic dans *La nouvelle ignorance* et fait état de nombreuses références dans le même sens également. Autant que nous pouvons voir, les problèmes se ressemblent bien plus qu'ils ne diffèrent d'un continent à l'autre.

2. Godelieve De Koninck, *À quand l'enseignement ? Plaidoyer pour la pédagogie,* Montréal, Les Éditions Logique, 1996, p. 16 ; voir aussi, p. 17-18 : ce qui importe avant tout pour les élèves « ce sont des connaissances qui touchent l'être dans sa personne, qui donnent un sens à ce qu'il fait ».

pauvres caricatures d'apprentis qui au bout de leur apprentissage n'auront même pas de métier. »[1]

Que veut dire « ménager l'attente » ? Alain a saisi, avec une exceptionnelle finesse, à quel point les anciens maîtres grecs en étaient soucieux, témoin les propos suivants tirés d'une lettre : « Ce qu'il y a d'admirable et de fécond dans Platon, ce qui en fait la philosophie fertile par excellence, c'est qu'il empêche de comprendre Aristote trop vite, et par suite de le manquer ; c'est qu'il a si bien préparé la métaphysique de l'acte, en la cachant si bien (ce qui est essentiel) qu'il est impossible (tu en es la preuve) de ne pas y venir sans s'en douter. C'est pour cela qu'il ne faut pas s'irriter des lenteurs d'Aristote. La pensée grecque (Aristote et Platon) a cela d'admirable et d'unique qu'elle cache la "solution" avec autant d'art que des modernes la publieraient. Il ne suffit pas qu'on arrive au but, il faut que le chemin ait été long ; et il faut encore qu'on ne veuille pas être arrivé au but ; la vraie dialectique, c'est l'art de reculer indéfiniment la solution »[2]. On se souvient que l'Étranger dans le *Politique* de Platon justifie une longue digression en déclarant qu'elle rend « plus inventif *(euretikôteron)* celui qui l'écoute » (286 *e*). Il s'agit d'attiser chez l'étudiant, ou le lecteur, le désir de cheminer vers la solution, et de faire en sorte que la découverte soit bien son fait à lui. Nous avons vu au chapitre III combien est efficace à cet égard l'ironie également.

Rien ne saurait, d'autre part, remplacer la conversation et le dialogue, ainsi que l'illustrent avec un talent unique, encore une fois, certains dialogues platoniciens. Peter Emberley a bien fait valoir que parmi les capacités fondamentales que doivent cultiver les universités, il faut compter plus que jamais aujourd'hui l'aptitude à la conversation. C'est l'aptitude à la conversation qui distingue l'être humain de l'animal, le civilisé du barbare, disait Michel Oakeshott, qui définissait l'éducation comme une initiation à l'art et au partage de la conversation. Nous avons rappelé dans le premier chapitre le rôle essentiel de la réciprocité dans la constitution du moi. La conversation est une figure essentielle de cette réciprocité, surtout lorsqu'elle se donne la forme d'un véritable dialogue, dont la force est « métamorphosante » (Gadamer). Le principal défi est évidemment celui de l'écoute, qui exige une prise de distance par rapport à soi qui est difficile pour tous, et impossible à qui est incapable d'humour, nous l'avons rappelé au

1. Simone Weil, *Attente de Dieu,* Paris, La Colombe, 1950 ; Le Livre de poche, 1963, p. 91.
2. Alain à Élie Halévy, novembre ou décembre 1892, in *Correspondance avec Élie et Florence Halévy,* Paris, Gallimard, 1958, p. 31.

chapitre III. La conversation et le dialogue permettent de dépasser nos points de vue privés vers ce « *logos* divin et commun » dont parlait Héraclite, vers une langue commune essentielle à la compréhension, faisant confiance en la raison à laquelle nous avons tous part, au sens décrit au chapitre II. (L'extrême opposé serait, ainsi que l'imagine avec humour Gadamer, une paire de lunettes à travers laquelle on ne verrait plus mais serait téléspectateur.) Qui plus est, comme le souligne Gabor Csepregi, la conversation nous permet de cultiver les qualités les plus essentielles à la convivialité humaine – courtoisie, politesse, tact, franchise, capacité de plaisanter avec goût, générosité, détachement, gratuité – déjà mises en relief par Aristote[1].

Pour tout le parcours de l'éducation, y inclus l'enseignement scolaire, l'amitié est en réalité capitale. Sinon, vite le *double bind* (la « double contrainte ») s'installe, soumettant les étudiants à deux messages contradictoires. Si l'on enseigne une discipline que l'on n'aime pas, la question se pose d'emblée : pourquoi donc ne l'aime-t-on pas ? N'est-elle pas digne d'être aimée ? Pour peu, en revanche, que l'on n'aime pas ses étudiants, pourquoi enseigner, sinon pour des raisons égoïstes d'ordre matériel, dont ils pâtissent ? C'est là du moins la perception qui doit en résulter.

Quant à l'évaluation, il est clair qu'elle doit viser d'abord la compréhension plutôt que la mémorisation purement matérielle, et viser la maturation et l'autodiscipline avant tout. Est contestable toute forme d'évaluation qui ne respecte pas le rythme profond de maturation d'une matière, l'épanouissement naturel de la pensée. C'est alors encore l'élève qui pâtit gravement, car ici aussi la norme doit être intériorisée.

Cette conception n'exclut pas le recours à des accessoires audiovisuels, encore qu'une dépendance excessive sous ce rapport risque de rendre les plus mauvais services à l'élève, déjà gavé d'audiovisuel « virtuel » par ailleurs. La condition *sine qua non* est de préserver, en ce cas, le maximum possible d'une « interactivité » qui ne saura cependant jamais s'approcher de celles de la conversation et du dialogue.

1. Cf. Peter C. Emberley, *Zero Tolerance. Hot Button Politics in Canada's Universities,* Toronto, Penguin Books, 1996 ; Michael Oakeshott, « The Voice of poetry in the conversation of Mankind », in *Rationalism in Politics,* London, Methuen & Co., 1962, p. 199 ; Hans-Georg Gadamer, « L'inaptitude au dialogue », in *Langage et vérité,* trad. J. C. Gens, Paris, Gallimard, 1995, p. 165-175 ; Aristote, *Éthique à Nicomaque,* IV, 12-14, 1126 *b* 10 - 1128 *b* 9 ; Gabor Csepregi, *L'aptitude à la conversation,* in *Koinônia,* Ottawa, Collège dominicain, 1996, dont nous nous inspirons largement ici ; et Lorraine Caza, *Facing New Frontiers : Challenges for Educators, in* http://www.cnd-m.com/english/Archives/News/2003-04-Lorraine%20McGill-2.htm.

On se souvient que, dans le mythe qui porte son nom, Theuth voyait en l'invention de l'écriture celle d'une connaissance « qui rendra les Égyptiens plus savants, et leur donnera plus de mémoire ». Le roi Thamous fit valoir qu'au contraire, elle développerait l'oubli dans les âmes par la négligence de la mémoire : « se fiant à l'écrit, c'est du dehors, par des caractères étrangers, et non du dedans, et grâce à l'effort personnel, qu'on rappellera ses souvenirs ». Quant à la science, ajoute-t-il, elle n'en fournirait que le semblant, « car après avoir beaucoup appris dans les livres sans recevoir d'enseignement, ils auront l'air d'être très savants, et seront la plupart du temps dépourvus de jugement, insupportables de surcroît parce qu'ils auront l'apparence d'être savants, sans l'être » (Platon, *Phèdre,* 274 *e* - 275 *b,* trad. Paul Vicaire).

Platon sut faire de l'écriture un usage souverain, on le sait. Mais la question est ailleurs. Il ne s'agit plus de l'écriture, qui a en même temps les avantages que nous soulignions relativement à la lecture. Bien plus grave est la perte graduelle de mémoire et d'autonomie qu'entraîne aujourd'hui la prolifération des écrans, aux deux sens du terme. Ce qui est dans le gadget qu'on regarde ou qu'on utilise pour quelque computation est aussi obsolète que le gadget lui-même. Plus grave encore est l'atrophie qui s'ensuit, comparable pour la mémoire, l'imagination et le reste, à celle de muscles qu'on laisse inactifs. Dans les termes fort simples de René Dubos, « nous sommes tous nés avec des muscles, mais ces muscles ne se développent bien que si on les fait travailler, de même nous sommes tous nés avec des capacités mentales, et ces capacités mentales ne se développent que dans la mesure où le cerveau fonctionne »[1]. L'agilité visuelle que cultivent les jeux vidéos et ce qui leur ressemble, n'est pas, faut-il le préciser, une aptitude mentale.

La qualité de l'enseignement exige de refondre, de retravailler sans cesse ses matières, afin de les rendre chaque fois plus vivantes et plus actuelles, de viser un approfondissement toujours plus considérable, de renouveler sans relâche le contenu et les méthodes. Chaque cours est une découverte faite en commun, où l'on retrouve sous une forme neuve les connaissances. Elles redeviennent fraîches, inattendues. Quelque chose prend corps. La classe se met à exister, comme une personne. Il s'instaure une collaboration, pratique et intellectuelle, un climat de confiance, une dynamique dans laquelle l'expression des

1. René Dubos, Jean-Paul Escande, *Chercher. Des médecins, des chercheurs... et des hommes,* Paris, Stock, 1979, p. 23.

réflexions, des commentaires et des interrogations des étudiantes ou des étudiants trouvent toute la place qui lui est due[1].

Le questionnement commande toute la vie de l'esprit. Il est aussi ce que nous avons de plus personnel et de plus propre. Les liens qu'on découvrira dépendent des liens qu'on cherche. Je ne peux pas vous passer ma question, sinon très en surface. Il faut rappeler, ici encore, que la communication naît avant tout de l'intérieur. L'enseignement en est peut-être la preuve la plus remarquable. Un enseignement issu d'un vide ou d'un autre n'est pas de l'enseignement, et déforme et déprime d'autant plus. Aussi faut-il déceler, promouvoir tout ce que chacune et chacun porte en soi virtuellement, échanger concrètement à cette fin, avoir l'imagination d'autrui.

La disponibilité constante, les méthodes pédagogiques les plus variées sont tout à fait essentielles à l'enseignement, et le souci d'innovation pédagogique doit être constant. Il faut trouver les exemples les plus actuels, fournir les outils, intellectuels et autres, susceptibles de rendre plus autonome et plus fécond le jugement, en réactualisant toujours, de la manière la plus diversifiée, les apprentissages, afin, encore une fois, de « donner aux jeunes le désir d'apprendre et de conserver leurs apprentissages »[2].

L'enseignement est sans doute la forme de communication la plus étonnante. À condition de comprendre qu'il ne s'agit pas tant de donner de l'information, ni non plus de transmettre des connaissances scientifiques ou technologiques touchant le monde externe. Pour ces dernières, en effet, il suffira d'être en mesure de vérifier le propos en faisant soi-même l'expérimentation proposée ou en mettant soi-même la main à l'art ou la technique concernée afin d'acquérir l'habileté requise : une vérification externe suffit, en l'occurrence. Encore que de telles activités ne doivent surtout pas être dépréciées et qu'elles soient essentielles, le type de communication qu'elles impliquent est bien moins remarquable que la sorte d'enseignement qu'incarne un Socrate.

L'enjeu de cette dernière est l'éveil, l'esprit de recherche et de découverte, touchant des matières aussi vitales que l'esprit lui-même et tout ce qui est donné dans l'expérience interne, à commencer par les questions de métaphysique et de morale. La vérification ne se fait évidemment pas par les sens, en pareil cas, les objets d'investigation étant

1. Tout cela a été mieux dit que nous ne saurions le faire par Jacqueline de Romilly dans *Nous autres professeurs,* repris dans *Écrits sur l'enseignement,* Paris, Éd. de Fallois, 1991, p. 32 sq.

2. Godelieve De Koninck, *À quand l'enseignement ?, op. cit.*, p. 22.

alors ou bien purement intelligibles, ou en tout cas accessibles à la seule expérience interne (tels la loi morale en moi, la voix de la conscience, le repentir, etc.). Il s'agit dès lors d'éveiller l'esprit d'autrui à la conscience de quelque chose d'intérieur, dans les profondeurs du moi. La similitude que propose Socrate reste la meilleure : l'enseignante ou l'enseignant sont des sages-femmes qui ne peuvent qu'aider à porter au jour la conception déjà présente en la personne qu'ils assistent. Quoi de plus admirable que ce pouvoir qu'a le langage de porter au jour des vérités qui gisaient là endormies, non examinées, informes en apparence et qui auraient pu demeurer à jamais inconnues.

2 / ERINNERUNG

C'est ce fait d'expérience qui explique que de grands philosophes ont pu décrire l'apprentissage comme un « ressouvenir », une anamnèse. Le mot allemand *Erinnerung,* qui se traduit par « souvenir », a aussi un autre sens, que relève bien Hegel dans ses cours sur Platon, à propos de la théorie de la réminiscence. Cet autre sens est « celui de se rendre intérieur, d'entrer en soi ; c'est le sens intellectuel et profond du mot. En ce sens on peut dire que le fait de reconnaître l'universel n'est rien d'autre qu'un ressouvenir, un acte d'entrer en soi (...) et qu'ainsi nous portons notre intériorité à la conscience »[1].

Nous avons entrevu dans les chapitres précédents comment les arts nous font justement entrer en nous-mêmes, dans les grands espaces et les vastes palais de l'imagination et de la mémoire où se trouvent d'innombrables trésors d'images et tout ce que construit notre esprit, et où l'on se rencontre aussi soi-même, de manière particulièrement révélatrice, dans cette exigence de nous-mêmes vis-à-vis de nous-mêmes qu'est la conscience.

Lorsque cependant, dans la « vie ordinaire », nous demandons qu'est-ce que cette chose, d'où nous vient la question ? Elle ne porte pas sur l'image de la chose concernée, mais sur l'être de la chose elle-même. Nos sens répondent chacun aux questions relatives aux

1. G. W. F. Hegel, *Leçons sur Platon,* texte inédit 1825-1826, trad. Jean-Louis Vieillard-Baron, Paris, Aubier, 1976, p. 79. On aura compris que ce sens d'*Erinnerung* comme « entrée en soi » est donné par l'étymologie Er - Inner - ung. Le texte principal chez Platon est *Ménon,* 81 *d* 1-6 : voir la brillante discussion de Rémi Brague dans *Le Restant,* Paris, Vrin-Les Belles Lettres, 1978, p. 180-182, et Jacob Klein, *A Commentary on Plato's Meno,* The University of North Carolina Press, 1965, spécialement p. 108 sq.

couleurs, aux sons, et le reste, mais, comme dit Augustin, d'où viennent les choses elles-mêmes ? « Par où ont-elles pénétré dans ma mémoire ? Je n'en sais rien. Quand j'ai appris ces notions, je n'ai pas prêté foi à un cœur étranger : c'est dans le mien que je les ai reconnues et que j'ai approuvé leur vérité ; et que je les lui ai confiées comme un dépôt que je pourrais retirer quand je voudrais. Elles étaient donc dans mon cœur, avant même d'avoir été apprises par moi ; mais elles n'étaient pas dans ma mémoire. Où donc alors et pourquoi, à les entendre énoncer, les ai-je reconnues et ai-je dit : "C'est cela, c'est vrai" ? Pourquoi, sinon parce qu'elles étaient déjà dans la mémoire, mais si éloignées et si reculées comme en des cavernes plus secrètes, que, sans quelqu'un pour m'avertir de les en arracher, je n'aurais peut-être pas pu les penser ? »[1]

Quand vous dites : « j'ai de la difficulté à saisir », où tentez-vous de « saisir » ? Pas ici devant vous sur la table, comme vous saisissez votre crayon. C'est en vous que vous saisirez. Et vous saisirez en vous en remontant à du déjà connu.

Quelle sorte de prendre est apprendre, pourrait-on demander. Le véritable apprendre est, écrit Heidegger, « un prendre suprêmement remarquable, un prendre dans lequel celui qui prend ne prend que ce qu'au fond il a déjà. À *cet* apprendre correspond aussi l'enseigner. Enseigner, c'est donner, offrir. Mais ce qui est offert dans l'enseignement n'est pas ce qui peut être appris ; ce qui est donné à l'élève, c'est seulement l'indication lui permettant de prendre par lui-même ce qu'il a déjà ». Il s'agit de porter à la connaissance réellement et à fond ce que nous savons déjà. « Un tel apprendre, le seul qui nous importe ici, requiert de séjourner en permanence près de ce qui en apparence est le plus proche, par exemple près de la question : "Qu'est-ce qu'une chose ?" Du point de vue utilitaire, nous ne faisons que demander sans trêve *la même inutilité* notoire : qu'est-ce que la chose, qu'est-ce que l'ustensile, qu'est-ce que l'homme, qu'est-ce que l'œuvre d'art, qu'est-ce que l'État, qu'est-ce que le monde ? »[2]

Nous voilà donc reconduits à ce qui ressemble étrangement encore à la réminiscence platonicienne (ces pages de Heidegger en constituent d'ailleurs un commentaire). Mais tel n'est pas notre but à présent qui est plutôt de tirer leçon de ces faits d'expérience pour les appliquer à l'enseignement des sciences.

1. Saint Augustin, *Confessions,* X, 10, 17, trad. E. Tréhorel et G. Bouissou, Paris, Desclée de Brouwer, 1962.

2. Martin Heidegger, *Qu'est-ce qu'une chose ?,* trad. Jean Reboul et Jacques Taminiaux, Paris, Gallimard, 1971, p. 85.

3 / LE CAS DES SCIENCES

La faille centrale qui menace l'enseignement des sciences est sans doute ce que Whitehead appelait les « idées inertes » – inertes parce qu'elles sont simplement reçues par l'esprit sans être utilisées, mises à l'épreuve, jointes à d'autres en des synthèses ou des agencements nouveaux[1]. Se contenter d'enseigner le *comment* ne saurait non plus suffire, puisqu'on risque de ne transmettre alors que des techniques. La vie intellectuelle, nous venons de le voir, ne se réduit évidemment pas à des techniques, pas plus d'ailleurs qu'il n'y a de technique de la vie ordinaire. Le savoir technique, c'est par exemple celui que fournissaient les sophistes de l'Antiquité : Comment bien parler pour séduire ou persuader ? Comment effectuer telle opération mathématique, ainsi la quadrature du cercle ? Réponse : « Fais comme moi. » Soit aujourd'hui un problème de chimie, de physique, de mathématique ; ou encore un roman, un essai littéraire ; la méthode d'enseignement consisterait à dire : tu fais cela comme cela, en m'imitant, puis cela viendra, à force d'exercice et de pratique. Copie-moi, puis répète, et tu seras bon.

« La science ne pense pas, elle calcule », disait Heidegger, en un jugement plus sévère même que l'observation non moins célèbre de Platon selon laquelle les géomètres « rêvent ». Dans la mesure où nous n'aurions pas une conscience critique de ce que nous faisons en géométrie, où nous nous abstiendrions d'en interroger les fondements, notre état ressemblerait tout à fait, il est vrai, à du somnambulisme, même pas à du rêve lucide. Est-il vrai cependant que la science ne fait que calculer ? Calculer n'est certes pas penser, à preuve la supériorité des ordinateurs sous ce rapport, cependant eux-mêmes produits et programmés par le génie humain et par la pensée à l'origine. Juste quant à la techno-science, la remarque de Heidegger serait injuste s'agissant du savoir scientifique proprement dit, qui permet de créer les nouvelles théories indispensables au réel progrès scientifique. Comprendre à fond la problématique de sa recherche, savoir mettre en question les présupposés de sa discipline en son état actuel, est nécessaire à tout savant digne de ce nom, qui doit être en mesure de faire progresser les connaissances en son domaine, comme le firent Einstein,

1. Cf. A. N. Whitehead, *The Aims of Education,* New York, Macmillan, 1929 ; Mentor Books, p. 13-15. Henry Adams dénonçait, pour sa part, les « faits inertes ».

Heisenberg et leurs successeurs en physique au XXe siècle. Peut-on enseigner toutefois un savoir aussi fécond, et si oui, comment ?

Ce ne pourrait être qu'à la condition expresse de respecter la démarche naturelle de la pensée que nous venons d'évoquer, qui commence par le questionnement fait sien. Ce qu'on appelle aujourd'hui « la science » ne fait à vrai dire que commencer. Les soi-disant (à tort) « deux cultures », la littéraire et la scientifique, sont de toute manière unies par un pont que Lewis Thomas appelle, avec bonheur, *bewilderment,* fait à la fois de perplexité et d'émerveillement devant l'immensité et la profondeur de ce qu'il reste à découvrir parmi les réalités, même les plus familières, la vie biologique par exemple, la conscience, voire la musique. S'enfermer soit dans les arts et les lettres, soit dans les sciences revient à se couper de la réalité. Il faut permettre aux jeunes esprits de s'initier sans tarder aux arguments en présence dans les grandes querelles scientifiques de l'heure, de découvrir d'entrée de jeu l'aventure exaltante qui est celle de la science, les éveiller aux problèmes considérables à résoudre, concentrer leur attention sur ce qui n'est pas connu – l'étrangeté du monde ouvert par la théorie des quanta en physique, les énigmes encore impondérables de la cosmologie, et ainsi de suite. La vérité est que la « science » est principalement constituée de perplexités ne cadrant pas du tout ensemble pour le moment. C'est son progrès, d'ailleurs, qui nous aura permis, au XXe siècle, de prendre conscience du degré insoupçonné d'ignorance où nous étions et sommes encore. Mais nous aurons besoin de plus en plus, pour avancer, du travail « de toutes sortes de cerveaux hors des champs de la science, surtout les cerveaux de poètes, à coup sûr, mais aussi ceux d'artistes, de musiciens, de philosophes, d'historiens, d'écrivains en général »[1].

Un débat entre savants de première ligne autour du déterminisme des gènes, par exemple, en des publications aussi valables que *The New York Review of Books,* où les uns plaident que le comportement animal et humain est entièrement gouverné par des gènes, et les autres qu'au contraire tout comportement est fixé et déterminé par l'environnement ou par la culture, est un élément d'éducation dont

1. Cf. Lewis Thomas, *Late Night Thoughts on Listening to Mahler's Ninth Symphony,* New York, The Viking Press, 1983, p. 143-163 ; et *The Medusa and the Snail,* New York, The Viking Press, 1979, p. 73-74 : « The only solid piece of scientific truth about which I feel totally confident is that we are profoundly ignorant of nature. Indeed, I regard this as the major discovery of the past hundred years of biology (...). It is this sudden confrontation with the depth and scope of ignorance that represents the most significant contribution of twentieth-century science to the human intellect. We are at last facing up to it. (...) Now that we have begun exploring in earnest, doing serious science, we are getting glimpses of how huge the questions are, and how far from being answered. » Voir en outre Michel Serres, *Le Tiers-Instruit,* Paris, Gallimard, « Folio », 1992.

aucun étudiant ne devrait être privé. C'est l'argumentation même qui éduque en l'occurrence, car les éléments d'une réponse complète sont si nombreux et si complexes qu'on ne peut se permettre de régler de telles questions sans plus. L'étudiant aura ainsi de bons points de repère pour tracer son propre chemin dans la forêt, et sera en tout cas libre devant les aberrations de la pop science.

« C'est l'étrangeté même de la nature qui rend la science si captivante, écrit Lewis Thomas. Voilà ce qui devrait se trouver au cœur de l'enseignement de la science. Il y a plus de sept fois sept types d'ambiguïté en science, qui attendent l'analyse. La poésie de Wallace Stevens est claire comme le cristal à côté du code génétique. » Malgré des progrès admirables, la plupart des sciences en sont aux premières étapes de leur commencement. Il ne s'agit aucunement de dominer la nature mais de la connaître toujours mieux.

Le drame est qu'il ne se fait à peu près plus de recherche fondamentale alors que les besoins de ce côté sont si grands et si vitaux. Comme en témoigne Jacques Testart, personne ne voudrait arrêter une recherche qui chercherait à comprendre comment l'organisme vit, ce qui serait « quelque chose de fantastique ». Ce qu'il a rencontré en fait, c'est une recherche où l'on sait déjà ce que l'on prétend chercher : « Si on cherche par exemple un vaccin contre cette maladie horrible qu'est le sida, c'est une recherche finalisée même si elle oblige à certains détours de compréhension des mécanismes, le but étant d'obtenir le vaccin. Autrement dit, aujourd'hui, ce que nous faisons presque tous dans le monde de la recherche, pas seulement en biologie, pas seulement en médecine, c'est une recherche finalisée. Elle sait où elle va. (...) Il me semble qu'il faudrait reconnaître qu'aujourd'hui, il n'existe plus de laboratoire de recherche en biologie, public ou privé, qui ait pour vocation la recherche fondamentale, même s'ils sont obligés d'en passer un peu par-là. Nous avons tous pour vocation la fabrication d'un produit, d'un dispositif, d'une technologie »[1]. On n'a pas encore compris, en somme, que le cancer, le sida et le reste ne pourront être maîtrisés que lorsqu'on comprendra mieux la vie biologique, ce qui ne peut être que le fruit d'une recherche fondamentale libre et véritable.

Un autre problème majeur est le fait que les chercheurs ne se comprennent plus entre eux, même à l'intérieur d'une même discipline. « Un immunologiste confronté avec un biologiste de la procréation comme moi ne parlera pas du tout des mêmes choses, n'aura pas les

1. Lewis Thomas, *op. cit.*, p. 150 ; Jacques Testart, Jens Reich, *Pour une éthique planétaire*, Paris, Éd. Mille et une nuits / Arte Éd., 1997, p. 23-25.

mêmes mots, pas les mêmes concepts. Dans ce cas, comment le citoyen pourrait-il s'y reconnaître pour intervenir dans un débat démocratique sur les crédits de la recherche, sur les significations de la recherche et sur ses dangers ?[1] »

L'écart grandit également, d'autre part, entre le discours strictement scientifique des savants et la pensée ordinaire, laquelle est pourtant aussi le fait de chaque savant dès qu'il sort de sa spécialité ou même lorsqu'il tente d'expliquer à d'autres son savoir professionnel, voire de situer à ses propres yeux ce savoir au regard du reste de son expérience. C'est le passage au langage ordinaire qui est révélateur. Il ne peut pourtant être évité, car il n'existe pas de langue interdisciplinaire autre que lui, et l'idiome de chaque discipline demeure impénétrable aux autres, comme en la tour de Babel. En outre, il faut bien divulguer, un jour, au moins les résultats de ce savoir et leur signification à d'autres que des scientifiques.

4 / L'UNIVERSITÉ

Cela dit, l'importance que l'on accorde à la démarche des sciences pures vient de ce qu'elle est la seule qui paraisse rendre possible un accord universel, en reposant sur une réduction préalable de l'expérience humaine à deux domaines, extrêmement limités l'un et l'autre : celui de la perception et celui du raisonnement formel pur. La décision méthodique de s'en tenir à leur double évidence implique la mise entre parenthèses d'immenses régions de l'expérience et de tous les discours en lesquels ces dernières tentent de se dire, de s'expliciter et de se comprendre. Le savoir s'est dès longtemps fragmenté, il n'est au pouvoir de personne de comprendre entièrement le monde où nous sommes. La science est une œuvre collective, l'affaire d'une communauté. Il faut la dimension d'une université ou de son équivalent, et le type de relations humaines qui la définit en principe, pour que, sous les apparences d'une diversité insurmontable, puisse émerger la vie universelle du sens, qui se construit dans une approximation permanente, comme nous l'avons rappelé au chapitre I[2].

1. Jacques Testart, *op. cit.*, p. 26-28.

2. L'Université a fait l'objet encore récemment d'études remarquables, parmi lesquelles Danièle Sallenave, *Lettres mortes,* Paris, Michalon, 1995 (déjà citée) ; Michel Freitag, *Le naufrage de l'Université,* Québec, Nuit blanche Éd., et Paris, Éd. La Découverte, 1995 ; Peter C. Emberley, *Zero Tolerance. Hot Button Politics in Canada's Universities,* Toronto, Penguin Books, 1996 (déjà

a) Communauté

Considérons un moment cet aspect de « communauté », s'appliquant en particulier à l'Université.

L'être humain naît au sein d'un continuum, d'une société qui est déjà là et qui conditionne constamment ses attitudes, agissant comme un « persuadant caché » *(hidden persuader)*, où une impression peut disparaître en un instant et cependant marquer pour la vie. Le point de départ de l'éducation est la société en son devenir continuel.

La marque des autres étudiants est un facteur vital dans l'éducation, qu'on oublie parfois. Une université où l'intelligence, la passion des idées, le travail de longues heures, l'attachement à ses études apparaîtraient socialement inacceptable, ne serait pas une université, mais plutôt un club select pour petits satisfaits.

L'Université est une communauté au sens fort, en vertu de l'ensemble de témoins qu'elle implique, du partage des savoirs, des échanges à la fois entre penseurs, artistes, savants, figures politiques, et sur leur travail, qui sera étudié et renouvelé. Aussi l'autorité de grandes universités ou de grandes écoles s'est-elle souvent avérée plus grande dans l'histoire que celle d'États ou de gouvernements. La Sorbonne, Oxford, Harvard en sont des exemples historiques, parmi de nombreux autres[1].

La communauté qui définit l'Université préserve le lien entre la connaissance et l'appétit de vivre, en réunissant jeunes et aînés dans la considération imaginative du savoir. Même une information ne saurait y être fournie qu'avec imagination. Un fait n'est plus alors un simple fait : il est investi de toutes ses possibilités. Bref, « une université est imaginative ou n'est rien – du moins rien d'utile ». Dans l'organisme social complexe du monde moderne, l'aventure de la vie et l'aventure intellectuelle vont de pair[2].

citée). Pour une reconsidération du rôle des universités et de leurs tâches, voir Alain Renaut, *Les révolutions de l'Université,* Paris, Calmann-Lévy, 1995, et Charles W. Anderson, *Prescribing the Life of the Mind,* University of Wisconsin Press, 1993.

1. Cf. Hans-Georg Gadamer, *On Education, Poetry and History,* edited by Dieter Misgeld and Graeme Nicholson, translated by Lawrence Schmidt and Monica Reuss, State University of New York Press, 1992, Part 1, chapter 5, « The Idea of the University – yesterday, today, tomorrow », p. 47-59 ; et Norbert Frye, *By Liberal Things,* Toronto, Clarke, Irwin & Co. Limited, 1959, p. 7-9, 17.

2. Cf. A. N. Whitehead, *The Aims of Education,* New York, Macmillan, 1929 ; Mentor Books, p. 93 et 97.

Or on sait à quel point on y souffre aujourd'hui, bien plutôt, de l'anonymat, de la non-accessibilité et du manque de disponibilité des enseignants.

b) Le sophisme « pragmatique »

Comme le remarque Northrop Frye, la racine du non-sens en éducation est notre satisfaction béate devant notre façon de vivre, qui nous fait croire que l'éducation n'aurait pour raison d'être qu'un confort et une sécurité plus grands dans le monde. Aurait-on oublié l'avertissement des sorcières dans *Macbeth* (III, v) : « And you all know security / Is mortals'chiefest enemy » (« Et vous savez tous que la sécurité / Est le pire ennemi des mortels ») ?

En ce moment l'éducation publique s'aligne sur les besoins du marché d'emplois. Cette approche d'apparence pratique ne l'est pas du tout, elle est largement illusoire. Se concentrer sur la technologie, par exemple, générera des diplômés obsolètes. Le problème n'est pas celui de créer des habiletés au sein d'une technologie galopante, mais bien plutôt d'enseigner à des étudiants à penser et leur fournir les outils intellectuels qui les rendront aptes à réagir à la myriade de changements, y inclus de changements technologiques, auxquels ils auront à faire face dans les prochaines décennies.

Comme l'a marqué avec brio John Ralston Saul, les universités sont devenues à maints égards les servantes du système corporatiste. La critique la plus sévère qu'on devrait alors leur adresser, ne serait pas seulement de s'être retranchées derrière les écrans des spécialisations et des impénétrables dialectes académiques, mais, ce qui est pire encore, d'avoir trahi leur mission humaniste centrale. Il est à craindre que la raison pour laquelle la communauté universitaire n'enseigne plus aux élites à s'élever au-dessus de leurs intérêts égoïstes et de leur point de vue étroit, c'est qu'elle s'est empêtrée elle-même dans l'intérêt égoïste et dans la vue étroite comme il n'est que trop aisé de le faire dans un monde de corporations professionnelles.

La crise à laquelle nous faisons face, d'après John Saul encore, en est une de langage et de communication. Nous sommes en présence d'une crise de la mémoire, de la perte de notre base humaniste. Alors que les universités devraient incarner l'humanisme, elles se révèlent au contraire obsédées par leur propre alignement sur les forces spécifiques du marché. Ce qui échappe à l'approche corporatiste, c'est le rôle central de l'éducation supérieure – apprendre à penser. Un étudiant qui passe son diplôme avec des habiletés techniques sans avoir développé sa pensée n'a pas été éduqué. De telles personnes auront peine à jouer leur rôle de citoyens. Affaiblir les humanités au profit des spécialisations rentables détruit la capacité des universités d'enseigner à penser.

Si la démocratie échoue, c'est le citoyen qui échoue, pas le politicien, qui peut toujours se recycler dans une nouvelle forme de pouvoir. Or le dieu du jour est l'idéologie du marché, qui permet aux élites de convaincre tout le monde que le système démocratique est un produit secondaire du marché économique, du système de libre échange. Or il n'en est rien : la démocratie a des origines humanistes dans l'Athènes antique. Mais comment se prennent aujourd'hui les vraies décisions ? À la suite de négociations entre des groupes spécialisés et des groupes d'intérêts. Les unités politiques fondamentales sont là[1].

Pour Danièle Sallenave, les universités d'aujourd'hui se comparent au fameux couteau sans manche de Lichtenberg auquel manquait la lame. Dans les trois premières années de l'Université en France, l'idéologie du progrès technique, l'idéologie du marché quand ce n'est pas celle du supermarché, dominent. « Les nouveaux étudiants sont des petits vieux : je les vois rajeunir quand la formation et le jugement leur viennent. Ils reflètent la pensée, l'opinion, la *doxa* des familles dont ils sont issus, et je ne leur en veux aucunement, nos familles aussi étaient modestes, mais j'en veux à l'École de ne pas les avoir déjà arrachés à l'opinion. »[2]

c) La theôria

Gadamer évoque l'allégorie de la caverne platonicienne pour l'appliquer à la *theôria* au regard de la vie ordinaire. Celui ou celle qui redescend dans la caverne est mal accueilli, ses yeux sont mal ajustés aux ombres qui sont l'expertise des prisonniers enchaînés au fond de la caverne : ils sont inadaptés au « politiquement correct » que maîtrise le sophiste. Il faut prendre conscience de l'énorme distance entre la vie au fond de la caverne et la splendeur du soleil *(theoria)*.

Et pourtant, *le secret de la liberté, c'est la pensée.* La démocratie en dépend. Être libre signifie, dit-on, faire ce qu'on veut. Mais ce qu'on veut exige un apprentissage. Danser, penser, aimer, même regarder un

1. Cf. John Ralston Saul, *The Unconscious Civilization,* « Massey Lectures », Toronto, CBC, 1995, p. 67-68 et *passim.*
2. Danièle Sallenave, *Lettres mortes,* Paris, Michalon, 1995, p. 12 (cf. 41 et 100) et 106.

match de football, exigent tous des apprentissages. Les arts « libéraux », pour exigeants qu'ils soient, libèrent justement. Selon l'excellente expression de Northrop Frye, l'Université est la « centrale d'énergie de la liberté » *(« the powerhouse of freedom »)*, pour la société, le monde, qui doivent pouvoir y trouver toutes les réserves souhaitables de liberté et les bienfaits qui en découlent. L'Université incarne en principe tout ce que l'humanité peut faire, créer, et ce que le reste de la société peut réaliser si elle essaie. Partout où l'on accepte la vision de l'artiste, le désintéressement, la distance du savant, le savoir et la patience de l'enseignant, le questionnement de l'enfant, l'Université est à l'œuvre dans le monde.

Les humanités y occupent une place centrale, même si elles sont des domaines de controverses, là où les sciences dites exactes ne le sont pas, car pour les humanités le seul référent ultime est l'humanité elle-même. C'est un domaine où l'imagination et les émotions sont profondément impliqués et qui concerne la connaissance de soi. Quoi de plus méprisable que le mépris de la connaissance de soi ?

Les propos suivants de Husserl méritent d'être cités au long, tant ils répondent utilement à nos questions. Avec les Grecs, témoin les mathématiques en particulier, naît, écrit-il, une « attitude totalement nouvelle où nous reconnaissons un intérêt pur pour le connaître et par anticipation un intérêt purement théorique. À l'encontre de tous les autres intérêts, il a le caractère insolite d'un intérêt absolument non pratique, qui enveloppe l'univers ». Surgit alors « la question nouvelle de la vérité », d'une « vérité qui vaut identiquement pour tous ceux que n'aveugle plus la tradition, la question de la vérité en soi. L'attitude théorétique du philosophe veut qu'il soit décidé constamment et à l'avance à dévouer sans cesse sa vie à venir à la tâche de la *theôria,* à donner à sa vie un caractère universel, et à édifier à l'infini connaissance théorétique sur connaissance théorétique. C'est ainsi que naît en quelques personnalités isolées, telles que Thalès, une nouvelle humanité ».

Lui correspond bientôt « un nouveau type de relations communautaires ; grâce à une compréhension renouvelée, à une création renouvelée, ces œuvres idéales de la *theoria* sont immédiatement l'objet d'un amour commun, d'une adoption commune. (...) La philosophie se répand d'une double manière : d'une part s'élargit la communauté des philosophes de profession, tandis que parallèlement s'étend un mouvement communautaire consacré à la formation éducative *(Bildung).* (...) En se diffusant sous la forme de la recherche et de l'action éducative, la philosophie exerce une double action spirituelle : d'un côté le trait le plus essentiel de l'attitude théorétique de l'homme philosophe, c'est l'universalité typique de son attitude critique, sa résolution de n'accepter sans question aucune opinion préalable, aucune tradition ; désormais, quand il affrontera tout cet univers des données traditionnelles, il posera toute question en fonction du vrai en soi, en fonction d'une idéalité. Mais la philosophie ne se réduit pas à une attitude nouvelle dans la connaissance. Cette volonté de soumettre l'ensemble de l'expérience à des normes idéales, à savoir celles de la vérité inconditionnée, provoque aussitôt une transformation profonde de toute la praxis et donc de toute la vie de la culture *(des ganzen Kulturlebens)* ; ce n'est plus l'expérience naïve de la vie quotidienne et de la tradition qui doit la régler, mais la vérité objective. La vérité idéale devient une valeur absolue qui entraîne une transformation de la praxis en un sens universel, à la faveur des mouvements de formation culturelle *(Bildungsbewegung)* et par l'influence continuelle que la culture exerce sur l'éducation des enfants. Si nous serrons de plus près ce type de conversion, nous en comprenons aussitôt le caractère inévitable ; dès lors que l'idée générale de vérité en soi devient la norme universelle de toutes les réalités et de toutes les vérités qui régissent la vie humaine, ce changement affecte aussi toutes les normes traditionnelles, celles du droit, de la beauté, de la finalité, des valeurs humaines régnantes, des valeurs de caractère personnel ».

À quoi s'ajoute plus loin cette remarque : « Dès le début de la philosophie on commence à persécuter, à mépriser les philosophes. Et pourtant les idées sont plus fortes que toutes les forces empiriques. »[1]

Certes, faire le tour d'une université en s'arrêtant à chaque discipline particulière permettrait d'additionner bout à bout les points de vue et donc les abstractions ou réductions possibles – ce ne serait à vrai dire que le début d'une série infinie – auxquelles on pourrait soumettre le même être concret, et pourquoi pas tout de suite le plus concret et le plus complexe d'entre eux, l'être humain ? Physique, biologie, chimie, mathématiques, anthropologie, psychologie, sociologie, économie, sciences politiques, sciences religieuses, littérature, beaux-arts, linguistique, histoire, géographie, etc., toutes ont quelque aspect indispensable de l'être humain à révéler, mais chacune n'en offre, ce faisant, qu'une part infime. Croirait-on néanmoins, en additionnant tous ces aspects, toutes ces parts, obtenir un tout qui soit enfin l'être humain lui-même ? Ce serait n'avoir rien compris.

1. Edmund Husserl, *La crise de l'humanité européenne et la philosophie*, éd. bilingue, trad. Paul Ricœur, Paris, Aubier-Montaigne, 1977, p. 47-59.

Dans ses célèbres conférences à l'Université de Jena, il y a deux siècles, Schelling rappelait à quel point la philosophie est essentielle pour libérer l'être humain des confins des disciplines et des cultures[1]. À peine quatre ans auparavant, dans le *Conflit des facultés* (1798), Kant avait fait valoir la nécessité d'une faculté qui, « indépendante des ordres du gouvernement pour ce qui est de ses enseignements, ait la liberté non de donner des ordres, mais pourtant de les juger tous, une faculté qui ait affaire à l'intérêt scientifique, c'est-à-dire à la vérité, où la raison doit avoir le droit de parler publiquement : car, sans une telle faculté, la vérité (au détriment du gouvernement lui-même), ne pourrait venir au jour, alors que la raison est par nature libre et n'admet aucun ordre de tenir quelque chose pour vrai »[2]. Il fallait par conséquent dans l'Université, outre les facultés de théologie, de droit, et de médecine, une faculté de philosophie. « La faculté de philosophie peut donc – ajoutait-il – revendiquer tous les enseignements pour soumettre leur vérité à examen. Elle ne peut pas être frappée d'un interdit par le gouvernement sans que celui-ci agisse à l'encontre de sa fin spécifique et essentielle, et les facultés supérieures doivent admettre ses objections et ses doutes, qu'elle présente publiquement, – ce que certes celles-ci pourraient trouver gênant, parce que sans de telles critiques elles auraient pu dormir tranquilles dans leur domaine, après en avoir pris possession à quelque titre que ce soit, et continuer à y commander despotiquement »[3].

Il en résulte un conflit inéluctable entre les facultés, notamment entre la faculté de théologie et la faculté de philosophie, auquel Kant consacre du reste un appendice particulier de ce court texte. Il nous semble que l'on doit faire sienne l'assertion de Kant qu'une faculté de philosophie est, quant à elle, attachée au principe de liberté, et doit demeurer le lieu par excellence du jugement critique sans lequel est la vie de l'esprit – et partant celle de la société tout entière – sont vite menacées de mort, comme tout organisme qui perdrait la faculté de discerner.

Les facultés ne se comptent évidemment plus dans nos universités et la division quadripartite fait sourire. Mais les propos de Kant sur la nécessité de la raison critique, du discernement, d'un espace de liberté

1. En voir l'excellente traduction et présentation en anglais, *in* F. J. Schelling, *On University Studies*, translated by E. S. Morgan, edited and with an introduction by Norbert Guterman, Ohio University Press, 1966.

2. Emmanuel Kant, *Le Conflit des facultés*, trad. Alain Renaut, in Kant, *Œuvres philosophiques, III, Les derniers Écrits*, Paris, Gallimard, 1986, p. 816-817 (AK VII, 19-20).

3. *Ibid.*, p. 827 (AK VII, 28).

correspondant, de philosophie en un mot, sont plus pertinents que jamais.

Le modèle demeure toujours Socrate. Comme l'écrivait Merleau-Ponty : « Pour retrouver la fonction entière du philosophe, il faut se rappeler que même les philosophes-auteurs que nous lisons et que nous sommes n'ont jamais cessé de reconnaître pour patron un homme qui n'écrivait pas, qui n'enseignait pas, du moins dans les chaires d'État, qui s'adressait à ceux qu'il rencontrait dans la rue et qui a eu des difficultés avec l'opinion et les pouvoirs, il faut se rappeler Socrate. »[1]

Or Socrate s'opposait aux sophistes. Platon en a fait un thème central de son œuvre. C'est ainsi que, dans le *Phèdre,* par exemple, les Sophistes s'avèrent toujours « politiquement corrects » : ils promettent succès, efficacité, un enseignement immédiatement utile. Cependant, deux choses essentiellement nuisent à pareil succès à leurs yeux. L'une d'entre elles est la *theoria,* mot grec que Cicéron et Sénèque traduiront plus tard par *contemplatio*. L'autre c'est l'amour, qui rend vulnérable, risque de faire souffrir et le reste. Il faut donc rechercher exclusivement le plaisir, sans l'amour, concluaient les sophistes, témoin l'éloge paradoxal de Lysias au début du dialogue, et le premier discours, profondément ironique, de Socrate.

La figure de Socrate s'inscrit radicalement en faux sur ces deux plans. Il tente inlassablement de comprendre, cherche le sens de la vie, aime passionnément cette recherche, témoin son éloge de l'amour dans son second discours dans le *Phèdre* et son propre témoignage de vie. La philosophie est un *erôs,* un amour passionné de la sagesse, où sont engagées les deux dimensions de l'être humain qui définissent avant tout sa dignité particulière, à savoir l'intelligence et l'affectivité.

5 / LE GOÛT DE L'AVENIR

Le premier défi de l'éducation est de donner le « goût de l'avenir » (Tocqueville), de générer l'enthousiasme qui poussera les jeunes d'esprit à progresser d'eux-mêmes vers de nouvelles quêtes de sens et de savoir, de nouvelles questions, en pleine conscience de la mondialisation, à renouveler peut-être surtout, dans le contexte des nouvelles

1. Maurice Merleau-Ponty, *Éloge de la philosophie,* Paris, Gallimard, 1953 ; « Idées », 1960, p. 42.

connaissances et d'une prise de conscience accrue des richesses des différentes cultures, les questions à la fois les plus brûlantes et les plus concrètes, comme celle du sens de la vie et celle de la dignité humaine.

On a dès lors raison d'insister aujourd'hui sur l'urgence d'éveiller plus que jamais à « la connaissance de la connaissance », c'est-à-dire à l'évaluation critique du savoir, permettant de mieux prévenir la part d'illusion qui aura été si considérable dans l'histoire, s'agissant de l'être humain lui-même ou de telle forme de savoir qu'on croyait définitive alors qu'elle ne l'était pas du tout. La connaissance de la connaissance, en premier lieu la connaissance de l'illusion, revient à savoir discerner, être critique, face aux vues simplettes qui se présentent comme autant d'absolus. L'éveil, la formation du jugement, impliquent l'éveil à la condition humaine en toute son immense complexité, à commencer par l'être que nous sommes et le monde dans lequel nous agissons, que la mondialisation ne cesse de transformer.

Les problèmes de société et les problèmes politiques s'avèrent de plus en plus globaux, complexes au sens de tissés ensemble, cependant que le déploiement des connaissances va dans le sens opposé, suivant des labyrinthes de plus en plus spécialisés, fragmentés, détachés du tout. Paradoxalement toutefois, de moins en moins de personnes sont préparées, par leur formation, à faire face à ces problèmes globaux.

Il y a, en un mot, urgence de l'Université. En se constituant les servantes du système corporatiste au lieu d'exercer le leadership intellectuel qu'on est en droit d'attendre d'elles – en renonçant, somme toute, au débat rationnel, à la réflexion critique, plus que jamais nécessaires – les institutions concernées trahissent la société, trahissent avant tout les jeunes. Unité dans la diversité, diversité dans l'unité, le seul nom d'Université en porte les traces – comme celles de fossiles aux yeux de la rectitude politique. Mais l'on n'aura rien compris à ce qui précède si l'on ne voit pas à quel degré l'unité et la diversité en question sont aujourd'hui vitales.

Dans la diététique de l'esprit, des lignes de pensées parallèles et indépendantes au départ interagissent fréquemment de manière féconde. Deux idées peuvent se joindre l'une à l'autre en une synthèse nouvelle, qui ne sont pourtant ni semblables ni reliées par une logique superficielle. Il peut y avoir une interaction dynamique issue d'une juxtaposition d'idées initialement incongrues en apparence. C'est là le propre du génie poétique (témoin la métaphore), ou scientifique – lier marées et lune, par exemple, germa un jour dans un esprit humain – et surtout de l'intelligence philosophique, comme l'observait déjà Aristote. Mais il est clair qu'en encourageant la diversité dans les études, et en stimulant, voire entraînant d'autre part en chaque individu la capacité d'interrogation vraiment sienne, on favorise la créativité, la découverte, une plus vive conscience de la vie de l'esprit et de la vie tout court. Confiner à des spécialités proches les unes des autres favorise la stérilité, de manière analogue aux mariages consanguins.

Sans doute accorde-t-on aussi trop d'importance à la réception de connaissances et pas assez à la faculté d'élaboration, laquelle prend racine dans le questionnement. Le questionnement est ce que nous avons de plus personnel et de plus propre. Car la question authentique est animée par un sentiment, une inquiétude, la conscience d'un manque, parfois douloureuse, elle appartient à celle ou celui qui la pose. La réflexivité que rend possible le langage humain renvoie à la question et au questionnement que nous sommes, à notre existence qui est essentiellement affectée par une mise en suspens, comme nous l'avons vu au chapitre IV.

L'implication réciproque de tous les problèmes au niveau planétaire et les effets de la techno-science sur la nature mettent chaque jour davantage en relief l'importance de l'humain. Il y a lieu de s'en réjouir s'ils suscitent leur pendant éthique, le lien de solidarité, le fait de tenir et de porter ensemble la responsabilité de l'humain comme tel. L'éthique nous engage d'ores et déjà dans une responsabilité collective, politique, dont le fil conducteur est ce lien de solidarité humaine, nouvelle figure du bien commun qui devrait trouver dans l'Université une première médiation concrète.

Chapitre VI

LA MÉDECINE ET L'ÉTHIQUE

« Un médecin, de même qu'un homme politique, qui aime les autres humains dans l'abstrait seulement ou les considère simplement comme une source de revenus, ne peut, si habile soit-il, que faire du tort » (W. H. Auden).

« Quant à la science, elle n'a fourni que des solutions fondées sur la force brutale ; et tout particulièrement la demi-science, le plus terrible des fléaux qui aient frappé l'humanité, pire encore que la peste, la famine, la guerre, et qui n'est apparue qu'en ce siècle. La demi-science est un despote, et l'on n'en a jamais vu de pareil jusqu'à nos jours. Un despote qui a ses prêtres et ses esclaves, devant qui l'on se prosterne avec amour et superstitieusement » (Dostoïevski)[1].

1 / QUESTIONS CRUCIALES

Une des définitions les plus célèbres de la philosophie, qui est devenue traditionnelle, se trouve dans le *Phédon* de Platon : la philosophie est *meletê thanatou* (81 *a* 1), une *meditatio mortis,* a-t-on répété, un « apprentissage de la mort », une « préparation à la mort ». Définition qui s'applique *a fortiori* à cette partie de la philosophie dénommée « éthique », qui se préoccupe du « bien vivre », du bonheur de trouver ou donner un sens à la vie humaine. La proximité de la philosophie, de l'éthique et de la médecine est ainsi d'emblée manifeste. Car la médecine ne fait pas que contribuer à lutter contre la mort et contre ce qui l'annonce, la maladie, la douleur, la souffrance, mais elle doit aider à mieux vivre, et à mieux mourir aussi. *Euthanazein,* en grec, veut dire « bien mourir » ; étymologiquement, « euthanasie » signifie « belle » ou « bonne » mort. On retrouve cette notion première dans ce qu'on appelle aujourd'hui l'euthanasie d'accompagnement, un devoir pour le médecin, où il s'agit non pas de donner la mort, mais bien plutôt d'aider à mourir sereinement.

1. W. H. Auden, *A Certain World,* Londres, Faber & Faber, 1970, p. 256 ; Dostoïevski, *Les Démons,* trad. Boris de Schloezer, Paris, Gallimard, « La Pléiade », 1955, p. 265-266.

Platon parle des médecins et de la médecine dans les termes les plus élogieux. Parmi toutes les branches de la connaissance, la médecine est celle qui se rapproche le plus de la science éthique de Socrate, en qui Platon voit un médecin de l'âme. L'usage abondant d'exemples médicaux par Socrate en est un indice. Pour les anciens Grecs la culture du corps allait de pair avec celle de l'âme, témoin la place centrale qu'ils reconnaissaient à la gymnastique comme à la musique dans l'éducation. Déjà dans le corpus hippocratique, nous le verrons, se découvre l'idée que la question primordiale de la médecine est la question de l'homme : à qui ne saurait pas ce qu'est l'être humain *(ti anthrôpos esti),* il ne serait dès lors pas possible de comprendre la médecine[1].

Étant donné d'ailleurs que l'éthique s'occupe depuis toujours de la vie et de la mort humaines, on peut se demander si le mot « bioéthique » n'est pas souvent surérogatoire. La dimension biologique est inséparable de la vie comme de la mort humaines, et nulle vie humaine ne saurait d'autre part, en tant que telle, échapper à l'éthique. La *grande* question, comme le voit bien Ronald Dworkin dans *Life's Dominion, c'est* la vie et la mort. Le Dr Philippe Meyer observe très à propos du reste que « la technobiologie des dernières années, qui est largement responsable du danger de déshumanisation de la médecine, apporte aussi de manière imprévue un élément de solution. La plus importante découverte de ce siècle fut incontestablement de mettre en évidence l'unicité organique (et spirituelle) de chaque homme »[2].

Tel n'est toutefois pas le point de vue de l'idéologie de la santé, où l'empire de la biologie tient lieu d'ontologie. Cette idéologie a été poussée à son paroxysme par le nazisme, pour aboutir à « une conception antibiotique de la politique ». On a fait valoir, d'autre part, que « le grand modèle des années 1990 représente une combinaison du néolibéralisme et de l'idéologie de la santé, bien présente dans tous les segments de notre culture où l'on fait appel à la rationalité scientifique pour imposer aux gens la nécessité des choses, surtout quand les grands intérêts économiques sont en jeu ». Il y a lieu de se demander si l'éthique est fidèle à sa vocation « lorsqu'elle sert d'instrument de légitimation des préjugés courants, tout en passant

1. Cf. Werner Jaeger, *Paideia : The Ideals of Greek Culture,* translated by Gilbert Highet, Oxford University Press, 1943-1944, vol. II, p. 32 sq. ; vol. III, p. 3 sq.

2. Ronald Dworkin, *Life's Dominion,* New York, Alfred A. Knopf, 1993 ; Philippe P. Meyer, *L'irresponsabilité médicale,* Paris, Grasset, 1993, p. 24 ; cf. p. 74 et 214.

sous silence le credo du néolibéralisme et les abus théoriques et pratiques qui s'en autorisent, qu'ils soient ou non couverts par la science »[1]. Or la même question doit être posée à la médecine elle-même. Afin de pouvoir mieux répondre à ces questions, un examen préalable des premiers moments significatifs de ces disciplines, et de la science, s'impose[2].

D'autant plus que nos rapports à la nature, notre responsabilité, nos devoirs envers les générations futures, à l'égard d'êtres qui n'existent pas encore, de même que d'êtres incapables de donner leur consentement (embryons, génomes personnels manipulés), toutes ces questions ne se posaient pas avec la même acuité à des époques où la techno-science était moins envahissante et moins puissante. Elles n'engagent pas moins l'humanité de manière essentielle, soulevant avec une radicalité nouvelle la question des fondements de l'éthique. Ainsi les nouvelles possibilités opératoires, le diagnostic pré-implantatoire, la possibilité d'intervenir sur le génome humain, voire éventuellement le clonage, et les nouvelles formes d'eugénisme que tout cela implique. Ces problèmes ont déjà fait l'objet d'ailleurs de publications remarquables de la part de médecins comme Axel Kahn et de philosophes comme Habermas et Dworkin, qui soulèvent tous, de manières différentes, l'enjeu central de la dignité humaine, illustrant ainsi des besoins naissants que l'éducation à venir ne pourra se permettre d'ignorer

1. André Mineau, Gilbert Larochelle et Thomas De Koninck, « Le nazisme et l'idéologie de la santé : les avatars de la dignité humaine », in *Revue d'histoire de la Shoah. Le monde juif*, septembre-décembre 1998, n° 164, p. 169-188. Cf. André Mineau, *The Making of the Holocaust : Ideology and Ethics in the System Perspective*, Amsterdam/Atlanta, Rodopi, 1999.

2. On consultera avec profit l'article d'Anne-Marie Moulin, « La philosophie et la médecine », in *Encyclopédie philosophique universelle*, IV : *Le discours philosophique*, sous la dir. de Jean-François Mattéi, Paris, PUF, 1998, p. 2186-2197, ainsi que le choix de textes qu'elle propose, en particulier ceux d'Al Sumaysir, d'Avicenne et d'Abu Bakr Mohammad b. Zakariyya AR-RAZI (ou Rhazès), généralement moins connus que ceux, classiques, de Claude Bernard, Georges Canguilhem, Michel Foucault ou Michel Serres. Le livre de Michel Foucault, *Naissance de la clinique* (Paris, PUF, 1963, 1975), décrit un moment particulier de la médecine, un demi-siècle à peine, à la fin du XVIIIe siècle, où l'autopsie serait devenue la clé de voûte du diagnostic : « (...) La grande coupure dans l'histoire de la médecine occidentale date précisément du moment où l'expérience clinique est devenue le regard anatomo-clinique » (p. 149). Foucault concluait notamment : « Il restera décisif pour notre culture que le premier discours scientifique tenu par elle sur l'individu ait dû passer par ce moment de la mort. C'est que l'homme occidental n'a pu se constituer à ses propres yeux comme objet de science, il ne s'est pris à l'intérieur de son langage et ne s'est donné en lui et par lui une existence discursive qu'en référence à sa propre destruction : de l'expérience de la Déraison sont nées toutes les psychologies et la possibilité même de la psychologie ; de la mise en place de la mort dans la pensée médicale est née une médecine qui se donne comme science de l'individu. Et, d'une façon générale, l'expérience de l'individualité dans la culture moderne est peut-être liée à celle de la mort : des cadavres ouverts de Bichat à l'homme freudien, un rapport obstiné à la mort prescrit à l'universel son visage singulier (...) » (p. 200-201).

pour personne, si on veut des décisions responsables face à des problèmes aussi cruciaux[1].

Ce qu'on pourrait appeler l'archéologie de la médecine et de l'éthique est une leçon en elle-même, comme nous nous proposons de le montrer maintenant. Comme le disait Aristote, c'est « en regardant les choses évoluer depuis leur origine qu'on peut, ici comme ailleurs, en avoir la vue la plus juste » (*Politique,* I, 2, 1252 *a* 24-26).

2 / ARCHÉOLOGIE DE LA MÉDECINE

Le mot « médecine » vient de la racine *med* qui a, en indo-européen, le sens de « penser », « réfléchir » ; « mesurer, peser, juger », « soigner (un malade) » ou « gouverner ». Les mots « modérer » et « modeste » sont de même origine. « Docteur » provient de la racine *dek,* signifiant quelque chose de propre et d'acceptable, d'utile. Cette racine donnera *docere* en latin, « enseigner », et *discere,* « apprendre », d'où « disciple ». L'affinité avec la philosophie est évidente à nouveau dans les mots, on le voit[2].

La médecine et la philosophie sont demeurées très proches l'une de l'autre tout au long de l'Antiquité. (On sait d'autre part que le clivage entre la science et la philosophie commence à l'époque de Galilée ; quant à l'hyper spécialisation qui caractérise notre époque, elle est un phénomène récent.) « La philosophie et la médecine [écrit Michael Frede] sont à ce point entrelacées dans l'Antiquité qu'on y trouve des philosophes comme Alcméon de Crotone dont la gloire repose entièrement sur la théorie médicale et des médecins comme Sextus qui étaient avant tout philosophes. » D'autres exemples notoires sont Anaxagore et Diogène d'Apollonie, mais surtout Empédocle, dont la théorie des quatre éléments survivra sous une forme ou sous une autre jusqu'au XVIIIe siècle de notre ère (où le chimiste Boyle la combattra) ; elle

1. Cf. Axel Kahn, *Et l'Homme dans tout ça ?,* Paris, NiL, 2000 ; Jürgen Habermas, *L'avenir de la nature humaine. Vers un eugénisme libéral ?,* trad. Christian Bouchindhomme, Paris, Gallimard, 2002 ; Ronald Dworkin, « Playing God : Genes, Clones and Luck », in *Sovereign Virtue. The Theory and Practice of Equality,* Harvard University Press, p. 427-452. Sur l'importance de l'anthropologie philosophique pour la formation des étudiants en médecine, voir Hubertus Tellenbach, « The Education of a Medical Student », *in* A.-T. Tymieniecka (éd.), *The Moral Sense in the Communal Significance of Life,* Analecta Husserliana, vol. XX, Dordrecht, D. Riedel Publishing Company, 1986, p. 175-184, spécialement p. 181-182.

2. Cf. A. Ernout et A. Meillet, *Dictionnaire étymologique de la langue latine. Histoire des mots,* Paris, Klincksieck, 1959, *sub verbis* ; et Lewis Thomas, *The Youngest Science. Notes of a Medicine Watcher,* New York, The Viking Press, 1983, p. 53-54.

dominera pendant longtemps la science médicale dans la doctrine de quatre qualités de base, le chaud, le froid, le sec et l'humide. C'est ainsi que l'auteur du traité hippocratique, *Sur la nature de l'homme,* après avoir, au début, critiqué cette théorie comme explication de la constitution de l'homme, ne manque pas d'annoncer ensuite au chapitre 4 que les constituants de l'homme sont « les quatre humeurs, le sang, la bile jaune, la bile noire et le flegme », associant ainsi « chacune de ces humeurs avec deux des quatre opposés primordiaux, le chaud, le froid, l'humide et le sec » (Lloyd)[1].

Alcméon de Crotone compte parmi les premiers Présocratiques ; il est contemporain de la vieillesse de Pythagore (vers 500 av. J.-C.), le premier philosophe mathématicien (qui se serait intéressé cependant lui aussi à la médecine [cf. Diogène Laerce, *Vies et doctrines des philosophes illustres,* VIII, 12])[2]. C'est à Crotone, au VIe siècle avant J.-C., qu'avait d'ailleurs émigré Pythagore, natif de Samos. Or Crotone était célèbre pour ses médecins (cf. Hérodote, *Historiae,* III, 125 sq.). À peu près en même temps que naissent les mathématiques, la médecine sort de sa phase magique ; elle découvre l'observation critique et soignée, c'est-à-dire rien de moins que la méthode empirique qu'on verra illustrée dans le corpus hippocratique plus tard[3].

« La plus grande partie de ce qu'il dit concerne la médecine [écrit Diogène Laerce (VIII, 33) à propos d'Alcméon], encore qu'il parle parfois de philosophie de la nature... » Il a en commun avec les Pythagoriciens la conviction que l'âme humaine est immortelle et qu'elle est apparentée au divin. On retrouve chez lui, comme chez les Pythagoriciens (et à vrai dire tous les Présocratiques), une doctrine des contraires, mais différente des autres (cf. Aristote, *Métaphysique,* A, 5, 986 *a* 27 sq.). Pour Alcméon (cf. DK 24 B 4) la santé est le fait d'une égalité *(isonomia)* des puissances (humide et sec, froid et chaud, amer et doux, et le reste). C'est la prédominance *(monarchia)* de l'une

1. Michael Frede, « Philosophy and Medicine in Antiquity », in *Essays in Ancient Philosophy,* Minneapolis, University of Minnesota Press, 1987, p. 225-242 ; G. E. R. Lloyd, *Les débuts de la science grecque,* trad. J. Brunschwig, Paris, Maspero, 1974, p. 77.

2. Cf. H. Diels et W. Kranz, *Die Fragmente der Vorsokratiker,* 10e éd., Berlin, Weidmannsche Verlagsbuchhandlung, 1952 (désormais DK), vol. I, p. 210-216 ; trad. Daniel Delattre, *in* J.-P. Dumont (éd.), *Les Présocratiques,* Paris, Gallimard, « La Pléiade », 1988, p. 217-228 ; cf. 1253-1259. D'après Aristote (*Métaphysique,* A, 5, 986 *a* 29), Alcméon « vivait au temps de la vieillesse de Pythagore » ; Aristote le distingue toutefois expressément des Pythagoriciens et l'a jugé assez important pour lui consacrer un *pros ta Alkmaiônos* (Diogène Laerce, V, 25).

3. Hippocrate (environ 460 - 370 av. J.-C.) est à peu près contemporain de Socrate (mis à mort en 399). La soixantaine de traités complets constituant le corpus hippocratique remontent pour la plupart à la fin du Ve siècle ou au IVe, quelques-uns étant plus récents encore.

d'elles qui provoque la maladie. La santé est « symétrie », harmonie des forces[1].

Si Alcméon partage avec les Milésiens – Thalès, Anaximandre, Anaximène : les tout premiers philosophes de notre tradition – la tentative de séparer mythe et raison, magie et nature, il ajoute le souci de la vérification empirique, là où ces derniers semblent avoir fait appel davantage à des postulats ou à des hypothèses difficilement vérifiables quant à l'origine des choses. On ne saurait exagérer l'importance de la découverte de la méthode empirique par les médecins de Crotone. Comme l'a bien résumé F. M. Cornford, elle prend initialement la forme suivante. *Première* étape : le médecin va d'un cas individuel à un autre ; dans ce cas-ci, dans cet autre, tel remède a réussi. On le note désormais. On consigne également quel avait été le pronostic du médecin, même là où aucun remède n'avait été trouvé. Se constituait ainsi une première expérience critique. *Seconde* étape : les causes. Pourquoi ce désordre du corps, pourquoi ce remède-ci a-t-il réussi et point tel autre. Et ainsi de suite. *Troisième* étape : après les causes de la maladie et le reste, qu'est-ce que l'homme lui-même, la constitution de son corps, ses virtualités propres. Quelles sont en outre les « vertus » des substances qu'on lui administre du dehors, ce qu'elles font exactement[2].

Alcméon contribue du même coup à la théorie de la connaissance. « Concernant les choses invisibles et concernant les choses mortelles, les dieux ont une vision claire *(saphêneian),* cependant que les hommes font des conjectures » (DK 24 B 1). La découverte de la méthode empirique s'accompagne, on le voit, de modestie, d'un aveu d'ignorance. On sait par ailleurs qu'il a initié l'étude physiologique des organes de la perception. Les conséquences pour l'épistémologie sont patentes : il importe d'étudier le sujet connaissant jusque dans la constitution physiologique de ses organes. Il semble avoir été le premier à tout ramener au cerveau, « siège de la pensée » et siège ultime de toute sensation (Platon le suivra, sans le nommer : *Phédon,* 96 *b*). L'observation anatomique lui avait en effet permis de constater le lien entre les organes sensoriels, les yeux surtout, et le cerveau. Chalcidius (source tardive cependant : vers 400 de notre ère) rapporte même qu'il

1. Sur ces rapprochements caractéristiques, voir les articles classiques de Gregory Vlastos, « Equality and Justice in Early Greek Cosmologies », in *Classical Philology,* 42, 1947, p. 156-178, et « Isonomia », in *American Journal of Philology,* 74, 1953, p. 337-366 ; le premier de ces deux articles est repris dans *Studies in Presocratic Philosophy,* ed. David J. Furley et R. E. Allen, vol. 1, Londres, Routledge & Kegan Paul, 1970, vol. 1, p. 56-91.

2. F. M. Cornford, *Principium Sapientiae : The Origins of Greek Philosophical Thought* [Cambridge University Press, 1952], New York, Harper Torchbooks, 1965, c. 3 : *The Empirical Theory of Knowledge,* p. 31-44.

aurait été « le premier à avoir osé entreprendre une dissection » de l'œil (cf. DK 24 A 10), ce que d'aucuns contestent ; la dissection n'est en tout cas pas d'utilisation courante avant Aristote, au IVe siècle (cf. Lloyd, *op. cit.*, p. 80). Quoi qu'il en soit de ce dernier point, il est clair qu'Alcméon a bien vu déjà qu'on ne peut faire abstraction de la condition de l'organe pour rendre compte de la sensation, et que le connaître humain dépend des sens, même s'il ne s'y limite pas.

Le souci de la question de l'homme qui, sous des formes diverses il est vrai, marquera le corpus hippocratique, est déjà bien présent chez lui. Théophraste rapporte en effet que « parmi ceux qui n'expliquent pas la sensation par le semblable, Alcméon le premier définit la différence par rapport aux animaux ». « L'homme, dit-il, diffère des autres [animaux] parce que seul il "met ensemble" ("rassemble", "comprend" : *hoti monon xuniêsi*) ; les autres perçoivent, mais ne "mettent pas ensemble" (ne "rassemblent", ne "comprennent" pas : *ta de alla aisthanetai men, ou xuniêsi de*) » (DK 24 B 1*a* : Théophraste : *De Sensibus,* 25 sq. ; cf. DK 24 A 5). Dès Alcméon on voit donc apparaître l'idée de la synthèse, du pouvoir unificateur de l'esprit, manifeste dans la formation de l'universel, de même que l'idée que l'objet de l'intelligence est un.

Non moins célèbre est son argument en faveur de l'immortalité de l'âme : Barnes le résume avec justesse : « Déjà chez Thalès, l'âme était essentiellement une source de mouvement. Alcméon a adopté cette idée ; il soutenait, en particulier, que l'âme se meut d'elle-même. Or ce qui se meut essentiellement se meut toujours ; et si l'âme se meut toujours, l'âme existe toujours... Argument génial que Platon va reprendre dans le *Phèdre* (et qui s'apparente à la preuve "ontologique" de l'existence de Dieu). »[1] Nous avons sur cet argument le témoignage d'Aristote, *De Anima,* I, 2, 405 *a* 29 : Alcméon déclare l'âme « immortelle *(athanaton)* du fait qu'elle ressemble aux réalités immortelles, et cette ressemblance lui vient de ce qu'elle est toujours en mouvement *(aei kinoumen?)* (...) » (DK 24 A 12). Mais il sera surtout développé par Platon, *Phèdre,* 245 *c* - 246 *a* (voir aussi *Lois,* 898 *a* et *Timée* 40 *a*)[2].

1. Jonathan Barnes, « Les penseurs préplatoniciens », dans *Philosophie grecque,* sous la dir. de Monique Canto-Sperber, en collaboration avec Jonathan Barnes, Luc Brisson, Jacques Brunschwig, Gregory Vlastos, Paris, PUF, « Premier Cycle », 1997, p. 21-22. Pour plus de précisions et une excellente appréciation de l'importance d'Alcméon, voir Jonathan Barnes, *The Presocratic Philosophers,* vol. I, Thales to Zeno, Londres, Routledge & Kegan Paul, 1979, p. 114-120, 136-138, 149-161, 352-353.

2. Plus énigmatique à première vue est la remarque suivante : « Alcméon dit que les hommes meurent pour cette raison qu'ils ne peuvent joindre le commencement et la fin » (DK 24 B 2 : Aristote ou Pseudo-Aristote, *Problemata,* XVII, III, 916 *a* 33). Mais, comme l'explique bien Guthrie, il

C'est ce même esprit que manifeste aussi bien le corpus hippocratique, où le partage entre les causes empiriques de la maladie et le sacré proprement dit est constamment marqué. S'agissant de l'épilepsie, par exemple, considérée alors comme une « maladie sacrée », on lit : « Je ne crois pas que la "maladie sacrée" soit le moins du monde plus divine ou plus sacrée que n'importe quelle autre maladie ; je crois au contraire qu'elle a des caractéristiques spécifiques et une cause définie. Pourtant, à cause des différences considérables qui la distinguent des autres maladies, elle a été considérée comme une visitation divine par les gens qui, n'étant que des hommes, l'ont regardée avec les yeux de l'ignorance et de l'étonnement » (Traité hippocratique, *Sur la maladie sacrée,* début, cité in Lloyd, *loc. cit.,* p. 69). La preuve, poursuit l'auteur au chapitre 5, c'est que l'épilepsie s'attaque seulement à ceux qui ont un tempérament « flegmatique », alors que les « bilieux » en sont exempts. « Si son origine était divine, tous les tempéraments en seraient affectés de la même manière, sans distinction particulière. » La maladie est due, selon lui, à une décharge cérébrale, témoin l'examen d'un animal qui en aurait souffert : « Si vous disséquez la tête, vous trouverez que la cervelle est humide, remplie d'un liquide nauséabond, preuve convaincante que c'est la maladie et non la divinité qui détériore le corps. » La grande majorité des médecins auteurs des textes hippocratiques rejettent également l'idée d'agents surnaturels comme causes des maladies (cf. Lloyd, p. 70-71).

Dans l'esprit de la méthode empirique découverte par les médecins de Crotone et exemplifiée par Alcméon, les livres I et III des *Épidémiques* fournissent des comptes rendus cliniques qui n'auront rien de comparable « dans toute la littérature médicale existante jusqu'au XVIe siècle », où on trouve « un enregistrement aussi exact que possible des cas étudiés ». La préoccupation principale chez les hippocratiques est la question générale des causes des maladies. L'auteur du traité *Sur l'ancienne médecine* met en garde contre la confusion entre la cause et ce qui ne fait que coïncider avec la maladie. Cette question des causes

est clair par le contexte qu'allusion est faite alors à l'identité *spécifique* des individus et aux cycles de la nature, par opposition à la vie de l'individu humain (cf. *Problemata,* 916 *a* 24, et W. K. C. Guthrie, *A History of Greek Philosophy,* Cambridge University Press, 1962, vol. I, p. 350-357). Commencement et fin se rejoignent dans le grain qui meurt. La plante produit le fruit, et le fruit la semence (fin) qui contient en elle-même la plante (commencement). Cf. aussi Philon d'Alexandrie, *De Opificio Mundi,* XIII, 44. Les espèces s'immortalisent en obéissant au cycle de la nature, et participent de la sorte à l'éternité. Commencement et fin coïncident en un même point sur le parcours circulaire (en apparence), du soleil, par exemple. Cf. Héraclite, DK 22 B 103 : « Sur un cercle, le commencement et la fin sont un » *(xunos).*

est étroitement liée à celle de la constitution du corps humain, et l'on se méfie des postulats vides et des théories scientifiques non contrôlables. « Mais [écrit Lloyd], sur beaucoup de problèmes théoriques généraux, en pathologie et en physiologie, l'ultra-empirisme précautionneux que recommandait le traité *Sur l'ancienne médecine* restait l'idéal d'une perfection impossible à atteindre : renoncer aux postulats "invérifiables" aurait signifié l'abandon total de toute recherche théorique » (p. 78 ; cf. 72-77).

Comme nous l'avons mentionné, on découvre aussi dans le corpus hippocratique l'idée que la question primordiale de la médecine est la question de l'homme : « certains médecins et savants déclarent qu'il n'est pas possible de savoir la médecine, quand on ne sait pas ce qu'est l'homme » *(ho ti estin anthrôpos)*. Question à vrai dire aussi ancienne que la sagesse et que la philosophie elles-mêmes : bien avant que Socrate ne rende encore plus célèbre la maxime delphique, *gnôthi sauton,* « connais-toi toi-même », Héraclite avait dit : « Je me suis cherché moi-même » *(edizêsamên hemeôuton)*. Plutarque, de qui nous tenons ce fragment, précise que ce sont ces deux propos (la maxime delphique et la phrase d'Héraclite) qui donnèrent lieu à la question socratique « qu'est-ce que l'homme ? » *(ti anthrôpos esti)*, par laquelle Platon définira expressément la recherche du philosophe. « Mais qu'est-ce que l'homme, par quoi une telle nature se doit distinguer des autres en son activité ou sa passivité propre, voilà quelle est sa recherche et l'investigation à laquelle il consacre ses peines » (*Théétète,* 174 *b*)[1].

La médecine est un art, visant en dernière analyse la guérison des malades. Elle a ses bons et ses mauvais praticiens. Un premier impératif éthique pour le médecin est par conséquent celui de la connaissance : il doit être au fait de l'état de la recherche et ne pas s'appuyer sur des hypothèses sans fondement. Il doit en tous points, à commencer par celui-là, honorer la confiance que lui font ses patients. Aussi, d'après l'auteur du traité hippocratique *Sur l'ancienne médecine,* la médecine est-elle un art fondé sur la recherche. Les opinions médicales avancées sans fondement « méritent tout spécialement le blâme, parce que leur erreur porte sur quelque chose qui est un art *(technê)* auquel tous les hommes ont recours dans les occasions les plus importantes, et qu'il honorent particulièrement en la personne de ceux qui en sont de bons techniciens et de bons praticiens. En effet, certains sont de mauvais praticiens de la médecine, d'autres sont d'un niveau très supé-

1. Cf., *Sur l'ancienne médecine,* 20 ; Héraclite, DK 22 B 101 ; Plutarque, *Contre Colotès,* 20, 1118 *c* ; Platon, *Théétète* 174 *b,* trad. A. Diès, Paris, Les Belles Lettres, 1924.

rieur : ce qui ne serait pas le cas s'il n'existait rien de tel que la médecine, ou si l'on n'avait fait dans ce domaine ni recherches ni découvertes ; s'il en allait ainsi, tous auraient sur ce point une égale inexpérience, une égale ignorance, et le traitement des malades serait tout entier une affaire de chance » (cité par Lloyd, p. 157).

Mais les médecins devaient aussi se soucier d'éthique proprement dite. La méfiance à l'égard des médecins dès l'Antiquité était due non seulement au fait que tant parmi eux étaient jugés des charlatans, mais aussi parce qu'on s'en méfiait sur le plan humain. On craignait certes leurs pouvoirs, mais aussi les fréquents abus de confiance qu'ils commettaient. Aussi le Serment hippocratique fait-il promettre au médecin d' « user de traitement qui bénéficiera au malade au meilleur de mon habileté et de ma connaissance, et d'éviter tout mal et toute injustice (...). Dans quelque maison où j'entrerai, ce sera pour le bienfait du malade. Je m'abstiendrai de toute injustice ou tout méfait volontaire, à tout autre égard et en particulier en matière sexuelle, dans le cas des corps féminins ou masculins, qu'ils soient esclaves ou libres ». Le Serment enjoint le médecin de ne pas faire d'avortements, de ne remettre à aucune femme de pessaire abortif. Et comme les médecins étaient déjà soupçonnés de rapacité, le corpus hippocratique contient de nombreux conseils aux médecins relativement aux honoraires. Galien se montre très bouleversé par le fait que l'on ait pu prétendre que les médecins pratiquaient en vue de la réputation et de l'argent. Les médecins préfèrent être perçus comme motivés par la philanthropie (l'amour des humains)[1].

Les *Aphorismes* hippocratiques témoignent d'un réalisme et d'une probité dont la pertinence n'a pas vieilli. Témoin le premier aphorisme : « La vie est courte, l'art est long, l'occasion propice *(kairós)* prompte à s'échapper, l'expérience trompeuse, la crise favorable *(krísis)* difficile à obtenir. » Michel Roussel résume fort bien l'apport hippocratique dans l'énumération suivante : « Observation scrupuleuse des signes (cf. le fameux *facies* hippocratique : *Pronostic,* 2 et 4) ; reconnaissance de la variété des natures (d'où impossibilité d'atteindre l'absolue exactitude), de la nécessité du dialogue avec le malade (d'où la prognose, issue du souci de l'éclairer sur ce qui se passe en lui : *Ancienne médecine,* 2 et *Pronostic,* 1) ; attitude de compassion, de retenue vis-à-vis des remèdes – surtout des remèdes violents (d'où, semble-t-il, un des différends entre médecins coaques et cnidiens : le fameux aphorisme : “Aider le malade, ou tout au moins ne pas lui

1. Sur tout cela, et pour des références détaillées, voir Michael Frede, *loc. cit.,* p. 240-241.

nuire" est significatif à cet égard) ; révérence envers la puissance médicatrice inhérente à la nature individuelle (cf. *Épid.*, VI, 5, "La nature est le médecin de la maladie : elle découvre des voies et moyens par elle-même, sans recours à la réflexion"). »[1] Cette dernière citation, où l'on voit que la tâche du médecin est de favoriser le processus d'autoguérison de la nature, contient l'axiome principal de la doctrine hippocratique de la maladie. Werner Jaeger l'a bien vu, il y a là en même temps « l'énoncé le plus précis de sa base téléologique ». Tout en évitant les grandes hypothèses métaphysiques, les hippocratiques admirent la façon dont la nature trouve ses moyens, sans une intelligence consciente – ainsi dans les battements des yeux, les mouvements de la langue et autres phénomènes similaires[2].

Dans le même passage des *Épidémiques,* l'auteur introduit l'idée d'une *paideia* (« éducation ») inconsciente qui conduit la nature à faire ce qui est nécessaire (VI, 5 : *eupaideutos hê phusis ekousa, ou mathousa, ta deonta poiei*). Si la nature fait ce qu'il faut sans avoir appris comment, c'est qu'elle possède le génie de l'auto-éducation. Épicharme (cf. DK 23 B 4) explique tout à fait de la même manière la sagesse de la nature ; sa réflexion pour ainsi dire inconsciente est mise en parallèle avec la culture consciente en l'homme. Les *Épidémiques* illustrent cette notion par des phrases frappantes, telles : « L'exercice physique nourrit les membres et la chair, le sommeil les intestins », et « la pensée est la marche de l'âme au dehors » (VI, 5, 5).

On comprend mieux dès lors l'importance primordiale accordée par les Grecs à ce que nous appelons aujourd'hui la « médecine préventive ». Le régime alimentaire, la gymnastique, la discipline de vie, tout ce qui concourt aux plus parfaites dispositions de l'âme et du corps, à la condition permanente de santé la meilleure possible, constituent la teneur et le but de la grande majorité de leurs recommandations ; on le voit nettement chez Dioclès (début du IVe siècle avant J.-C.).

On reconnaît le bon médecin par son pouvoir de juger ce qui convient à chaque cas particulier, nous dit le traité *Sur l'ancienne médecine* (en 8 et 9). La plupart des médecins sont comparables aux mauvais pilotes : tant qu'il fait beau, leur incompétence demeure inaperçue, mais dans la tempête tous voient qu'ils sont inutiles. Il est

1. Michel Roussel, in *Encyclopédie philosophique universelle,* III : *Les œuvres philosophiques,* Paris, PUF, 1992, t. I, p. 176.

2. Pour cela, et pour ce qui suit, voir Werner Jaeger, « Greek Medicine as Paideia », in *Paideia : The Ideals of Greek Culture,* translation Gilbert Highet, vol. III, Oxford University Press, 1943, p. 3-45.

frappant que Platon et Aristote reprendront la même image du pilote, s'agissant d'éducation : cf. Platon, *Politique,* 299 *c* ; Aristote, *Éthique à Nicomaque,* II, 2, 1104 *a* 9, et III, 5, 1112 *b* 5 ; voir en outre X, 10, 1180 *b* 7. De même Aristote fera-t-il appel à la médecine (à la suite de Platon d'ailleurs, ici encore) pour élucider le problème de la discipline des passions, et pour sa doctrine du juste milieu : cf. Platon, *Philèbe,* 34 *e* - 35 *b,* 35 *e* sq. ; Aristote, *Éthique à Nicomaque,* II, 5, 1106 *a* 26-32, *b* 15, *b* 27 ; et *Sur l'ancienne médecine,* c. 9.

Enfin, le principe méthodologique fondamental, reconnu par tous les Grecs, selon lequel on ne saurait, en aucune matière, comprendre la partie sans voir sa fonction dans le tout, trouve son illustration privilégiée encore une fois par un appel à la médecine, et, chez Platon, à Hippocrate lui-même. On ne saurait pas comprendre la nature de l'âme de façon satisfaisante sans connaître la nature « du tout » *(tou holou)* : « En tout cas, s'il faut en croire Hippocrate, qui est un descendant d'Asclépios, on ne peut même pas traiter du corps sans avoir recours à cette méthode » (*Phèdre,* 270 *b-c,* trad. Luc Brisson).

Il y a un type de médecins qui est, nous dit Platon, une sorte de tyran absolu. « Aucun de ces médecins-là ne donne ni n'accepte d'explication sur les cas individuels des différents serviteurs, mais il ordonne ce que lui suggère l'empirisme, comme s'il était parfaitement informé, avec la suffisance d'un tyran, puis s'en va d'un pas léger vers un autre serviteur malade ; il décharge ainsi son maître du souci des malades ; mais le médecin libre, lui, soigne et examine habituellement les maux des gens libres ; il s'en enquiert depuis l'origine, méthodiquement, communique ses impressions au malade lui-même et aux amis de celui-ci, et tandis qu'il se renseigne auprès des patients, en même temps, dans la mesure où il le peut, il instruit le sujet lui-même, ne lui prescrit rien sans l'avoir préalablement persuadé, et alors, à l'aide de la persuasion, il adoucit et dispose constamment son malade, pour tâcher de l'amener peu à peu à la santé. Est-ce de cette façon-là ou de l'autre que le médecin pratiquera le mieux l'art de guérir, et l'entraîneur, celui d'entraîner ? Sera-ce en procurant l'unique résultat par les deux voies ou par une seule, la moins bonne des deux, qui exaspère le client ? » (*Lois,* IV, 720 *c-e,* trad. A. Diès). Et encore : « Car, il faut bien le savoir, si l'un de ces médecins qui traitent la médecine d'une façon empirique, sans principes raisonnés, venait à rencontrer un médecin libre, au moment où celui-ci converse avec un malade libre, usant d'arguments qui sont tout proches de la philosophie, reprenant la maladie à son origine, remontant à la nature générale du corps, bien vite il éclaterait de rire et ne ferait pas d'autres réflexions que celles qu'ont toujours à la bouche, à ce propos, la plupart des prétendus médecins. "Insensé", – dirait-il, – "ce n'est pas soigner ton malade que tu fais ; c'est, en somme, l'instruire, comme s'il demandait que tu fasses de lui, non pas un homme en bonne santé, mais un médecin !" (*Lois,* IX, 857 *c-d*, trad. A. Diès). »

Le respect du corps, l'émerveillement devant la nature, comment l'esprit de la science et un certain sens du sacré peuvent aller de pair, tout cela sera fort bien rendu par Aristote, lui-même fils de médecin : « (...) Même quand il s'agit d'êtres qui n'offrent pas un aspect agréable, la nature, qui en est l'architecte, réserve à qui les étudie de merveilleuses jouissances, pourvu qu'on soit capable de remonter aux causes et qu'on soit vraiment philosophe. (...) Aussi ne faut-il pas se laisser aller à une répugnance puérile pour l'étude des animaux moins nobles. Car dans toutes les œuvres de la nature réside quelque merveille. Il faut retenir le propos que tint, dit-on, Héraclite à des visiteurs étrangers qui au moment d'entrer s'arrêtèrent en le voyant se chauffer devant son fourneau : il les invita, en effet, à entrer sans crainte en leur disant que là aussi il y avait des dieux. On doit, de même, aborder sans dégoût l'examen de chaque animal avec la conviction que chacun réalise sa part de nature et de beauté » (*Les parties des animaux,* I, 5, 645 *a* 7-10 ; 15-23, trad. P. Louis ; cf. DK 22 A 9).

Aristote ouvre son traité sur *Les parties des animaux* par la considération suivante sur la culture : « En tout genre de spéculation et de recherche, la plus banale comme la plus relevée, il semble qu'il y ait deux attitudes possibles : à l'une convient le nom de science de l'objet, à l'autre celui d'une certaine espèce de culture *(paideia tina)*. En effet, c'est bien le propre d'un esprit cultivé *(pepaideumenos)* que de pouvoir porter un jugement pertinent sur la forme bonne ou mauvaise d'un exposé. Car c'est à cela précisément que nous reconnaissons l'homme cultivé *(pepaideumenon),* et nous considérons que posséder à fond cette culture, c'est montrer l'aptitude dont nous venons de parler. Avec cette restriction, toutefois, que nous regardons cette personne cultivée comme capable de juger à elle seule pour ainsi dire de tout, tandis qu'une autre n'est à même de le faire que dans un domaine déterminé. On pourrait, en effet, en concevoir une autre qui aurait les mêmes dispositions que la première mais à propos d'un objet restreint (I, 1, 639 *a* 1-12, trad. Pierre Louis). » Or la même distinction fondamentale se précise, dans la *Politique,* par un exemple emprunté au cas du médecin. « Un médecin ce peut être soit le praticien *(dêmiourgos),* soit le "grand patron" *(architektonikos),* soit en troisième lieu celui qui possède une culture *(pepaideumenos)* médicale, car il y a de tels gens cultivés pour ainsi dire dans tous les arts, et nous n'accordons pas moins [le droit] de juger aux gens cultivés qu'aux spécialistes » (*Politique,* III, 11, 1282 *a* 3-7, trad. Pierre Pellegrin légèrement modifiée).

La médecine grecque n'est pas cependant la seule à fournir des indications utiles. L'art magique du *chaman,* rappelle Lewis Thomas, consistait notamment à « *toucher* le patient ». C'est dans le fait de toucher que résidait « le réel secret professionnel (...), l'habileté centrale, essentielle ». C'est là « l'acte le plus ancien et le plus efficace des docteurs ». « Certaines gens n'aiment pas être manipulées par d'autres, mais ce n'est pas le cas, ou presque jamais le cas, pour les gens malades. Ils ont *besoin* d'être touchés. » Marie de Hennezel atteste dans le même sens qu'elle a « développé peu à peu, au contact de mes malades si rétrécis et si souffrants à l'intérieur de leur corps en ruine une approche tactile, un "toucher" de la personne qui leur permet de se sentir entiers et pleinement vivants. (...) Rien ne remplace parfois le contact d'une main. On se sent alors vraiment rencontré ».

Même les proches ont tendance à garder leurs distances par rapport à ceux qui sont très malades, les touchant le moins souvent possible de peur d'interférer, ou d'attraper la maladie, remarque Lewis Thomas. « L'habileté la plus ancienne du docteur consistait à placer ses mains sur le patient. Avec les siècles, cette habileté devint plus spécialisée et raffinée, les mains apprirent autre chose que le simple contact. Elles ont exploré pour sentir le pouls au poignet, le bout de la rate, ou le bord du foie, frappé pour obtenir des sons résonants ou amortis des poumons, étalé des onguents sur la peau, taillé des veines pour saigner, mais en même temps elles touchaient, caressaient, et en même temps elles retenaient les doigts du patient. La plupart des hommes qui ont pratiqué cette imposition des mains ont dû posséder, pour commencer, le don de l'affection. » Une grande avance a été prise en médecine lorsqu'on sut toucher avec l'oreille nue – geste amical et intime – pour ausculter, par exemple, le cœur et les poumons. Au XIXe siècle, on inventa le stéthoscope, progrès considérable pour l'acoustique du thorax, mais qui a éloigné le médecin à une certaine distance du patient. Une technologie après l'autre augmenteront par la suite cette distance. Aujourd'hui, le docteur peut accomplir un bon nombre de ses tâches les plus essentielles depuis un bureau dans un autre édifice sans jamais voir le patient. L'informatique intervient de plus en plus. La médecine n'est plus imposition des mains, elle ressemble davantage à une lecture de signaux dans des machines. Certes la mécanisation de la médecine est là pour rester et la nouvelle médecine fonctionne[1].

3 / LA PRIMAUTÉ DE LA CONSCIENCE

Il est remarquable que ce soit face à la mort, dans le respect dû au cadavre humain, que s'affirme le plus nettement une première fois la primauté de la conscience. On le voit en deux figures emblématiques, chez l'Antigone de Sophocle et chez Tobit, le père de Tobie, selon le récit de l'Ancien Testament.

Nous avons évoqué plus haut déjà l'exemple d'Antigone, refusant, au péril de sa propre vie, de laisser sans sépulture le corps de son frère Polynice, pourtant dénoncé comme traître. Les « lois non écrites, inébranlables, des dieux » auxquelles elle fait appel, « ne datent, celles-là, ni d'aujourd'hui, ni d'hier, et nul ne sait le jour où elles ont paru », déclare-t-elle, ajoutant : « J'enterrerai, moi, Polynice et serai fière de mourir en agissant de telle sorte. C'est ainsi que j'irai reposer près de lui, chère à qui m'est cher, saintement criminelle. »[2] Le mort à l'état de cadavre étant désormais entièrement à la merci des forces naturelles, les vivants ont à son endroit un devoir sacré : celui de le restituer à la communauté à laquelle il appartient en droit, par le symbole du rite de la sépulture, qui le rend à nouveau présent.

Le jugement d'Antigone est d'ordre éthique et non un simple jugement catégoriel. Car il a la forme d'un engagement : je dis que le cadavre de mon frère mérite tous les honneurs dus à un être humain et c'est mon devoir d'agir en conséquence, même au prix de ma vie, puisque je suis sa sœur et que nos parents ne sont plus[3]. Son geste marque la primauté de la conscience, des valeurs que l'être humain

1. Lewis Thomas, *The Youngest Science, op. cit.*, p. 56-59 ; Marie de Hennezel, *La mort intime*, préface de François Mitterrand, Paris, Laffont, 1995, p. 204.

2. Sophocle, *Antigone*, trad. Paul Mazon ; voir, respectivement, v. 26-30 (cf. 203-206), v. 453-457 ; v. 71-74. Cf. Jean-François de Raymond, *La protestation d'Antigone*, in *Les enjeux des droits de l'homme*, Jean-François de Raymond (dir.), Paris, Larousse, 1988, p. 10-21.

3. Cf. v. 909-914 : « un mari mort, je pouvais en trouver un autre et avoir de lui un enfant, si j'avais perdu mon premier époux ; mais, mon père et ma mère une fois dans la tombe, nul autre frère ne me fût jamais né. Le voilà, le principe pour lequel je t'ai fait passer avant tout autre » ; et v. 924 : « ma piété m'a valu le renom d'une impie » (cf. v. 942-3). « Elle n'insiste, écrit Vladimir Soloviev, que sur son droit absolu de remplir son devoir absolu de piété et d'amour fraternel, de donner une sépulture honorable à son parent le plus proche qui ne peut l'obtenir que d'elle (...) (*La justification du bien*, trad. T. D. M., Paris, Montaigne, 1939, p. 219 sq.).

ressent intérieurement. L'écho universel qu'il suscite implique que même le cadavre, les restes sous quelque forme que ce soit, d'une personne, fût-elle condamnée, ont droit à des rites sacrés. Or si cela est juste s'agissant des morts, si même les restes d'un homme condamné méritent pareil respect, que penser d'un corps humain vivant, si démuni ou vulnérable qu'il puisse être ? La « valeur intrinsèque, sacrée » (Ronald Dworkin) de la vie humaine sous toutes ses formes est en fait, dans la vie concrète, reconnue par la plupart d'entre nous[1].

Emmanuel Levinas a attiré à nouveau aujourd'hui l'attention sur le fait que le visage humain, nu et vulnérable, essentiellement pauvre, n'impose pas moins le respect. L'accès au visage est d'emblée éthique. Un assassin ne peut regarder sa victime dans les yeux, comme s'il pressentait la présence de quelque chose de sacré[2]. Mais Antigone va au plus profond, puisque son frère n'avait plus même de visage – comme chez *Isaïe* (52, 14), « son apparence n'était plus celle d'un homme » – et fait appel au tréfonds de nos consciences où nous devons voir que, quelle que soit notre condition, nous partageons tous une même humanité, et donc une même dignité[3].

Moins connue que celle d'Antigone, la figure de Tobit n'est pas moins admirable. Au temps de la destruction de Jérusalem, déporté avec d'autres Juifs en Orient, à Ninive, il y vivait en exil. Voici son récit : « À la fête de Pentecôte, qui est celle des semaines, eut lieu un grand dîner ; je m'étendis pour le repas ; et on m'apporta la table couverte de plusieurs plats. Je dis alors à mon fils Tobit : Mon enfant, va me chercher, parmi nos frères captifs à Ninive, un pauvre au cœur fidèle, et conduis-le ici pour qu'il mange avec moi. J'attendrai ton retour, mon fils. Tobit partit chercher un pauvre de nos frères. Mais il revint bientôt me dire : Père ! Je lui répondis : Qu'y a-t-il, mon fils ? – Voici, reprit-il, qu'un des nôtres vient d'être assassiné. On l'a étranglé et son corps gît sur la place du

1. Cf. Ronald Dworkin, *Life's Dominion. An Argument about Abortion, Euthanasia, and Individual Freedom,* New York, Alfred A. Knopf, 1993, p. 11-13 et *passim.* Selon Dworkin, la profondeur des désaccords autour de l'avortement et de l'euthanasie révèle à quel point « la sainteté et l'inviolabilité de chaque étape de chaque vie humaine » est prise au sérieux «. » Dignity – which means respecting the inherent value of our own lives – is at the heart of both arguments. We care intensely what other people do about abortion and euthanasia, and with good reason, because those decisions express a view about the intrinsic value of all life and therefore bear on our own dignity as well (p. 238-239). «

2. Cf. Emmanuel Levinas, *Totalité et infini,* La Haye, Martinus Nijhoff, 1971 ; *Humanisme de l'autre homme,* Paris, Fata Morgana, 1972 ; les exposés spécialement clairs de *Éthique et infini,* Paris, Fayard, 1982, p. 89-132 ; et Pascal, *Pensées,* Brunschwicg, 434 ; Lafuma 131 : « (...) apprenez que l'homme passe infiniment l'homme (...). »

3. Dominique Folscheid fait observer que l'embryon humain, qu'il ne craint pas d'appeler néanmoins « notre plus-que-prochain », n'a pas non plus de visage : cf. son article « L'embryon, ou notre plus-que-prochain », in *Éthique,* n° 4, 1992, p. 20-43, spécialement 25.

marché, où il a été jeté. Je me levai aussitôt, sans toucher au repas, enlevai le cadavre du lieu où il gisait et le déposai dans une chambre jusqu'au coucher du soleil, pour l'enterrer ensuite. Puis je revins chez moi, pris un bain et mangeai dans la tristesse en me rappelant les paroles du prophète Amos sur Béthel : Je changerai vos fêtes en deuil et vos cantiques en chants funèbres (*Am,* 8, 10). Et j'éclatai en sanglots. Quand le soleil eut disparu, je partis creuser une tombe, où j'étendis le mort. Mes voisins se moquaient de moi en disant : Il n'a donc plus peur. Car il avait déjà failli perdre la vie pour une affaire semblable. Il s'est enfui, et le voilà qui recommence à ensevelir les morts ! » (*Tobit,* 2, 1-8). Tobit entrera ensuite dans une grande épreuve et des souffrances dont il sortira, comme le relate le *Livre de Tobit*.

Cet homme pauvre, exilé, qu'était Tobit, placé devant un fait qui concerne autrui, un cadavre que personne ne veut toucher, obéit à sa conscience et l'enterre en affrontant toutes les conséquences possibles de son geste. Il découvre en son for intérieur une loi fondamentale, le principe de la solidarité, du respect de l'autre, de l'honneur, du devoir, de la cohérence. Cela s'accomplit dans la conscience, dans la capacité de reconnaître intérieurement ce qui a de la valeur, ici encore par-delà les apparences, puisqu'il s'agit d'un cadavre, au mépris des lois abstraites. À notre époque marquée par la chute des systèmes et par la recherche du sens de la liberté, où les lois abstraites sont manifestement plus inadéquates que jamais et les problèmes inédits de plus en plus complexes, il y a lieu de se demander si l'avenir n'aura pas à se constituer à nouveau à l'exemple d'Antigone et de Tobit, dans la clarté des consciences.

4 / SITUATION ACTUELLE DE LA MÉDECINE

Il ne fait aucun doute que, sur le plan des connaissances réelles, la médecine est la science la plus jeune et qu'il n'y a jamais eu de période où l'avenir ait été aussi brillant et encourageant, pourvu qu'on accorde toute la place qui lui revient à la recherche fondamentale : qu'il s'agisse du système cardio-vasculaire, du cancer, de la neurobiologie – le cerveau est un organe différent de ce qu'il semblait il y a trente ou quarante ans –, de l'immunisation, de la biochimie moléculaire, de la génétique, tant d'information accumulée doit permettre de mieux comprendre les mécanismes de la maladie.

On situe les débuts de la médecine moderne dans les années 1930, grâce à l'arrivée des sulfamides et de la pénicilline. Mais il faut se rappeler qu'il fallut cinquante ans de recherche concentrée pour y parvenir. Sans cela, nous serions tout aussi ignorants qu'avant, relativement à la tuberculose, par exemple. Il devenait alors possible de guérir au moyen d'antibiotiques certaines des maladies les plus répandues et les plus mortelles : la pneumonie lombaire, la méningite, la fièvre typhoïde, la tuberculose, etc. Les chercheurs à qui nous en sommes redevables, et qui travaillaient dans l'obscurité, ne pouvaient prévoir d'aucune manière que la pénicilline et la streptomycine émergeraient de leurs efforts au bout de quelques décennies.

Il n'empêche que subsistent quelque vingt-cinq maladies majeures pour l'homme – cœur, cancer, congestion cérébrale, schizophrénie, arthrite, reins, cirrhose, les dégénérescences dues à l'âge, etc. – dans les pays développés, comme les États-Unis, et une liste plus formidable encore de maladies liées aux parasites, aux virus et à la nutrition, dans les pays moins développés. D'après les témoignages les plus autorisés, on ne peut se fier à la science et la technologie d'aujourd'hui pour en sortir ; non seulement en raison de leur caractère encore souvent trop sommaire et imparfait, mais parce que cela coûte beaucoup trop cher et draine les budgets de façon critique.

C'est par conséquent plus de savoir fondamental qu'il nous faut. Le grand besoin, pour la médecine de l'avenir, c'est une information beaucoup plus poussée quant à ce qui se passe aux niveaux les plus profonds du processus de vie. Au vrai, nous n'en savons pas encore assez, loin de là, à preuve l'échec persistant quant à l'essentiel, face au cancer et au sida, comme nous l'indiquions au chapitre précédent. Les faits qu'on croyait, dur comme fer, incontestables, s'évanouissent sous la pression de nouveaux faits, et les interprétations changent, aujourd'hui plus qu'à toute autre époque de l'histoire. Faute de donner à l'étudiant le sens de la grande aventure des sciences, on l'empêche de s'émerveiller, de devenir par conséquent lui-même créateur un jour. On lui fait accroire que ce qu'il ne comprend pas est simplement dû au fait qu'il ne connaît pas lui-même tous les faits, alors qu'en réalité les savants les plus avancés sont tout aussi médusés que lui. Tout progrès scientifique dépend de la transformation d'une réponse en question. La médecine est demeurée stationnaire aussi longtemps que les réponses ont empêché les questions.

Cela dit, les découvertes accomplies par la science sont prodigieuses. Il n'est que de penser un instant à la réalité inouïe que nous révèle l'embryologie, par exemple. Ce qui est absolument extraordinaire, incroyable, c'est le processus même, qu'il ait lieu dans l'utérus ou *in vitro*. Que d'une seule cellule au départ émerge un jour le visage humain et le corps qui le rend possible dans toute leur splendeur, n'est-ce pas du prodige ? Que d'une cellule proviennent, avec une si exquise précision, ce cerveau, cet appareil massif aux milliards de cellules qui nous aide à penser et imaginer, comment y croire ? Comment ne pas aller le crier partout dans les rues et sur les toits[1] ?

Non moindre apparaît le défi, en second lieu, d'intégrer le savoir à la pratique. L'existentialisme l'a marqué naguère à neuf, notre être empirique est toujours en situation ; nous ne quittons une situation que pour en trouver une autre. Mais il y a des « situations limites » (Karl Jaspers) qui sont universelles, même si elles se manifestent à chacun différemment : ainsi la souffrance, l'angoisse, le vieillissement et la mort. À ce point de vue, peu sont aussi bien placés que les médecins pour devenir experts en humanité. La mort est la situation limite par excellence, comme un mur au-delà duquel nous ne pouvons regarder : « The dread of something after death, the undiscover'd country from whose bourn no traveller returns, puzzles the will... » (*Hamlet,* III, I, 78-79). C'est un fait divers qui ne ressemble à aucun autre. Si les religions aussi se préoccupent de la mort, c'est qu'elles tentent de répondre aux énigmes qui troublent le plus profondément le cœur humain. La mort reste une de ces énigmes, tout comme le mystère qui entoure l'existence de chacune et chacun.

Or il y a dans la douleur et la souffrance une « proximité de la mort » (Levinas), une « absence de tout refuge », une « impossibilité de fuir et de reculer ». On y fait l'expérience d'une extrême passivité, une sorte de subir pur. « L'inconnu de la mort signifie que la relation même avec la mort ne peut se faire dans la lumière ; que le sujet est en relation avec ce qui ne vient pas de lui. Nous pourrions dire qu'il est en relation avec le mystère ». Comme l'observe avec profondeur Levinas, en citant *Macbeth* et *Hamlet,* bien plutôt que « l'expérience du néant » comme l'ont voulu certains, l'angoisse peut aussi bien être éprouvée en raison de l'impossibilité de mourir ; Hamlet en témoigne, « le néant est impossible »[2].

1. Cf. Lewis Thomas, *The Medusa and the Snail,* New York, Viking Press, 1979, p. 158 sq., 162 sq., 166 sq., et *Late Night Thoughts on Listening to Mahler's Ninth Symphony,* New York, The Viking Press, 1984, p. 148-149 ; 154-155.

2. Cf. Emmanuel Levinas, *Le temps et l'autre,* Paris, PUF, « Quadrige », 1983, p. 55-64. Voir aussi Vladimir Jankélévitch : « La douleur elle-même n'est tragique que par la possibilité mortelle qu'elle enferme ; et c'est encore la mort qui est implicitement affrontée dans tout péril, qui est le dangereux en tout danger. » En effet, « la mort est, plus encore que la douleur, la chose du courage et sa matière spécifique ou, comme parle Aristote, son *idion* < *Eth. Eud.,* III, I, 1229 *b* 3 : *sa spécificité* > » (*Les vertus et l'amour,* I, Paris, Flammarion, « Champs », 1986, p. 134-135).

Les témoignages des médecins eux-mêmes méritent d'être entendus. « La médecine [écrit Lewis Thomas] fut jadis la plus respectée de toutes les professions. Aujourd'hui, alors qu'elle possède une batterie de technologies pour traiter (ou guérir) des maladies qui défiaient simplement la compréhension il y a quelques années, la médecine se fait attaquer pour toutes sortes de raisons. Les docteurs, disent les critiques, ne font qu'appliquer leur savoir, s'intéressant uniquement à la maladie en cause, mais jamais au patient comme individu, comme personne entière. Ils n'écoutent pas réellement. Ils refusent, ou sont incapables, d'expliquer les choses aux gens malades ou à leurs familles. Ils commettent des erreurs dans leurs technologies risquées ; d'où l'escalade des coûts d'assurance contre l'incurie professionnelle. Ils ne sont accessibles qu'à leurs bureaux dans des cliniques énormes, alarmantes, ou derrière les murs d'hôpitaux terrifiants. Le mot "déshumanisant" est l'épithète utilisée pour la manière dont ils sont entraînés, et pour la manière dont ils pratiquent. Le vieil art de la médecine s'est perdu, a été oublié. »[1]

Selon Philippe Meyer, « la médecine n'échappe pas aujourd'hui au paradoxe qui menace toute science ou technique évoluée, celui de se retourner contre elle-même et de manquer sa fin. Sa force technique pèse désormais sur la personnalité humaine de la conception à la mort, avec le risque d'oublier que soigner compte parfois encore autant que guérir. L'extraordinaire développement de la puissance médicale contemporaine est parvenu paradoxalement à faire oublier le malade et à négliger le médecin. Une atmosphère d'irresponsabilité généralisée est ainsi née, qui peut saper une thérapeutique, comme l'a démontré récemment le sinistre drame de la transfusion de sang contaminé par des virus ».

Il constate à son tour que « la responsabilité du médecin risque d'être contournée par l'informatique, et l'humanisme qui préside fondamentalement aux relations des médecins avec leurs malades est à l'évidence menacé. (...). Une baisse de la responsabilité médicale (...) prive le malade de l'aide morale qui est nécessaire au dépassement de l'angoisse. » « La technique va inévitablement mordre encore sur la personne humaine et la maladie sur le malade (...). Il est assez surprenant d'entendre parfois professer une admiration sans nuance pour l'informatique au moment où l'on regrette une altération du dialogue malade médecin et où la biologie découvre qu'aucun être vivant n'est la stricte copie d'un autre ». « L'irresponsabilité naît de la technicité. »[2]

1. Lewis Thomas, *The Youngest Science, op. cit.*, p. 54-55.
2. Philippe Meyer, *L'irresponsabilité médicale, op. cit.*, p. 11, 17-18, 74-75, 197.

Nous venons de voir surgir à diverses reprises des exemples de ce que Whitehead appelait à juste titre le « sophisme du concret mal placé » (*Fallacy of Misplaced Concreteness,* autrement traduit par « localisation fallacieuse du concret »). Chaque science doit, en bonne méthode, se confiner à un groupe précis d'abstractions, à la considération exclusive, par exemple, des figures, des nombres, des symboles et de leurs relations en mathématiques. Si fondée qu'elle soit à procéder ainsi, elle a dû pour cela faire abstraction au préalable du reste des choses. Dans la mesure toutefois où ce qui a été exclus importe à l'expérience humaine, les modes de pensée propres à chaque science – on ne vérifie pas un énoncé biologique comme on vérifie un énoncé mathématique, et ainsi de suite pour chaque autre discipline – ne sont pas aptes à répondre aux questions complexes de l'expérience concrète. On voit combien indispensable à la société est dès lors la philosophie, appelée à critiquer inlassablement les abstractions pour reconduire au concret, comme l'a bien vu Whitehead[1].

Nous l'avons évoqué dans le Liminaire, concret (de *concrescere,* « croître ensemble ») signifie ce qui s'est formé ensemble. Un arbre, ou n'importe quel vivant, est proprement concret en ce sens, là où une montre ou quelque autre artefact ne l'est pas, puisque les parties d'un artefact ont été mises ensemble par un agent extérieur et sont indifférentes les unes aux autres, comme d'ailleurs au tout dont elles font partie ; celles de l'arbre, de tout être vivant, concourent au contraire à sa production de lui-même comme *individu.* Le tout concret vivant est dès lors irréductible à ses parties – ainsi que Kant, à qui nous empruntons les exemples de l'arbre et de la montre, l'a admirablement fait ressortir – et il est en constant devenir[2].

Le XVIIe siècle a généré un schème de pensée avant tout mathématique dont le succès, on ne peut plus mérité, a été immense. On a su tirer d'abstractions des séries de déductions claires et parfaitement satisfaisantes pour qui veut penser abstraitement, comme c'est exemplairement le cas en mathématiques pures. De même, analogiquement, le *Scholium* de Newton excelle dans l'exposé de déductions détaillées de vérités d'un même degré d'abstraction. Mais, remarque Whitehead,

1. A. N. Whitehead, *Science and the Modern World,* New York, The Free Press - Macmillan, 1925, 1967, p. 50-59. Sur Whitehead et le « postmodernisme », voir, dans le collectif *L'effet Whitehead,* sous la dir. d'Isabelle Stengers, Paris, Vrin, 1994, les contributions remarquables de John B. Cobb Jr (« Alfred North Whitehead », p. 27-60) et de David R. Griffin (« Whitehead et la philosophie constructiviste postmoderne », p. 163-196). Voir aussi notre livre, *La nouvelle ignorance et le problème de la culture,* Paris, PUF, 2000.

2. Cf. Emmanuel Kant, *Critique de la faculté de juger,* § 64-68 ; et Thomas De Koninck, *De la dignité humaine,* Paris, PUF, 1995, p. 62-63.

il « paie son insuffisance philosophique en ce qu'il est incapable d'esquisser, même faiblement, les limites de son champ de validité ». De plus, « pour le *Scholium,* la nature est simplement et totalement *là,* conçue dans la pure extériorité et docile ». Il est, en d'autres termes, « bâti sur une localisation fallacieuse du concret »[1]. Il en va de même de tout schème scientifique qu'on substitue au concret.

En oubliant, ou celant délibérément, les omissions méthodiques qu'il rend possibles, l'esprit d'abstraction commet aussi des ravages dans l'agir individuel et collectif. L'idéologie de la santé en offre un exemple patent. Déjà Gabriel Marcel avait qualifié l'esprit d'abstraction de « facteur de guerre », et montré qu'il est « d'origine passionnelle », toute réduction dépréciatrice étant animée avant tout par le ressentiment. Le syndrome du « n'est que... », « n'est que... », s'agissant de l'être humain, le montre assez, qui culmine dans une dissociation notionnelle telle qu'on perd conscience de la réalité individuelle, concrète par excellence, de l'être qu'on décide de supprimer, par exemple, le convertissant en abstraction, sous l'effet d'un double mensonge : le mensonge à autrui et le mensonge à soi-même[2].

De manière analogique, on peut voir que, comme le montre clairement Alain Boutot, la technoscience « ne se soucie absolument pas de ce que peuvent être, au fond, les choses qu'elle manipule. Elle progresse, mais, en dépit ou peut-être à cause de tous les instruments de détection dont elle dispose, ne sait pas où elle va et ne comprend pas vraiment ce qu'elle fait ».[3] Mais les malades, eux, « ont besoin d'information, de compréhension, d'accompagnement, tout comme d'oxygène ». L'acte professionnel « comprend cette dimension humaine, *a fortiori* si la maladie est grave, invalidante, voire mortelle. (...) En 1992, l'incompétence est inadmissible, l'absence de compassion et d'un minimum de chaleur humaine l'est aussi ». On ne dira jamais assez que « le temps d'un regard, l'échange d'une parole ou d'un geste ne se mesurent pas ; la qualité de la présence est pour le malade un bien inestimable (...). Les exigences de la technique, les contraintes administratives ou économiques ne doivent jamais faire

1. A. N. Whitehead, *Procès et réalité,* traduit de l'anglais par Daniel Charles, Maurice Élie, Michel Fuchs, Jean-Luc Gautero, Dominique Janicaud, Robert Sasso et Arnaud Villani, Paris, Gallimard, 1995, p. 174-176 (p. 93-94 dans l'édition anglaise, *Process and Reality,* New York, The Free Press - Macmillan, 1978).

2. Gabriel Marcel, *Les hommes contre l'humain* [1951], nouvelle édition, Préface de Paul Ricœur, Paris, Éditions universitaires, 1991, p. 97-102. Cf. Gilbert Larochelle, *L'imaginaire technocratique,* Montréal, Boréal, 1990.

3. A. Boutot, *L'invention des formes,* Paris, Odile Jacob, 1993, p. 115.

oublier ce devoir d'humanité envers celui qui se livre dans la confiance »[1].

On l'a vu, ce que révèle l'archéologie de la médecine et de l'éthique, c'est, en revanche, le caractère éminemment concret de l'esprit qui leur a donné vie à l'origine ainsi qu'un profond respect de l'être humain, quel qu'il soit. Ni la médecine ni l'éthique ne sauraient l'oublier sans se trahir, devant les problèmes inédits qui se posent maintenant à elles, mais aussi à tous les humains, et dès lors à tout projet éducatif futur.

1. Dr L. René, « Parler avec le malade », *Bulletin de l'Ordre des médecins,* juillet-août 1992 ; et Dr B. Glorion, « La confiance et le devoir de l'humanité », *Bulletin de l'Ordre des médecins,* février 1993.

Chapitre VII

QUESTIONS ULTIMES

« L'individu qui regarde vraiment le monde découvre que le point du jour est la fin d'une aventure et que le crépuscule annonce une incroyable vie, et peut-être même la réponse à la lancinante question » (Pierre Morency)[1].

1 / LA LIBERTÉ LA PLUS FONDAMENTALE

La question de Dieu est la plus complexe et la plus exigeante de toutes les questions, présente à tous les esprits, les plus simples comme les plus sophistiqués, urgente en tout temps et toute époque, inéluctable. Ce qu'y apporte la philosophie, pour peu qu'elle soit parvenue à maturité, ne remplace en rien la théologie ni la mystique, mais est décisif, on le sait depuis Xénophane de Colophon et son rejet exemplaire des dieux anthropomorphes : la force de l'esprit, de la pensée humaine, cherchant sans cesse une vérité indépendante des projections ou sublimations de nos passions et de nos rêves, est appelée à démasquer inlassablement les mystifications, les sectarismes, les idéologies, les idoles.

L'idée de Dieu accompagne depuis toujours la réflexion philosophique, dès Thalès chez les Grecs, dans toutes les sagesses d'Orient et d'Occident à vrai dire. C'est sous la plume de philosophes que le mot *theologia* apparaît d'abord – la première fois chez Platon (*République,* II, 379 *a* 5). Chez Aristote, il désigne, de concert avec *prôtê philosophia* (« philosophie première »), ce qu'on appellera plus tard la « métaphysique ». Heidegger résume bien l'essentiel à cet égard : « Toute philosophie est théologie en ce sens originel et essentiel que la saisie conceptuelle *(logos)* de l'étant en totalité pose la question du fondement de l'être, fondement qui a pour nom *theos* – Dieu. Même la philosophie de Nietzsche, par exemple – où s'énonce cette thèse essentielle : "Dieu

1. Pierre Morency, *À l'heure du loup,* Montréal, Boréal, 2002, p. 44.

est mort" – est précisément, et en vertu de cette thèse, "théologique". »[1]

On ne peut plus juste est la remarque de Husserl : les questions que la science exclut par principe « sont précisément les questions les plus brûlantes », à savoir « les questions qui portent sur le sens ou sur l'absence de sens de toute cette existence humaine »[2]. Ainsi la plus brûlante d'entre elles, la question de Dieu, se pose-t-elle pleinement au terme de la recherche – à titre de question ultime impliquant d'une certaine manière toutes les autres.

La rupture s'est produite dans la modernité à la suite de l'affaire Galilée ; non pas seulement sous la forme d'un clivage entre foi et raison, mais aussi d'un clivage entre sciences et philosophie. On s'est alors, jusqu'à un certain point, coupé de l'intelligibilité comme voie vers Dieu. Il faut se réjouir vivement de la reprise du dialogue entre les différents protagonistes de ces oppositions de naguère, qui renoue de la sorte avec une longue et féconde tradition, et contribue à expliquer le renouvellement extraordinaire que connaît aujourd'hui la question de Dieu. Le regard scientifique posé sur le monde s'étonne notamment des lois mathématiques qui le gouvernent, s'émerveillant du *logos* que partout révèlent le cosmos et la vie, pour peu qu'on ait des yeux pour voir et lire, des oreilles pour entendre.

« La science » ne saurait évidemment trouver Dieu dans la lunette ou le microscope, ni non plus par mesure et calcul. Ce sont les prodiges que décrivent la physique et l'astrophysique, la biologie moléculaire et les neurosciences qui invitent le savant authentique (par opposition à son répétiteur) à se poser des questions dépassant de loin sa spécialité. C'est alors que se pose pour elle ou lui, pour tous et toutes, la question de Dieu. Et chaque fois davantage, à mesure que l'on se rapproche du tout – de l'unité et de la complexité inimaginable du cosmos, de son intelligibilité (qui ne laissait pas de méduser Einstein), de sa profondeur abyssale et de sa beauté à peine exprimable.

Même si le désir de connaître Dieu gît au plus profond de l'être humain, il peut arriver, de ce fait même, qu'il y reste enfoui ou devienne méconnaissable. La prolifération des sectes et des fanatismes marque à sa façon l'importance de l'éveil au concret et du discours rationnel critique. Une foi sans effort de compréhension donne lieu à toutes sortes de dérives dont l'histoire est pleine. C'est la *fides quaerens*

1. Martin Heidegger, *Schelling,* trad. Jean-François Courtine, Paris, Gallimard, 1977, p. 94-95.

2. Edmund Husserl, *La crise des sciences européennes et la phénoménologie transcendantale,* trad. Gérard Granel, Paris, Gallimard, 1976, p. 10.

intellectum, « la foi cherchant à comprendre », selon la définition classique de la théologie due à saint Anselme, qui est plus que jamais nécessaire.

La *question* de Dieu s'avère ainsi plus clairement que jamais la question dans toutes les questions, celle qui englobe toutes les autres, et s'impose en réalité plus fortement maintenant qu'à toute époque antérieure. Dieu n'a jamais été moins « mort » au sens où le voudrait une *doxa* paresseuse. Ces deux syllabes en latin, *Deus,* désignent tout ce que nous attendons, tout ce à quoi nous aspirons, disait saint Augustin, en une sorte d'écho de la phrase qui annonce et résume ses *Confessions* : « Tu nous as faits pour toi et notre cœur est inquiet tant qu'il ne repose pas en toi. »[1] De tels propos devraient trouver aujourd'hui une résonance nouvelle.

Si la liberté religieuse est la plus fondamentale de toutes, c'est parce qu'elle concerne les options premières de toute vie humaine. Mais il n'y a pas de liberté pour l'ignorant. Comment choisir entre deux contraires sans les connaître ? Ce serait se moquer de la liberté humaine au plus profond d'elle-même, dès lors, que d'exclure de l'éducation les questions ultimes, et en particulier celle qui les résume toutes, la question de Dieu.

2 / LA QUESTION DES QUESTIONS

Tout être humain a une philosophie implicite, consciente ou point, certes souvent quelque peu fragmentaire ou non critiquée, mais qui commande toute sa vie. Ici et maintenant, par exemple, chacune et chacun d'entre nous entretient en son for intérieur une vision plus ou moins articulée de sa propre vie, du sens ou du non-sens de ce qu'il y fait, tentant ou ne tentant pas d'assumer de manière pratique, concrète, sa liberté, avec aussi une certaine idée de l'*autre* – femme, homme, monde, et le reste. Consciemment ou point, cette vision dépasse l'immédiatement pratique, et comporte une idée de ce qu'est le réel, de ce qui *est,* voire de ce qui *compte* à nos yeux, autrement dit du *bien,* du « bonheur ».

Tous aussi nous avons le pouvoir de *questionner,* de tout mettre en question. Le simple mot *question* évoque d'emblée le vieux fran-

1. Cf. saint Augustin, *Commentaire de la Première Épître de saint Jean,* traité IV, 6, texte latin, introduction, traduction et notes par Paul Agaësse, SJ, Paris, Cerf, 1961, p. 232-233 : « Duae istae syllabae sunt totum quod exspectamus ? » ; *Confessions,* I, 1, 12-14 : « Quia fecisti nos ad te et inquietum est cor nostrum, donec requiescat in te. »

çais *queste,* c'est-à-dire la *quête,* du latin *quaerere,* « rechercher », « aimer » ; il traduit le désir de voir et de savoir, impliquant du coup les deux dimensions à la fois les plus essentielles et les plus grandes de notre être proprement humain, la capacité d'aimer et celle de penser. Ce pouvoir démontre notre dignité humaine, en révélant notre transcendance, notre capacité de tout dépasser et de tout surmonter. Il est au fondement de notre liberté même, puisque c'est lui qui nous permet de véritablement choisir, de nous choisir nous-mêmes. Sa manifestation la plus fondamentale est bien la question du sens ou du non-sens de la vie, puisque c'est la manière par excellence de tout mettre en question.

C'est sous ce jour du sens ou du non-sens de la vie que la question de Dieu apparaît sans doute le plus concrètement aux humains d'abord. Quel sens y a-t-il à ce que nous soyons ici, en ce monde, pourquoi d'ailleurs ce monde et pas un autre, pourquoi sommes-nous ainsi faits et point autrement ? Pourquoi la mort, pourquoi ma mort, pourquoi surtout la mort des êtres qui nous sont les plus chers ? Chacune et chacun d'entre nous survivra-t-il à sa mort ? Cette question du sens de la vie (et donc de la mort) déborde tout domaine particulier de l'action ou du savoir, toute science ou activité spécifique, elle nous engage tout entiers, cœurs et raisons. « Tant que nous ne concevons pas que les choses pourraient ne pas être, nous ne pouvons concevoir qu'elles soient. Tant que nous n'avons pas vu l'arrière-plan des ténèbres, nous ne pouvons admirer la lumière comme une chose unique et créée. Dès que nous avons vu ces ténèbres, toute lumière est claire, soudaine, aveuglante et divine. »[1]

Pour peu qu'en revanche le sens du tout disparaisse, tout bascule obligatoirement dans le néant, et désormais « rien n'est que ce qui n'est pas », comme le déclare avec profondeur Macbeth. « Nous brûlons [disait Pascal] du désir de trouver une assiette ferme et une dernière base constante pour y édifier une tour qui s'élève à l'infini ; mais tout notre fondement craque, et la terre s'ouvre jusqu'aux abîmes. »[2] Plusieurs parmi les génies littéraires les plus remarquables de notre temps – Kafka, Camus, tant d'autres encore – ont mis en relief cette question du sens par le biais de son envers, le nihilisme et ses conséquences : meurtres et suicides atroces, indifférence à la vie humaine, dont Auschwitz aura fourni l'horrible paradigme, trop souvent imité

1. G. K. Chesterton, *Hérétiques,* trad. J. S. Bradley, Paris, Gallimard, 1979, p. 62.

2. « ... Nothing is but what is not » (Shakespeare, *Macbeth,* I, III, 141) ; Pascal, *Pensées,* Lafuma, 199 ; Brunschvicg, 72.

déjà. Un demi-siècle avant les attentats du 11 septembre 2001 à New York, Camus écrivait : « Faute de valeur supérieure qui oriente l'action, on se dirigera dans le sens de l'efficacité immédiate. Rien n'étant vrai ni faux, bon ou mauvais, la règle sera de se montrer le plus efficace, c'est-à-dire le plus fort. Le monde alors ne sera plus partagé en justes et injustes, mais en maîtres et en esclaves. Ainsi, de quelque côté qu'on se tourne, au cœur de la négation et du nihilisme, le meurtre a sa place privilégiée. (...) Si notre temps admet aisément que le meurtre ait ses justifications, c'est à cause de cette indifférence à la vie qui est la marque du nihilisme. »[1] Nous y avons déjà fait référence dans un autre contexte.

Dans l'œuvre littéraire la plus étudiée et commentée au XXe siècle, celle de Franz Kafka, l'être humain semble aux prises avec un monde où tout a une explication claire mais immédiate seulement, comme dans la nouvelle *Dans les armes de la ville,* où le but de la construction de la Tour de Babel a été oublié ; on s'est arrêté en chemin à des buts secondaires et provisoires, pour s'égarer ensuite dans le labyrinthe du monde – dans un monde étroitement positiviste auquel échappe complètement la réalité du symbole. Or le symbole est pourtant doublement réel, comme il est patent dans le cas du mot : écoutant sans la comprendre une langue étrangère, nous perdons l'essentiel. Le monde kafkaïen est ainsi dénué de sens selon la double acception de ce mot : désacralisé et coupé de toute transcendance, il n'a pas plus de *signification* que de *direction.* Le « caractère profondément religieux de tout Kafka », constatait avec profondeur Eugène Ionesco, est manifeste[2].

Nietzsche, dont toute la philosophie est hantée par la question de Dieu, et plus particulièrement par le Christ, a stigmatisé mieux que personne les conséquences nihilistes de l'athéisme, ajoutant les questions suivantes au message de l' « Insensé » sur la « mort de Dieu » : « Qu'avons-nous fait, à désenchaîner cette terre de son soleil ? Vers où roule-t-elle à présent ? Vers quoi nous porte son mouvement ? Loin de tous les soleils ? Ne sommes-nous pas précipités dans une chute continue ? Et cela en arrière, de côté, en avant, vers tous les côtés ? Est-il encore un haut et un bas ? N'errons-nous pas comme à travers un néant infini ? Ne sentons-nous pas le souffle du vide ? Ne fait-il pas plus froid ? Ne fait-il pas nuit sans cesse et de plus en plus nuit ? » Qui

1. Albert Camus, *L'Homme révolté,* Paris, Gallimard, 1951 ; « Folio », p. 17-19.

2. Eugène Ionesco, *Dans les armes de la ville,* in *Cahiers Renaud-Barrault,* n° 20, octobre 1957 ; voir en outre Erich Heller, *The World of Franz Kafka,* in *The Disinherited Mind. Essays in Modern German Literature and Thought,* New York-Londres, Harcourt Brace Jovanovich, 1975, p. 197-231.

donc se rend compte, ajoute-t-il, « de tout ce qui doit désormais s'effondrer, une fois ruinée cette croyance, pour avoir été fondée sur elle et, pour ainsi dire, enchevêtrée en elle : par exemple, notre morale européenne dans sa totalité. Cette longue et féconde succession de ruptures, de destructions, de déclins, de bouleversements qu'il faut prévoir désormais (...) »[1].

Ce qui est une autre façon de marquer à quel point Dieu, nié ou affirmé, est essentiel à toute l'expérience humaine. Dans un passage magnifique, un des premiers Pères de l'Église, saint Justin, déclarait : « On nous appelle athées. Oui, certes, nous l'avouons, nous sommes les athées de ces prétendus dieux, mais nous croyons au Dieu très vrai... »[2] Parce qu'il est chrétien croyant, Justin doit se déclarer athée de certains dieux. Être et s'affirmer « athée » ne veut rien dire tant qu'on n'a su préciser de quel ou quels dieux, au juste. L'athéisme se compare, nous l'avons dit, à la prose de M. Jourdain, en ce que nous sommes toutes et tous les athées – qui parfois s'ignorent – de certains dieux. Nier tous les « dieux » n'est pas non plus possible, puisque toute action humaine révèle des absolus implicites, certes souvent non critiqués. La question de Dieu peut ainsi prendre la forme : de quels dieux sommes-nous les athées ?

Si ce pouvoir de tout questionner peut faire notre bonheur et notre liberté, il peut aussi faire notre misère quand il est frustré de réponses. On risque alors de demeurer perpétuellement insatisfait et malheureux. L'universelle « propension à la paresse » (Nietzsche) s'y ajoutant, on refusera désormais de s'interroger, préférant faire profession d'indifférence, fuir l'éveil au réel concret et à sa propre vie, se fuir soi-même[3]. « Malheur ! Le temps viendra du plus misérable des hommes, de l'homme qui ne peut plus lui-même se mépriser. Voici ! Je vous montre *le dernier homme* ! Qu'est-ce que l'amour ? Qu'est-ce que la création ? Désir ? Étoile ? demande le dernier homme en clignant des yeux. Puis la terre est devenue petite et dessus sautille le dernier homme, qui

1. Nietzsche, *Le gai savoir,* § 125 et 343, trad. Pierre Klossowski, Paris, UGE, « 10/18 », 1957, p. 209 et 335-336. Comme antidotes à une certaine « vulgate paresseuse » (Valadier) sur Nietzsche, voir Jean-Luc Marion, *L'idole et la distance,* Paris, Grasset, 1975, notamment p. 84-86 ; Paul Valadier, *Nietzsche, l'athée de rigueur,* Paris, Desclée de Brouwer, 1975 ; *Jésus-Christ ou Dionysos,* Paris, Desclée, 1979 ; *Nietzsche l'intempestif,* Paris, Beauchesne, 2000 ; Giles Fraser, *Redeeming Nietzsche. On the Piety of Unbelief,* Londres-New York, Routledge, 2002.

2. Justin, *Première Apologie,* chap. 46.

3. Cf. Nietzsche, *Schopenhauer éducateur,* in *Considérations inactuelles III,* in *Œuvres philosophiques complètes* II, textes et variantes établis par Giorgio Colli et Mazzimo Montionari, traduits de l'allemand par Henri-Alexis Baatsch, Pascal David, Cornélius Heim, Philippe Lacoue-Labarthe et Jean-Luc Nancy, Paris, Gallimard, 1988, p. 17 et sq. (début du texte).

rapetisse tout. Sa race est indestructible comme celle du puceron ; le dernier homme est celui qui vit le plus longtemps. (...) On a son petit plaisir pour le jour et son petit plaisir pour la nuit : mais on respecte la santé. Nous avons inventé le bonheur, disent les derniers hommes en clignant les yeux. »[1] De même, comme l'a bien marqué Scheler, l'orgueilleux, dont l'œil « est fixé sur sa propre valeur », vit-il « nécessairement dans la nuit et les ténèbres. Son monde de valeurs s'obscurcit d'instant en instant ; car chaque valeur qu'il perçoit est un vol qu'il commet sur le trésor de sa propre valeur. Il devient donc un démon et un négateur. Prisonnier de son orgueil, les murs qui lui offusquent la lumière du monde, ne cessent de s'élever »[2].

En de pareilles conditions, une véritable découverte de Dieu n'est guère possible. L'idée de Dieu serait au mieux médiocre chez celle ou celui qui aurait une expérience religieuse vague, héritée des ancêtres, par exemple, mais ambiguë. Voire une religion forte mais limitée, travestie en idéologie qu'on voudrait imposer à tout le monde. Au livre de la *Genèse* (14, 22 ; cf. 15, 5 et sq.), on voit au contraire Abraham se convertir une première fois en sentant « naître en son cœur un mouvement d'adoration profonde, rayonnante, face à ce mystère qui le fascine et l'effraye – *mysterium tremendum* – face au Tout-Autre, face à l'Absolu. Peu à peu, il accède de la sorte à une expérience religieuse naturelle, profonde et très riche, qui a d'énormes avantages, étant personnelle, intimement vécue, liée à une expérience du cosmos, capable de conduire sa vie ». Il fait cette expérience en contemplant le ciel étoilé, une expérience qui est encore de caractère naturel au départ, une saisie de ce que le livre de la *Sagesse* (13, 5) appellera « la grandeur et la beauté des créatures » conduisant « par analogie à contempler leur Créateur ». « Depuis la création du monde, dira de même saint Paul (Rm 1, 20), ses perfections invisibles, éternelle puissance et divinité, sont visibles dans ses œuvres pour l'intelligence. »[3]

C'est manifestement à cette forme d'expérience que fait référence la célèbre conclusion de la *Critique de la raison pratique* d'Emmanuel Kant : « Deux choses remplissent le cœur d'une admiration et d'une vénération toujours nouvelles et toujours croissantes, à mesure que la

1. Nietzsche, *Ainsi parlait Zarathoustra, Le Prologue*, 5, trad. Marthe Robert, Paris, UGE, « 10/18 », 1980, p. 16-17.

2. Max Scheler, *Six essais de philosophie et de religion,* trad. Philibert Secrétan, Fribourg (Suisse), Éditions universitaires, 1996, p. 38.

3. Cf. Carlo M. Martini, *Abraham notre père dans la foi,* traduit de l'italien par Gabriel Ispérian, Saint-Maurice (Suisse), 1994, p. 31 sq. ; cf. Ps 148 ; Daniel, c. 3 ; Isaïe 49, 13 ; Ps 113, 1.4 ; voir tout spécialement saint Augustin, *Enarrationes in psalmos,* 148, 15 [v. 14] : *PG,* 55, 484-485 : « Si pulchra sunt quae fecit, quanto pulchrior est qui fecit ? »

réflexion s'y attache et s'y applique : *le ciel étoilé au-dessus de moi et la loi morale en moi.* Ces deux choses, je n'ai pas à les chercher ni à en faire la simple conjecture au-delà de mon horizon, comme si elles étaient enveloppées de ténèbres ou placées dans une région transcendante ; je les vois devant moi, et je les rattache immédiatement à la conscience de mon existence. » De même Aristote remarquait-il que « le concept du divin est né chez les hommes de deux causes originelles : des phénomènes qui concernent l'âme et des phénomènes célestes »[1]. Voilà donc la condition indispensable à cette question des questions, qu'elle soit ou non *politically correct.* Aujourd'hui comme hier, l'émerveillement devant le monde réel et devant notre propre réalité est essentiel. Notre être l'exige, comme nous l'avons vu au premier chapitre.

3 / LE MIRACLE DU MONDE

La pensée humaine s'est vite étonnée devant l'ordre du cosmos, l'organisation de la vie, les lois prodigieuses que révèle la nature. Les premiers grands philosophes de notre tradition, Héraclite, Parménide, Anaxagore, Socrate, Platon, Aristote ont tous répondu, de manière chaque fois originale, que la source première de toutes choses en ce monde devait être un *Logos,* un *Noûs,* un « Intellect » divin, puisque à l'évidence seule une Intelligence omnisciente et toute-puissante peut rendre compte d'un plan pareil. Et pourtant les Anciens étaient loin de soupçonner toutes les merveilles que les sciences nous apprennent maintenant chaque jour.

Un des tout premiers, Anaximandre de Milet, postulait déjà une infinité d'univers, outre le nôtre. Le principe de toutes choses étant infini *(apeiron),* une profusion infinie d'univers répondrait le mieux à la fécondité de ce principe divin, pensait-il. Or voici que l'astrophysique nous parle aujourd'hui de *milliards* de galaxies, un nombre qui dépasse complètement notre imagination, pour ne pas dire notre

1. Kant, *Critique de la raison pratique,* concl., trad. Luc Ferry et Heinz Wismann, in *Œuvres philosophiques II,* Paris, Gallimard, « La Pléiade », 1985, p. 801-802 ; Aristote, *Peri philosophias,* 12 *a* et 12 *b, in* Aristoteles, *Fragmenta selecta,* recognovit brevique adnotatione instruxit W. D. Ross, Oxonii e Typographeo Clarendoniano, 1955, p. 79-81 ; trad. A. J. Festugière, in *La révélation d'Hermès Trismégiste,* vol. II, *Le Dieu cosmique,* Paris, Gabalda, 1949 ; voir spécialement p. 229-232. Pour une histoire de la perception humaine de l'univers, voir l'étude magistrale de Rémi Brague, *La sagesse du monde. Histoire de l'expérience humaine de l'univers,* Paris, Fayard, 1999.

entendement même, sans parler du prodige que constitue une seule galaxie pour commencer. Quant à notre propre planète, infime pourtant au regard des galaxies, les photos rapportées de l'espace éblouissent mais ne sauraient mentir, même si on a peine à en croire ses yeux. La structure la plus étrange que nous connaissions dans l'univers, l'énigme scientifique par excellence dans le cosmos, défiant tout effort de compréhension, c'est la terre, dont nous commençons à peine à apprécier la splendeur depuis l'espace.

Rien d'étonnant à ce qu'au témoignage répété d'esprits scientifiques de diverses disciplines, l'univers « ruisselle d'intelligence ». Pour Einstein, la « religiosité » du savant « consiste à s'étonner, à s'extasier devant l'harmonie des lois de la nature dévoilant une intelligence si supérieure que toutes les pensées humaines et toute leur ingéniosité ne peuvent révéler, face à elle, que leur néant dérisoire ». Et même si leur accent est plus personnel encore, les mots suivants d'Einstein ont toujours la même portée universelle : « J'éprouve l'émotion la plus forte devant le mystère de la vie. Ce sentiment fonde le beau et le vrai, il suscite l'art et la science. Si quelqu'un ne connaît pas cette sensation ou ne peut plus ressentir étonnement et surprise, il est un mort vivant et ses yeux sont désormais aveugles. Auréolée de crainte, cette réalité secrète du mystère constitue aussi la religion. Des hommes reconnaissent alors quelque chose d'impénétrable à leur intelligence mais connaissent les manifestations de cet ordre suprême et de cette Beauté inaltérable. (...) Je ne me lasse pas de contempler le mystère de l'éternité de la vie. Et j'ai l'intuition de la construction extraordinaire de l'être. Même si l'effort pour le comprendre reste disproportionné, je vois la Raison se manifester dans la vie. »[1] Cette conclusion d'Einstein est la même que celle des anciens Grecs, mais ancrée de surcroît dans l'immense panoplie de découvertes et de données scientifiques nouvelles.

1. Albert Einstein, *Comment je vois le monde,* trad. Maurice Solovine et Régis Hanrion, Paris, Flammarion, « Champs », 1979, p. 10, 19 et 20 sq. Voir aussi les textes remarquables de savants, rassemblés dans *Le savant et la foi,* présenté par Jean Delumeau, Paris, Flammarion, « Champs », 1989. L'ouvrage intitulé *Intrusions spiritualistes et impostures intellectuelles en sciences,* Jean Dubessy et Guillaume Lecointre (dir.), Paris, Syllepse, 2001, qualifie en revanche d' « impostures » les réflexions philosophiques des plus grands savants de notre époque – tels Werner Heisenberg, David Bohm, et quantité d'autres. Comme si les savants n'avaient pas eux aussi le droit de penser, même si « la science ne pense pas » (Heidegger). Régis Debray dénonce à juste titre un dépit analogue, s'agissant de l'histoire des religions : « Dans le monde francophone, les pionniers de l'enquête patiente et du savoir positif se trouvent, pour une bonne partie, dans les couvents et les congrégations, chez les pasteurs ou les moines, alors que prévaut dans les milieux laïcs ou athées une inertie passéiste (les milieux dits cultivés n'étant pas les moins crédules). (...) Tête-bêche paradoxal auquel conduit une laïcité mal comprise, suicidaire à terme, qui proscrit de l'école publique l'histoire des religions. Veut-on, avec l'illettrisme montant, faire demain des monastères l'ultime abri des Lumières ? » (*Dieu, un itinéraire,* Paris, Odile Jacob, 2001, p. 13).

Pour qui a des yeux pour voir, le monde est un « miracle », au sens originel de « merveilleux », et il doit apparaître tel de plus en plus. Pour saint Augustin déjà : « Ce monde assurément est lui-même un miracle plus grand et plus beau que tous ceux dont il est plein. » Pour Einstein encore, « l'intelligence de l'univers (...) est un miracle ou un mystère éternel (...). Curieusement, nous avons [nous les savants] à nous résigner à reconnaître le "miracle" sans avoir aucun droit d'aller au-delà »[1]. Augustin admirait le caractère unique de chaque individu humain, jusqu'en son apparence. La puissance d'un seul grain de n'importe quelle semence était « une grande chose » *(magna quaedam res est)* qui devrait nous remplir d'admiration. Les observations de biologistes contemporains les incitent à parler des cellules, cette fois, comme « miraculeuses » dans le même sens du terme qu'Augustin. « Les cellules sont les unités de base de la vie. Elles sont le véritable miracle de l'évolution. Miracle au sens figuré, car encore que nous ne sachions pas comment elles ont évolué, des scénarios tout à fait plausibles ont été proposés. Miraculeuses, néanmoins, dans le sens qu'elles sont si remarquables (Lewis Wolpert). »

Mais la merveille par excellence doit être la naissance des êtres humains. « Un mort est ressuscité, les hommes sont étonnés ; il y a tant de naissances chaque jour, et nul ne s'étonne ! Pourtant, si nous y regardons avec plus de discernement, il faut un plus grand miracle pour faire être qui n'était pas que pour faire revivre qui était. » Et encore : « Les naissances de tant d'hommes qui n'existaient pas sont chaque jour des miracles plus grands que les résurrections de quelques morts qui existaient. » Enfin : « (...) Peut-être le miracle des natures visibles a-t-il perdu de sa vertu à force d'être vu : il n'en est pas moins, à le considérer sagement, supérieur aux miracles les plus extraordinaires et les plus rares. Car l'homme est un plus grand miracle que tout miracle fait par un homme » (Augustin). Que dire maintenant des « miracles » qu'a révélés l'embryologie : l'individu entier « programmé » dès la première cellule et dont tout le devenir biologique se déploiera avec une précision inouïe. Qui aurait jamais pu imaginer pareil prodige[2] ?

1. Einstein, *Lettres à Maurice Solovine,* Paris, Gauthier-Villars, 1956.

2. Saint Augustin, *Tractatus in Iohannis Evangelium,* VIII, 1 (sur les Noces de Cana), et les notes de M.-F. Berrouard *ad loc.* (Bibliothèque augustinienne, 71, Paris, Desclée de Brouwer, 1969). Augustin affectionne l'exemple des semences et parle des « œuvres admirables et stupéfiantes de Dieu en chaque grain de semence » (*Tractatus...,* 24, 1) ; de « la puissance infinie des semences » (*De utilitate credendi,* 16, 34) ; cf. *Tractatus...,* 1, 9 ; *Epistulae,* 102, 5 ; *PL,* 33, 372 ; *Sermo* 247, 2 ; *PL,* 38, 700 ; voir d'autre part Hegel, *Leçons sur l'histoire de la philosophie,* trad. Gibelin, Paris, Gallimard, 1954 ; « Folio », 1990, I, p. 122-139 ; cf. Lewis Wolpert, *The Triumph of the Embryo,* Oxford University Press, 1971, p. V-VI.

Le fait sans doute le plus étonnant du point de vue cosmologique est l'apparition d'observateurs intelligents. Voici des êtres où l'univers lui-même apparaît – à la fois présents à eux-mêmes et qui le « comprennent » au sens qu'admirait déjà Pascal : « Par l'espace, l'univers me comprend et m'engloutit comme un point ; par la pensée, je le comprends. » Sa complexité mais aussi son unité se découvrent en une conscience capable d'amour, de joie et de souffrance, de parole aussi, à la mesure de cette pensée. La conscience en question dépasse infiniment l'univers puisqu'elle sait, là où l'univers ne sait rien ; infinité pourtant rendue possible par la nature, dont nous sommes au moins partiellement des produits. Or les propriétés du cosmos sont des conditions nécessaires de l'émergence de nos vies humaines. La genèse des êtres vivants présupposait des molécules organiques dont les éléments supposent à leur tour une évolution stellaire avancée. Les constantes physiques fondamentales font apparaître des grands nombres curieusement identiques ou proportionnés sans lesquels l'espèce humaine n'aurait pu émerger. « Par son corps, chaque être humain est directement relié non seulement à son environnement immédiat mais à la structure tout entière du cosmos et à toute l'évolution cosmique. Or pourquoi cette dérive extraordinaire qui conduit de la formation du carbone à la constitution du cerveau de l'*homo sapiens* ? (...) Pourquoi cette étrange condition ? Pourquoi cet immense détour, le "big bang", les innombrables galaxies, les populations d'étoiles, et toute la genèse évolutive, pour qu'en un endroit perdu du cosmos vienne émerger la vie du sens ? (Jean Ladrière). » Il semble bien que seul un Dieu tout-puissant puisse susciter un univers aussi minutieusement réglé, rendant possible de surcroît la vie intelligente, et susciter du reste cette vie intelligente elle-même[1].

1. Jean Ladrière, *Le principe anthropique. L'homme comme être cosmique,* in *Cahiers de l'étude des sciences philosophiques et religieuses,* n° 2, 1987, p. 27 et 30 ; cf. Richard Swinburne, *Argument from the Fine-tuning of the Universe, in* John Leslie (ed.), *Physical Cosmology and Philosophy,* New York, Macmillan, 1990, p. 154-173 ; et *The Existence of God,* Oxford, 1979. Hubert Reeves énonce ainsi sa « version favorite » du principe anthropique : « "L'univers possédait, dès les premiers instants, les propriétés requises pour élaborer la complexité." Ces propriétés comprennent aussi bien les lois de la physique, les nombres qui les caractérisent et les paramètres globaux du cosmos (densité, population de particules, etc.). » Les univers hypothétiques calculés et prévus par nos puissants ordinateurs resteraient en quasi-totalité stériles. « Ils ne sortiraient jamais de leur état chaotique initial ! » (*La première seconde,* Paris, Le Seuil, « Points », 1995, p. 217).

4 / LES MERVEILLES DE L'ÉVOLUTION

Parmi les merveilles que les théories modernes ont contribué à éclairer davantage, il y a l'évolution des espèces. Le créationnisme primaire qui croit pouvoir tabler sur la Bible pour rejeter la théorie de l'évolution, témoigne d'une parfaite inculture, d'autant qu'il suppose que la Bible soit à lire comme un texte scientifique. Il implique en outre une confusion entre l'éternité et le temps. La distinction entre les deux est pourtant élémentaire et remonte aux Présocratiques, tout comme l'idée d'évolution elle-même d'ailleurs (dès Anaximandre).

Comme l'écrit Michel Delsol, il faut au départ « insister sur le fait que le phénomène évolutif apparaît typiquement comme contingent ». Car les capacités évolutives n'apparaissent pas « comme des séquences automatiques qui évoqueraient des lignes droites (...). De nombreux exemples observés dans nos phylogenèses établissent, au contraire, qu'on ne peut pas reconnaître de lignes directrices prévisibles dans l'évolution ». Le terme « contingent » évoque « l'historicité des transformations évolutives » et s'oppose au « nécessaire », comme « ce qui aurait pu ne pas avoir lieu »[1].

« Contingence » et « historicité » sont les mots justes. Les étants naturels, qui naissent et meurent, n'ont en effet « que cette existence fragmentaire et dispersée de ce qui est dans le temps », comme le rappelle Jean Ladrière[2]. La relation entre l'être et le temps a été très lucidement mise en relief par les Grecs déjà. Parménide opposait le domaine de l'être, lieu de la nécessité et de l'éternel, au domaine des étants, lieu du devenir et de la contingence. Il a d'ailleurs le premier défini l'éternité de manière rigoureuse, comme un « maintenant » au sens de quelque chose d' « un » et d' « indivisible », qui ni « n'était ni ne sera » mais « est maintenant tout entier »[3]. Aristote montrera bien que le « maintenant » du temps est, au contraire, *aei heteron,* « toujours autre » (*Physique,* IV, 11, 220 *a* 14). L'éternité et le temps s'opposent dès lors radicalement, même si leur simultanéité peut s'illustrer – comme on l'a indiqué plus tard dans la tradition – par la simultanéité du centre d'une circonférence et celle d'un point donné de la circonférence. Ce dernier ne coïncide avec aucun autre point de la

1. Michel Delsol, *Cause, loi, hasard en biologie,* Paris, Vrin, 1985, p. 48.
2. Jean Ladrière, *La temporalité du possible,* in *Science et Esprit,* 53/1 (2001), 21-47 ; citation, p. 21. Nous nous inspirons ici de ce texte tout à fait remarquable.
3. DK 28 B 8, 5-6.

circonférence, cependant que le centre, pourtant directement opposé à tous les points de la circonférence, coïncide avec tous. De même l'éternité coexiste-t-elle avec chaque « maintenant » du temps, cependant qu'aucun d'entre eux ne peut coexister avec les autres, en raison de la durée successive définissant le temps. Mais nous reviendrons sur ces aspects plus loin.

La réflexion sur le temps chez Aristote a une portée décisive pour l'ontologie, en se reflétant dans la dichotomie « nécessaire-contingent », qui relie l'ordre de l'être à l'ordre du temps. Il y a des événements naturels qui se produisent toujours, observait Aristote, d'autres le plus souvent, d'autres rarement. Ceux de ces deux dernières catégories relèvent de la possibilité, ceux de la première, de la nécessité. Le possible était ainsi défini par la propriété temporelle de « le plus souvent mais pas toujours, ou bien rarement ». La temporalité imprègne les étants de notre expérience, elle entraîne une finitude, un mode d'être qui les place dès l'origine dans l'ordre de la mort. « Le temps du possible doit être un temps qui, comme temps réel, contient en lui la possibilité de sa virtualisation et par là de la représentabilité du possible. Il y a donc un rapport intrinsèque du possible au temps. »[1]

Selon la théorie synthétique de l'évolution, « l'ensemble de l'immense phénomène qui a construit le monde vivant, du procaryote primitif et de l'amibe jusqu'à l'homme, correspond à un immense jeu de mutations dues au hasard et triées par la sélection » ; l'évolution s'est en effet « réalisée par petites étapes où le hasard des mutations a joué le rôle de découvreur, et la sélection le rôle de triage des bonnes découvertes et d'élimination des mauvaises »[2]. On n'insistera jamais assez sur le fait, pourtant, « que le hasard ne crée rien : il provoque simplement l'entrée en jeu des lois, connues ou inconnues, de la nature. Une roulette ne comportant que 36 numéros, la boule ne pourra jamais se poser sur le 37 ; le hasard n'exploite que les possibilités qui existent déjà »[3].

La célèbre question de Leibniz : « Pourquoi y a-t-il quelque chose et non pas rien ? » réaffirmait avec force sa conception du possible comme exigence de sa réalisation : « (...) Il faut reconnaître d'abord

1. Jean Ladrière, *loc. cit.*, p. 36 ; cf. p. 21-24.
2. Michel Delsol *et al.*, *Darwin, le hasard et Dieu*, manuscrit, p. 20 et 51.
3. Michel Delsol, *Cause, loi, hasard en biologie...*, *op. cit.*, p. 195. Cf. les excellentes remarques de Claude Debru à ce sujet, dans *Les possibles et leur réalisation : la structure des protéines*, in *L'Évolution biologique. Science, histoire ou philosophie ?*, Jean-Marie Exbrayat et Janine Flatin (dir.), Paris, Vrin, 1997, p. 377-389.

[écrivait-il], du fait qu'il existe quelque chose plutôt que rien, qu'il y a, dans les choses possibles ou dans la possibilité même, c'est-à-dire dans l'essence, une certaine exigence d'existence (...). Tous les possibles, c'est-à-dire tout ce qui exprime une essence ou réalité possibles, tendent d'un droit égal à l'existence, en proportion de la quantité d'essence ou de réalité, c'est-à-dire du degré de perfection qu'ils impliquent. » Il ajoutait même : « Par là, on comprend de la manière la plus évidente que, parmi l'infinité des combinaisons et des séries possibles, celle qui existe est celle par laquelle le maximum d'essence ou de possibilité est amené à exister. »[1] Or il se trouve que l'évolution peut justement être décrite comme une « immense mécanique où chaque être, comme chaque groupe nouveau, réalise au maximum tout ce que le passé lui a légué (Michel Delsol) »[2].

Si, dans l'histoire de la vie, il s'est créé des appareils dénommés yeux capables de rendre des cellules cérébrales sensibles à des rayons d'une certaine longueur d'onde, cela veut dire que la matière cosmique était capable de fabriquer ces yeux. Il est curieux de constater que Jacques Monod, par exemple, n'ait pas vu que le hasard, qui fait apparaître les mutations, ne peut pas être considéré comme créateur de nouveautés. De même, « si, dans la nature, grâce à des mutations dues au hasard et à la sélection, il s'est constitué un cerveau pensant, c'est parce que ce cerveau était dans les possibilités du système de la nature. Le hasard n'aurait jamais pu réaliser ce cerveau pensant s'il n'avait pas existé dans les possibilités des propriétés de la matière, de même qu'à la roulette la boule ne se posera jamais sur le 40 car dans ce jeu le 40 n'existe pas ». Le hasard désigne donc ainsi « un certain mode de causalité que les philosophes ont désigné souvent par l'adjectif contingent (...). C'est cette contingence omniprésente dans l'évolution que nous désignons sommairement par le mot hasard ». Aristote reprochait vivement déjà à ses prédécesseurs d'avoir sous-estimé la signification du hasard et de la contingence. De même de nos jours, en tenant compte aussi bien de la physique « classique » que de la physique quantique, Karl Popper a fait une critique à la fois fort éclairante et radicale du déterminisme scientifique et du déterminisme métaphy-

1. G.. W. F. Leibniz, *De la production originelle des choses prise à sa racine* (1697), in *Opuscules philosophiques choisis,* traduits du latin par Paul Schrecker, Paris, Hatier-Boivin, 1954, p. 82-92 ; repris chez Vrin, 1978, avec la même pagination ; les lignes citées sont p. 85. Quant à la question « Pourquoi y a-t-il quelque chose plutôt que rien ? », voir ses *Principes de la nature et de la grâce fondés en raison* (1714), § 7.

2. Michel Delsol, *L'embryogenèse récapitule la phylogenèse. Unité et diversité du monde vivant,* in *Évolution-Histoire-Philosophie,* hommage au Pr P. P. Grassé, Paris, Masson, 1987, p. 85.

sique[1]. Le point central, c'est le *fait* de la réussite du vivant, de l'œil, de la main, du cerveau de l'*homo sapiens,* c'est aussi *le fait* de l'émergence de la vie du sens au terme de toute la genèse évolutive. Partant du résultat, par exemple l'œil, la main, l'adulte pensant, force est de remonter à ses conditions de possibilité, à tout ce qui concourt à la réalisation des prodiges de la nature, de manière constante et continue. L'extraordinaire beauté de l'univers, et du monde de la vie, l'équilibre prodigieux qu'ils impliquent, sont d'autant plus étonnants quand on a pris acte de l'immense marge d'indéterminisme et de « désordre » sans lesquels ils ne seraient pas possibles. Pour reprendre les termes de Leibniz, comment comprendre ce qui existe plutôt que rien parmi l'infinité des combinaisons et des séries possibles ? Comment comprendre que celle qui existe est celle par laquelle le maximum d'essence ou de possibilité aura été amené à exister, celle qui, dans les termes de Michel Delsol cette fois, « réalise au maximum tout ce que le passé lui a légué » ?

Ladrière le marque bien, dans sa constitution même, le possible présuppose en effet le temps, « qui rend possible le possible ». Il comporte un aspect d'anticipation, un tension interne vers son devenir-réel. Le temps « réunit sans cesse le présent à ce qui l'a déjà dépassé et à ce qui s'annonce en lui. Par sa dimension de futur il ouvre un espace à l'anticipation. Et par le fait même il fonde la possibilité de la tension interne du possible, qui est rapport à sa réalisation comme péripétie toujours en suspens et toujours à venir »[2]. L'évolution fait apparaître un type d'historicité qui n'est pas linéaire. Elle effectue une sorte d'exploration, un cheminement risqué qui n'est pas rigidement finalisé. Dans les mots de Ladrière encore, ce processus « n'est cependant pas purement aléatoire. Il a une directionalité, qui est l'indice d'une finalité intrinsèque. Mais cette finalité ne se révèle que progressivement, comme si elle était engendrée par le processus même. Il y a dans l'évolution un phénomène de renforcement, qui donne un poids de plus en plus grand aux possibles qui répondent le mieux à des conditions intrinsèques d'optimalité et qui ainsi impose des cheminements privilégiés en lesquels on peut reconnaître des contraintes de

1. Cf. Michel Delsol *et al., Darwin, le hasard et Dieu, op. cit.,* p. 56-61, et *Cause, loi, hasard en biologie, op. cit.,* p. 195-198 ; Karl Popper, *L'univers irrésolu. Plaidoyer pour l'indéterminisme,* trad. de Renée Bouveresse, Paris, Hermann, 1984. Sur le hasard et les thèmes connexes chez Aristote, voir surtout *Physique,* II, 3-6, 195 *a* 27 - 198 *a* 13 ; 8-9, 198 *b* 10 - 200 *b* 8 ; sur le possible et sur la contingence proprement dite, les chap. 9 et 13 du *Perihermeneias* et tout le livre *Thêta* (IX) de la *Métaphysique* sont essentiels.

2. Jean Ladrière, *loc. cit.,* p. 42.

finalisation »[1]. Nous retrouvons ici l'exigence de réalisation plus forte que d'autres de certains possibles que suggérait Leibniz, en proportion du « degré de perfection qu'ils impliquent ». La biologie nous met ainsi de plus en plus en présence de ce qu'on a appelé « l'énigme de la perfection », le fait central étant celui de la perfection du vivant, de l'œil, de la main, du cerveau, nécessitant une explication que le hasard seul est incapable de fournir. Au sens propre du terme, le hasard sert à expliquer le rare, l'accidentel et le fortuit, et nullement ce qui arrive la plupart du temps. L'invoquer à propos de la réussite constante de tant d'êtres vivants, ou simplement de l'œil, du cerveau, de la main humaine, c'est renoncer à l'esprit de la science et du savoir, préférer l'évasion ou la mauvaise foi à la quête responsable d'intelligibilité. Il faut, encore une fois, partir du *fait,* du résultat, ici la perfection dans la fonction, dans l'organisation, et accepter d'y accorder la même rigueur de pensée que devant tout phénomène inexpliqué.

L'apport de Teilhard à la réflexion sur l'évolution est bien connu. Celui des Pères de l'Église l'est moins. La variété et la pertinence de leurs considérations touchant la formation du monde et celle de l'être humain sont cependant tout à fait remarquables et méritent qu'on s'y arrête un moment. C'est ainsi que, dans son *Hexaméron,* Grégoire de Nysse étend à toute la création une distinction déjà nettement formulée par Origène (*In Gen. hom.,* I, 23), encore qu'à propos de l'homme seulement : celle d'une double création. Déjà Philon d'Alexandrie pense que Dieu a créé « d'un seul coup » ; le détail des œuvres des « jours » qui suivent ne fait que traduire l'ordre du dessein et du commandement divins (*De op. mundi,* 13-29). Pour Grégoire, « Dieu a fait "d'un seul coup", "en un instant", les origines, les causes et les puissances de toutes choses » (cf. *P. G.,* 44, 72 B). C'est cette simultanéité de la création « à la manière d'une force séminale » que dit le premier verset du récit de la *Genèse*. La manifestation *(anadeixin)* de chacun des êtres selon son ordre naturel vient ensuite[2]. La même distinction fondamentale apparaît, de manière plus développée, chez Augustin, comme nous verrons.

En ce qui concerne cette manifestation, Grégoire de Nysse précise, au chapitre VIII de son traité intitulé *La création de l'homme,* que si « c'est le dernier, après tous les êtres animés, que, d'après l'Écriture, l'homme a été créé », la raison en est que le Législateur « voit, selon

1. *Ibid.,* p. 44-45.

2. Grégoire de Nysse, *Hexaméron, PG,* 44, 77 B et 113 B. Nous nous inspirons notamment ici des excellentes notes complémentaires de l'édition et traduction du *De Genesi ad litteram* de saint Augustin citées *infra*.

l'enchaînement nécessaire de l'ordre des êtres, la perfection se situer dans les derniers. Car dans le raisonnable est compris tout le reste ; dans le sensible se trouve aussi tout l'ordre naturel ; ce dernier en revanche ne se trouve que dans le matériel. Il semble donc bien que la nature s'élève, par les propriétés de la vie, qui sont comme des degrés, du plus petit jusqu'à la perfection ». Ce qu'on a appelé son « évolutionnisme » s'exprime encore plus nettement lorsqu'il explique, quelques lignes plus haut, qu' « il y a parmi les êtres corporels qui ont reçu la vie, d'un côté ceux qui possèdent des sens, qui existent sans avoir de nature intellectuelle ; et de l'autre, ceux qui sont doués de raison, qui ne subsisteraient pas dans un corps s'ils n'étaient pas mêlés au sensible ; voilà pourquoi c'est le dernier, après les végétaux et les bestiaux, que l'homme est créé, car sur le chemin de la perfection, la nature s'avance en suivant un enchaînement logique »[1].

L'apport de saint Augustin n'est pas moins admirable. Dans son traité sur la *Genèse au sens littéral,* saint Augustin exprime par la similitude suivante la distinction très nette qu'il fait lui aussi entre la création simultanée de toutes choses et leur apparition et déploiement au cours des temps : « Or, de même que dans la graine était invisiblement et simultanément tout ce qui au cours du temps s'est développé en arbre, de même on doit penser que le monde, quand Dieu créa simultanément toutes choses, renfermait simultanément, quand fut créé le jour, tout ce qui a été fait en lui et avec lui. » C'est-à-dire non seulement les astres, la terre et les abîmes, « mais encore ces êtres que l'eau et la terre ont produits et qu'elles contenaient potentiellement et en qualité de causes, avant qu'au cours des temps ils ne surgissent, tels qu'ils nous apparaissent aujourd'hui dans les œuvres que Dieu ne cesse d'opérer jusqu'à maintenant ».

Il s'agit, bien évidemment, dans le premier cas, de la simultanéité de l'éternité et dans le second, de la durée créée. Augustin précisait un peu plus tôt que Dieu « est avant les temps *(ante saecula)* ; à l'origine du temps *(a saeculo),* nous disons que sont les choses avec lesquelles le temps a commencé, comme le monde lui-même ; dans le temps *(in saeculo),* les choses qui naissent dans le monde »[2]. Ce qui s'accomplit

1. Grégoire de Nysse, *La création de l'homme,* trad. J.-Y. Guillaumin, Paris, Desclée de Brouwer, 1982, chap. VIII, p. 57 et 59.

2. Respectivement, *De Genesi ad litteram,* livre V, XXIII, 45, trad. P. Agaësse et A. Solignac, Bibliothèque augustinienne, Paris, Desclée de Brouwer, 1972, p. 439 ; et V, XVII, 35. Cf. les notes très utiles des traducteurs, p. 661 sq. ; et à propos d' « Augustin et l'évolutionnisme », p. 665 sq. Cf. aussi Louis-Eugène Otis, *La doctrine de l'évolution,* Montréal, Fides, 1950, vol. II, p. 192-193, 206 sq. et 215-216.

dans la suite des temps est l'effet de causes intimes appelées « raisons causales ». L'accent sur ces causes secondes est très fort chez Augustin. L'analogie, nous l'avons vu, est celle de la graine où se trouve réuni, d'une manière invisible, tout ce qui doit se développer en arbre avec le temps. Le commencement de la durée créée est lui-même créé, alors que le maintenant dans lequel le monde a été créé n'est autre que le maintenant de l'éternité – l' « aujourd'hui » de Dieu qui comprend de manière indivisible la durée créée tout entière. Au sein, en revanche, de cette durée créée, les choses se manifestent successivement, selon l'ordre du temps.

On lit dans le *De Trinitate* que si certains germes sont « visibles à nos yeux : les germes que donnent les végétaux et les animaux », d'autres sont au contraire « invisibles : les germes de ces germes-là. Voilà comment sur l'ordre du Créateur l'eau a produit les premiers poissons et les premiers volatiles, et la terre les premières plantes et les premiers animaux selon leurs espèces (cf. *Genèse,* I, 20-25). Et dans la réalisation de ces premières naissances, tous ces êtres n'ont pas été produits de telle sorte que cette vertu séminale ait été épuisée par ces êtres effectivement produits (...) ». De même, l'homme « fut créé dès l'origine dans les raisons primordiales, quand toutes choses furent créées en même temps. Mais il fut alors créé en son temps, visiblement en son corps, invisiblement en son âme, composé tout à la fois d'une âme et d'un corps ». Il a été en ce sens « tiré de la poussière et du limon de la terre », comme le dit l'Écriture, ce qui n'empêche d'aucune manière qu'il ait été d'autre part « déjà, avant le siècle, dans la prescience du créateur », puisqu'il s'agit alors de l'indivisible aujourd'hui de Dieu[1].

5 / TEMPS ET ÉTERNITÉ

Peut-il y avoir un temps avant le temps, un temps où le temps n'était pas, peut-il y avoir un temps après le temps, un temps où le temps ne sera plus ? La réponse est évidemment non, puisque ce serait là une contradiction, pour ne pas dire plus. « Personne ne doute que le temps a existé de tout temps. S'il n'en est pas ainsi en effet, il y avait donc un temps quand il n'y avait pas de temps, et qui serait assez fou

1. Respectivement, *De Trinitate,* livre III, VIII, 13, trad. M. Mellet et Th. Camelot, Bibliothèque augustinienne, Paris, Études augustiniennes, 1991, p. 297 ; *De Genesi ad litt.,* VI, XI, 19.

pour le dire ? Certes on dit avec raison : il y avait un temps quand Rome n'existait pas ; un temps, quand il n'existait pas Jérusalem, quand n'existait pas Abraham ; il y avait un temps quand il n'y avait pas d'hommes et ainsi de suite. Enfin, si ce n'est pas avec le début du temps mais après un certain temps que le monde a été fait, on peut dire : il y avait un temps quand le monde n'était pas. Mais dire : il y avait un temps quand aucun temps n'était, c'est aussi absurde que de dire : il y avait un homme quand aucun homme n'existait ; ou bien : ce monde était quand ce monde n'était pas. S'il s'agit de deux hommes distincts, nous pouvons dire : celui-ci existait quand cet autre n'existait pas. De même donc nous pouvons dire : ce temps existait quand cet autre temps n'existait pas ; mais dire : il y avait un temps quand aucun temps n'existait, c'est la dernière des folies. »[1]

Toutefois, que peuvent bien dès lors vouloir dire des expressions comme « avant le temps », ou « avant la création », ou « la fin des temps » ? Qui voudrait contester la remarque suivante d'Aristote, en sa *Métaphysique* : « Il ne pourrait y avoir ni l'avant, ni l'après, si le temps n'existait pas » (*Lambda,* 6, 1071 *b* 8-9, trad. Tricot) – à condition, certes, que les mots « avant et après » soient pris en leur sens premier ? Mais alors, si « avant le temps » est impossible, comment peut-on parler de manière sensée de l' « origine » de toutes choses, y inclus du temps lui-même ? Le temps peut-il débuter sans un « avant » qui l'obligerait à se précéder lui-même de manière absurde – à l'intérieur de lui-même, de surcroît ? Il saute aux yeux, en d'autres termes, qu'une telle origine ne pourrait le précéder que selon quelque autre sens de « précéder ». Mais que pourrait bien être cet autre sens, et comment cela pourrait-il être ? Le temps peut-il jamais cesser ? Comment peut-il y avoir une « dernière syllabe » du temps, sans quelque chose qui soit au-delà de lui et d'une autre nature ? La seule autre possibilité ne serait-elle pas un temps sempiternel, c'est-à-dire un temps qui a toujours existé, sans commencement, et qui existera toujours, sans fin ?

La réponse d'Augustin est bien connue. « (...) Ce n'est pas [écrit-il, s'adressant à Dieu] selon le temps que tu précèdes les temps ; autrement, tu ne précéderais pas tous les temps. Mais tu précèdes tous les temps passés selon la hauteur de ton éternité toujours présente. Et tu surpasses tous les temps futurs, parce qu'ils sont futurs et qu'une fois

1. *De Civitate Dei,* XII, XVI, 2, trad. G. Combès, Bibliothèque augustinienne, Paris, Desclée de Brouwer, 1959, p. 203. Sur « la découverte philosophique de l'éternité », voir Jan Patocka, *Platon et l'Europe* (1973), traduit du tchèque par Erika Abrams, Paris, Verdier, 1983, notamment p. 20, 78 sq., 87.

venus ils seront passés, *tandis que toi, tu es identique à toi-même, et tes années ne s'évanouiront pas* [Ps. 101, 28]. Tes années ni ne vont ni ne viennent ; les nôtres vont et viennent pour que toutes puissent venir. Tes années subsistent toutes simultanément, parce qu'elles subsistent ; elles ne vont pas, chassées par celles qui viennent, puisqu'elles ne s'en vont pas. Mais les nôtres ne seront toutes que lorsque toutes auront cessé d'être. Tes *années sont un jour unique* [Ps. 89, 4 ; II Petr. 3, 8], et ton jour n'est pas le jour quotidien, mais "l'aujourd'hui" parce que ton "aujourd'hui" ne cède pas la place à un "demain", car il ne succède pas non plus à un "hier". Ton "aujourd'hui", c'est l'éternité. (...) Tous les temps, c'est toi qui les as faits et avant tous les temps toi tu es ; et il n'y a pas eu de temps quelconque où le temps n'était pas (*Confessions,* XI, XIII (16), trad. E. Tréhorel et G. Bouissou légèrement modifiée). »

Même s'il se définit forcément toujours par opposition au temps, le concept d'éternité a été admirablement mis au clair très tôt dans la tradition philosophique. Les plus grands philosophes et théologiens sont fondamentalement d'accord quand il s'agit de définir l'éternité avec rigueur. C'est au point qu'on la croirait plus facile à définir que le temps. Quelques rappels rapides devraient par conséquent suffire à son propos.

Parménide, disions-nous, a le premier défini l'éternité de manière rigoureuse[1] : « Ni il n'était une fois, ni il ne sera, puisqu'il est maintenant, tout entier ensemble, un, continu » (DK 28 B 8.5-6 ; trad. Conche). « Tout entier ensemble » *(homou pan)* réapparaît mot à mot dans le traité de Plotin, *De l'éternité et du temps, Ennéades,* III, 7, 3, 1.37 *(homou pasa),* de même qu'en la formule *tota simul* de la célèbre définition de Boèce (*interminabilis vitae tota simul et perfecta possessio* : « possession tout à la fois tout entière et parfaite d'une vie

1. Comme le rappelle Pierre Aubenque – qui défend à son tour, en accord avec G. E. L. Owen et contre D. O'Brien, cette interprétation, de manière du reste tout à fait convaincante –, « tous les commentateurs ont vu ici une caractérisation de l'éternité » (« Syntaxe et sémantique de l'être dans le poème de Parménide », in *Études sur Parménide,* sous la dir de Pierre Aubenque, Paris, Vrin, 1987, t. II, p. 126) ; cf. G. E. L. Owen, « Plato and Parmenides on the Timeless Present », in *Logic, Science, and Dialectic. Collected Papers in Greek Philosophy* (ed. Martha Nussbaum), New York, Cornell University Press, 1986, p. 27-44 ; et Denis O'Brien, « L'être et l'éternité », in *Études sur Parménide, op. cit.,* p. 135-162. W. K. C. Guthrie voit avec raison dans cette reconnaissance par Parménide de l'éternel comme appartenant à « a separate category from *everlasting* » un « major intellectual achievement », et explique fort bien la distinction : « To conceive of something as merely everlasting ["sempiternel"] is to set it in time. One says that just as it is now, so it was thousands of years ago and will be in the future. But for the eternal "was" and "will be" have no meaning, and the time-sequence is abolished » (*A History of Greek Philosophy,* vol. II, Cambridge University Press, 1965, p. 29).

sans terme » ; *Consolation de la philosophie,* V, pr. 6), que saint Thomas fera sienne : l'éternité n'admet pas de succession, puisqu'elle est d'un seul tenant, tout à la fois, parfaite, ne manquant de rien. On peut comparer également Augustin dans le passage des *Confessions,* XI, XIII, déjà cité : *omnes simul stant* : pour Dieu, les années « subsistent toutes simultanément ». Mais non moins remarquable est le fait que Parménide comprend déjà l'éternité comme un *nun,* un « maintenant » au sens rigoureux de quelque chose d' « un » et « indivisible », à l'instar du point du géomètre défini, lui, comme *hou meros outhen,* « ce qui n'a pas de parties » (c'est la toute première définition des *Éléments* d'Euclide, héritée d'une longue tradition)[1].

On se souvient que Parménide entend exclure de l'être toutes les formes de non-être : la génération, qui suppose que ce qui est maintenant n'était pas, et la corruption, qui implique qu'il ne sera plus ; mais aussi la pluralité, où une chose *n'est pas* l'autre. Être un veut vraiment dire être indivisible, comme Aristote ne laissera pas de le répéter à maintes reprises (*e.g. Métaphysique,* Δ, 6, 1016 *b* 4-5). En excluant le devenir, en excluant le passé et l'avenir, comme il le fait en cette même phrase, il est clair que *suneches* pour Parménide ne signifie pas ici « continu » au sens où nous parlons de « temps continu » (cf. Aristote, *Physique,* V, 3, 227 *a* 11-12 et IV, 13, 222 *a* 10-12) ; dans cette phrase, *suneches* suggère que l'être « tient ensemble », « contient », ne fait qu'un avec lui-même. « Par un seul maintenant [il] emplit le toujours », dira Montaigne (*Essais,* II, 12). L'être est continu en ce sens qu'il dure dans un maintenant qui ne passe pas, car il est toujours présent. Il y a, de plus, la notion d'une « durée sans succession ». Dans une édition récente, tout à fait remarquable, du poème de Parménide, Marcel Conche renvoie à Thomas d'Aquin : *aeternitas durationem quamdam significat* : « l'éternité est une espèce de durée », mais sans succession : *ipsa aeternitas successione caret* (« l'éternité elle-même n'offre pas de succession » : *Summa theologiae, Ia pars,* q. 10, art. 1) ; de même la création exclut-elle l'idée de succession : *omnis creatio*

1. Cf. l'excellent commentaire de Marcel Conche, Parménide, *Le Poème : Fragments,* Paris, PUF, « Épiméthée », 1996, p. 134-140 et les notes précieuses de Werner Beierwaltes à sa traduction de Plotin, *Über Ewigkeit und Zeit* (Enneade III, 7), Frankfurt, Klostermann [1967], 1981, p. 177-178, où l'on trouve quantité de références à d'autres textes parallèles de Plotin, Porphyre et Proclus ; aussi à Boèce, saint Grégoire le Grand et saint Anselme ; il dresse en outre une liste des formules équivalentes chez Plotin et Parménide mises en regard les unes aux autres ; voir aussi, à propos du « maintenant » dans la définition de l'éternité, les p. 170-172 qui font état de nombreux lieux parallèles chez Plotin lui-même, Plutarque, Porphyre, Proclus, Ammonius, Simplicius, Olympiodore, Boèce, Gilbert de la Porrée, Albert le Grand, Thomas d'Aquin, Eckhart, Augustin et Pierre Damien.

absque successione est (« toute création est sans succession » : *Contra Gentiles,* II, 19). Dans ses Objections aux *Méditations métaphysiques* de Descartes, Arnauld décrira à son tour la durée de Dieu comme « indivisible, permanente et subsistante toute à la fois » (*indivisibilis, permanens, tota simul* ; « en Dieu il n'y a point de passé ni de futur, mais un continuel présent »). Descartes aussi d'ailleurs : la « durée de Dieu » *(duratio Dei)* est « tout à la fois tout entière » *(tota simul),* au contraire de la « durée successive » *(duratio successiva)*[1].

Dans le *Timée,* Platon insiste que la forme présente du verbe être exprime le mieux l'éternité : « (...) Les expressions "il était", "il sera", ne sont que des modalités du temps, qui sont venues à l'être ; et c'est évidemment sans réfléchir que nous les appliquons à l'être qui est éternel, de façon impropre. Certes, nous disons qu' "il était", qu' "il est" et qu' "il sera", mais, à parler vrai, seule l'expression "il est" s'applique à l'être qui est éternel. En revanche, les expressions "il était" et "il sera", c'est à ce qui devient en progressant dans le temps qu'il sied de les appliquer, car ces deux expressions désignent des mouvements. Mais ce qui reste toujours dans le même état sans changer, il ne convient pas que cela devienne plus jeune ou plus vieux avec le temps, ni que cela soit venu à l'être dans le passé, se trouve venu à l'être dans le présent ou vienne à l'être dans l'avenir. Et, de façon générale, à ce qui reste toujours dans le même état sans changer, n'appartient rien de tout ce que le devenir a attaché à ce qui est transmis par les sens, mais ce ne sont là que des modalités du temps qui imite l'éternité et qui se meut en cercle suivant le nombre (37 *e* 4 - 38 *a* 8, trad. Luc Brisson) ».[2] Plotin est encore plus explicite : voir l'éternité c'est voir « une vie qui persiste dans son identité, qui est toujours présente à elle-même dans sa totalité, qui n'est pas ceci, puis cela, mais qui est une perfection indivisible. Tel un point où s'unissent toutes les lignes, sans qu'elles s'épandent jamais au dehors ; ce point persiste en lui-même dans son identité ; il n'éprouve aucune modification ; il est toujours dans le présent, et il n'a ni passé ni futur ; il est ce

1. Cf. A. Arnauld, in *Objectiones Quartae, Œuvres de Descartes,* éd. Adam-Tannery, VII. p. 211, l. 13-14 ; et IX, p. 164 ; Descartes, *Lettres à Arnauld* du 4 juin et du 29 juillet 1648, *in* AT, V, 193, 15 ; et 223, 14 ; voir Marcel Conche, *op. cit.,* p. 136. Voir aussi les pages brillantes et profondes de Kierkegaard, sur l'instant atome de temps et atome d'éternité, in *Le concept d'angoisse,* trad. Knud Ferlov et J.-J. Gateau, Paris, Gallimard, « Idées », 1935, p. 87-96 et 176-177.

2. Cette page du *Timée* permet en même temps de mieux apprécier la dette de Platon envers Parménide, que Guthrie voit avec justesse : « For all Plato's greater maturity of thought and resources of expression, it is difficult to overestimate his debt to the man who first had the intellectual vision to say of "what is" : "It was not in the past, nor yet shall it be, since it now is all together" » (W. K. C. Guthrie, *A History of Greek Philosophy,* vol. II, *op. cit.,* p. 30).

qu'il est, et il l'est toujours. (...) Il est ce qu'il est et ne sera pas autrement. Que lui adviendrait-il qu'il ne soit dès maintenant ? Il n'y a pas pour lui d'avenir qui ne soit déjà présent. (...) Oui, ce qui est dans les limites de l'être a une vie présente tout entière (*homou pasa,* l'écho de Parménide que nous citions : DK 28 B 8, 5 : *homou pan*), pleine et indivisible en tout sens ; cette vie, c'est l'éternité que nous cherchons (*Ennéade,* III, 7, 3, trad. É. Bréhier) ».

Certaines formules du *De Trinitate* (IV, 69-77) de Boèce, qui sont passées à la postérité, rendent bien cette constatation : *nostrum « nunc » quasi currens tempus facit et sempernitatem, divinum vero « nunc » permanens neque movens sese atque consistens aeternitatem facit* : « Notre "maintenant" fait le temps qui court et la "sempiternité" ; cependant que le "maintenant" divin, permanent, immobile et constant, fait l'éternité. » De là ces propos lapidaires de Thomas d'Aquin : *nunc fluens facit tempus, nunc stans facit aeternitatem*[1].

S'agissant du temps, c'est le contraste entre le « maintenant » et le point qui est en réalité le plus éclairant. Car l'avant et l'après marqués par le « maintenant » sont *toujours autres.* Nous l'indiquions plus haut, une observation d'Aristote met vivement en lumière la nature du temps : on voit que le « maintenant » du temps est *aei heteron,* « toujours autre » (*Physique,* IV, 11, 220 *a* 14), du fait qu'alors qu'on peut reprendre deux fois le même point sur un continu, marquant à la fois la fin d'une longueur et le début d'une autre, il en va tout autrement lorsqu'on compte le temps : il est impossible de reprendre deux fois le même « maintenant », on est obligé de prendre deux « maintenants » différents, « à la manière des extrémités d'une même ligne » (cf. Aristote, *Physique,* 220 *a* 4 - 220 *a* 21 ; trad. Catherine Collobert).

Voilà qui permet de mieux entrevoir ce qui constitue le temps, ce qui fait qu'il est ce qu'il est : le « maintenant » du temps est perpétuellement « autre », « différent », de manière inéluctable, qu'on ne peut pas arrêter, il court toujours, sans jamais revenir. À l'instar des eaux du fleuve d'Héraclite, le mouvement est « autre, toujours autre » (*aei allos kai allos* : Aristote, *Physique,* IV, 219 *b* 9-10), et de même le temps. Le mouvement d'un point engendre une ligne en géométrie ; le

1. *Summa theologiae, Ia Pars,* q. 10, a. 2, obj. 1 ; cf. *In Phys.*, IV, lect., XVIII, 5 [Léonine]) : « Ex hac autem consideratione, de facili potest accipi intellectus aeternitatis. Ipsum enim nunc, inquantum respondet mobili se habenti aliter et aliter, discernit prius et posterius in tempore, et suo fluxu tempus facit, sicut punctus lineam. Sublata igitur alia et alia dispositione a mobili, remanet substantia semper eodem modo se habens. Unde intelligitur nunc ut semper stans, et non ut fluens, nec habens prius et posterius. Sicut igitur nunc temporis intelligitur ut numerus mobilis, ita nunc aeternitatis intelligitur ut numerus, vel potius ut *unitas* rei semper eodem modo se habentis. »

point lui-même sert alors de repère pour discerner l'avant et l'après dans ce mouvement. Le « maintenant » peut se comparer à un tel point en mouvement, à la fois pour autant qu'il demeure le même, comme toute chose en mouvement, et pour autant que sa perpétuelle altérité engendre le temps lui-même. « En un sens, donc [écrit Aristote], le maintenant est toujours le même, en un autre sens, il n'est pas le même, comme c'est en effet le cas pour la chose en mouvement » (219 *b* 31-32). Sans le temps, il ne pourrait y avoir de « maintenant », et, réciproquement, s'il n'y avait pas de « maintenant », le temps ne serait pas ; pas plus qu'il n'y a de mouvement sans la chose en mouvement. Ainsi le « maintenant » est-il à l'écoulement du temps ce que la chose en mouvement est à la fluidité du mouvement, et il est au nombre qu'est le temps comme l'unité, la « monade », au nombre (cf. 219 *b* 28 - 220 *a* 4).

Dans *Les métamorphoses du cercle,* Georges Poulet cite une belle analogie tirée de saint Thomas, qui se retrouve chez plusieurs bons auteurs, dont Dante : la simultanéité de l'éternité et du temps peut s'illustrer par la simultanéité du centre d'une circonférence et celle d'un point donné de la circonférence. Ce dernier ne coïncide avec aucun autre point de la circonférence, cependant que le centre, pourtant directement opposé à tous les points de la circonférence, coïncide avec tous. De même l'éternité coexiste-t-elle avec tous les « maintenants » du temps, cependant qu'aucun d'entre eux ne peut coexister avec les autres, en raison de la durée successive définissant le temps. Dans le *Contra Gentiles* (I, 66), on lit notamment : « L'éternité est toujours présente à quelque temps ou moment du temps que ce soit. On peut en voir un exemple dans le cercle : un point donné de la circonférence, bien qu'indivisible, ne coexiste pas cependant avec tous les autres points, car l'ordre de succession constitue la circonférence ; mais le centre, qui est en dehors de la circonférence, se trouve en rapport immédiat avec quelque point de la circonférence que ce soit. » Dans un autre texte, l'auteur précise : « L'éternité ressemble au centre du cercle ; bien que simple et indivisible, elle comprend tout le cours du temps, et chaque partie de celui-ci lui est également présente. »[1]

1. Cf. Georges Poulet, *Les métamorphoses du cercle* (1961), Paris, Flammarion, « Champs », 1979, p. 28 sq. ; nous citons la traduction proposée par l'auteur ; le premier texte latin (plus complet) se lit comme suit : « (...) Cum aeterni esse nunquam deficiat, cuilibet tempori vel instanti temporis praesentialiter adest aeternitas. Cuius exemplum utcumque in circulo est videre : punctum enim in circumferentia signatum, etsi indivisibile sit, non tamen cuilibet puncto alii secundum situm coexistit simul, ordo enim situs continuitatem circumferentiae facit ; centrum vero, quod est extra circumferentiam, ad quodlibet punctum in circumferentia signatum directe oppositionem habet. Quicquid igitur in quacumque parte temporis est, coexistit aeterno quasi praesens eidem :

Quoi qu'il en soit, l'éternité, on l'a vu, nous apparaît comme l'autre du temps, et se définit par la négation de ce qui le caractérise, en particulier de la perpétuelle altérité du « maintenant » temporel. Ainsi que l'a fait observer à juste titre Paul Ricœur, « il faut que je puisse nier les traits de mon expérience du temps pour percevoir celle-ci comme en défaut par rapport à ce qui la nie. C'est cette double et mutuelle négation, pour laquelle l'éternité est l'autre du temps, qui, plus que tout, *intensifie* l'expérience du temps »[1]. Si saint Augustin et tous ceux qui pensent comme lui ont raison quant à l'éternité et à la création, le prodigieux déploiement du cosmos et l'évolution des espèces forcent d'autant plus l'admiration.

6 / L'EXPÉRIENCE MORALE

Non moins étonnantes sont la loi morale présente dans la conscience, comme le relevait Kant dans le passage cité plus haut, et cette espérance d'une justice ultime que tous éprouvent, pour eux-mêmes, et pour autrui. D'où nous vient à toutes et tous l'indignation devant certaines injustices faite à des gens pourtant inconnus, en de lointains pays ? « D'où savons-nous [demande Augustin] ce qu'est un juste ? (...) Si seul le juste aime le juste, comment quelqu'un voudra-t-il être juste qui ne l'est pas encore ? Car nul ne veut être ce qu'il n'aime pas. (...) Or, il ne peut aimer le juste, celui qui ignore ce qu'est le juste. C'est donc qu'il sait ce qu'est le juste, celui-là même qui ne l'est pas encore (...) Mais comment savons-nous ce qu'est le juste, alors même que nous ne le sommes pas ? (...) Lorsque je cherche à en parler, je n'en trouve pas l'idée ailleurs qu'en moi-même, et si je demande à un autre ce qu'est le

etsi respectu alterius partis temporis sit praeteritum vel futurum. Aeterno autem non potest aliquid praesentialiter coexistere nisi toti : quia successionis durationem non habet. Quicquid igitur per totum decursum temporis agitur, divinus intellectus in tota sua aeternitate intuetur quasi praesens » (*Contra Gentiles,* I, 66). Le second : « (...) Centro similatur aeternitas ; quae cum sit simplex et indivisibilis totum decursum temporis comprehendit et quaelibet pars temporis est ei aequaliter praesens » (*Declaratio quorundam Articulorum,* op. 2). Cf. Goethe dans ses Conversations avec Eckermann, 3 novembre 1823 : « Beharren Sie nur dabei und halten Sie immer an der Gegenwart fest. Jeder Zustand, ja jeder Augenblick ist von unendlichem Wert, denn er ist der Repräsentant einer ganzen Ewigkeit. » « Persévérez et tenez-vous toujours ferme à l'heure présente. Chaque état présent, chaque seconde est d'une valeur infinie, car ils sont les représentants de toute une éternité » (trad. Jean Chuzeville). Goethe dit chaque « Augenblick », pas chaque « seconde ». Donc chaque instant. Et il ne parle pas de « secondes » au pluriel, mais dit bien dans le texte que chaque moment singulier a une valeur infinie car il représente toute une éternité, ce qui est évidemment beaucoup plus profond que ne le voit le traducteur.

1. Paul Ricœur, *Temps et récit,* t. I, Paris, Le Seuil, 1983, p. 48, n. 3.

juste, c'est en lui-même qu'il cherche quoi répondre. (...) Ce n'est pas là chose que j'ai vue de mes yeux (...) je vois une réalité présente, je la vois en moi, encore que je ne sois pas ce que je vois. »[1]

Quelle est, en somme, l'origine de cette idée et de ce désir si fort de justice en chacun de nous ? On ne peut être délivré du cercle infernal de la violence que par un commencement radicalement nouveau. Une justice totale ne peut provenir d'un être fini, mais seulement d'un esprit englobant et déterminant toutes choses, que nous appelons Dieu. Elle suppose un sens, une raison du tout qui nous échappe et que tentent en vain depuis longtemps d'établir les philosophies de l'histoire. L'hypothèse d'un non-sens absolu est constamment infirmée par les expériences de sens partiel qui nous adviennent – dans l'amour humain, par exemple. Ce sens partiel éveille à la question du sens du tout, et permet d'espérer, mais d'une espérance qui ne se satisfera que d'une justice absolue.

Emmanuel Levinas a évoqué l'exemple de l'assassin qui est incapable de regarder sa victime dans les yeux. La « pauvreté essentielle » du visage humain, sa vulnérabilité, néanmoins obligent, ce qui rend bien le sens de « l'obligation » morale. Les rapports humains sont d'emblée éthiques. Il ne s'agit pas d'une contrainte, mais d'un appel insistant à notre liberté. Ici comme ailleurs, cette liberté est tendue entre le fini et l'infini. Dans les termes magnifiques de Marcel Proust, « toutes ces obligations, qui n'ont pas leur sanction dans la vie présente, semblent appartenir à un monde différent, fondé sur la bonté, le scrupule, le sacrifice, un monde entièrement différent de celui-ci, et dont nous sortons pour naître à cette terre, avant peut-être d'y retourner vivre sous l'empire de ces lois inconnues auxquelles nous avons obéi parce que nous en portions l'enseignement en nous, sans savoir qui les y avait tracées – ces lois dont tout travail profond de l'intelligence nous rapproche et qui sont invisibles seulement – et encore ! – pour les sots »[2].

7 / LE DÉSIR DE DIEU

Nos désirs ne sont jamais satisfaits, et semblent rechercher autre chose qui les satisfasse et qui soit, comme eux, infini. Chaque désir

1. Saint Augustin, *De Trinitate,* VIII, VI, 9, trad. P. Agaësse (in *Œuvres,* Bibliothèque augustinienne, vol. 16, p. 50-55).

2. Marcel Proust, *La prisonnière,* in *À la recherche du temps perdu,* Paris, Robert Laffont, 1987, vol. 3, p. 157.

renvoie à son tour à un autre, lequel sera lui aussi relatif et ne sera pas non plus pleinement satisfait. L'infinité du désir humain ne peut être comblée que par un absolu. « Le gouffre infini ne peut être rempli que par un objet infini et immuable, c'est-à-dire que par Dieu même » (Pascal). Il ne s'agit pas d'un concept abstrait, mais de la réalité même de l'existence, comme l'a bien vu Hegel. Or c'est « réellement voir Dieu que de ne jamais trouver de satiété à ce désir », osait dire saint Grégoire de Nysse[1].

Cet « argument » du désir ne doit pas être sous-estimé, comme il risque de l'être si on glisse à sa surface. Si je trouve en moi un désir qu'aucune expérience de ce monde ne peut satisfaire, l'explication la plus probable est celle d'un monde différent où je serais davantage chez moi. Camus l'exprimait magnifiquement à sa manière : « Cette nostalgie d'unité, cet appétit d'absolu illustre le mouvement essentiel du drame humain. Mais que cette nostalgie soit un fait n'implique pas qu'elle doive être immédiatement apaisée. » Et encore : « Mais ce qui est absurde, c'est la confrontation de cet irrationnel et de ce désir éperdu de clarté dont l'appel résonne au plus profond de l'homme. »[2] Les trois grandes expériences négatives analysées de manière magistrale par William James, à savoir la mélancolie, le mal et le sens de la faute personnelle, sont des formes d'angoisse spirituelle qui, si elles hantent le monde d'aujourd'hui, ne sont pas moins au cœur de l'expérience religieuse[3]. Les raisons du cœur dont parlait Pascal ne sont pas à l'eau de rose : émanant de notre intimité la plus profonde, de notre être tout entier, elles sont en réalité très fortes – autant que la faim et la soif dans leur démonstration irréfutable de la *réalité* de l'aliment. N'allez pas dire à ceux que la faim tenaille, qui *meurent* littéralement de faim, qu'elle est une illusion et l'aliment lui aussi d'ailleurs. Ils en meurent, parce que l'aliment leur est nécessaire. S'il est nécessaire, c'est qu'il existe. Le manque d'aliment immédiat en témoigne assez. Pourquoi refuserait-on à cet absolu qui tenaille ainsi le cœur humain la réalité qu'on reconnaît à l'aliment ordinaire ? Qui osera dire à une amante ou à un amant véritables que l'être qu'ils aiment n'est pas dans leur cœur et n'a pas de réalité parce qu'il est absent – ou semble l'être ?

1. Pascal, *Pensées,* Brunschvicg, 425 ; Lafuma, 148 ; Grégoire de Nysse, *Vie de Moïse* 401 A - 405 A. Voir aussi Plotin, *Ennéades,* V, 6, 5.

2. *Le mythe de Sisyphe,* Paris, Gallimard, 1942 ; « Folio », p. 34-35 et 39.

3. Voir à ce propos Charles Taylor, *Varieties of Religion Today. William James revisited,* Cambridge, Harvard University Press, 2002, p. 33-42 ; William James, *The Varieties of Religious Experience,* Lectures VI and VII, *The Sick Soul,* London, Penguin Classics, 1985, p. 127-165.

« Alle Lust will Ewigkeit – will tiefe, tiefe Ewigkeit », constatait Nietzsche : « Toute joie veut l'éternité – veut la profonde, profonde éternité. »[1] L'amour véritable désire l'éternité. L'éternité est en ce sens au fond de nos cœurs et consciences humaines déjà. Au cœur du temps vécu, dont elle est pourtant l'opposé. Mais si l'éternité est, elle est par définition toujours et donc elle est déjà présente en ce moment. Elle ne peut être à venir, puisque ce serait assigner un avant à ce qui est par définition toujours.

D'où vient la soif, le besoin sans limites, qu'a l'artiste de créer œuvres après œuvres : ainsi pour le peintre, de célébrer l'énigme de la visibilité ? D'où vient cette passion de connaître, c'est-à-dire d'explorer, de découvrir, de rechercher, cette exigence de la pensée désirant comprendre toujours plus précisément, plus sûrement, qui définit l'activité des savants ou des penseurs authentiques quels qu'ils soient ? « Il n'y a aucune raison dans nos conditions de vie sur cette terre pour que nous nous croyions obligés à faire le bien, à être délicats, même à être polis, ni pour l'artiste athée de recommencer vingt fois un morceau dont l'admiration qu'il excitera importera peu à son corps mangé par les vers, comme le pan de mur jaune que peignit avec tant de science et de raffinement un artiste à jamais inconnu, à peine identifié sous le nom de Ver Meer » (Proust)[2]. Dans le cas de l'artiste comme du savant, nous assistons à nouveau à la quête de sens, au désir de trouver ou de donner sens. Elle n'a pas de cesse, parce qu'elle n'atteint jamais que du fini, de l'inachevé, de l'imparfait, qui appelle, requiert un autre, *son* autre, et ainsi de suite jusqu'au dernier autre possible intégré dans l'absolu, qui ne pourrait avoir, lui, d'opposé, et qui est Dieu. Quête de sens qui se confond bien entendu avec celle du bonheur.

8 / FINITUDE ET INFINI

Considérons d'autre part cette finitude que nous mettent sous les yeux les chefs d'œuvre tragiques et comiques, comme nous l'avons vu au chapitre III. « Quelque chose [rappelle Hegel] n'est su – et même ressenti – comme *borne,* manque, que pour autant que l'on est en même temps *au-delà* de lui. » « Ce n'est, par suite, ajoute-t-il, que de l'inconscience que de ne pas discerner que précisément la désignation de quelque chose comme quelque chose de fini ou de borné contient la

1. *Also sprach Zarathustra,* III, *Das andere Tanzlied,* 3.
2. Marcel Proust, *La prisonnière, op. cit.,* p. 157.

preuve de la présence *effective* de l'infini, du non-borné, que le savoir d'une limite ne peut être que dans la mesure où l'illimité est *de ce côté-ci* dans la conscience. »[1]

Déjà l'animal (que nous sommes aussi) sent sa borne, ses manques, éprouve des négations à travers la peur, la faim, la soif. Comme le précise Hegel au cours d'un développement magnifique des *Leçons sur la philosophie de la religion*[2], « la plante, le minéral sont eux aussi finis, mais ils n'ont aucun sentiment de leur borne ; c'est un privilège du vivant de sentir sa borne, et c'est, plus encore, le privilège du spirituel de savoir sa borne ». Or ici encore, « la borne n'existe pour moi que dans la mesure où je l'outrepasse ; le sentiment, la conscience de la borne implique son dépassement ; c'est pour nous que le minéral est borné, il ne l'est pas pour lui-même ». On y fait en outre l'expérience de « la certitude ou le sentiment-de-soi de son besoin, de sa relation à soi ». En satisfaisant son besoin, on supprime le manque qui est posé dans le besoin. C'est seulement parce qu'il est un sentiment-de-soi que l'animal a besoin. « Il a des besoins, mais il est en même temps tendance à supprimer cette négation de soi. Toute tendance consiste seulement en ceci que dans le vivant est posée une négation qui contredit le soi, car le soi est l'affirmatif ; cette affirmation de soi-même se restaure elle-même. Par conséquent, dire que l'animal se sent fini, qu'il sent ses bornes, c'est dire qu'il est vivant – par le fait d'avoir une tendance, dans la suppression de la borne, et dans cette suppression il se réconcilie à nouveau avec soi-même, avec le monde, il est retourné à son sentiment-de-soi satisfait, rassasié ».

Ce n'est que dans la mesure où nous sommes au-delà de notre finitude, par la comparaison avec l'affirmation opposée au manque que nous éprouvons, que nous nous sentons finis. « Je ne sens ma borne, je n'ai un savoir de ma limite que parce que je n'ai pas de borne, parce que j'ai une conscience, une conscience immédiate. Ici ce qui est au-delà de la borne est un autre que moi, je suis déterminé seulement en tant que fini. » Cet autre, l'infini, « est le non-fini, le non-particulier, le non-borné, l'universel en général ».

Hegel poursuit en expliquant plus loin que cet autre encore « que l'on appelle Dieu », nous ne pouvons que « soupirer après lui dans le

1. G. W. F. Hegel, *Encyclopédie des sciences philosophiques,* I : *La science de la logique,* édition de 1830 et de 1827, Concept préliminaire, § 60, trad. Bernard Bourgeois, Paris, Vrin, 1979, p. 321.

2. G. W. F. Hegel, *Leçons sur la philosophie de la religion,* Première partie, Introduction – Le concept de religion, nouvelle édition établie par Walter Jaeschke et traduite par Pierre Garniron, Paris, PUF, « Épiméthée », 1996, p. 172-201.

sentiment de notre finitude – rien de plus pour nous, car nous sommes fixés absolument dans notre finitude ». Le désir ardent de cet autre, notre aspiration à lui, « ne doit être qu'une tentative, une simple nostalgie qui ne peut atteindre ce qu'elle cherche ». Il importe de bien voir que « cette orientation vers un au-delà, la nostalgie, est exclusivement ma nostalgie, mon action, mon orientation, mon émotion ». De sorte que les prédicats que j'assignerai à cet au-delà n'ont de sens qu'en moi. Ma finitude m'empêche d'atteindre l'au-delà ; même si reconnaître un au-delà est ma tendance, mon aspiration et mon vouloir, ces deux déterminations – ma finitude et cet au-delà – tombent entièrement en moi. « Il existe donc une scission à l'intérieur de moi-même ».

Il faut toutefois distinguer trois formes de finitude, dont la première est la finitude naturelle, sensible, où l'on n'a affaire qu'à du singulier. « La manifestation universelle en est la mort ; le fini passe. » Deux contraires ne peuvent coexister de manière effective dans le même sujet individuel : je ne puis être aveugle *stricto sensu* et voir en même temps, même si, étant aveugle, j'aspire à voir. Dans la seconde forme de finitude, celle de la réflexion, la finitude en revanche se conserve, puisque dans la réflexion les contraires sont ensemble : la finitude et l'infinité s'y « perpétuent dans leur opposition ». Leur unité est ainsi posée dans la réflexion, en ce sens que l'un ne peut être pensé sans l'autre. On voit alors apparaître la conscience religieuse, en laquelle « se trouve la racine de tout ce en quoi l'homme a sa vérité, de tout ce qui doit être pour lui devoir ; tous les autres droits et devoirs dépendent de la forme de cette racine intime, et c'est précisément ce qui a valeur de vérité pour l'esprit dans sa racine qui est le fondement de toute effectivité ». Reste le point de vue supérieur, le troisième rapport du fini à l'infini dans la raison, où cette fois le rapport est inversé et la réalité enfin saisie : « Le fini est contenu dans l'infini lui-même. » La raison voit bien que c'est le parfait qui permet de définir l'imparfait. « La véritable détermination du fini dans son rapport à l'infini est l'unité immédiate des deux. » La définition de la cécité, c'est la vue qui la donne. Sans cette dernière il n'y aurait pas de cécité. Voilà qui confirme l'implication du fini dans l'infini, perçue d'abord sous forme de manque et d'aspiration vitale.

9 / LA « LUMIÈRE INACCESSIBLE »

C'est assez dire en même temps que Dieu nous est incompréhensible. Quiconque veut parler de Dieu est confronté à l'inadéquation perpétuelle entre le discours humain et ce qu'il tente de dire quand il dit *Dieu.* Wittgenstein, dès le *Tractatus,* ne s'y est pas trompé : « Il y a assurément de l'inexprimable. Celui-ci *se montre,* il est l'élément mystique » (6.522). « Ce qui *peut* être montré *ne peut pas* être dit » (4.1212). « Ce qui est mystique, ce n'est pas *comment* est le monde, mais le *fait* qu'il est » (6.44)[1].

La première conversion d'Abraham, dont il a été question plus haut, fut suivie d'une autre conversion, seule vraiment authentique et définitive, où il fut cette fois converti par l'expérience de la parole. Il comprend alors que « Dieu est l'Absolu, le Tout-Autre, le Lumineux, le Fascinant, et qu'il parle, agit librement, fait irruption comme il veut dans sa vie ». Ce n'est plus Dieu à la mesure du cosmos, mais « le Dieu qui se manifeste de façon imprévisible, inconnaissable, parce qu'il est l'inconnaissable, l'inconnaissable qui agit »[2].

Les Pères de l'Église l'ont sans cesse marqué : « Dieu est insaisissable à l'esprit humain. S'il était saisi, ce ne serait sûrement pas Dieu » (Évagre le Pontique). « Quiconque a vu Dieu et a compris ce qu'il a vu n'a pas vu » (Maxime le Confesseur). Dans le traité des *Noms divins* de Denys, on retrouve l'image platonicienne du soleil figure du bien et cause universelle de vie et de lumière que nos yeux ne peuvent cependant fixer. Tous accorderaient à coup sûr à Aristote que face à ce qui est en soi le plus évident, en l'occurrence Dieu, les yeux de notre intelligence se comparent à ceux des oiseaux de nuit en plein jour[3].

Dieu ne peut donc être à vrai dire connu que par lui-même : jamais la pensée humaine ne peut en tout cas le faire sienne. Il semble habiter, pour toute intelligence autre que lui-même, une « lumière inaccessible » (*I Timothée,* 6, 16). « La nécessité inconditionnée dont nous avons si indispensablement besoin comme de l'ultime support de toutes choses est le véritable abîme de la raison humaine », écrit excellemment Kant[4]. Cette incompréhensibilité nous met à nouveau en présence de notre finitude : nos concepts sont finis, ce qui n'a cependant

1. Ludwig Wittgenstein, *Tractatus logico-philosophicus,* with an Introduction by Bertrand Russell, Londres, Routledge & Kegan Paul, 1922, p. 78 et 186.

2. Carlo M. Martini, *Abraham notre père dans la foi, op. cit.,* p. 40.

3. Respectivement, Évagre le Pontique, *PG,* 40, 1275 C ; Maxime, *Ep. Dionys.* [Commentaire sur les lettres de Denys], 529 A ; Denys, *De Divinis Nominibus,* c. IV, 693 B ; 696 B ; 699 B - 700 A ; V, 824 B-C ; Platon, *République,* VI, 508 *d* sq. ; VII, 515 *e* sq. ; Aristote, *Métaphysique, a* 1, 993 *b* 9-11. Voir toutefois surtout saint Jean Chrysostome, *Sur l'incompréhensibilité de Dieu,* trad. Robert Flacelière, Paris, Cerf, « Sources chrétiennes », 1951. Voir aujourd'hui Jean-Luc Marion, *De la « mort de Dieu » aux noms divins : l'itinéraire théologique de la métaphysique,* in *L'être et Dieu* (collectif), Paris, Cerf, 1986, p. 103-130 ; Dominique Bourg, *Transcendance et discours,* Paris, Cerf, 1985.

4. *Critique de la raison pure,* trad. Alexandre J.-L. Delamarre et François Marty, in *Œuvres philosophiques,* Paris, Gallimard, « La Pléiade », 1980, I, p. 1225 (KRV, B 641 ; AK III, 409).

de signification qu'en regard d'un infini, vu que toute imperfection implique son opposé, la perfection. Encore une fois, cet infini, pour nous incompréhensible, ne serait-il pas, justement, Dieu ? Car incompréhensibilité et perfection ne font ici qu'un.

10 / QUELLE BEAUTÉ SAUVERA LE MONDE ?

La musique porte au jour, disions-nous, les dimensions peut-être les plus mystérieuses, inexprimables autrement, de notre être et de sa condition. Comme la poésie, elle éveille en nous la nostalgie d'absolu qui a inspiré à Baudelaire ces lignes impérissables : « C'est cet admirable, cet immortel instinct du Beau qui nous fait considérer la Terre et ses spectacles comme un aperçu, comme une *correspondance* du Ciel. La soif insatiable de tout ce qui est au-delà et que révèle la vie, est la preuve la plus vivante de notre immortalité. C'est à la fois par la poésie et *à travers* la poésie, par et *à travers* la musique, que l'âme entrevoit les splendeurs situées derrière le tombeau ; et quand un poème exquis amène les larmes au bord des yeux, ces larmes ne sont pas la preuve d'un excès de jouissance, elles sont bien plutôt le témoignage d'une mélancolie irritée, d'une postulation des nerfs, d'une nature exilée dans l'imparfait et qui voudrait s'emparer immédiatement, en cette terre même, d'un paradis révélé. Ainsi le principe de la poésie est, strictement et simplement, l'aspiration humaine vers une Beauté supérieure, et la manifestation de ce principe est dans un enthousiasme, un enlèvement de l'âme : enthousiasme tout à fait indépendant de la passion, qui est l'ivresse du cœur, et de la vérité, qui est la pâture de la raison. »[1]

George Steiner a démontré que « l'expérience du sens, en particulier dans le domaine esthétique, en littérature, en musique et dans les arts plastiques, implique la possibilité d'une "présence réelle" de Dieu. Le pari sur le sens du sens "porte de fait sur la transcendance" »[2]. Steiner fait un plaidoyer particulièrement éloquent en faveur de la musique à cet égard, rappelant à diverses reprises la remarque de Claude Lévi-Strauss selon laquelle la musique est le seul langage qui

1. Charles Baudelaire, *Théophile Gautier,* in *Œuvres complètes,* Paris, Robert Laffont, « Bouquins », 1980, p. 498-499 ; le même texte réapparaît tel quel dans ses *Notes nouvelles sur Edgar Poe, ibid.,* p. 598-599, avec des différences minimes (ainsi le mot « excitation » au lieu d' « enlèvement » de l'âme).

2. George Steiner, *Réelles présences, op. cit.,* p. 22.

soit à la fois intelligible et intraduisible, le créateur de musique étant, pour sa part, comparable aux dieux, et la musique elle-même « le mystère suprême » des sciences humaines. Redisons-le : ce que les arts du beau ont en propre est de nous permettre d'exprimer l'inexprimable. La musique rend merveilleusement l'indicible des sentiments de langueur ou de tristesse, mais avant tout l'amour, la joie et la jubilation qui dépassent le verbe. Nous l'avons vu, la facilité avec laquelle la musique émeut révèle son affinité profonde avec le dynamisme de l'âme. Elle manifeste la vie latente des sons, l'impression produite par le son s'intériorisant aussitôt pour être portée ensuite par notre seule intériorité. Notre être est soumis au temps où tout s'évanouit, comme le son lui-même. Le temps est en quelque sorte la matière privilégiée de la musique, puisque l'expérience musicale est constituée au départ de mémoire, d'attention et d'attente, les trois actes de l'âme qui fondent simultanément le temps en notre conscience[1].

S'agissant de la beauté, nous avons vu également ce qui permet de dire : « Même ici-bas, il faut dire que la beauté consiste moins dans la symétrie que dans l'éclat qui brille en cette symétrie, et c'est cet éclat qui est aimable *(erasmion).* »[2] Ainsi Plotin explique-t-il notre amour de la beauté : dans les termes du *Phèdre,* la beauté est ce qui attire le plus l'amour, *parce qu'*elle est ce qui se manifeste avec le plus d'éclat ; rien n'est plus désirable que la lumière. L'harmonie, la mesure, la proportion, la symétrie, la figure montrant l'être de la chose, tous ces traits qu'on associe naturellement au beau, concourent à la clarté qu'irradient les objets contemplés : éclat de l'être, de la vie, avant tout de l'esprit. Plus est parfaite la proportion entre le tout et ses parties, mieux la vérité de son être resplendit et suscite le désir de remonter à sa source, de voir – mais aussi de baigner dans – la Beauté[3]. De même que la vue de la beauté de l'être aimé entretient notre amour, ainsi la splendeur des êtres nous fait aimer davantage ce que tous désirent, qui a pour nom Bien.

On ne saurait passer sous silence l'apport splendide de la tradition théologique à la question posée : « Quelle beauté sauvera le monde ? » Ce Bien qu'est Dieu, nous dit Denys, « les saints théologiens le célèbrent *(hymneitai)* aussi en l'appelant Beau *(kalon),* Beauté *(kallos),*

1. Nous avons exploré davantage ce dernier aspect et d'autres aussi dans *La nouvelle ignorance et le problème de la culture, op. cit.,* p. 118-126.

2. Plotin, *Ennéades* VI, 7, 22.

3. Cf. C. S. Lewis, *The Weight of Glory,* dans *Screwtape proposes a Toast,* Glasgow, Fount Paperbacks, Collins, 1977, p. 94-110 ; et, dans le même recueil, les essais « Transposition » et « Is Theology Poetry ? ».

Amour *(agapê),* Aimable *(agapêton),* et de tous les autres noms divins »[1]. Ce Bien et cette Beauté, c'est, de manière « surressentielle » *(huperousion),* Dieu, cause *(aition)* de l'harmonie *(euarmostia)* et de la clarté *(aglaïa)* de l'univers, lumière source de toute lumière. « Beauté », Platon l'a montré, veut dire aussi « appel » : Dieu appelant, attirant toutes choses à lui comme à leur bien le plus intime[2]. Toute forme de beauté, jusqu'à la plus humble, participe de cet appel de la beauté divine et la reflète. Le discours de louange, la prière, est réponse à cet appel : on pressent, ou l'on sait, qu'il est préférable à tout autre, car il se veut entièrement à la mesure de l'être aimé, comme le langage de l'amant véritable, qui éprouve le besoin de se désencombrer de soi afin d'être à la hauteur de l'appel, de combler la distance infranchissable. Ainsi d'ailleurs la « théologie négative », où c'est, dans son inadéquation même, le soi de notre connaissance, et, par suite, du langage obéissant à celle-ci, qui est nié, et rien de ce qui appartient à Dieu : dire de l'indicible qu'il est indicible, c'est dire le vrai en même temps que célébrer sa beauté. Aussi est-ce d'abord par la louange amoureuse que les mystiques ont, depuis toujours, répondu à l'appel de la beauté et de la bonté de Dieu.

Saint Paul écrit : « Ce que l'on peut connaître de Dieu est pour eux manifeste : Dieu le leur a manifesté. En effet, depuis la création du monde, ses perfections invisibles, éternelle puissance et divinité, sont visibles dans ses œuvres pour l'intelligence » (*Romains,* I, 20). Pour eux, c'est-à-dire pour nous, humains. Or est beau, avons-nous vu, ce qui manifeste avec clarté ; et seul l'œil de l'intelligence est à même d'apprécier la beauté, même corporelle. C'est pourquoi l'usage contemplatif des sens les plus cognitifs, la vue et l'ouïe, est propre à l'être humain. Déjà en eux se vérifie la nature contemplative de l'être humain – évidente en l'immensité du regard de l'enfant. Saint Augustin fait l'éloge de Platon et des Platoniciens pour avoir déclaré que l'homme trouve le bonheur « quand il jouit de Dieu (...) comme l'œil jouit de la lumière ». Ainsi, *philein* (aimer), *sophian* (la sagesse), c'est-à-dire philosopher, c'est aimer Dieu. *Sophia* qui est, selon Aristote, *sapheia,* « clarté », parce qu'elle « éclaire toutes choses » et « tire à la lumière les choses cachées », compensant notre myopie et la faiblesse de notre intelligence. Aussi l'ouvrage proposant la recherche de cette sagesse, qui est parvenu à la postérité sous le titre de *Métaphysique,*

1. Denys l'Aréopagite, *Noms divins,* IV, 7, *PG,* 3, 761. Cf. aussi saint Jean Chrysostome, *Sur l'incompréhensibilité de Dieu,* trad. R. Flacelière, Paris, Cerf, 1951.

21. C'est Denys qui applique ainsi cette étymologie à Dieu. Pour son origine, cf. Platon, *Cratyle* 416 *c-d.*

s'ouvre-t-il sur l'énoncé : « Tous les hommes désirent naturellement savoir. »[1]

Semblablement, tous ceux qui, à toutes époques, y compris la nôtre, professent que la dignité de l'être humain s'enracine en sa pensée, ou encore réside dans la liberté, témoignent en réalité de cette primauté de la contemplation, c'est-à-dire de la considération de la vérité et de la beauté. Si l'être humain désire tant la liberté, c'est que sa nature le porte avant tout à se livrer à une activité qui trouve en elle-même sa propre fin et n'est asservie à rien. Telle est la manifestation même de la vérité, c'est-à-dire la beauté : elle est tout entière « pour soi ». Et les traits de la beauté – l'harmonie ou la proportion, la clarté, et les autres – s'enracinent tous en l'intelligence. Ils nous causent le plus vif plaisir. Or ce qui définit le plaisir, c'est la connaturalité : nous nous délectons dans ce qui nous agrée, nous correspond, si bien que la nature de nos délectations les plus caractéristiques nous révèle à nous-mêmes ; nous nous y reconnaissons tels que nous sommes. C'est ce qui semble avoir incité Heidegger à écrire : « Le Beau est ce que nous honorons et vénérons en tant que le prototype de notre essence », en se fondant justement sur la nature du plaisir, auquel Kant et Nietzsche font appel dans leurs définitions du beau[2]. Ainsi donc, si nous aimons naturellement la beauté, c'est que nous sommes faits pour elle et que nous nous y reconnaissons, et que grâce à elle nous naissons à nous-mêmes. « Tard je t'ai aimée, Beauté si antique et si nouvelle, tard je t'ai aimée. Et pourtant, tu étais dedans *(intus)*. C'est moi qui étais dehors *(foris)* où je te cherchais en me ruant sans beauté vers ces beautés que tu as faites. Tu étais avec moi. C'est moi qui n'étais pas avec toi »[3]. Ces mots d'Augustin rendent

1. Respectivement saint Augustin, *De Civitate Dei,* VIII, 6, 330 ; VIII, 8, 333 (cf. *Confessions,* III, 4, 7-9, à propos de l'*Hortensius* de Cicéron, exhortation à la philosophie inspirée du *Protreptique* d'Aristote, et de sa place capitale dans la conversion du jeune Augustin) ; Aristote, *Peri philosophias,* fr. 8 (W. D. Ross, *Fragmenta selecta,* Oxford, 1955) ; trad. *in* A. J. Festugière, *La révélation d'Hermès Trismégiste,* II, Gabalda, Paris, 1949, p. 222-224 ; Aristote, *Métaphysique,* A, 1, 980 *a* 21. Le premier sens du verbe ici utilisé, *eidenai,* est effectivement « voir » : cf. Heidegger, *Sein und Zeit,* § 36, Tübingen, Max Niemeyer Verlag, 1972, p. 171. Cf. Aristote, *Protreptique, passim,* sur le désir naturel de vision et de sagesse, mis en relief avec une rare acribie par Rémi Brague, *Aristote et la question du monde, op. cit.,* p. 57-110.

2. Martin Heidegger, *Nietzsche I, op. cit.,* p. 106.

3. Saint Augustin, *Confessions,* X, XXVII : « Sero te amaui, pulchritudo tam antiqua et tam noua, sero te amaui ! et ecce intus eras et ego foris et ibi te quaerebam et in ista formosa, quae fecisti, deformis inruebam. mecum eras, et tecum non eram » (texte de l'édition de M. Skutella, Leipzig, Teubner, 1934) ; Maurice Zundel ne laissait pas de citer ces mots célèbres de saint Augustin et de faire valoir « l'inépuisable fécondité de l'*intus* et du *foris* augustiniens ». « Découvrir Dieu *à l'origine de la vie de l'esprit* et en prendre toujours mieux conscience (...). N'avoir plus à chercher le ciel derrière les étoiles mais au-dedans de soi, cela crée une merveilleuse proximité avec cette présence infiniment discrète, qui nous attend au fond de nos cœurs comme “une musique silencieuse” [Saint Jean de la Croix] » (*Quel homme et quel Dieu ?,* Paris, Fayard, 1976, p. 54 ; cf. 59, 67, 25, 80).

sensible la découverte de Dieu dans la rencontre avec un soi jusqu'alors étranger à lui-même, comme si la distance de nous-mêmes à nous-mêmes était infinie et impossible à franchir sans la découverte de Dieu comme plus intime à soi-même que le plus intime de soi-même. Dieu qui a pour nom « Beauté si antique et si nouvelle ».

Conclusion

> « Aimer ou estimer, c'est se plaire dans la félicité d'un autre ou, ce qui revient au même, c'est faire de la félicité d'un autre sa propre félicité » (Leibniz)[1].

Le concret n'est pas l'immédiat seulement : les virtualités aussi en font partie, comme on le voit dans l'exemple de l'arbre dont le devenir ne cesse qu'à la mort. Dans le cas de l'homme, ces virtualités sont infinies, nous venons de l'entrevoir à diverses reprises. Ces possibles qui sont offerts à notre liberté, à notre *être* humain, manifestent une fois de plus notre dignité propre et la responsabilité immense qui incombe à l'éducation. Même si ce sont les vertus qui démontrent le plus parfaitement la grandeur de l'être humain, elles n'adviendraient jamais si elles ne se trouvaient pas toutes déjà en nous à l'état de possibles *réels*.

Paix, culture, justice ne sont pas de vains mots, mais des *réalités qui dépendent de nous*. Un acte libre est un acte qui *dépend* de moi. L'acte le plus noble – par exemple, donner sa vie pour ses amis – est précisément rendu *possible* par notre nature déterminée. Cette nature vue comme un en soi opaque par certains, la voici révélée dans toute sa grandeur par le destin libre qu'elle manifeste en l'homme. C'est cette nature que voudraient aujourd'hui transmuer en objet manipulable certains adeptes de la biotechnologie.

Le véritable « séjour », l' « habitat » ultime de l'être humain, son *êthos* et son destin – selon le célèbre propos d'Héraclite, *êthos anthropôi daimôn* : « Le caractère est le destin de l'homme »[2] – n'est autre que le bien. C'est lui que l'homme ne cesse de chercher et rechercher partout, comme un feu qu'on ne parvient pas à contenir et qui

1. Leibniz, *Codex juris gentium diplomaticus,* éd. Dutens, IV, p. 295 ; cité par Yves Charles Zarka, in *L'autre voie de la subjectivité, op. cit.,* p. 28.

2. Héraclite, 22 B 119 ; on sait que le mot *êthos,* rendu ici par « caractère », selon la traduction usuelle, désigne d'abord le « séjour habituel », le « gîte », le « repaire ».

remonte toujours vers le haut, resurgissant plus loin, se transformant parfois en braises sous des cendres apparentes, pour renaître plus tard. On le voit dans les utopies du bonheur qui sans cesse réapparaissent sous différentes formes – pour un temps.

Nous sommes tous en dette de notre être. Rien n'existe qui s'engendre, au sens propre, soi-même. « Deviens ce que tu es », le précepte dérivé de Pindare, veut dire qu'on est appelé à constituer soi-même son propre « séjour » *(êthos),* son propre être en ce sens, qui revêt ainsi la dignité d'une fin qu'on est invité à se donner, à la hauteur des trésors reçus en héritage. La vertu est une « force » *(virtus),* une « excellence » *(aretê),* telle ou telle virtualité portée à son sommet. « Le commencement de tout est le courage », déclarait à juste titre Vladimir Jankélévitch[1]. Nous avons vu à quel point nos vies sont soumises au maintenant toujours autre qui définit le temps. On a eu raison de dire : « En présence de ce flux incessant, j'en viens à me demander : puisque tout passe, qu'est-ce donc qui *est* à proprement parler ? La question est d'autant plus instante que *je n'étais pas là* au commencement, que *je ne serai pas là* à la fin. »[2] Dans ce flux de la vie, la vertu donne un être, une identité ferme, qu'incarne bien la vertu de force ou de courage. L'acquisition de la vertu, d'un « sens des valeurs », peut dès lors se décrire comme une naissance continuelle à soi : « Elle est le résultat d'un choix libre, et nous sommes ainsi en un sens nos propres parents » (Grégoire de Nysse) ; Aristote parlait de l'homme comme « principe et générateur de ses actions »[3]. C'est ce que nous avons décrit en termes d'intériorisation de la norme.

Mais au sommet, comme en un couronnement de toutes les vertus, se trouvent l'amitié et l'amour. Aimer est la manifestation suprême de la liberté, puisque nul ne peut atteindre ici mon for intérieur, m'obliger à aimer ou ne pas aimer. La puissance créatrice de l'amour est proprement infinie. Elle consiste à vouloir le bien, le bonheur de l'autre, librement. *Amando enim habitamus corde :* « Aimer, en effet, c'est habiter par le cœur », pouvons-nous dire avec Augustin[4]. Dans l'amitié, rappelons-le encore, l'autre est un autre soi-même.

Vivre, c'est ainsi apprendre à aimer dans ce sens-là. Dis-moi qui tu

1. Vladimir Jankélévitch, *Les vertus et l'amour I,* Paris, Flammarion, « Champs », 1986, p. 89.
2. Gabriel Marcel, *Essai de philosophie concrète,* Paris, Gallimard, « Idées », 1940, p. 328.
3. Grégoire de Nysse, *Vie de Moïse,* II, 3 ; Aristote, *Éthique à Nicomaque,* III, 7, 1113 *b* 18.
4. Saint Augustin, *Homélies sur l'évangile de saint Jean,* II, 11, trad. M.-F. Berrouard, Paris, Desclée de Brouwer, 1969.

aimes, ce que tu aimes, et je te dirai qui tu es. *Dilige et quod vis fac :* « Aime et fais ce que tu veux. »[1]

Le plus grand défi de l'éducation est donc de rendre possible l'épanouissement de cette virtualité-là en nous. « Faire de la félicité d'un autre sa propre félicité » est la voie la plus sûre qui s'offre à chacune et chacun de nous en ce monde.

1. Saint Augustin, *Commentaire de la première épître de saint Jean,* VII, 8, trad. Paul Agaësse, Paris, Cerf, 1961.

Postface

ÉDUCATION ET MANAGEMENT

En donnant le titre « Éducation et management » à cette postface, nous voulons, d'emblée, établir que le livre de Thomas De Koninck, publié dans la collection « Thémis » des PUF, devrait être lu non seulement par le public des philosophes ou des personnes qui s'intéressent à l'éducation, mais également par les personnes qui occupent des postes de responsabilité dans la société et par ces futurs dirigeants que deviendront les étudiants des écoles de gestion.

À une époque marquée par la multiplication des faillites, des scandales financiers et des actions de corruption, d'une ampleur rarement atteinte dans l'histoire du développement économique des sociétés, on a l'obligation de se demander comment toutes ces crises coûteuses pour la société auraient pu être évitées. Même si l'environnement légal et comptable a rendu possible ces dérives, même si une logique effrénée de recherche de rendements financiers sans cesse plus élevés règne, il n'en demeure pas moins que, en dernière instance, des dirigeants et des membres de conseils d'administration ou d'autres instances de régulation ont fait preuve de beaucoup d'imprudence et d'une absence flagrante d'éthique. Ces manques ont eu pour conséquence de faire perdre leur emploi à des millions de travailleurs, de briser des vies et d'appauvrir les actionnaires qui avaient placé leurs épargnes dans ces entreprises et fait confiance à leurs hauts dirigeants.

Rien que pour ces raisons, la réflexion philosophique qu'offre Thomas De Koninck sur le rôle fondamental de l'éducation dans le devenir humain de chaque personne devrait devenir une lecture de chevet des actuels et futurs dirigeants. En effet, l'auteur nous montre qu'il n'y a pas d'espoir de mener une vie humaine accomplie sans que les plus hautes préoccupations éthiques triomphent. Quel que soit l'âge que l'on a, chacun a besoin d'avoir un maître qui le guide pour comprendre ce que veut dire mener une vie à la hauteur des possibilités dont nous héritons à la naissance et ce à quoi nous devons être attentifs pour y parvenir. Les catéchismes de toute nature qui proposent des listes de commandements à suivre sont impossibles à suivre au pied de la lettre, au risque de tomber dans le dogmatisme et l'intégrisme et de devenir insensible aux particularités des contextes. Comme on peut s'en rendre compte à la lecture de ce livre, l'auteur attire notre attention sur la nécessité de prendre conscience de l'importance que joue l'éducation dans notre vie et dans celle des personnes qui nous entourent, et des graves enjeux qu'elle implique.

Dans les innombrables programmes formels de gestion et de perfectionnement disponibles sur notre planète, on observe un envahissement grandissant des matières techniques, une confiance démesurée accordée aux techno-sciences – en particulier aux nouvelles technologies de la communication – et une obsession pour l'obtention de résultats à court terme. Ceci a pour effet de faire oublier que diriger et assumer des responsabilités mettent en jeu bien d'autres qualités que celles reposant sur la capacité à calculer et qu'il est capital de toujours prendre le contexte en considération. Mais pour y arriver, il faut être en mesure d'anticiper les effets néfastes que des décisions prises à partir de points de vue partiels ne manqueront pas d'avoir tôt ou tard sur le maintien et le renforcement de l'identité de l'institution, sur son bien-être matériel. Beaucoup de ces décisions prises dans une perspective de court terme et en faisant abstraction du contexte humain ont conduit à la disparition brutale d'entreprises privées et publiques respectables.

Mais la question se pose de savoir comment préparer et accompagner les personnes qui occupent des postes de responsabilité à être à la hauteur de ce rôle qui dépasse de beaucoup la compétence technique. Il est intéressant d'examiner comment dans le passé cette question a été traitée et de découvrir que *Vies parallèles des hommes illustres* de Plutarque (46-120 apr. J.-C.) est sans doute une des œuvres qui, depuis sa redécouverte à la Renaissance et jusqu'à une période récente, a exercé le plus d'influence sur la formation des dirigeants (Frédéric II et Napoléon l'avaient sur leur table de chevet), autant en politique que dans le domaine économique. Dans les portraits de ses grands personnages grecs et romains, Plutarque, à partir de la reconstitution de ce qu'ils ont fait dans leur vie, attire notre attention sur ce qu'ils ont accompli et là où ils ont failli. Cette analyse lui permet de montrer les enseignements que le lecteur peut en tirer et, en particulier, mieux apprécier l'influence déterminante jouée par les traits de caractère acquis au cours de l'éducation.

Le livre de Thomas De Koninck s'inscrit dans cette perspective, dans la mesure où l'auteur cherche à partager avec nous ce qui constitue, pour lui et pour tous les grands esprits qui l'inspirent, les fondements et les valeurs d'une vie humaine réussie, à partir de ce que nous avons accumulé comme expériences et comme valeurs au cours de l'histoire de l'Occident. La façon dont les personnes développent leur intelligence et leur affectivité, leur capacité d'exercer leur jugement et leur sensibilité, leur imagination et leur grandeur morale, leurs qualités humaines, va davantage rendre compte de leurs réussites et échecs professionnels que les compétences techniques qu'elles possèdent. Bien entendu, plus les personnes occupent des postes élevés, plus ces conclusions paraissent évidentes.

De plus, un grand nombre d'entreprises emploient aujourd'hui plus de personnes que les citoyens présents dans ces cités grecques où sont apparues toutes ces réflexions profondes sur l'exercice du pouvoir. Les dirigeants et les équipes de direction des grands groupes internationaux sont à la tête de véritables empires. Cela exige, s'ils veulent être à la hauteur de leurs immenses responsabilités et apporter une contribution à l'amélioration du sort de l'humanité, qu'ils prennent conscience de la nécessité d'acquérir une solide formation générale et humaniste, seule capable de les aider à donner du sens à leur vie personnelle et professionnelle. Les responsables qui se posent de telles questions et qui voudraient se « perfectionner », au sens fort du terme, trouveront dans le livre de Thomas De Koninck des sources d'inspiration, des conseils avisés et des mises en garde salutaires.

La mondialisation qui s'installe à l'échelle de la planète a déjà apporté des bienfaits réels et est susceptible d'en apporter d'autres, à la condition d'être humanisée. Mais qui, dans ce monde où le savoir est chaque jour plus atomisé, peut être un guide en humanisation ? Thomas De Koninck appartient à ce petit nombre de personnes qui, sur cette planète, ont consacré leur vie à rassembler ces connaissances séparées dans l'espace et dans le temps, et à rechercher ce qu'il y a d'universel en elles, tout en étant respectueux de la diversité des contextes et des vies singulières. La meilleure illustration nous est donnée par la façon dont l'auteur montre comment les enseignements tirés de la grande tradition grecque et latine, à laquelle il nous convie et qui constitue l'un des socles sur lequel repose l'Occident, nous obligent à être respectueux des autres cultures. Ils nous amènent à découvrir que toutes les sagesses issues de traditions différentes arrivent aux mêmes conclusions quant à ce qui constitue une société humaine et un être humain digne de ce nom.

Depuis que Henry Mintzberg, il y a près de trente ans, nous a fait découvrir que les dirigeants étaient engagés plus de 70 % de leur temps dans des échanges oraux, la question de la communication est devenue un sujet d'intérêt central. Malheureusement, la gestion a surtout fait appel au schéma technique de la communication : *émetteur, message, récepteur, rétroaction, bruits,* etc., pour l'étudier. Ce modèle, développé par des ingénieurs des télécommunications pour penser les problèmes associés au maintien de l'intégrité des messages entre le point de départ et le point d'arrivée, s'est révélé incapable de rendre compte de la finesse et de la complexité des relations interpersonnelles. Thomas De Koninck revient à plusieurs reprises sur l'importance de la parole et du respect des fondements du dialogue humain.

Beaucoup de dirigeants, pour justifier leurs décisions, s'appuient sur des analyses techniques et sur des raisonnements formels généralement exprimés dans un langage qui a des prétentions scientifiques. Cette façon de procéder conduit à accorder une confiance exagérée à une vision abstraite de la réalité et à oublier la prise en compte des particularités des contextes qui peuvent expliquer les crises que nous vivons. Comme Thomas De Koninck nous le montre, nous avons à réapprendre les enseignements des Grecs sur les mérites de la vertu de prudence. Or, dans un univers tel que celui de la gestion en général, dominé par la recherche de solutions techniques à des problèmes largement « technicisés », on en arrive à construire des savoirs qui ne sont plus que recherche de justifications d'action : agir, décider, agir, re-décider... Et cela, ajoute-t-on dans tous les programmes d'écoles de business, toujours de plus en plus vite. C'est là une grave dérive eu égard, justement, à cette *vertu de prudence*. Rien en effet n'est plus propice au renforcement en boucle de cette chaîne « décider-agir-décider », en oubliant toute prudence, que des connaissances hautement mathématisées : le simple fait d'accoler des chiffres à n'importe quelle réalité la rend, *ipso facto,* objective, extérieure, transformable, bref, sujette à action *immédiate*.

C'est exactement ce que le management et l'économisme de court terme dominants recherchent. Ils n'ont que faire de gens prudents, qui placent la réflexion (et non l'analyse-calcul) avant l'action. La réflexion et la prudence sont filles des humanités. Et les humanités sont ennemies de toute forme de course au *problems solving*. Mais, en fait, voilà le cœur même des contenus de l'enseignement le plus courant en gestion : faire acquérir le plus de réflexes possibles, d'application la plus rapide possible, d'automatismes de recherche de *solutions* aux problèmes *que se pose* la gestion. Nous sommes là en présence d'un système de production-acquisition de connaissances complètement fermé, pour ne pas dire tautologique : les automatismes de résolutions de problèmes sont élaborés et transmis-reçus, à partir d'une formulation de problèmes qui, en eux-mêmes, ne sont qu'expression des désirs de gains maximaux et de court terme de ceux qui désirent ainsi le jeu économique dans son ensemble. Or, et c'est là sans aucun doute une autre des pistes prometteuses de réflexion que nous ouvre ce livre, la *véritable intelligence se trouvera toujours du côté de la formulation des problèmes et non de celui de la recherche de solutions* ! À tout problème partiellement, partialement, ou faussement formulé, correspondra toujours une solution tout aussi fausse ou partielle. La gestion de nos jours n'a plus à résoudre seulement les problèmes que pose la gestion. Elle a à faire face à ceux que pose l'écologie, la biologie, la physique, la sociologie... La formulation de ses problèmes ne peut absolument plus se cantonner au seul domaine du productivisme à tout prix. Mais, les gestionnaires et les futurs gestionnaires sont-ils formés pour cela ? pour apprendre à formuler les problèmes, plutôt que de s'acharner à trouver solution, parmi des catalogues de solutions délivrés en kits par les écoles de gestion ?

Le livre de Thomas De Koninck est une illustration du rôle clé que la réflexion philosophique devrait jouer dans la formation et l'éducation des dirigeants puisque les manières dont ils résolvent les problèmes qu'ils affrontent ont des impacts sur la nature, sur la société, sur les relations entre les pays, sur les personnes et sur leur propre vie. À la lecture de ce livre, on comprend mieux pourquoi l'accent mis sur les questions techniques dans les programmes de formation et pris en charge par des spécialistes compétents se révèlent insuffisants et pourquoi il faut procéder à un rééquilibrage en faveur de l'intégration d'un démarche philosophique comme celle préconisée par Thomas De Koninck.

S. E. Mohamed Achaari,
Ministre de la Culture du Royaume du Maroc.
Alain Chanlat,
Directeur du CETAI, HEC, Montréal.
Abdelkarim Errouaki,
Directeur général du Centre HEC :
Humanismes, culture de paix et mondialisation, Montréal.
Montréal et Rabat, le 9 septembre 2003.

Bibliographie

Adams, Henry, *The Education of Henry Adams,* London, Penguin Classics, 1995 ; *Mont-Saint-Michel and Chartres,* Penguin Classics, 1986 ; *Democracy : An American Novel,* Introduction by Arthur Schlesinger, Jr., New York, The Modern Library, 2003.

Adorno, Theodor W., *Modèles critiques,* trad. M. Jimenez, E. Kaufholz, Payot, 1984 ; spécialement « Note sur les sciences humaines et la culture », p. 43-46 ; « Éduquer après Auschwitz », p. 205-219 ; *Dialectique négative* (1966), Payot, 1978 ; *Minima moralia.* Réflexions sur la vie mutilée (1951), Payot, 1983 ; *Prismes.* Critique de la culture et société (1955), Payot, 1986 ; *Quasi una fantasia,* trad. Jean-Louis Leleu, Gallimard, 1982 ; voir Horkheimer, Max Alain, *Vigiles de l'esprit,* Gallimard, 1942 ; *Correspondance avec Élie et Florence Halévy,* Gallimard, 1958 ; *Propos sur l'éducation* (1932), suivis de *Pédagogie enfantine* (1963), édition revue et augmentée par Robert Bourgne, PUF, « Quadrige », 1986 ; *Les Passions et la sagesse,* Gallimard, « La Pléiade », 1960 ; *Les arts et les Dieux,* Gallimard, « La Pléiade », 1958 ; *Propos I et II,* Gallimard, « La Pléiade », 1956 et 1970.

Al-Farabi, « Grand Traité de la Musique », livres I et II, *in* Rodolphe d'Erlanger, *La musique arabe,* t. 1, Paris, Geuthner, 1930.

Alquié, Ferdinand, *La conscience affective,* Vrin, 1979.

Anatrella, Tony, *Non à la société dépressive,* Flammarion, « Champs », 1995 ; *Interminables Adolescences. Les 12/30 ans, puberté, adolescence, postadolescence. « Une société adolescentrique »,* Cerf, 1988, 1997 ; *La différence interdite. Sexualité, éducation, violence,* Flammarion, 1998 ; *La liberté détruite,* Flammarion, 2001.

Anaximandre, *Fragments et témoignages,* texte grec, traduction, introduction et commentaire par Marcel Conche, PUF, « Épiméthée », 1991.

Anderson, Charles W., *Prescribing the Life of the Mind,* University of Wisconsin Press, 1993.

Anselme de Cantorbéry, saint, *Fides quaerens intellectum, id est Proslogion, Liber Gaunilonis pro insipiente atque Liber apologeticus contra Gaunilonem,* texte et traduction par Alexandre Koyré, Vrin, 1964.

Arendt, Hannah, *The Origins of Totalitarianism* (1951), new edition, New York, Harcourt, 1973 ; trad. en 3 vol., *Sur l'antisémitisme,* Calmann-Lévy, 1973 ; *L'impérialisme,* Fayard, 1982 ; *Le système totalitaire,* Seuil, 1972 ; *La crise de la culture* (1954), Gallimard, « Idées », 1972 ; *Condition de l'homme moderne* (1961), préface de Paul Ricœur, Calmann-Lévy, 1983 ; « Agora », 1988 ; *Du mensonge à la violence.* Essais de politique contemporaine, Calmann-Lévy, 1972 ; *Lectures on Kant's Political Philosophy,* éd. Ronald Beiner, University of Chicago Press, 1982 ; *La vie de l'esprit,* trad. Lucienne Lotringer, PUF, 1981.

Aristote, *Éthique à Nicomaque,* trad. J. Tricot, Vrin, 1959 ; ou trad. R. A. Gauthier et J. Y. Jolif, Louvain, Publications universitaires ; Paris, Béatrice-Nauwelaerts, 1970 ; *Éthique à Eudème,* trad. Vianney Décarie, Paris-Montréal, Vrin-Les Presses de l'Université de Montréal, 1978 ; *Les Grands Livres d'Éthique (La Grande Morale),* trad. Catherine Dalimier, Arléa, 1992 ; *La Politique,* trad. J. Tricot, Vrin, 1970 ; ou *Politique,* texte établi et traduit par Jean Aubonnet, 3 t. en 5 vol., Les Belles Lettres, 1960-1986 ; ou *Les Politiques,* trad. Pierre Pellegrin, GF-Flammarion, 1990 ; *La Poétique,* édition bilingue, trad. Barbara Gernez, Les Belles Lettres, « Classiques de poche », 1997 ; ou : trad. Roselyne Dupont-Roc et Jean Lallot, Le Seuil, 1980 ; *De l'Interprétation (Perihermeneias),* trad. J. Tricot, Vrin, 1936 ; *Physique,* trad. H. Carteron, Les Belles Lettres, 1926 ; ou trad. A. Stevens, Vrin, 1999 ; ou trad. Pierre Pellegrin, GF-Flammarion, 2000 ; *De Anima,* trad. J. Tricot, Vrin, 1959 ; ou E. Barbotin, Les Belles Lettres, 1966 ; ou Richard Bodéüs, GF-Flammarion, 1993 ; *Métaphysique,* trad. J. Tricot, Vrin, 2 vol., 1953 ; *Les parties des animaux,* trad. Pierre Louis, Les Belles Lettres, 1956 ; *Fragmenta selecta,* ed. W. D. Ross, Oxford, Clarendon Press, 1955.

Arnauld, A., *Objectiones Quartae,* in *Œuvres de Descartes,* publiées par Charles Adam et Paul Tannery, nouvelle édition, Vrin, 1986, VII, p. 211, l. 13-14 ; et IX, p. 164.

Arnheim, Rudolf, *Visual Thinking,* Berkeley, Los Angeles - London, University of California Press, 1969.

Arnold, Matthew, *Culture and Anarchy* (1869), ed. Samuel Lipman, Yale University Press, 1994.

Aubenque, Pierre, *La prudence chez Aristote,* PUF, « Quadrige », 1993.

Auden, W. H., *A Certain World,* London, Faber & Faber, 1970.

Augé, Marc, *Non-lieux,* Seuil, 1992 ; *La guerre des rêves. Exercices d'ethno-fiction,* Seuil, « La Librairie du XXe siècle », 1997.

Augustin (saint), *Confessions,* trad. E. Tréhorel et G. Bouissou, Bibliothèque augustinienne, vol. 13 et 14, Desclée de Brouwer, 1962 ; nombreuses autres traductions, dont celle d'Arnauld d'Andilly (1649), établie par Odette Barenne, Gallimard, « Folio classique », 1993 ; *La Cité de Dieu,* trad. Louis Moreau (1846) revue par Jean-Claude Eslin, 3 vol., Seuil, « Points Sagesse », 1994 ; *De liberio arbitrio,* trad. F. J. Thonnard, in *Œuvres de saint Augustin,* VI, *Dialogues philosophiques,* Bibliothèque augustinienne, Desclée de Brouwer, 1952 ; *De Magistro, « Le Maître »,* traduction, présentation et notes par Bernard Jolibert, Klincksieck, 1993 ; *Commentaire de la Première Épître de saint Jean,* texte latin, introduction, traduction et notes par Paul Agaësse, SJ, Cerf, 1961 ; *Enarrationes in psalmos,* édition bilingue (espagnole et latine) in *Obras de San Agustin,* Madrid, Biblioteca de Autores Christianos, vol. XIX-XXII, 1964-1967 ; *Tractatus in Iohannis Evangelium,* Bibliothèque augustinienne, 71, Desclée de Brouwer, 1969 ; *De Genesi ad litteram,* trad. P. Agaësse et A. Solignac, Bibliothèque augustinienne, Desclée de Brouwer, 1972 ; *De Trinitate,* trad. M. Mellet et Th. Camelot, Bibliothèque augustinienne, Études augustiniennes, 1991.

Austin, J. L., *How to do Things with Words,* Harvard, 1962.

Bachelard, Gaston, *Psychanalyse du feu,* Gallimard, « Idées », 1968.

Bakhtine, Mikhaïl, *La poétique de Dostoïevski,* Seuil, 1970 ; *Esthétique et théories du roman,* trad. Dara Olivier, Gallimard, « Tel », 1978 ; *L'œuvre de François Rabelais et la culture populaire au Moyen Âge et sous la Renaissance,* traduit du russe par Andrée Robel, Gallimard, 1970.

Balthasar, Hans Urs von, *La gloire et la croix,* t. I, trad. R. Givord, Cerf, 1965 ; t. IV : *Le domaine de la métaphysique,* vol. 3 : *Les héritages,* Aubier-Montaigne, 1983 ; *Si vous ne devenez comme un enfant,* trad. Jean-Louis Schlegel, Desclée de Brouwer, 1989 ; *Phénoménologie de la vérité,* trad. R. Givord, Beauchesne, 1952.

Barber, Benjamin R., *An Aristocracy of Everyone. The Politics of Education and the Future of America,* New York, Ballantine Books, 1992 ; *A Passion for Democracy,* Princeton University Press, 1998 ; *Djihad versus McWorld. Mondialisation et intégrisme contre la démocratie,* trad. Michel Valois, Desclée de Brouwer, 1996, Le Livre de poche, « Pluriel ».

Barnes, Jonathan, *The Presocratic Philosophers,* 2 vol., London, Routledge & Kegan Paul, 1979.

Barrett, William, *Irrational Man* (1958), New York, Anchor Books, 1962 ; *The Illusion of Technique,* New York, Doubleday, 1978 ; *Time of Need,* Connecticut, Wesleyan University Press, 1972.

Barrow, John D., Tipler, Frank J., *The Anthropic Cosmological Principle,* Oxford University Press, 1986.

Barthes, Roland, *L'aventure sémiologique,* Le Seuil, 1985.

Bartholy, Marie-Claude et Despins, Jean-Pierre, *La gestion de l'ignorance,* PUF, 1993.

Baudelaire, *Œuvres complètes,* Robert Laffont, « Bouquins », 1980.

Baudrillard, Jean, *La société de consommation,* Gallimard, « Idées », 1970 ; *L'autre par lui-même. Habilitation,* Galilée, 1987.

Bauman, Zygmunt, *Le coût humain de la mondialisation,* trad. Alexandre Abensour, Hachette Littératures, 1999 ; *Postmodern Ethics,* Oxford, Blackwell, 1993 ; *Society under Siege,* Cambridge, Polity Press, 2002.

Bédard, Jean, *Comenius. Ou l'art sacré de l'éducation,* J.-C. Lattès, 2003.

Benda, Julien, *La trahison des clercs,* Le Livre de poche, « Pluriel », 1977 (éd. de 1946).

Berger, John, *Keeping a Rendezvous,* New York, Pantheon Books, 1991.

Berger, Gaston, *L'homme moderne et son éducation,* PUF, 1962.

Berger, Peter, *A Rumor of Angels. Modern Society and the Rediscovery of the Supernatural,* New York, Doubleday, Anchor Books, 1970.

Bergson, Henri, *Les deux sources de la morale et de la religion,* PUF, 1932, « Quadrige », 1997 ; *La pensée et le mouvant,* PUF, 1938, « Quadrige », 1999 ; *Le rire,* PUF, 1940, « Quadrige », 1995.

Berlin, Isaiah, *Éloge de la liberté,* trad. Jacqueline Carnaud et Jacqueline Lahana, Calmann-Lévy - Presses Pocket, 1990 ; *The Crooked Timber of Humanity,* New York, Knopf, 1991 ; *The Proper Study of Mankind. An Anthology of Essays,* edited by Henry Hardy and Roger Hausheer, New York, Farrar, Straus & Giroux, 1997 ; *The Power of Ideas,* ed. Henry Hardy, New Jersey, Princeton, 1998.

Bernard, François de, *La Pauvreté durable,* suivi de : *Le gouvernement de la pauvreté,* Éd. du Félin, 2002 ; *L'Emblème démocratique,* Mille et une nuits, 1998.

Bertrand, Guy-Marie, *La révélation cosmique dans la pensée occidentale,* préface de René Latourelle, Montréal, Bellarmin ; Cerf, 1993.

Besse-Saige, Bertrand, *Le guerrier immobile ou la métamorphose de l'homme blessé,* Desclée de Brouwer, 1993.

Bettelheim, Bruno, *A Good Enough Parent. A Book on Child-Rearing,* New York, Vintage Books, 1987 ; *On Learning to Read. The Child's Fascination with Reading,* New York, Alfred A. Knopf, 1982 ; *Psychanalyse des contes de fées,* trad. Théo Carlier, Robert Laffont, 1976 ; Le Livre de poche, « Pluriel » ; *Le poids d'une vie,* trad. Théo Carlier, Robert Laffont, 1991.

Bhagavad Gîta, trad. du sanskrit par Anne-Marie Esnoul et Olivier Lacombe, Le Seuil, « Points Sagesse », 1976.

Blanchot, Maurice, *L'entretien infini,* Gallimard, 1969.

Bloch, Ernst, *Naturrecht und menschliche Würde,* Frankfurt am Main, Suhrkamp Verlag, 1961 ; trad. Authier-Lacoste, *Droit naturel et dignité humaine,* Payot, 1976.

Blondel, Maurice, *L'action* (1893), PUF, 1973.

Bloom, Allan, *The Closing of the American Mind,* New York, Simon & Schuster, 1987 ; *L'âme désarmée. Essai sur le déclin de la culture générale,* trad. Paul Alexandre, Paris, Julliard, 1987.

Bloom, Harold, *Shakespeare. The Invention of the Human,* New York, Riverhead Books, 1998 ; *How to read and why,* New York, Scribner, 2000.

Boèce, *La consolation de la philosophie,* édition bilingue, trad. Aristide Bocognano, Garnier, 1937 ; ou trad. Colette Lazam, Petite Bibliothèque Rivages, 1991, Préface de Marc Fumaroli ; ou trad. Jean-Yves Guillaumin, Les Belles Lettres, 2002 ; *Traités théologiques,* trad. Axel Tisserand, GF-Flammarion, 2000.

Bohm, David, *Wholeness and the Implicate Order,* London-New York, Ark Paperbacks, 1983-1990.

Bollnow, Otto Friedrich, *Zwischen Philosophie und Pädagogik. Vorträge und Aufsätze,* Aachen, N. F. Weitz Verlag, 1988.

Borges, Jorge Luis, *Enquêtes,* trad. Paul et Sylvia Bénichou, Gallimard, 1967 ; « Folio », 1992.

Bouillot, Hervé, et Le Du, Michel, *La pédagogie du vide,* PUF, 1993.

Bourdieu, Pierre, *Sur la télévision,* Liber Éditions, 1996 ; (dir.), *La misère du monde,* Le Seuil, « Points », 1993.

Bourg, Dominique, *Transcendance et discours,* Cerf, 1985.

Boutot, Alain, *L'invention des formes,* Odile Jacob, 1993.

Bouyer, Louis, *Mysterion. Du mystère à la mystique,* L'Œil, 1986.

Bowie, Andrew, *Aesthetics and Subjectivity : From Kant to Nietzsche,* Manchester University Press, 1990.

Brague, Rémi, *Aristote et la question du monde,* PUF, « Épiméthée », 1991 ; *Le Restant,* Vrin-Les Belles Lettres, 1978 ; *La sagesse du monde. Histoire de l'expérience humaine de l'univers,* Fayard, 1999.

Braine, David, *The Reality of Time and the Existence of God. The Project of Proving God's Existence,* Oxford, 1988.

Breuer, Reinhard, *The Anthropic Principle. Man as the Focal Point of Nature,* Boston-Basel-Berlin, Birkhaüser, 1991.

Brook, Andrew, et Stainton, Robert J., *Knowledge and Mind. A Philosophical Introduction,* Cambridge (Mass.), The MIT Press, 2000.

Bruaire, Claude, *Une éthique pour la médecine. De la responsabilité médicale à l'obligation morale,* Fayard, 1978 ; *La force de l'esprit.* Entretiens avec Emmanuel Hirsch, France Culture, Desclée de Brouwer, 1986 ; *Le droit de Dieu,* Aubier-Montaigne, 1974 ; *Pour la métaphysique,* Fayard, 1980 ; *L'être et l'esprit,* PUF, « Épiméthée », 1983.

Brunet, Louis : voir Morin, Lucien.

Brunner, Jerome S., *The Relevance of Education,* New York, W. W. Norton & Co., 1973.

Brunschwig, Jacques, *Études sur les philosophies hellénistiques,* PUF, « Épiméthée », 1995.

Burrows, David, *Sound, Speech and Music,* Amherst University of Massachusetts Press, 1990.

Buytendijk, F. J. J., *Das Menschliche, Wege zu seinem Verständnis,* Stuttgart, K. F. Koehler Verlag, 1958 ; *Wesen und Sinn des Spiels,* Reprint Edition, New York, Arno Press, 1976 ; *L'homme et l'animal. Essai de psychologie comparée,* trad. Rémi Laureillard, Gallimard, 1965 ; « Idées », 1970.

Bureau, Luc, *L'idiosphère. De Babel au village universel,* Montréal, L'Hexagone, 2001.

Burke, Edmund, *Recherche philosophique sur l'origine de nos idées du sublime et du beau,* trad. de Lagentie de Lavaïsse, Vrin, 1973.

Cadoré, Bruno, *L'expérience bioéthique de la responsabilité,* Louvain-la-Neuve, Artel, Montréal, Fides, « Catalyses », 1994.

Caillé, Alain, *La démission des clercs. La crise des sciences sociales et l'oubli du politique,* La Découverte, 1993.

Caillois, Roger, *L'homme et le sacré,* Gallimard, « Idées », 1950 ; *Le mythe et l'homme* (1938), Gallimard, « Idées », 1972.

Calvino, Italo, *Why read the Classics ?,* translated by Martin McLaughlin, New York, Pantheon Books, 1999.

Camus, Albert, *Essais,* Gallimard, « La Pléiade », 1965 ; *Le mythe de Sisyphe,* Gallimard, 1942 ; *L'Homme révolté,* Gallimard, 1951.

Carraud, Vincent, *Pascal et la philosophie,* PUF, « Épiméthée », 1992 ; *Causa sive ratio. La raison de la cause de Suarez à Leibniz,* PUF, « Épiméthée », 2002.

Caspar, Philippe, *Le peuple des silencieux. Une histoire de la déficience mentale,* Fleurus, 1994 ; *La saisie du zygote humain par l'esprit,* Paris-Namur, Lethielleux, 1987 ; *Penser l'embryon, d'Hippocrate à nos jours,* Éditions universitaires, 1991.

Castoriadis, Cornélius, *Le monde morcelé,* Seuil, 1990 ; *La montée de l'insignifiance,* Seuil, 1996.

Cassirer, Ernst, *An Essay on Man. An Introduction to a Philosophy of Culture,* New Haven, Yale University Press, 1944 ; *Individu et cosmos dans la philosophie de la Renaissance,* trad. P. Quillet, Minuit, 1983 ; *La philosophie des formes symboliques,* I : *Le langage,* trad. Ole Hansen-Lovve et Jean Lacoste, Minuit, 1972.

Cauly, O., *Comenius,* Le Félin, 1995.

Cervantès, Miguel de, *Don Quijote de la Mancha,* ed. Juventud, Barcelona, 1975 ; trad. Louis Viardo, 2 vol., GF-Flammarion, 1969.

Chabot, Marc, *En finir avec soi. Les voix du suicide,* Montréal, VLB Éd., 1997
Chandrasekar, S., *Truth and Beauty. Aesthetics and Motivation in Science,* University of Chicago Press, 1987.
Char, René, *Œuvres complètes,* Gallimard, « La Pléiade », 1983.
Châtelet, François, *Platon,* Gallimard, 1965 ; *Hegel,* Seuil, 1968.
Chesterton, G. K., *Lunacy and Letters,* ed. Dorothy Collins, London-New York, Sheed and Ward, 1958 ; *A Handful of Authors. Essays on Books and Writers,* ed. Dorothy Collins, New York, Sheed & Ward, 1953 ; *Hérétiques,* trad. J. S. Bradley, Gallimard, 1979.
Chrétien, Jean-Louis, *L'Effroi du beau,* Cerf, « La Nuit surveillée », 1987 ; *L'arche de la parole,* PUF, 1998.
Cicéron, *Tusculanes,* texte établi par Georges Fohlen et traduit par Jules Humbert, Les Belles Lettres, 1960 ; *Rhetorica* (ed. A. S. Wilkins), t. I : *De Oratore* ; t. II : *Brutus, Orator, De optimo genere oratorum, Partitiones oratoriae, Topica,* Oxford, Clarendon Press, 1903 (réimpr. fréquentes).
Clair, André, *Éthique et humanisme,* Cerf, 1989.
Clair, Jean, *Éloge du visible,* Gallimard, 1996 ; *La barbarie ordinaire. Music à Dachau,* Gallimard, 2001.
Clark, Kenneth, *An Introduction to Rembrandt,* New York, Harper & Row, 1978.
Claudel, Paul, *Œuvres en prose,* Gallimard, « La Pléiade », 1965 ; contient notamment *L'Œil écoute,* p. 167-399.
Clément, Olivier, *Questions sur l'homme,* Paris, Stock, 1972.
Coleman, Daniel, *Emotional Intelligence,* New York, Bantam Books, 1995.
Conche, Marcel, *L'aléatoire,* PUF, 1999 ; *Le fondement de la morale,* PUF, « Perspectives critiques », 1993 ; voir : Anaximandre, Héraclite et Parménide.
Confucius, *Entretiens,* trad. Anne Cheng, Le Seuil, 1981 ; ou André Lévy, Paris, GF-Flammarion, 1994 ; ou Pierre Ryckmans, Gallimard, 1987.
Constant, Benjamin, *De la liberté chez les modernes,* textes choisis, présentés et annotés par Marcel Gauchet, Hachette, 1980 ; « Pluriel », 1989.
Condorcet, *Cinq mémoires sur l'instruction publique,* GF-Flammarion, 1994.
Coreth, Emerich, *Vom Sinn der Freiheit,* Innsbruck-Wien, Tyrolia Verlag, 1985 ; *Was ist der Mensch ? Grundzüge einer philosophischen Anthropologie,* Innsbruck-Wien, Tyrolia-Verlag, 4, neu bearbeitete Auflage, 1986.
Cornford, F. M., *Principium Sapientiae : The Origins of Greek Philosophical Thought* [Cambridge University Press, 1952], New York, Harper Torchbooks, 1965.
Courcelle, Pierre, *Connais-toi toi-même, de Socrate à saint Bernard,* 3 vol., Études augustiniennes, 1974-1975.
Courtine, Jean-François, *Suarez et le système de la métaphysique,* PUF, « Épiméthée », 1990.
Crozier, Michel, avec Tillette, Bruno, *La crise de l'intelligence. Essai sur l'impuissance des élites à se réformer,* InterÉditions, 1995.
Csikszentmihalyi, Mihaly, *Beyond Boredom and Anxiety,* San Francisco, Jossey-Bass, Inc., 1975.
Cyrulnik, Boris, *La naissance du sens,* Hachette, 1995 ; « Pluriel », 2001.
Dandrey, Patrick, *L'éloge paradoxal de Gorgias à Molière,* PUF, 1997 ; *Dom Juan, ou la critique de la raison comique,* Honoré Champion, 1993 ; *Molière ou l'esthétique*

du ridicule, Klincksieck, 1992 ; *La Médecine et la maladie dans le théâtre de Molière,* I : *Sganarelle et la médecine ou De la mélancolie érotique,* Klincksieck, 1998.

Dante, *La Divine Comédie,* 3 vol., édition bilingue, trad. Jacqueline Risset, GF-Flammarion, 1985-1992.

Darwin, Charles, *The Descent of Man,* New York, Modern Library, s.d.

Davies, Paul, *God and the New Physics,* New York, Simon & Schuster, 1983 ; *The Cosmic Blueprint,* New York, Simon & Schuster, 1988 ; *The Mind of God. The Scientific Basis for a Rational World,* New York, Simon & Schuster, 1992.

Debord, Guy, *La société du spectacle* (1971), Paris, Gérard Lebovici, 1987.

Debray, Régis, *Dieu, un itinéraire. Matériaux pour l'histoire de l'Éternel en Occident,* Odile Jacob, 2001.

De Duve, Christian, *Poussière de vie. Une histoire du vivant,* trad. Anne Bucher et Jean-Matthieu Luccioni, Fayard, 1996.

Defaux, Gérard, *Molière ou les métamorphoses du comique,* Klincksieck, 2e éd., 1992.

De Greef, Étienne, *Notre destinée et nos instincts,* Plon, 1945.

Delacampagne, Christian, *Antipsychiatrie ou Les voies du sacré,* Grasset, 1974.

De Koninck, Godelieve, *À quand l'enseignement ? Plaidoyer pour la pédagogie,* Montréal, Éditions Logiques, 1996.

De Koninck, Thomas, *De la dignité humaine,* PUF, 1995 ; « Quadrige », 2002 ; *La nouvelle ignorance et le problème de la culture,* PUF, « Intervention philosophique », 2000.

Deleuze, Gilles, *Proust et les signes,* PUF, « Quadrige », 1964.

Delmas-Marty, M., *Vers un droit commun de l'humanité,* Seuil, 1996.

Delsol, Chantal, *Les idées politiques au XXe siècle,* PUF, 1991 ; *Le Souci contemporain,* Bruxelles, Complexe, 1996 ; *Éloge du singulier. Essai sur la modernité tardive,* La Table ronde, 2000.

Delsol, Michel, *Cause, Loi, Hasard en Biologie,* Vrin, 1985 ; *Darwin, le hasard et Dieu,* manuscrit.

Denys l'Aréopagite [Pseudo-Denys], *Œuvres complètes,* trad. Maurice de Gandillac, Aubier-Montaigne, 1943.

Derrida, Jacques, *Marges de la philosophie,* Minuit, 1972.

Descartes, René, *Les Passions de l'âme,* in *Œuvres de Descartes,* publiées par Charles Adam et Paul Tannery, nouvelle édition, Vrin, 1986, vol. XI, p. 291-497 ; *Lettres à Arnauld* du 4 juin et du 29 juillet 1648, *in* AT V, 193, 15 ; et 223, 14.

Descombes, Vincent, *L'inconscient malgré lui,* Minuit, 1977 ; *Le même et l'autre. Quarante-cinq ans de philosophie française (1933-1978),* Minuit, 1979.

Despins, Jean-Pierre : voir Bartholy, Marie-Claude.

Develay, Michel, *De l'apprentissage à l'enseignement. Pour une épistémologie scolaire,* ESF Éd., 1992 ; *Donner du sens à l'école,* ESF Éd., 1996.

Dewey, John, *The School and Society* (1900), *and The Child and the Curriculum* (1902, 1915, 1943). Introduction by Philip W. Jackson, University of Chicago Press, 1990.

Diderot, *Paradoxe sur le comédien,* GF-Flammarion, 1967.

Dostoïevski, F., *Les Frères Karamazov,* trad. Henri Mongault, Gallimard, « La Pléiade », 1952 ; *Les démons* et *Les Carnets des démons,* trad. Boris de Schloezer,

Gallimard, « La Pléiade », 1955 ; *L'Idiot,* trad. A. Mousset, B. de Schloezer, S. Luneau, Gallimard, « La Pléiade », 1953.

Dickens, Charles, *Hard Times,* Londres, Penguin Classics, 1995.

Dubet, François, *Pourquoi changer l'école ?,* entretien avec Philippe Petit, Textuel, 1999.

Dumont, Fernand, *Le lieu de l'homme. La culture comme distance et mémoire,* Montréal, Éd. Hurtubise HMH, 1971 ; *L'anthropologie en l'absence de l'homme,* PUF, 1981 ; *Raisons communes,* Montréal, Boréal, 1995 ; *L'Avenir de la mémoire,* Québec, Nuit blanche Éd., 1995 ; *Récit d'une émigration,* Montréal, Boréal, 1997.

Duve, Christian de, *Poussière de vie. Une histoire du vivant,* traduit de l'anglais par Anne Bucher et Jean-Matthieu Luccioni, Fayard, 1996.

Dworkin, Ronald, *Taking Rights seriously,* new impression with a reply to critics, London, Duckworth, 1996 ; *Life's Dominion,* New York, Alfred A. Knopf, 1993 ; *Sovereign Virtue. The Theory and Practice of Equality,* Harvard University Press, 2000.

Eccles, John C., *Évolution du cerveau et création de la conscience. À la recherche de la vraie nature de l'homme,* (1989) trad. Jean-Mathieu Luccioni et Elhanan Motzkin, Paris, 1992 ; voir Popper, Karl.

Eckermann, Johann Peter, *Gespräche mit Goethe in den letzen Jahren seines Lebens,* Wiesbaden, Insel Verlag, 1955 ; trad. Jean Chuzeville, *Conversations de Goethe avec Eckermann,* Gallimard, 1949.

Eco, Umberto, *Le problème esthétique chez Thomas d'Aquin,* trad. Maurice Javion, PUF, 1993 ; Eco, Umberto, et Martini, Carlo Maria, *Croire en quoi ?,* trad. Myriem Bouzaher, Payot & Rivages, 1998.

Edelman, Bernard, *La personne en danger,* PUF, 1999.

Edelman, Gerald M., *Biologie de la conscience,* Le Seuil, « Points », 1994.

Eibach, Ulrich, *Menschenwürde an den Grenzen des Lebens,* Bonn, Neukirchener Verlagshaus, 2000.

Einstein, Albert, *Comment je vois le monde,* trad. de l'allemand par Maurice Solovine et Régis Hanrion, Flammarion, 1979, « Champs », 1989 ; *Lettres à Maurice Solovine,* Gauthier-Villars, 1956.

Eiseley, Loren, *The Immense Journey,* New York, Random House, 1957 ; *Darwin's Century. Evolution and the Men who discovered it,* New York, Anchor Books, 1961 ; *The Firmament of Time,* New York, Atheneum, 1966 ; *The Unexpected Universe,* New York, Harcourt, Brace & World, Inc., 1969 ; *Darwin and the Mysterious Mr X,* New York, E. P. Dutton, 1979 ; *The Star Thrower,* Introduction by W. H. Auden, New York - London, Harvest/HBJ, 1978.

Einstein, Albert, *Comment je vois le monde,* trad. Maurice Solovine et Régis Hanrion, Flammarion, « Champs », 1979.

Eliade, Mircea, *Traité d'histoire des religions* (1964), préface de Georges Dumézil, Petite Bibliothèque Payot (n° 312), 1975 ; *La nostalgie des origines,* Gallimard, « Idées », 1971 ; *Mythes, rêves et mystères,* Gallimard, 1957 ; « Idées », 1972.

Eliot, Lise, *Early Intelligence. How the Brain and Mind develop in the First Five Years of Life,* London, Penguin Books, 1999.

Eliot, T. S., *Notes towards the Definition of Culture,* London, Faber & Faber, 1948.

Engelmann, Paul, *Letters from Ludwig Wittgenstein, with a Memoir,* New York, Horizon Press, 1967.

Épictète, *Entretiens,* trad. Émile Bréhier revue par Pierre Aubenque, in *Les Stoïciens,* Gallimard, « La Pléiade », 1962, p. 803-1105.

Épicure, *Lettres et maximes,* trad. Marcel Conche, PUF, « Épiméthée », 1987.

Ernout, A. et Meillet A., *Dictionnaire étymologique de la langue latine,* 4e éd., Klincksieck, 1959.

Eschyle, *Les Suppliantes, Les Perses, Les Sept contre Thèbes, Prométhée enchaîné,* texte établi et traduit par Paul Mazon, Les Belles Lettres, 1953 ; *Agamemnon, Les Choéphores, Les Euménides,* texte établi et traduit par Paul Mazon, 1949.

Euripide, *Tragédies complètes,* éd. Marie Delcourt-Curvers, Gallimard, « Folio », 1962, 2 vol.

Fabro, Cornelio, *Introduzione all'Ateismo Moderno,* Editrice Studium, 1964 ; *God in Exile. Modern Atheism,* New York - Amsterdam - Toronto, Newman Press, 1968.

Fagot-Largeault, Anne, *L'homme bio-éthique. Pour une déontologie de la recherche sur le vivant,* Maloine, 1985.

Fauroux, Roger, *Pour l'école.* Rapport de la commission présidée par Roger Fauroux, Calmann-Lévy, 1996.

Ferry, Luc, *Le sens du beau,* Le Livre de poche, 2001.

Festugière, A.-J., *La révélation d'Hermès Trismégiste,* 4 vol., Gabalda, 1949-1954 ; *De l'essence de la tragédie grecque,* Aubier-Montaigne, 1969.

Feyerabend, Paul, *Adieu la raison,* trad. Baudoin Jurdant, Le Seuil, « Points Sciences », 1989.

Fichte, J. G., *Fondement du droit naturel,* trad. Alain Renaut, PUF, 1985.

Figl, Johann, *Atheismus als theologisches Problem, Modelle der Auseinandersetzung in der Theologie der Gegenwart,* Mayence, Matthias-Grünewald, 1977.

Finkielkraut, Alain, *Une voix vient de l'autre rive,* Gallimard, 2000 ; en collaboration avec Soriano, Paul, *Internet, l'inquiétante extase,* Mille et une nuits, 2001 ; *L'ingratitude : conversations sur notre temps* (avec Antoine Robitaille), Montréal, Québec/Amérique, 1999.

Focillon, Henri, *La vie des formes,* PUF, 1970.

Fodor, Jerry, *The Language of Thought,* Harvard University Press, 1975.

Folscheid, Dominique, *L'esprit de l'athéisme et son destin,* Éditions universitaires, 1991.

Foucault, Michel, *Naissance de la clinique,* PUF, 1963, 1975.

Frame, Douglas G., *The Origins of Greek Nous,* thèse de doctorat, Harvard University, avril, 1971.

Fraser, Giles, *Redeeming Nietzsche. On the Piety of Unbelief,* London - New York, Routledge, 2002.

Freitag, Michel, *Le naufrage de l'Université,* Québec, Nuit blanche Éd. / Paris, La Découverte, 1995.

Freud, Sigmund, *Correspondance avec le pasteur Pfister (1909-1939),* trad. L. Jumel, Gallimard, 1966 ; *Le mot d'esprit et ses rapports avec l'inconscient,* trad. Marie Bonaparte et M. Nathan, Gallimard, 1969 ; *Die Traumdeutung,* in *Gesammelte Werke,* II/III, Frankfurt, Fischer, 1942.

Frossard, André, *Dieu en questions,* Desclée de Brouwer, Stock/Laurence Pernoud, 1990.

Frye, Northrop, *The Great Code. The Bible and Literature,* New York, Harvest/HBJ, 1983 ; *Words with Power. Being a Second Study of the Bible and Literature,* New York, Harcourt Brace Jovanovich, 1990 ; *By Liberal Things,* Clarke, Irwin & Co., 1959 ; *The Educated Imagination,* CBC, The Massey Lectures, 1963, 1980 ; *Myth and Metaphor, Selected Essays 1974-1988,* ed. Robert D. Denham, Charlottesville - London, University Press of Virginia, 1990.

Fumaroli, Marc, *L'État culturel. Essai sur une religion moderne,* Le Livre de poche, 1999 ; *La Querelle des Anciens et des Modernes,* XVIIe-XVIIIe *siècles,* précédé de *Les abeilles et les araignées,* essai de Marc Fumaroli, suivi d'une postface de Jean-Robert Armogathe ; édition établie par Anne-Marie Lecoq, Gallimard, « Folio classique », 2001.

Gabler, Neil, *Life the Movie. How Entertainment Conquered Reality,* New York, Alfred A. Knopf, 1999.

Gadamer, Hans-Georg, *Vérité et méthode,* trad. Étienne Sacre revue et complétée par Pierre Fruchon, Jean Grondin et Gilbert Merlio, Le Seuil, 1996 ; *On Education, Poetry, and History. Applied Hermeneutics,* ed. Dieter Misgeld and Graeme Nicholson, trad. Lawrence Schmidt and Monica Reuss, New York, State University of New York Press, 1992 ; *L'actualité du beau,* textes choisis, traduits et présentés par Elfie Poulain, Aix-en-Provence, Alinéa, 1992 ; *L'art de comprendre,* trad. Marianna Simon, Aubier, 1982 ; *Langage et vérité,* trad. J.-C. Gens, Gallimard, 1995.

Gagnon, Philippe, *La théologie de la nature et la science à l'ère de l'information,* Cerf, 2002.

Gardner, Howard, *The Unschooled Mind. How Children think & How school Should teach,* New York, Basic Books, 1991 ; *The Arts and Human Development* (1973), New York, Basic Books, 1994.

Gardou, Charles et al., *Le handicap en visages,* 1 : *Naître ou devenir handicapé ;* 2 : *Parents d'enfants handicapés ;* 3 : *Frères et sœurs de personnes handicapées ;* 4 : *Professionnels auprès des personnes handicapées,* Toulouse, Érès, 1996-1997.

Gauchet, Marcel, *Le désenchantement du monde. Une histoire politique de la religion,* Gallimard, 1985 ; *La Révolution des droits de l'homme,* Gallimard, 1988.

Geach, P. T., *God and Soul,* London, Routledge & Kegan Paul, 1969.

Gehlen, Arnold, *Anthropologie et psychologie sociale,* avec une postface d'Herbert Schnädelbach, trad. Jean-Louis Bandet, PUF, 1990 ; spécialement chap. II, « Nouveaux phénomènes culturels », p. 192-210 ; chap. III, « La situation psychosociologique », p. 211-231 ; chap. VIII, « Les automatismes », p. 289-300.

Geyer, Christian (ed.), *Biopolitik. Die Positionen,* Frankfurt am Main, Suhrkamp, 2001.

Gerhardt, Volker, *Der Mensch wird geboren. Kleine Apologie der Humanität,* München, C. H. Beck, 2001.

Giddens, Anthony, *The Consequences of Modernity,* Cambridge Polity Press, 1990 ; *Modernity and Self-Identity,* Stanford University Press, 1992.

Gide, André, *Ainsi soit-il ou Les jeux sont faits,* Gallimard, 1952 ; revu et augmenté *in* « L'Imaginaire », 2001.

Girard, René, *Mensonge romantique et vérité romanesque,* Bernard Grasset, 1961 ; « Pluriel », 2000 ; *La violence et le sacré,* Grasset, 1972 ; *Des choses cachées depuis la fondation du monde,* Grasset, 1978.

Goethe, Johann Wolfgang, *Sämtliche Werke,* Zürich, Artemis-Verlags-AG, 1950, DTV, 1977, Band 1, « Die Gedichte der Ausgabe letzer Hand », spécialement « Parabase », p. 516 ; Band 7, « Wilhelm Meisters Lehrjahre » ; Band 16, « Naturwissenschaftliche Schriften », Erster Teil, spécialement « Studie nach Spinoza », p. 841-844 ; Band 17, « Naturwissenschaftliche Schriften », Zweiter Teil, spécialement « Die Metamorphose der Pflanzen », p. 22-62 ; *Écrits sur l'art,* trad. Jean-Marie Schaeffer, GF-Flammarion, 1996 ; *Faust,* édition bilingue, trad. Henri Lichtenberger, Paris, Aubier. s.d.

Goldman, Ari L., *The Search for God at Harvard,* New York, Random House, 1991.

Gombrich, E. H., *Art and Illusion,* Princeton University Press, 1972 ; *The Sense of Order,* Oxford, Phaidon Press, 1979.

Gopnik, Alison, Meltzoff, Andrew et Kuhl, Patricia, *How Babies Think. The Science of Childhood,* London, Phoenix, 2001.

Goyard-Fabre, Simone, *Les fondements de l'ordre juridique,* PUF, 1992 ; *Les principes philosophiques du droit politique moderne,* PUF, « Thémis Philosophie », 1997.

Grand'Maison, Jacques, *Pour une pédagogie sociale d'autodéveloppement en éducation,* Montréal, Stanké, 1976 ; *Au nom de la conscience, une volée de bois vert,* Québec, Fides, 1998 ; *Quand le jugement fout le camp,* Québec, Fides, 1999 ; *Réenchanter la vie,* Québec, Fides, 2002.

Granet, Marcel, *La pensée chinoise,* Albin Michel, 1968.

Grassé, Pierre-Paul, *L'homme en accusation. De la biologie à la politique,* Paris, Albin Michel, 1980.

Green, Julien, *Le langage et son double,* Paris, Le Seuil, « Points », 1987 ; *Journal, 1928-1958,* Paris, Plon, 1961.

Green, William Chase, *Moira : Fate, Good and Evil in Greek Thought,* Harvard University Press, 1944 ; New York, Harper Torchbooks, 1963.

Grégoire de Nysse (saint), *La création de l'homme,* trad. J.-Y. Guillaumin, Desclée de Brouwer, 1982 ; *La vie de Moïse,* trad. Jean Daniélou, Cerf, « Sources chrétiennes », 1968.

Greisch, Jean, *L'âge herméneutique de la raison,* Cerf, 1985.

Grice, Paul, *Studies in the Way of Words,* Harvard University Press, 1989.

Griffin, David R., « Whitehead et la philosophie constructiviste postmoderne », in *L'effet Whitehead,* Isabelle Stengers (dir.), Vrin, 1994, p. 163-196.

Gusdorf, Georges, *La parole* (1952), PUF, « Quadrige », 1998 ; *Mythe et métaphysique,* Flammarion, « Champs », 2e éd., 1984.

Guthrie, W. K. C., *A History of Greek Philosophy,* Cambridge University Press, vol. I, 1962 ; vol. II, 1965.

Haaften, Wouter van, Wren, Thomas, Tellings, Agnes (eds), *Moral Sensibilities and Education,* 2 vol., Bemmel, Concorde Publishing House, 1999-2000.

Haar, Michel, *Par-delà le nihilisme. Nouveaux essais sur Nietzsche,* PUF, 1998.

Habachi, René, *Le moment de l'homme. Commencements de la créature. La colonne brisée de Baalbeck,* Desclée de Brouwer, 1984 ; *Théophanie de la gratuité. Philosophie intempestive,* Québec, Anne Sigier, 1986.

Habermas, Jürgen, *Le Discours philosophique de la modernité,* Fayard, 1988 ; *Morale et communication,* Cerf, 1986 ; *Logique des sciences sociales et autres essais,* PUF, 1987 ; *De l'éthique de la discussion,* Cerf, 1992 ; *Droit et démocratie. Entre faits et normes,* trad. Rainer Rochlitz et Christian Bouchindhomme, Gallimard, 1997 ; *The Inclusion of the Other. Studies in Political Theory,* ed. by Ciaran Cronin and Pablo De Greiff, Cambridge (Mass.), The MIT Press, 1998 ; *Die postnationale Konstellation. Politische Essays,* Frankfurt am Main, Suhrkamp, 1998 ; *Après l'État-Nation. Une nouvelle constellation politique,* trad. Rainer Rochlitz, Fayard, 2000 ; *L'avenir de la nature humaine. Vers un eugénisme libéral ?,* trad. Christian Bouchindhomme, Gallimard, 2002 ; *Débat sur la justice politique* (avec John Rawls), trad. Rainer Rochlitz avec la collaboration de Catherine Audard, Cerf, 1997.

Hadot, Pierre, *Exercices spirituels et philosophie antique,* Éditions augustiniennes, 1981 ; *Qu'est-ce que la philosophie antique ?,* Gallimard, « Folio », 1995 ; *Éloge de Socrate,* Éd. Allia, 1999.

Haeffner, Gerd, *Philosophische Anthropologie,* Stuttgart, Kohlhammer, 1982.

Hagège, Claude, *L'Homme de paroles,* Fayard, 1985 ; *L'Enfant aux deux langues,* Odile Jacob, 1996.

Hanson, Victor Davis, and Heath, John, *Who killed Homer ? The Demise of Classical Education and the Recovery of Greek Wisdom,* New York, The Free Press, 1998.

Harris, Errol E., *Cosmos and Anthropos. A Philosophical Interpretation of the Anthropic Cosmological Principle,* New York, Humanities Press International, 1991 ; *Cosmos and Theos. Ethical and Theological Implications of the Anthropic Cosmological Principle,* New Jersey - London, Humanities Press, 1992.

Hartmann, Nicolai, *Ästhetik,* 2. Aufl., Berlin, Walter de Gruyter & Co., 1966.

Harvey, Pierre-Léonard, et Lemire, Gilles, *La nouvelle éducation. NTIC, transdisciplinarité et communautique,* préface de Basarab Nicolescu, Québec, Les Presses de l'Université Laval / Paris, L'Harmattan, 2001.

Havel, Václav, *Essais politiques,* textes réunis par Roger Errera et Jan Vladislav, préface de Jan Vladislav, Calmann-Lévy, 1989 ; repris dans « Points », Le Seuil ; *Living in Truth,* edited by Jan Vladislav, Londres, Faber & Faber, 1987 (paperback, 1989) : six textes de Vaclav Havel et seize d'autres auteurs dont Samuel Beckett, Heinrich Böll, Milan Kundera, Arthur Miller et Tom Stoppard.

Hegel, G. W. F., *Phénoménologie de l'esprit,* trad. Gwendoline Jarczyk et Pierre-Jean Labarrière, Gallimard, 1993 ; ou trad. Jean-Paul Lefebvre, Aubier, 1991 ; *Cours d'esthétique,* 3 vol., trad. Jean-Pierre Lefebvre et Veronika von Schenck, Aubier, 1995-1997 ; ou *Esthétique,* trad. Charles Bénard, revue et complétée par Benoît Timmermans et Paolo Zaccaria, LGF, « Le Livre de poche », 2 vol. ; ou trad. S. Jankélévitch, Aubier-Montaigne, 1944 ; Flammarion, « Champs », 1979, 4 vol. ; *Principes de la philosophie du droit,* trad. Robert Derathé, Vrin, 1975 ; ou trad. Jean-François Kervégan, PUF, 1998 ; ou trad. Jean-Louis Vieillard-Baron, GF-Flammarion, 1999 ; *Encyclopédie des sciences philosophiques,* I : *La science de la logique,* trad. Bernard Bourgeois, Vrin, 1979 ; III : *Philosophie de l'esprit,* trad. Bernard Bourgeois, Vrin, 1988 ; *Leçons sur Platon,* texte inédit de 1825-1826, trad. Jean-Louis Vieillard-Baron, Aubier-Montaigne, 1976 ; *Propédeutique philosophique,* trad. Maurice de Gandillac, Minuit, 1963 ; *Leçons sur la philosophie de la religion,* 1re partie, Introduction, *Le concept de religion,* nouvelle édition établie et présentée par Walter Jaeschke et traduite par Pierre Garniron, PUF, « Épiméthée », 1996 ; *Les preuves de l'existence de Dieu,* trad. Henri Niel, Aubier-Montaigne, 1947 : *Wissenschaft der Logik,* ed. Georg Lasson (1934), 2 vol., Hamburg, Meiner, 1963 ; trad. P.-J. Labarrière et Gwendoline Jarczyk, 3 vol., Aubier Montaigne, 1972-1981 ; *Leçons sur l'histoire de la philosophie,* trad. Gibelin, Gallimard, 1954 ; « Folio », 1990.

Heidegger, Martin, *Sein und Zeit* (1927), Tübingen, Max Niemeyer Verlag, 1972 ; trad. Emmanuel Martineau, Authentica, 1985 ; Heidegger, Martin, *Lettre sur l'humanisme* (1946), édition bilingue, trad. Roger Munier, Aubier, 1964 ; *Schelling. Le traité de 1809 sur l'essence de la liberté humaine,* trad. Jean-François Courtine, Gallimard, 1977 ; *Nietzsche,* trad. Pierre Klossowski, Gallimard, 2 vol., 1984-1985 ; *Chemins qui ne mènent nulle part,* trad. W. Brokmeier, Gallimard, 1962 ; notamment *Le mot de Nietzsche « Dieu est mort »,* p. 173-219, et *Pourquoi des poètes ?,* p. 220-261 ; *Schelling,* trad. Jean-François Courtine, Gallimard, 1977 ; *Qu'est-ce que la philosophie ?,* trad. K. Axelos et J. Beaufret, Gallimard, 1957 ; *Acheminements vers la parole,* trad. J. Beaufret, W. Brokmeier, F. Fédier, Gallimard, 1976 ; *Qu'appelle-t-on penser ?,* trad. A. Becker et G. Granel, PUF, 1959 ; *Kant et le problème de la métaphysique,* trad. A. De Waehlens et W. Bremel, Gallimard, 1953 ; *Qu'est-ce qu'une chose ?,* trad. Jean Reboul et Jacques Taminiaux, Gallimard, 1971.

Heller, Erich, *The Disinherited Mind,* New York, Harcourt Brace Jovanovitch, 1975 ; *The Artist's Journey into the Interior,* New York, Harcourt Brace Jovanovitch, 1976.

Hennezel, Marie de, *La mort intime,* préface de François Mitterrand, Laffont, 1995.

Henry, Michel, *L'essence de la manifestation,* PUF, 1963, 1990 ; *Généalogie de la psychanalyse,* PUF, 1985 ; *Voir l'invisible,* François Bourin, 1988 ; *C'est moi la vérité. Pour une philosophie du christianisme,* Seuil, 1996 ; *Incarnation. Une philosophie de la chair,* Seuil, 2000 ; *Paroles du Christ,* Seuil, 2002.

Héraclite, *Fragments,* texte établi, traduit, commenté par Marcel Conche, PUF, 1986.

Herder, Johann Gottfried, *Dieu. Quelques Entretiens,* trad. Myriam Bienenstock, PUF, « Théologiques », 1996.

Hérodote, *L'Enquête,* trad. A. Barguet, in *Historiens grecs,* I., *Hérodote, Thucydide,* Gallimard, « La Pléiade », 1964.

Hervieu, Fabrice : voir Vincent, Aude.

Hésiode, *Théogonie, Les Travaux et les Jours, Le Bouclier,* texte établi et traduit par Paul Mazon, Les Belles Lettres, 1951.

Highet, Gilbert, *The Art of Teaching,* New York, Vintage Books, 1959 ; *The Immortal Profession. The Joys of Teaching and Learning,* New York, Weybright & Talley, 1976.

Hijmans Jr., B. L., *Askêsis. Notes on Epictetus' Educational System,* Assen, Van Gorcum, 1959.

Hildebrand, Renate : voir Moisan, Clement.

Hill, Thomas E., Jr., *Dignity and Practical Reason in Kant's Moral Theory,* Ithac - aNew York, Cornell University Press, 1992.

Hirsch, Emmanuel, *Médecine et éthique. Le devoir d'humanité,* Cerf, 1990.

Hobsbawn, Eric J., *Age of Extremes : The Short Twentieth Century, 1914-1991,* London, Michael Joseph, 1994 ; trad. *L'Âge des extrêmes : le court* XX*e siècle, 1914-1991,* Bruxelles, Complexe, 1999.

Hölderlin, Friedrich, *Œuvres,* trad. Philippe Jaccottet, Gallimard, « La Pléiade », 1967.

Homère, *Iliade,* texte et trad. de Paul Mazon, avec la collaboration de Pierre Chantraine, Paul Collart et René Langumier, Les Belles Lettres, 1937-1938, 4 vol. ; ou trad. Robert Flacelière, Gallimard, « La Pléiade », 1955 ; ces traductions sont reproduites en diverses collections de poche ; *Odyssée,* texte établi par T. W. Allen, Oxford, 1919 ; trad. Victor Bérard, Paris, Les Belles Lettres, 1933 ; reproduite dans la « Bibliothèque de la Pléiade », Gallimard, 1955, et en diverses collections de poche.

Homer-Dixon, Thomas, *The Ingenuity Gap,* New York - Toronto, Alfred A. Knopf, 2000.

Holt, John, *How Children learn,* London, Penguin Books, 1967.

Horkheimer, Max, *Éclipse de la raison* (1947), Paris, Payot, 1974 ; Horkheimer, Max, et Adorno, Theodor W., *La dialectique de la raison. Fragments philosophiques,* trad. Éliane Kaufholz, Gallimard, 1974, 1983.

Hottois, Gilbert, *Le signe et la technique. La philosophie à l'épreuve de la technique,* Aubier, 1984.

Houziaux, Alain, *Dieu à la limite de l'infini. Une légitimation du discours théologique,* préface par Jean Ladrière, Cerf, 2002.

Hude, Henri, *Éthique et politique,* Éditions universitaires, 1992.

Hugo, Victor, *Les Misérables,* Gallimard, « La Pléiade », 1976.

Huizinga, J., *Homo ludens. Essai sur la fonction sociale du jeu,* traduit du néerlandais par Cécile Seresia, Gallimard, 1988.

Husserl, Edmund, *La crise des sciences européennes et la phénoménologie transcendantale,* trad. Gérard Granel, Gallimard, 1976 ; *La crise de l'humanité européenne et la philosophie,* édition bilingue, trad. Paul Ricœur, Aubier-Montaigne, 1977 ; *Idées directrices pour une phénoménologie et une philosophie phénoménologique pures,* I, § 2, trad. Paul Ricœur, Gallimard, 1950.

Huxley, Aldous, *Proper Studies* (1927), London, Chatto & Windus, 1957 ; *The Human Situation* (1978), Londres, Flamingo Modern Classic, 1994 ; Brave New World Revisited (1959), New York, Harper Collins, « Flamingo Modern Classic », 1994 ; *Brave New World* (1932), New York, Harper Collins, « Flamingo Modern Classic », 1994 ; *Ends and Means,* London, Chatto & Windus, 1937 ; *Music at Night* (1931), London, Penguin Books, 1950.

Jacques, Daniel, *La révolution technique. Essai sur le devoir d'humanité,* Montréal, Boréal, 2002.

Jaeger, Werner, *Paideia. The Ideals of Greek Culture,* trad. Gilbert Highet, Oxford University Press (1939, 1945), 3 t. ; *À la naissance de la théologie. Essai sur les Présocratiques,* Cerf, 1966.

Jaki, Stanley L., *The Road of Science and the Ways to God,* University of Chicago Press, 1978.

James, William, *Talks to Teachers on Psychology and to Students on Some of Life's Ideals,* New York, Dover Publications, 1962 ; *The Varieties of Religious Experience,* London, Penguin Classics, 1985.

Jankélévitch, Vladimir, *L'ironie,* Flammarion, 1964 ; *Les vertus et l'amour,* I et II, Flammarion, « Champs », 1986.

Jaspers, Karl, *La situation spirituelle de notre époque,* trad. Jean Ladrière et Walter Biemel, Nauwelaerts, Louvain, et Desclée de Brouwer, 1951 ; *La foi philosophique face à la révélation,* trad. P. Kamnitzer, Paris, Plon, 1962.

Jean Chrysostome (saint), *Sur l'incompréhensibilité de Dieu,* trad. Robert Flacelière, Cerf, « Sources chrétiennes », 1951.

Jonas, Hans, *Das Prinzip Verantwortung. Versuch einer Ethik für die technologische Zivilisation* (1979), Frankfurt am Main, Insel (und Suhrkamp) Verlag, 1984 ; trad. Jean Greisch, *Le principe responsabilité. Une éthique pour une civilisation technologique,* Cerf, 1990 ; *Macht oder Ohnmacht der Subjektivität ? Das Leib-Seele-Problem im Vorfeld des Prinzips Verantwortung* (1981), Frankfurt am Main, Insel (und Suhrkamp) Verlag, 1987 ; *Materie, Geist und Schöpfung. Kosmologischer Befund und kosmogonische Vermutung,* Frankfurt am Main, Suhrkamp Verlag, 1988 ; *Zwischen Nichts und Ewigkeit. Zur Lehre vom Menschen* (1963), Göttingen, Vandenhoeck & Ruprecht, 2. Auflage, 1987 ; *The Phenomenon of Life. Toward a Philosophical Biology,* University of Chicago Press, 1966.

Jones, Ernest, *Hamlet et Œdipe,* trad. Anne-Marie Le Gall, préface de Jean Starobinski, Gallimard, 1967.

Jouvet, Louis, *Le comédien désincarné,* Flammarion, 1954.

Julien, Claude, *Culture : de la fascination au mépris,* Musée de la civilisation et Éd. Fides, Québec, 1990.

Justin, *Apologies I et II, Dialogue avec Tryphon,* trad. L. Pautigny et G. Archambault revue et mise à jour, Desclée de Brouwer, « Ichtus », 1982.

Juvénal, *Satires,* texte établi et traduit par Pierre de Labriolle et François Villeneuve, Les Belles Lettres, 1951.

Kahn, Axel, *Et l'Homme dans tout ça ?,* NiL, 2000.

Kandinsky, N., *Du spirituel dans l'art et dans la peinture en particulier,* éd. Philippe Sers, traduit de l'allemand par Nicole Debrand, traduit du russe par Bernadette du Crest, Gallimard, 1989.

Kant, Emmanuel, *Critique de la raison pure,* trad. J. Barni, revue et corrigée par A. J.-L. Delamarre et F. Marty, in *Œuvres philosophiques I,* Gallimard, « La Pléiade », 1980, p. 705-1470 ; repris en collection de poche « Folio » ; *Critique de la raison pratique,* trad. Luc Ferry et Heinz Wisman, in *Œuvres philosophiques II,* Gallimard, 1985, p. 595-804 ; repris en collection de poche « Folio » ; *Critique de la faculté de juger,* trad. Jean-René Ladmiral, Marc B. de Launay et Jean-Marie Vaysse, in *Œuvres philosophiques II,* Gallimard, 1985, p. 913-1299 ; repris en collection de poche « Folio » ; ou trad. Alexis Philonenko, Vrin, 1965 ; *Fondements de la métaphysique des mœurs,* trad. V. Delbos, Librairie Delagrave, 1951 ; *L'unique fondement possible d'une démonstration possible de l'existence de Dieu,* trad. Sylvain Zac, in *Œuvres philosophiques I,* Gallimard, « La Pléiade », 1980, p. 303-435 ; *Idée d'une histoire universelle au point de vue cosmopolitique,* trad. Luc Ferry, in *Œuvres philosophiques II,* Gallimard, « La Pléiade », 1985, p. 187-205 ; *Le Conflit des facultés,* trad. Alain Renaut, *in* Kant, *Œuvres philosophiques III* : *Les derniers Écrits,* Gallimard, 1986 ; *Propos de pédagogie,* trad. Pierre Jalabert, in *Œuvres philosophiques III, op. cit.,* p. 1149-1203 ; *Leçons d'éthique,* présentation, traduction et notes par Luc Langlois, Le Livre de poche, 1997.

Kasper, Walter, *Le Dieu des chrétiens,* Cerf, 1985.

Kaufman, Gordon D., *La question de Dieu aujourd'hui,* Cerf, 1975.
Keats, John, *The Complete Poetry and Selected Prose,* New York, The Modern Library, 1951.
Kenny, Anthony, *The God of the Philosophers,* Oxford, 1979 (Paperback, 1986).
Kernan, Alvin, *In Plato's Cave,* Yale University Press, 1999.
Kerr, Fergus, *Theology after Wittgenstein,* Blackwell, Oxford, 1986 ; trad. Alain Létourneau, *La théologie après Wittgenstein.* Une introduction à une lecture de Wittgenstein, Cerf, 1991.
Kierkegaard, Soeren, *Le concept de l'angoisse,* trad. Knud Ferlov et Jean-J. Gateau, Gallimard, 1935 ; « Idées », 1969 ; *Ou bien... Ou bien, La reprise, Stades sur le chemin de la vie, La maladie à la mort,* trad. du danois par Paul-Henri Tisseau, revue par Else-Marie Tisseau, édition établie par Régis Boyer, Paris, Robert Laffont, « Bouquins », 1993 ; *The Present Age,* translated by Alexander Dru, New York, Harper Torchbooks, 1962 ; *Journal (Extraits),* vol. V, 1854-1855, trad. Ferlov et Gateau, Gallimard, 1961.
Klein, Jacob, *A Commentary on Plato's Meno,* The University of North Carolina Press, 1965.
Koggel, Christine M., *Perspectives on Equality. Constructing a Relational Theory,* New York, Rowman & Littlefield Publishers, Inc., 1998 ; et Christine Koggel (ed.), *Moral Issues in Global Perspective,* Peterborough, Broadview Press, 1999.
Kohut, Heinz, *The Restoration of the Self,* New York International University Press, 1977.
Kolakowski, Leszek, *Philosophie de la religion* (1982), Fayard, 1985.
Koyré, Alexandre, *Du monde clos à l'univers infini,* Gallimard, « Tel », 1973.
Kranz, Susan Lufkin, *Refuting Peter Singer's Ethical Theory : The Importance of Human Dignity,* London - Westport, Connecticut, Praeger, 2002.
Krishnamurti, *De l'Éducation,* trad. Carlo Suarès, Neuchâtel, Delachaux & Nestlé, 1972.
Kuby, Robert and Csikszentmihalyi, Mihaly, *Television and the Quality of Life. How Viewing shapes Everyday Experience,* Hillsdale (New Jersey), Lawrence Erlbaum Associates, 1990.
Kuhl, Patricia : voir Gopnik, Alison.
Kundera, Milan, *L'art du roman,* Gallimard, 1986 ; *Les testaments trahis,* Gallimard, 1993 ; *L'insoutenable légèreté de l'être,* trad. François Kérel, Gallimard, 1984 ; *L'ignorance,* Gallimard, 2003.
Labarrière, Pierre-Jean, *Dieu aujourd'hui,* Desclée, 1977.
Lacoste, Jean-Yves, *Note sur le temps. Essai sur les raisons de la mémoire et de l'espérance,* PUF, 1990 ; *Le monde et l'absence d'œuvre,* PUF, « Épiméthée », 2000.
Lacroix, Jean, *Force et faiblesse de la famille,* Le Seuil, 1948 ; *Le sens de l'athéisme moderne,* Casterman, 1958 ; *Le désir et les désirs,* PUF, 1975.
Ladrière, Jean, *Les enjeux de la rationalité. Le défi de la science et de la technologie aux cultures* (1977), nouvelle édition, suivi de *Existence, éthique et rationalité,* Montréal, Liber, 2001 ; *L'articulation du sens,* 2 vol., Cerf, 1984 ; *Vie sociale et destinée,* Gembloux, Duculot, 1973.
Lagache, Agnès, *Wittgenstein. La Logique d'un Dieu,* Cerf, 1975.
Lao-tzeu, *La Voie et sa vertu (Tao-tê-king),* trad. du chinois par François Houang et Pierre Leyris, Seuil, « Points Sagesse », 1979.

Laplante, Laurent, *La personne immédiate,* Montréal, L'Hexagone, 1998 ; *Le suicide,* Québec, IQRSC, 1985.

Larochelle, Gilbert, *L'imaginaire technocratique,* Montréal, Boréal, 1990.

Larose, Jean, *L'amour du pauvre,* Montréal, Boréal, 1991.

Lasch, Christopher, *The Culture of Narcissism,* New York, Norton, 1979 ; *The Minimal Self,* London, Picador, 1985 ; *The Revolt of the Elites and the Betrayal of Democracy,* New York, Norton, 1995.

Lavelle, Louis, *L'erreur de Narcisse,* Grasset, 1939.

Lear, Jonathan, *Love and its Place in Nature,* New York, Farrar, Strauss & Giroux, 1990.

Le Du, Michel : voir Bouillot, Hervé.

Leibniz, G. W., *Principes de la nature et de la grâce, Monadologie et autres textes,* GF-Flammarion, 1996 ; *De la production originelle des choses prise à sa racine* (1697), in *Opuscules philosophiques choisis,* trad. Paul Schrecker, Hatier-Boivin, 1954 ; Vrin, 1978 ; Leibniz, G. W., *Essais de théodicée sur la bonté de Dieu, la liberté de l'homme et l'origine du mal,* introduction et chronologie par J. Brunschwig, GF-Flammarion, 1969.

Lemire, Gilles : voir Harvey, Pierre-Léonard.

Léna, Marguerite, *L'esprit de l'éducation,* Fayard, 1981.

Leroi-Gourhan, André, *Le geste et la parole,* 2 vol., Albin Michel, 1964 ; *Les racines du monde,* Le Livre de poche, 1991.

Levinas, Emmanuel, *Totalité et infini. Essai sur l'extériorité,* La Haye, Martinus Nijhoff, 1971 ; *Éthique et infini. Entretiens avec Philippe Nemo,* Fayard, 1982 ; *Humanisme de l'autre homme,* Fata Morgana, 1972 ; *Le temps et l'autre,* PUF, « Quadrige », 1983 ; *Autrement qu'être ou au-delà de l'essence,* La Haye, Martinus Nijhoff, 1974 ; *Transcendance et intelligibilité,* Genève, Labor et Fides, 1984.

Levi, Primo, *Si c'est un homme,* trad. Martine Schruoffeneger, Julliard, 1987.

Lewis, C. S., *L'abolition de l'homme. Réflexions sur l'éducation,* traduction et préface d'Irène Fernandez, Critérion, 1986 ; *Studies in Words,* Cambridge University Press, 1960 ; *God in the Dock. Essays on Theology and Ethics,* ed. by Walter Hopper, Michigan, Eerdmans, 1970 ; *They asked for a Paper,* London, Geoffrey Bles, 1962 ; *First and Second Things,* ed. W. Hooper, Collins, Fount Paperbacks, 1985 ; *Screwtape proposes a Toast,* Glasgow, Fount Paperbacks, Collins, 1977.

Lewontin, R. C., Rose, Steven, and Kamin, Leon J., *Not in Our Genes.* Biology, Ideology, and Human Nature, New York, Pantheon Books, 1984 ; Lewontin, R. C., *The Doctrine of DNA. Biology as Ideology,* London, Penguin Books, 1991.

Leys, Simon, *L'ange et le cachalot,* Seuil, 1998

Locke, John, *Quelques pensées sur l'éducation,* trad. par G. Compayré, Vrin, 1992.

Lories, Danielle, *Le sens commun et le jugement du* phronimos. *Aristote et les Stoïciens,* Louvain-la-Neuve, Peeters, 1998.

Löw, Reinhard, *Nietzsche Sophist und Erzieher,* Weinheim, Acta humaniora, 1984.

Lubac, Henri de, *Athéisme et sens de l'homme,* Cerf, 1968 ; *Pic de la Mirandole,* Aubier-Montaigne, 1974 ; *Sur les chemins de Dieu,* Aubier-Montaigne, 1966.

Lustiger, cardinal Jean-Marie, *Dieu merci, les droits de l'homme,* Presses Pocket, 1992 ; *Devenez dignes de la condition humaine,* Flammarion/Saint Augustin, 1995 ; *Le choix de Dieu,* Le Livre de poche, 1989.

Lyotard, Jean-François, *L'inhumain. Causerie sur le temps,* Galilée, 1988.

Maalouf, Amin, *Les Identités meurtrières,* Grasset & Fasquelle, 1998 ; Le Livre de poche, 2000.

MacIntyre, Alasdair, *After Virtue,* Duckworth, London, and University of Notre Dame Press, 1981.

Magnin, Thierry, *Quel Dieu pour un monde scientifique ?,* Nouvelle Cité, 1993 ; *Entre science et religion. Quête de sens dans le monde présent,* Éd. du Rocher, 1998.

Maine de Biran, *Influence de l'habitude sur la faculté de penser,* PUF, 1954.

Maldiney, Henri, *Penser l'homme et la folie,* Jérôme Millon, 1991 ; *Ouvrir le rien l'art nu,* Encre marine, 2000 ; *Aux déserts que l'histoire accable. L'Art de Tal-Coat,* Deyrolle Éd., 1995.

Malcolm, Norman, *Ludwig Wittgenstein, A Memoir,* Oxford University Press, 1958.

Malherbe, Jean-François, *Le langage théologique à l'âge de la science. Lecture de Jean Ladrière,* Cerf, 1985 ; *Déjouer l'interdit de penser. Essais d'éthique critique,* Montréal, Liber, 2001 ; *Les ruses de la violence dans les arts du soin. Essais d'éthique critiqu II,* Montréal, Liber, 2003.

Mander, Jerry, *Four Arguments for the Elimination of Television,* New York, Morrow Quill Paperbacks, 1978.

Manier, Bénédicte, *Le travail des enfants dans le monde,* La Découverte, 1999.

Marcel, Gabriel, *Les hommes contre l'humain,* nouvelle édition sous la dir. de Jeanne Parain-Vial et préface de Paul Ricœur, Éditions universitaires, 1991 ; *Essai de philosophie concrète,* Gallimard, « Idées », 1967 ; *Homo viator,* Aubier-Montaigne, 1944 ; *L'homme problématique,* Aubier, 1955.

Margalit, Avishai, *Politik der Würde. Über Achtung und Verachtung,* trad. Gunnar Schmidt et Anne Vonderstein, Frankfurt am Main, 1999 [*The Decent Society,* Harvard University Press, 1996].

Marion, Jean-Luc, *L'idole et la distance,* Grasset, 1977 ; *Dieu sans l'être,* PUF, « Quadrige », 1991 ; *La croisée du visible,* La Différence, 1991 ; *Questions cartésiennes,* Vrin, 1991 ; *Questions cartésiennes II,* Vrin, 1996 ; *Étant donné. Essais d'une phénoménologie de la donation,* PUF, 1997, 1998 ; *Le phénomène érotique. Six méditations,* Grasset, 2003.

Marrou, Henri-Irénée, *Histoire de l'éducation dans l'Antiquité,* Le Seuil, « Points », 2 vol., 1981.

Martel, Yann, *Life of Pi,* New York, Harcourt Inc., 2001.

Martini, Carlo M., *Abraham notre père dans la foi,* trad. Gabriel Ispérian, Saint-Maurice (Suisse), 1994 ; voir Eco, Umberto.

Martinez, Marie-Louise, *Vers la réduction de la violence à l'école,* Presses universitaires du Septentrion, 1996.

Mattéi, Jean-François, *Platon et le miroir du mythe. De l'âge d'or à l'Atlantide,* PUF, « Thémis Philosophie », 1996 ; *La barbarie intérieure. Essai sur l'immonde moderne,* PUF, « Intervention philosophique », 1999 ; 3e éd. augmentée, 2001.

Mayor, Federico, *Un monde nouveau,* Unesco - Odile Jacob, 1999.

McInerny, Ralph, *Characters in Search of their Author,* The Gifford Lectures Glascow 1999-2000, University of Notre Dame Press, 2001.

Meirieu, Philippe, *Le choix d'éduquer. Éthique et pédagogie,* ESF Éd., 1991 ; *La pédagogie entre le dire et le faire,* ESF Éd., 1995.

Meltzoff, Andrew : voir Gopnik, Alison.

Merleau-Ponty, Maurice, *L'œil et l'esprit,* Gallimard, 1964 ; *Psychologie et pédagogie de l'enfant. Cours de Sorbonne 1949-1952,* Verdier, 2001 ; *Phénoménologie de la perception,* Gallimard, 1945 ; *Éloge de la philosophie,* Gallimard, 1953, « Idées ».

Mesure, Sylvie, et Renaut, Alain, *La guerre des dieux. Essai sur la querelle des valeurs,* Grasset, 1996 ; *Alter Ego. Les paradoxes de l'identité démocratique,* Aubier, 1999.

Meyer, Catherine, *L'affectivité en éducation. Pour une pensée de la sensibilité,* Québec, Les Presses de l'Université Laval, 2002.

Meyer, Philippe, *L'irresponsabilité médicale,* Grasset, 1993 ; *L'œil et le cerveau,* Odile Jacob, 1997 ; *De la douleur à l'éthique,* Hachette Littérature, 1998.

Midgley, Mary, *Science and Poetry,* London - New York, Routledge, 2001.

Miller, Alice, *Le drame de l'enfant doué. À la recherche du vrai Soi* (1979), trad. B. Dezler et Jeanne Etoré, PUF, 1983 ; *C'est pour ton bien. Racines de la violence dans l'éducation des enfants,* Aubier-Montaigne, 1984.

Miller, Barry, *From Existence to God. A Contemporary Philosophical Argument,* London - New York, Routledge & Kegan Paul, 1992.

Miller, Mark Crispin, *Boxed In. The Culture of TV,* Northwestern University Press, 1989.

Mineau, André, *The Making of the Holocaust : Ideology and Ethics in the System Perspective,* Amsterdam/Atlanta, Rodopi, 1999.

Moisan, Clément, et Hildebrand, Renate, *Ces étrangers du dedans. Une histoire de l'écriture migrante au Québec (1937-1997),* Québec, Éd. Nota bene, 2001.

Monk, Ray, *Ludwig Wittgenstein. The Duty of Genius,* New York, The Free Press, 1990.

Montessori, Maria, *La formation de l'homme,* trad. Michel Valois, préface de Renilde Montessori, Paris, Desclée de Brouwer, 1996 ; *L'enfant,* Gonthier, 1968.

Moreau, Joseph, *Le Dieu des philosophes,* Vrin, 1969.

Morency, Pierre, *L'heure du loup,* Montréal, Boréal, 2002.

Morin, Edgar, *Le paradigme perdu : la nature humaine,* Seuil, 1973 ; *La Méthode,* 3 : *La connaissance de la connaissance,* Seuil, 1986 ; *La Méthode,* 4 : *Les idées,* Seuil, 1991 ; *La Méthode,* 5 : *L'humanité de l'humanité. L'identité humaine,* Seuil, 2001 ; *Pour sortir du XXe siècle,* Fernand Nathan, 1981 ; *La tête bien faite,* Seuil, 1999 ; *Les sept savoirs nécessaires à l'éducation du futur,* Seuil, 2000.

Morin, Lucien, *Les charlatans de la nouvelle pédagogie,* PUF, 1973 ; Morin, Lucien, et Brunet, Louis, *Philosophie de l'éducation,* Québec, Presses de l'Université Laval, 1992, 2 vol.

Mumford, Lewis, *The Myth of the Machine,* New York, Harcourt, Brace & Jovanovitch, 1970.

Murdoch, Iris, *The Fire and the Sun,* Oxford University Press, 1977 ; *The Sovereignty of Good,* London - Henley, Routledge & Kegan Paul, 1970 ; *Metaphysics as a Guide to Morals,* New York, The Penguin Press, 1992 ; *Existentialists and Mystics,* London, Chatto & Windus, 1997.

Nagel, Thomas, *Égalité et partialité,* trad. Claire Beauvillard, PUF, 1994 ; *The Possibility of Altruism,* Oxford, Clarendon Press, 1970.

Nancy, Jean-Luc, *L'expérience de la liberté,* Galilée, 1988.

Nemo, Philippe, *Le chaos pédagogique,* Albin Michel, 1993.

Newman, John Henry, *The Idea of a University* (1852), ed. I. T. Ker, Oxford, 1976.

Nietzsche, F., *Humain, trop humain. Un livre pour esprits libres,* textes et variantes établis par G. Colli et M. Montinari, trad. Robert Rovini, Gallimard, 1968, 2 vol. ; *Schopenhauer éducateur,* in *Considérations inactuelles III,* trad. Henri-Alexis Baatsch, Gallimard, 1988 ; *Ainsi parlait Zarathoustra,* trad. Marthe Robert, UGE, « 10/18 », 1980 ; *Généalogie de la morale,* trad. Angèle Kremer-Marietti, UGE, « 10/18 », 1977 ; *Par-delà bien et mal,* trad. Cornélius Heim, Gallimard, 1971, « Idées », 1978 ; *Crépuscule des idoles,* trad. Jean-Claude Hemery, Gallimard, 1974, « Idées », 1997 ; *Le gai savoir,* trad. A. Vialatte, Gallimard, « Idées », 1950 ; *Nachgelassene Fragmente, Herbst 1887 bis März 1888,* in Nietzsche Werke, Kritische Gesamtausgabe, ed. Giorgio Colli et Mazzino Montinari, Berlin, Walter de Gruyter, 1970, VIII, 2.

Nussbaum, Martha C., *The Fragility of Goodness : Luck and Ethics in Greek Tragedy and Philosophy,* Cambridge University Press, 1986 ; *Love's Knowledge,* Oxford University Press, 1990 ; *Cultivating Humanity,* Harvard University Press, 1997 ; *Poetic Justice. The Literary Imagination and Public Life,* Boston, Beacon Press, 1995 ; *Upheavals of Thought. The Intelligence of Emotions,* Cambridge University Press, 2001.

Nietzsche, F., *La naissance de la tragédie,* trad. Michel Haar, Philippe Lacoue-Labarthe et Jean-Luc Nancy, Gallimard, 1977.

Oakeshott, Michael, *Rationalism in Politics,* London, Methuen & Co., 1962.

Orsenna, Éric, *La grammaire est une chanson douce,* Stock, 2001.

Ortega y Gasset, *La révolte des masses* (1930), trad. Louis Parrot, Gallimard, « Idées », 1967 ; « Goethe desde dentro » (1932), in *Obras completas* IV, Madrid, Revista de Occidente, 1957.

Orwell, George, *Nineteen Eighty-Four,* London, Penguin Books, 1954.

Pascal, *Œuvres complètes,* éd. Louis Lafuma, Seuil, 1963 ; *Pensées,* éd. Léon Brunschvicg, GF-Flammarion, 1976.

Osserman, Robert, *Poetry of the Universe,* New York, Doubleday, Anchor Books, 1995.

Otis, Louis-Eugène, *La doctrine de l'évolution,* Montréal, Fides, 1950.

Otto, Rudolf, *Le sacré,* Payot, 1949 ; *Mystique d'Orient et Mystique d'Occident,* Payot, 1951.

Parménide, *Le Poème : Fragments,* texte grec, traduction, présentation et commentaire par Marcel Conche, PUF, « Épiméthée », 1996.

Pater, Walter, *Essais sur l'art et la Renaissance,* trad. A. Henry, Klincksieck, 1985.

Patocka, Jan, *Platon et l'Europe,* trad. Erika Abrams, Verdier, 1983.

Paturet, Jean-Bernard, *De la responsabilité en éducation,* Érès, 1995.

Pennac, Daniel, *Comme un roman,* Gallimard, 1992 ; « Folio », 1997.

Penrose, Roger, *The Emperor's New Mind. Concerning Computers, Minds, and the Laws of Physics,* Oxford, 1989.

Piaget, Jean, *La construction du réel chez l'enfant,* Neuchâtel, Delachaux & Niestlé, 1963.

Pic de La Mirandole, Jean, *Œuvres philosophiques,* texte latin, traduction et notes par Olivier Boulnois et Giuseppe Tognon, PUF, 1993 ; ou Louis Valcke et Roland Galibois, *Le périple intellectuel de Jean Pic de la Mirandole,* suivi du *Discours de la dignité de l'homme* et du traité *L'être et l'un,* Québec, Les Presses de l'Université Laval, 1994,

Pieper, Josef, *Leisure, the Basis of Culture,* translated by Alexander Dru, with an Introduction by T. S. Eliot, London, Faber & Faber, 1952 ; new translation by Gerald Malsbary, South Bend. Indiana, St. Augustine's Press, 1998 ; *Enthusiasm and Divine Madness. On the Platonic Dialogue Phaedrus,* translation by Richard and Clara Winston, St Augustine's Press, 2000.

Patocka, Jan, *Platon et l'Europe*, séminaire privé du semestre d'été 1973, trad. Erika Abrams, Verdier, 1983 ; *Essais hérétiques sur la philosophie de l'histoire,* trad. Erika Abrams, préface de Paul Ricœur, postface de Roman Jakobson, Verdier, 1981.

Platon, *Alcibiade,* trad. Maurice Croiset, revu par Marie-Laurence Desclos, Les Belles Lettres, 1996 ; *Phèdre,* notice de Léon Robin, texte établi par Claudio Moreschini et traduit par Paul Vicaire, Les Belles Lettres, 1985 ; ou trad. Luc Brisson, GF-Flammarion, 1989 ; *Gorgias,* trad. Monique Canto, GF-Flammarion, 1987 ; *Phédon,* trad. Monique Dixsaut, GF-Flammarion, 1991 ; *Théétète,* trad. M. Narcy, GF-Flammarion, 1994 ; *La République,* trad. Georges Leroux, GF-Flammarion, 2002 ; *Lois,* I-VI, trad. E. des Places, VII-XII, trad. Auguste Diès, Les Belles Lettres, 1951-1956.

Pinker, Steven, *The Language Instinct. How the Mind creates Language,* New York, Harper Perennial, 1995 ; *How the Mind works,* New York, W. W. Norton & Co., 1997.

Plotin, *Ennéades,* trad. É. Bréhier, Les Belles Lettres, 1960 ; autres traductions en cours aux Éditions du Cerf, chez Vrin, chez Flammarion (GF) ; *Über Ewigkeit und Zeit* (Enneade III, 7), Übersetzt, eingeleitet und kommentiert von Werner Beierwaltes, Frankfurt, Klostermann, 1967.

Plutarque [ou Pseudo-Plutarque], *De l'éducation des enfants (De liberis educandis),* texte établi et traduit par Jean Sirinelli, in *Œuvres morales,* t. I, 1re partie, Les Belles Lettres, 1987.

Pohlenz, Max, *La Liberté grecque. Nature et évolution d'un idéal de vie,* Payot, 1956.

Polivet, R., *Après Wittgenstein, saint Thomas,* PUF, 1997 (spécialement le chapitre sur la volonté chez Ryle, Wittgenstein et saint Thomas, p. 78-103).

Ponton, Lionel, *Philosophie et droits de l'homme,* préface de Gilbert Hottois, Vrin, 1990.

Popper, Karl, *Conjectures et réfutations. La croissance du savoir scientifique,* trad. Michelle-Irène et Marc B. de Launay, Payot, 1985 ; *Unended Quest,* La Salle (Ill.), Open Court, 1976 ; Popper, Karl R. and Eccles, John C., *The Self and its Brain,* Springer International, 1977 ; Popper, Karl, *La Leçon de ce siècle,* trad. par J. Henry et C. Orsoni, Anatolia, 1993 ; Popper Karl, et Condry, John, *La télévision : un danger pour la démocratie,* trad. Claude Orsoni, Anatolia, 1994 ; *L'univers irrésolu. Plaidoyer pour l'indéterminisme,* trad. de Renée Bouveresse, Paris, Hermann, 1984.

Portmann, Adolf, *Zoologie und das neue Bild des Menschen,* Hamburg, Rowohlt, 1956.

Postman, Neil, *Amusing ourselves to death. Public Discourse in the Age of Show Business,* New York, Penguin Books, 1985 ; *The End of Education,* New York, Alfred A. Knopf, 1995.

Poulet, Georges, *Les métamorphoses du cercle* (1961), Flammarion, « Champs », 1979.

Pratte, André, *Les oiseaux de malheur. Essai sur les médias d'aujourd'hui,* Montréal, VLB Éd., 2000.

Proust, Marcel, *Sur la lecture* (1905), Actes Sud, 1988 ; *Contre Sainte-Beuve,* Gallimard, « Folio », 1987 ; *À la recherche du temps perdu,* 3 vol., Paris, Robert Laffont, « Bouquins », 1987 ; ou chez Gallimard, « La Pléiade » et « Folio ».

Quignard, Pascal, *La haine de la musique,* Calmann-Lévy, 1996 ; et Gallimard, « Folio ».

Raaflaub, Kurt, *Die Entdeckung der Freiheit, Zur historischen Semantik und Gesellschaftgeschichte eines politischen Grundbegriffes der Griechen,* Munich, 1985.

Quintilien, *Institution oratoire,* trad. Henri Bornecque, Garnier, 1934.

Rabelais, *Œuvres complètes,* texte établi et annoté par Jacques Boulenger, Gallimard, « La Pléiade », 1942.

Raymond, Jean-François de, *L'improvisation,* Vrin, 1980.

Rawls, John, *Théorie de la justice,* trad. Catherine Audard, Le Seuil, 1987 ; *Justice et démocratie,* trad. Catherine Audard, Le Seuil, 1993.

Read, Herbert, *The Meaning of Art,* London, Penguin Books, 1931 ; *Education through Art,* London, Faber & Faber, 1956 ; *The Forms of Things unknown,* New York, Horizon Press, 1960.

Reboul, Olivier, *Les valeurs de l'éducation,* PUF, 1992.

Reeves, Hubert, *La première seconde,* Le Seuil, « Points », 1995.

Renaut, Alain, *L'ère de l'individu. Contribution à une histoire de la subjectivité,* Gallimard, 1989 ; *Les révolutions de l'Université,* Calmann-Lévy, 1995 ; *La libération des enfants. Contribution philosopphique à une histoire de l'enfance,* Calmann-Lévy, 2002 ; voir Mesure, Sylvie.

Reich, Jens : voir Testart, Jacques.

Retegui, Antonio Ruiz, *Pulchrum. Reflexiones sobre la Belleza desde la Antropologia cristiana,* Madrid, Ediciones RIALP, 1998.

Revault d'Allones, Myriam, *Le dépérissement de la politique,* Flammarion, « Champs », 2002 ; *Fragile humanité,* Aubier, 2002.

Ricœur, Paul, *Philosophie de la volonté,* 3 vol. : I : *Le volontaire et l'involontaire* ; II : *Finitude et culpabilité* : 1. *L'Homme faillible,* 2. *La Symbolique du mal,* Aubier-Montaigne, 1948-1960 ; *De l'Interprétation. Essai sur Freud,* Seuil, 1965 ; *La métaphore vive,* Seuil, 1975, « Points », 1997 ; *Temps et récit,* 3 vol., Seuil, 1983-1985 ; *Soi-même comme un autre,* Seuil, 1990 ; *Le Juste,* Esprit, 1995 ; *Le Juste 2,* Esprit, 2001 ; *Lectures 1. Autour du politique,* Seuil, 1991 ; *La critique et la conviction. Entretien avec François Azouvi et Marc de Launay,* Calmann-Lévy, 1995.

Rilke, Rainer Maria, *Élégies de Duino,* trad. A. Guerne, Seuil, 1972 (édition bilingue).

Rimbaud, Arthur, *Œuvres complètes,* Gallimard, « La Pléiade », 1972.

Romilly, Jacqueline de, *La douceur dans la pensée grecque,* Les Belles Lettres, 1979 ; *« Patience, mon cœur ». L'essor de la psychologie dans la littérature grecque classique,* Les Belles Lettres, 1984 ; *Problèmes de la démocratie grecque,* Agora, 1986 ; *La Grèce antique à la découverte de la liberté,* Éd. de Fallois, 1989 ; *Pourquoi la Grèce ?,* Éd. de Fallois, 1992 ; *Écrits sur l'enseignement,* Éd. de Fallois, 1991 [contenant *Nous autres professeurs* (1969) suivi de *L'enseignement en détresse* (1984) et une préface] ; *Lettre aux parents sur les choix scolaires,* Éd. de Fallois, 1994 ; *Le trésor des savoirs oubliés,* Éditions de Fallois, 1998 ; *La Grèce antique contre la violence,* Éd. de Fallois, 2000.

Rosen, Stanley, *Nihilism : A Philosophical Essay,* New Haven, Yale University Press, 1969.

Rousseau, Jean-Jacques, *Émile ou De l'éducation* (1762), Gallimard, « Folio Essais », 1969 ; *Discours sur l'origine et le fondement de l'inégalité parmi les hommes* (1755), Gallimard, 1969, « Folio », 1985, 1996 ; « Essai sur l'origine des langues », in *Œuvres complètes,* V : *Écrits sur la musique, la langue et le théâtre,* Gallimard, « La Pléiade », 1995, p. 371-429.

Ruffo, Andrée, *Les enfants de l'indifférence : il suffit pourtant d'un regard,* préface d'Alice Miller, collaboration de Michèle Morel, Québec, Éditions de l'Homme, 1993.

Russell, Bertrand, *Mysticism and Logic* (1917), New York, Dover Books, s.d.

Ruyer, R., *Dieu des religions et dieu de la science,* Flammarion, 1970.

Sacks, Oliver, *An Anthropologist on Mars,* London, Picador, 1995 ; *L'homme qui prenait sa femme pour un chapeau,* trad. Édith de la Héronnière, Seuil, « Points », 1988.

Saint-Exupéry, Antoine de, *Œuvres,* Gallimard, « La Pléiade », 1953.

Saint-Sernin, Bertrand, *Whitehead. Un univers en essai,* Vrin, 2000.

Sallenave, Danièle, *Lettres mortes,* Michalon, 1995.

Sansot, Pierre, *Du bon usage de la lenteur,* Payot & Rivages, 1998.

Sartre, Jean-Paul, *L'être et le néant,* Gallimard, 1943.

Saul, John R., *The Unconscious Civilization,* CBC Massey Lectures, 1995 ; *Les bâtards de Voltaire,* trad. Sabine Boulongne, Payot & Rivages, 1992 ; *Vers l'équilibre,* trad. Jean-Luc Fidel, Payot, 2003.

Savater, Fernando, *El valor de educar,* Barcelona, Editorial Ariel, 1997 ; *Pour l'éducation,* traduit de l'espagnol par Hélène Gisbert, Payot, 1998.

Scarry, Elaine, *On Beauty and Being Just,* Princeton University Press, 1999.

Schatzman, Every, *L'Expansion de l'univers,* Hachette, 1989.

Schaerer, René, *Le héros, le sage et l'événement,* Aubier, 1964.

Scheler, Max, *La situation de l'homme dans le monde,* trad. M. Dupuy, Aubier, 1951 ; *Mort et survie,* suivi de : *Le phénomène du tragique,* trad. M. Dupuy, Aubier, 1952 ; *Vom Ewigen im Menschen,* in *Gesammelte Werke,* t. V, Berne, 1954 ; *Der Formalismus in der Ethik, GW,* t. II ; *Six essais de philosophie et de religion,* trad. Philibert Secrétan, Fribourg, Éditions universitaires, 1996.

Schelling, F. W., *Philosophie de la Révélation,* trad. de la RCP *Schellingiana* (CNRS) sous la dir. de Jean-François Marquet et Jean-François Courtine, PUF, « Épiméthée », livre premier, 1989, livre II, 1re partie, 1991 ; *Recherches philosophiques sur l'essence de la liberté humaine et les sujets qui s'y rattachent (1809),* trad. J.-F. Courtine et E. Martineau, dans *Œuvres métaphysiques (1805-1821),* Gallimard, 1980, p. 115-196 ; *On University Studies,* translated by E. S. Morgan, edited and with an introduction by Norbert Guterman, Ohio University Press, 1966.

Schiller, *Lettres sur l'éducation esthétique de l'homme,* texte original et traduction française par Robert Leroux, édition mise à jour par Michèle Halimi, Aubier, 1992.

Schopenhauer, Arthur, *Le Monde comme volonté et comme représentation,* trad. A. Burdeau, revue et corrigée par Richard Roos, PUF, 1966.

Schulz, Walter, *Le Dieu de la métaphysique moderne,* traduction, présentation et notes par Jacques Colette, Éditions du CNRS, 1978 ; *Philosophie in der veränderten Welt,* Stuttgart, Klett-Cotta, 1972.

Sen, Amartya, *Development as Freedom,* New York, Alfred A. Knopf, 1999 ; *Repenser l'inégalité,* trad. Paul Chemla, Seuil, 2000.
Sénèque, *Entretiens. Lettres à Lucilius,* édition établie par Paul Veyne, Robert Laffont, « Bouquins », 1993.
Sennett, Richard, *Uses of Disorder : Personal Identity and City Life,* London, Faber & Faber, 1996 ; *Respect de la dignité de l'homme dans un monde d'inégalités,* trad. Pierre-Emmanuel Dauzat, Albin Michel, 2003.
Serres, Michel, *Le Tiers-Instruit,* François Bourin, 1991 ; Gallimard, « Folio », 1992.
Shakespeare, William, *Complete Works,* The Arden Edition, London, Methuen & Co., 1946-1982 ; *Hamlet,* trad. Yves Bonnefoy, Mercure de France, 1988.
Sherrington, Sir Charles, *Man on His Nature,* 2nd ed., Cambridge University Press, New York, Doubleday Anchor Books, 1951.
Smith, John E., *Experience and God,* Oxford University Press, 1968.
Soljenitsyne, Alexandre, *Discours de Stockholm,* in *Les droits de l'écrivain,* Le Seuil, 1972.
Sollers, Philippe, *La Divine Comédie,* Entretiens avec Benoît Chantre, Gallimard, « Folio », 2002 ; *Illuminations. À travers les textes sacrés,* Robert Laffont, 2003.
Soloviev, Vladimir, *La justification du bien,* trad. T. D. M., Montaigne, 1939.
Sophocle, t. I : *Les Trachiniennes, Antigone* ; t. II : *Ajax, Œdipe-Roi, Électre* ; t. III : *Philoctète, Œdipe à Colone,* texte établi par Alphonse Dain et traduit par Paul Mazon, Les Belles Lettres, 1955-1960 ; Sophocle, *Tragédies,* trad. Paul Mazon, préface de Pierre Vidal-Naquet, notes de René Langumier, Gallimard, « Folio », 1973.
Souche-Dagues, Denise, *Nihilismes,* PUF, 1997.
Spaemann, Robert, *Personen. Versuche über den Unterschied zwischen « etwas » und « jemand »,* Stuttgart, Klett-Cotta, 1996 ; *Das Natürliche und das Vernünftige. Aufsätze zur Anthropologie,* München, Piper, 1987 ; Spaemann, Robert und Löw, Reinhard, *Die Frage Wozu ? Geschichte und Wiederentdeckung des teleologischen Denkens* (1981), München, Piper Verlag, Neuausgabe, 1985 ; *Notions fondamentales de morale,* trad. Stéphane Robilliard, Flammarion, « Champs », 1999.
Spinoza, *Tractatus theologico-politicus (Traité théologico-politique),* texte établi par Fokke Akkerman, trad. et notes par Jacqueline Lagrée et Pierre-François Moreau, PUF, « Épiméthée », 1999 ; ou trad. et notes par Charles Appuhn, in *Œuvres II,* GF-Flammarion, 1965.
Spitz, René A. (avec la coll. de W. Godfrey Cobliner), *De la naissance à la parole. La première année de la vie,* préface d'Anna Freud, trad. Liliane Flournot, PUF, 1968.
Stainton, Robert J. : voir : Brook, Andrew.
Stein, Édith, *L'être fini et l'Être éternel,* trad. de l'allemand par G. Casella et F. A. Viallet, Louvain-Paris, Nauwelaerts, 1972.
Steiner, George, *Nostalgia for the Absolute,* CBC Massey Lectures Series, Toronto, 1983 ; *Le sens du sens,* trad. Monique Philonenko et Heinz Wismann, Vrin, 1988 ; *Language and Silence,* London, Faber & Faber, 1967 ; *Dans le château de Barbe-Bleue. Notes pour une redéfinition de la culture,* trad. Lucienne Lotringer, Gallimard, « Folio », 1986 ; *Réelles présences,* trad. Michel R. de Pauw et un avant-propos à l'édition française, Gallimard, 1991 ; *Antigones,* trad. Philippe Blanchard, Gallimard, 1986 ; *La mort de la tragédie,* trad. Rose Celli, Gallimard,

« Folio », 1993 ; *Errata. Récit d'une pensée,* trad. P.-E. Dauzat, Gallimard, 1998 ; *De la Bible à Kafka,* trad. P.-E. Dauzat, Bayard, 2002.

Stengers, Isabelle, *Penser avec Whitehead,* Seuil, 2002.

Stevenson, R. L., *Essais sur l'art de la fiction,* trad. France-Marie Watkins et Michel Le Bris, Payot, 1992.

Stiker, Henri-Jacques, *Corps infirmes et Société,* Dunod, 1997.

Storr, Anthony, *Music and the Mind,* New York, The Free Press, 1992 ; *The Dynamics of Creation,* New York, 1993.

Strawson, P. F., *Freedom and Resentment, and other Essays,* London, Methuen, 1974.

Strauss, Leo, *Droit naturel et histoire,* Plon, 1954.

Swift, Jonathan, *Gulliver's Travels and other Writings,* New York, Random House, The Modern Library, 1958.

Swinburne, Richard, *The Coherence of Theism,* Oxford University Press, 1977 ; *The Existence of God,* Oxford University Press, 1979 ; *Is there a God ?,* Oxford University Press, 1996.

Taylor, Charles, *Human Agency and Language : Philosophical Papers I* ; *Philosophy and the Human Sciences : Philosophical Papers II,* Cambridge, 1985 ; *Sources of the Self. The Making of the Modern Identity,* Cambridge, 1989 ; *Grandeur et misère de la modernité,* trad. Charlotte Melançon, Montréal, Bellarmin, 1992 ; *Multiculturalisme. Différence et démocratie,* avec des commentaires de Amy Gutmann, Steven C. Rockefeller, Michael Walzer, Susan Wolf, traduit par Denis-Armand Canal, Aubier, 1994, repris chez Flammarion, « Champs » ; *Varieties of Religion today. William James Revisited,* Cambridge, Harvard University Press, 2002.

Tellenbach, Hubertus, « The Education of a Medical Student », *in* A.-T. Tymieniecka (ed.), *The Moral Sense in the Communal Significance of Life,* Analecta Husserliana, vol. XX, Dordrecht, D. Riedel Publishing Company, 1986, p. 175-184.

Testart, Jacques, *L'œuf transparent,* préface de Michel Serres, Flammarion, « Champs », 1986 ; *Le désir du gène,* François Bourin, 1992 ; (avec Jens Reich), *Pour une éthique planétaire,* Mille et une nuits / Arte Éd., 1997.

Thomas d'Aquin, *Summa theologiae,* Turin - Rome, 1950 ; trad. fr., Cerf, 1984 ; *Q. D. de Veritate,* Turin, Marietti, 1949 ; *Summa contra Gentiles,* Rome, Marietti, 1961 ; trad. Cyrille Michon, GF-Flammarion, 1999 ; *In librum Beati Dionysii de Divinis Nominibus Expositio,* Turin - Rome, Marietti, 1950 ; *In duodecim libros Metaphysicorum Aristotelis Expositio,* Turin - Rome, Marietti, 1950 ; *In octo libros Physicorum Aristotelis Expositio,* Turin - Rome, 1950.

Thomas, Lewis, *Late Night Thoughts on Listening to Mahler's Ninth Symphony,* New York, The Viking Press, 1984 ; *The Lives of a Cell. Notes of a Biology Watcher* New York, Viking, 1974 ; *The Medusa and the Snail,* New York, The Viking Press, 1979 ; *The Youngest Science. Notes of a Medicine-Watcher,* New York, Viking, 1983 ; *The Fragile Species,* New York, Scribners, 1992.

Thomson, J. A. K., *Irony, an Historical Introduction,* London, Allen & Unwin, 1926.

Thucydide, *La guerre du Péloponnèse,* trad. Jacqueline de Romilly (avec Louis Bodin, pour les livres VI et VII), Les Belles Lettres, 1953-1973.

Tillette, Xavier, *L'Absolu et la philosophie,* PUF, « Épiméthée », 1987 ; *Le Christ de la philosophie. Prolégomènes à une christologie philosophique,* Cerf, 1990.

Tilliette, Bruno : voir Crozier, Michel.

Tipler, Frank J. : voir Barrow, John D.
Tocqueville, Alexis de, *De la démocratie en Amérique,* 2 vol., GF-Flammarion, 1981.
Tompkins, Jane, *A Life in School. What the Teacher Learned,* New York, Addison-Wesley Publishing Company, 1996.
Trilling, Lionel, *Sincerity and Authenticity,* New York, Norton, 1969.
Ulmann, Jacques, *La nature et l'éducation,* Klincksieck, 1987.
Ulrich, Ferdinand, *Atheismus und Menschwerdung,* Einsiedeln, Johannes Verlag, 1966.
Unamuno, Miguel de, *Del sentimiento tragico de la vida,* Madrid, Editorial Plenitud, 1965.
Vadeboncœur, Pierre, *Trois essais sur l'insignifiance,* Montréal, L'Hexagone, 1983 ; *Le bonheur excessif,* Montréal, Bellarmin, « L'essentiel », 1992 ; *L'humanité improvisée,* Montréal, Bellarmin, « L'essentiel », 2000.
Valadier, Paul, *Nietzsche l'athée de rigueur,* Desclée, 1975 ; *Jésus-Christ ou Dionysos,* Desclée, 1979 ; *Nietzsche l'intempestif,* Beauchesne, 2000 ; *Morale en désordre,* Seuil, 2002.
Valéry, Paul, *Œuvres,* Gallimard, « La Pléiade », 2 vol., 1957 ; *Cahiers,* II, édité par Judith Robinson, Gallimard, « La Pléiade », 1974.
Van der Leeuw, G., *La religion dans son essence et ses manifestations,* Payot, 1948.
Van Haaften, W., Wren, Th., Tellings, A. (eds), *Moral Sensibilities and Education,* I : *The Preschool Child,* Bemmel, Concorde Publishing House, 1999 ; *Moral Sensibilities,* II : *The Schoolchild,* Bemmel, Concorde Publishing House, 2000.
Vaneigem, Raoul, *Avertissement aux écoliers et lycéens,* Mille et une nuits, 1995.
Vattimo, Gianni, *La fin de la modernité. Nihilisme et herméneutique dans la culture postmoderne* (1985), Seuil, 1987.
Vico, Giambattista, *On Humanistic Education (Six Inaugural Orations, 1699-1707),* from the definitive latin text, introduction, and notes of Gian Galeazzo Visconti, translated by Giorgio A. Pinton and Arthur W. Shippee, with an introduction by Donald Philip Verene, Ithaca - and London, Cornell University Press, 1993 ; *On the Study Methods of our Time,* translated with an introduction and notes by Elio Gianturco, with a translation of *The Academies and the Relation between Philosophy and Eloquence,* by Donald Philip Verene, Ithaca - London, Cornell University Press, 1990.
Vieillard-Baron, Jean-Louis, *Qu'est-ce que l'éducation ? Montaigne, Fichte et Lavelle,* Vrin, 1994 ; *L'illusion historique et l'espérance céleste,* L'Île verte - Berg International, 1981 ; *La religion et la cité,* PUF, « Intervention philosophique », 2001.
Vincent, Aude, et Hervieu, Fabrice, *Pupitres de la nation,* Éditions Alternatives, 1997.
Virgile, *Bucoliques,* texte établi et traduit par E. de Saint-Denis, Les Belles Lettres, 1949.
Vizinczey, Stephen, *Vérités et mensonges en littérature,* trad. Philippe Babo et Marie-Claude Peugeot, Éd. du Rocher, 2001.
Vlastos, Gregory, *Socrate : Ironie et philosophie morale,* trad. Catherine Dalimier, Aubier, 1993.
Volpi, Franco, *Il nichilismo,* Rome, Editori Laterza, 1996.
Walter, Barbara, *La famille peut-elle encore éduquer ?,* Toulouse, Érès, 1997.
Weil, Éric, *Philosophie morale,* Vrin, 1969 ; *Philosophie politique,* Vrin, 1971 ; *Essais et Conférences,* t. I, Plon, 1970 ; t. II, Vrin, 1991 ; *Logique de la philosophie,* Vrin, 1967.

Weil, Simone, *L'enracinement. Prélude à une déclaration des devoirs envers l'être humain* (1950), Gallimard, « Idées », 1977 ; *Réflexions sur les causes de la liberté et de l'oppression sociale,* Paris, Gallimard, 1955 ; « Idées », 1980 ; *Attente de Dieu,* Le Livre de poche, 1963 ; *La pesanteur et la grâce,* Plon, 1948, UGE, « 10/18 », 1948 ; *Lettre à un religieux,* Paris, Gallimard, 1951.

Weischedel, Wilhelm, *Der Gott der Philosophen. Grundlegung einer Philosophischen Theologie im Zeitalter des Nihilismus,* 2 vol., Darmstadt, Wissenschaftliche Buchgesellschaft, 1972 ; München, Deutscher Taschenbuch Verlag, 1979.

Weitz, Eric D., *A Century of Genocide. Utopias of Race and Nation,* Princeton University Press, 2003.

Welte, Bernhard, *La Lumière du rien,* trad. Jean-Claude Petit, Montréal, Fides, 1989 ; *Die Würde des Menschen und die Religion,* Frankfurt am Main, Verlag Josef Knecht, 1977.

Whitehead, A. N., *The Aims of Education,* New York, Macmillan, 1929 ; *Science and the Modern World,* New York, The Free Press, 1967 ; *Process and Reality* (1929), New York, The Free Press, 1978 ; *Procès et réalité. Essai de cosmologie,* trad. Daniel Charles, Maurice Élie, Michel Fuchs, Jean-Luc Gautero, Dominique Janicaud, Robert Sasso et Arnaud Villani, Gallimard, 1995 ; *Religion in the Making,* Cambridge University Press, 1926 ; New York, Meridian Books, 1960 ; *Symbolism. Its Meaning and Effect,* Cambridge University Press, 1928 ; New York, Capricorn Books (Macmillan), 1959.

Wilde, Oscar, *Le déclin du mensonge,* dans « Intentions », trad. Philippe Neel, revue par Carle Bonafous-Murat, Le Livre de poche, 2000, p. 43-88.

Williams, R. R., *Recognition : Fichte and Hegel on the Other,* Albany, SUNY, 1992.

Windschuttle, Keith, *The Killing of History,* San Francisco, Encounter Books, 1996.

Wittgenstein, Ludwig, *Tractatus logico-philosophicus,* with an introduction by Bertrand Russell, London, Routledge & Kegan Paul, 1922 ; *Philosophical Investigations,* Oxford, Blackwell, 1953 ; *On Certainty* (1969), ed. G. E. M. Anscobe and G. H. von Wright, bilingual edition, Oxford, Blackwell, 1979 ; trad. Jacques Fauve, *De la certitude,* Gallimard, 1958 ; *Leçons et conversations sur l'esthétique, la psychologie et la croyance religieuse,* suivies de *Conférence sur l'éthique,* trad. Jacques Fauve, Paris, Gallimard, 1971 ; *Culture and Value,* ed. G. H. von Wright and H. Nyman, The University of Chicago Press, 1980 ; *Leçons sur la liberté de la volonté,* trad. A. Soulez, PUF, 1998 ; *Leçons et conversations suivies de Conférence sur l'éthique,* trad. Jacques Fauve, Gallimard, 1971 ; *Lectures and Conversations on Aesthetics, Psychology & Religious Belief,* ed. by Cyril Barrett, Oxford, Basil Blackwell, 1978 ; *Carnets 1914-1916,* trad. G.-G. Granger, Gallimard, 1971.

Wolpert, Lewis, *The Triumph of the Embryo,* Oxford, 1991.

Wolton, Dominique, *Éloge du grand public. Une théorie critique de la télévision,* Flammarion, « Champs », 1990 ; *Penser la communication,* Flammarion, « Champs », 1997 ; *Internet et après ? Une théorie critique des nouveaux médias,* Flammarion, « Champs », 2000.

Woolf, Virginia, *The Common Reader,* New York, Harcourt, Brace & World, Inc., 1925 ; *The Second Common Reader,* New York, Harcourt, Brace & World, Inc., 1932, 1960.

Wunenburger, Jean-Jacques, *La vie des images,* Presses universitaires de Strasbourg, 1995 ; *Philosophie des images,* PUF, « Thémis Philosophie », 1997 ; *L'homme à l'âge de la télévision,* PUF, « Intervention philosophique », 2000.

Wurtzel, Elizabeth, *Prozac Nation. Young and Depressed in America,* New York, Riverside Books, 1994.

Young, Michael, *The Rise of the Meritocracy (1870-2033). An Essay on Education and Equality,* London, Penguin Books, 1961.

Zaehner, R. C., *Mysticism Sacred and Profane* (1957), Oxford University Press, 1961.

Zarka, Yves Charles, *L'autre voie de la subjectivité,* Beauchesne, 2000 ; *La décision métaphysique de Hobbes,* Vrin, 2e éd., 1999 ; *Hobbes et la pensée politique moderne,* PUF, 1995 ; *Philosophie et politique à l'âge classique,* PUF, 1998 ; *Figures du pouvoir,* PUF, 2000.

Zundel, Maurice, *Recherche de la Personne,* Desclée de Brouwer, 1938 ; *L'homme existe-t-il ?,* Éditions Ouvrières, 1967 ; *Croyez-vous en l'homme ?* (1956), Cerf, 1992 ; *Quel homme et quel Dieu ?,* Fayard, 1976.

ARTICLES

Alleman, Beda, « De l'ironie en tant que principe littéraire », in *Poétique,* novembre 1978 (n° 36).

« American Psychological Association », *Violence on Television,* http://www.apa.org/pubinfo/violence.html.

Augé, Marc, « Le stade de l'écran », in *L'empire des médias,* Manière de voir 63, *Le Monde diplomatique,* mai-juin 2002.

Bordeleau, Léo-Paul, « Éducation : de la rationalité à l'affectivité », in *Carrefour,* XV, 2, 1993, p. 9-34.

Boulay, Jasmin, « Le rôle de la musique dans l'éducation », in *LTP,* vol. XVII, n° 2, 1961, p. 262-274.

Bruner, Jerome S., « Modalities of Memory », *in* George A. Talland, Nancy C. Waugh (ed.), *The Pathology of Memory,* New York, Academic Press, 1969, 253-259.

Brunschwig, Jacques, « Socrate et les écoles socratiques », in *Encyclopædia Universalis,* vol. 15, 1973, *s.v.*

Buytendijk, F. J. J., « Das menschliche Spielen », *in* H.-G. Gadamer, P. Vogler, hrsg., *Kulturanthropologie, Neue Anthropologie,* Band 4, Frankfurt am Main, DTV, 1973, p. 88-122 ; « À propos du jeu humain », in *L'Évolution psychiatrique,* janvier-mars, 1956, p. 63-67.

Carey, Susan, « Being creative in the cradle », in *TLS,* October 27, 2000, p. 8-9.

Caza, Lorraine, « Facing New Frontiers : Challenges for Educators », *in* http://www.cnd-m.com/english/Archives/News/2003-04-Lorraine%20McGill-2.htm.

Chesterton, G. K., « Humour », in *Encyclopaedia Britannica,* 14th ed., London, 1929, vol. 11, p. 883-885.

Clarkson, Adrienne, *Discours sur les médias, in* http://www.gg.ca/media/doc.asp?lang=f&DocID=1020.

Cobb, John B. Jr, « Alfred North Whitehead », *in* Isabelle Stengers (dir.), *L'effet Whitehead,* Vrin, 1994, p. 27-60.

Csepregi, Gabor, « Sagesse du corps », in *LTP,* vol. 59, n° 1, février 2003, p. 21-34 ; « Le jeu rituel. Pour une phénoménologie de la mémoire corporelle », in *Études phénoménologiques,* 18, n° 36 (2002) : 97-118 ; « Éduquer à la passion », in *Carre-*

four, XV, 2, 1993, p. 112-129 ; « Sur la signification actuelle de l'éducation musicale selon Kodály », in *Studia Musicologica,* 34, 1992, p. 153-165 ; « L'aptitude à la conversation », in *Koinônia,* Ottawa, Collège dominicain, 1996 ; *Le corps sonore : pour une phénoménologie du chant, in* L.-P. Bordeleau et S. Charles (dir.), « Corps et science : enjeux culturels et philosophiques », Montréal, Liber, 1999 ; « The Relevance of Nicolai Hartmann's Musical Aesthetics », in *Axiomathes* 12, 2001.

Debru, Claude, « Les possibles et leur réalisation : la structure des protéines », in *L'Évolution biologique. Science, histoire ou philosophie ?,* Jean-Marie Exbrayat et Janine Flatin (dir.), Vrin, 1997, p. 377-389.

Delsol, Michel, « L'embryogenèse récapitule la phylogenèse. Unité et diversité du monde vivant », in *Évolution-Histoire-Philosophie. Hommage au Pr P. P. Grassé,* Masson, 1987.

Diamond, Cora, « The Importance of Being Human », in *Human Beings,* ed. David Cockburn, Cambridge, Cambridge University Press, 1991, p. 35-62.

Dumont, Fernand, « Entretien », in *Virtualités,* vol. 2, ° 6, août-septembre 1995.

Dworkin, Gerald, « The Concept of Autonomy », in *The Inner Citadel. Essays on Individual Autonomy,* ed. John Christman, Oxford, Oxford University Press, 1989, p. 54-62.

Egonssom, Dan, « The Importance of Being Human », *The Paideia Project,* The 20th World Congress of Philosophy, Boston, Massachusetts, Papers Archive, Section « Applied Ethics », August 1999, p. 1-6. Adresse Internet : http://www.bu.edu/wcp/Papers/OApp/OAppEgon.htm

Elster, Jon, « Majority Rule and Individual Rights », in *On Human Rights. The Oxford Amnesty Lectures 1993,* ed. Stephen Shute and Susan Hurley, New York, Basic Books, 1993, p. 175-205.

Feinberg, Joel, « Autonomy », in *The Inner Citadel. Essays on Individual Autonomy,* ed. John Christman, Oxford, Oxford University Press, 1989, p. 27-53.

Ferry, Luc, et Laruelle, François, « La cause de l'homme, ou La nouvelle querelle de l'humanisme », in *La décision philosophique* n° 9, octobre 1989.

Fleischhacker, Louk, « Technology and Human Dignity », in *International Philosophical Quarterly,* vol. XXXIX, n° 1, 1999, p. 77-92.

Florida, R. E., « Buddhist Approaches to Abortion », in *Asian Philosophy,* vol. 1, n° 1, 1991, 39-50.

Folscheid, Dominique, « L'embryon, ou notre plus-que-prochain », in *Éthique,* n° 4, 1992, p. 20-43.

Foucault, Michel, « Subjectivité et vérité » (inédit), in *Cités,* 2, 2000, p. 143-178.

Frede, Michael, « Philosophy and Medicine in Antiquity », in *Essays in Ancient Philosophy,* Minneapolis, University of Minnesota Press, 1987, p. 225-242.

Fritz, Kurt von, « Nous and Nœin in the Homeric Poems », in *Classical Philology,* 38 (1943), p. 79-93 ; « Nous, Nœin and their Derivatives in Presocratic Philosophy (excluding Anaxagoras) », in *Classical Philology,* 40 (1945), 223-42 ; 41 (1946), 12-34.

Gadamer, Hans-Georg, « La perte de la formation sensible comme cause de la perte des critères de valeur », trad. Fernand Couturier, Jean-Claude Petit et Monika Thoma, in *Herméneutique. Traduire, interpréter, agir,* Montréal, Fides, 1990, p. 35-49.

Ganguilhem, Georges, « Le cerveau et la pensée (1980) », in *Georges Ganguilhem, philosophe, historien des sciences,* Albin Michel, 1993, p. 11-33.

Giroux, Aline, « Retrouver le concept de personne : fondements pour l'éducation morale », in *Carrefour,* XV, 2, 1993, p. 130 ; « Socrate-Éros, éducateur », *in* Clermont Gauthier et Denis Jeffrey, *Enseigner et séduire,* Québec, Les Presses de l'Université Laval, 1999, p. 165 ; « Aux confins des éthiques, la vertu d'intégrité », in *LTP,* 55, 2 (juin 1999), p. 245.

Glorion, B., « La confiance et le devoir de l'humanité », *Bulletin de l'Ordre des médecins,* février 1993.

Gros Espiell, Hector, « Universalité des droits de l'homme et diversité culturelle », in *Revue internationale des sciences sociales,* décembre 1998, n° 158, p. 583-592.

Hansen, Chad, « Chinese Classical Ethics », in *A Companion to Ethics,* ed. Peter Singer, Oxford, Blackwell, 1991, p. 69-81.

Hegel, « Wer denkt abstrakt ? », in *Studienausgabe* I, ed. Karl Löwith et Manfred Riedel, Frankfurt, Fischer, 1968, p. 77-81.

Heller, Agnes, « The Limits to the Natural Law and the Paradox of Evil », in *On Human Rights. The Oxford Amnesty Lectures 1993,* ed. Stephen Shute and Susan Hurley, New York, Basic Books, 1993, p. 149-173.

Hottois, Gilbert, « Droits de l'homme et technique contemporaine : liberté responsable et liberté nihiliste », in *Les Études philosophiques,* n° 2, 1986, p. 201-215 ; « The Concept of Persona, Substance or Relation », in *Acta Neurochirurgica,* supp. 44, 1988, p. 39-43.

Ionesco, Eugène, « Dans les armes de la ville », in *Cahiers Renaud-Barrault,* n° 20, octobre 1957.

Janicaud, Dominique, « La double méprise. Les lettres dans la civilisation scientifico-technique », in *Esprit,* octobre 1992.

Johnson, Jeffrey, G., Patricia Cohen, Elisabeth M. Smalles, Stephanie Kasen, Judith S. Brook, *Television Viewing and Aggressive Behavior during Adolescence and Adulthood,* in *Science,* 29 March 2002, vol. 295, p. 2468-2471.

Lacoste, Jean-Yves, « Du phénomène de la valeur au discours de la norme », in *Freiburger Zeitschrift für Philosophie und Theologie,* Bd. 44 (1997), Heft 1-2, p. 87-103 ; *La connaissance silencieuse. Des évidences antéprédicatives à une critique de l'apophase,* in *Laval théologique et philosophique,* 58, 1 (février 2002), p. 137.

Ladrière, Jean, « Perspectives sur la philosophie africaine », in *Revue africaine de théologie,* avril 1981 ; « Le principe anthropique. L'homme comme être cosmique », in *Cahiers de l'étude des sciences philosophiques et religieuses,* n° 2, 1987 ; « L'organisme et la personne », in *Figures de la finitude. Études d'anthropologie philosophique,* G. Florival (dir.), Louvain-la-Neuve, 1988 ; « Nature et culture, approche philosophique », in *Le Supplément,* n° 182-183, octobre-décembre 1992, p. 195-215 ; « La temporalité du possible », in *Science et Esprit,* 53/1 (2001), 21-47.

Ladrière, Paul, « La notion de personne, héritière d'une longue tradition », in *Biomédecine et devenir de la personne,* sous la dir. de Simone Novaes, Paris, Le Seuil, 1991, p. 27-85.

Laruelle, François : voir Ferry, Luc.

Lewis, C. S., « Bulverism », in *First and Second Things,* ed. W. Hooper, Collins, Fount Paperbacks, 1985.

Lloyd, G. E. R. *Les débuts de la science grecque,* trad. J. Brunschwig, Paris, Maspero, 1974.

Lübbe, Hermann, « Erfahrungsverluste und Kompensationen. Zum philosophischen Problem der Erfahrung in der gegenwärtigen Welt », in *Der Mensch als Orientierungswaise ? Ein interdisziplinärer Erkundungsgang,* Beiträge von Hermann Lübbe *[et al.],* Freiburg, K. Alber, 1982, p. 145-168.

Lyotard, Jean-François, « The Other's Rights », in *On Human Rights. The Oxford Amnesty Lectures 1993,* ed. Stephen Shute and Susan Hurley, New York, Basic Books, 1993, p. 135-147.

Kuby, Robert, et Csikszentmihalyi, Mihaly, « Television Addiction is no mere Metaphor », in *Scientific American,* February, 2002 ; voir http://www.sciam.com/2002/0202issue/0202kubey.html.

Marion, J.-L., « De "la mort de Dieu" aux noms divins : l'itinéraire théologique de la métaphysique », in *Laval théologique et philosophique,* 41, 1 (février 1985), p. 25, repris dans *L'Être et Dieu,* dir. Dominique Bourg, Cerf, 1986, p. 103-130 ; « L'image de la liberté », *in* Rémi Brague (dir.), *Saint Bernard et la philosophie,* PUF, 1993 ; « Au nom », in *LTP,* 55, 3 (octobre 1999), p. 339.

Marquard, Odo, « The Age of Unwordliness ? A Contribution to the Analysis of the Present », in *In Defense of the Accidental. Philosophical Studies,* trad. R. W. Wallace, New York, Oxford University Press, 1991, p. 71-90.

Miller, Mark Crispin, « The Merchants of Cool », Interview, Frontline http://www.pbs.org/wgbh/pages/frontline/shows/cool/interviews/crispinmiller.html.

Mineau, André, Gilbert Larochelle et Thomas De Koninck, « Le nazisme et l'idéologie de la santé : les avatars de la dignité humaine », in *Revue d'histoire de la Shoah. Le monde juif,* septembre-décembre 1998, n° 164, p. 169-188.

Morin, Edgar, *Au-delà du déterminisme : le dialogue de l'ordre et du désordre,* in *Le Débat,* n° 3, 1980, p. 105-122 ; voir aussi, dans le même numéro, les contributions de René Thom, Ilya Prigogine, Henri Atlan et Jean Largeault.

Moulin, Anne-Marie, « La philosophie et la médecine », in *Encyclopédie philosophique universelle,* IV : *Le discours philosophique,* Jean-François Mattéi (dir.), PUF, 1998, p. 2186-2197.

O'Brien, Denis, « L'être et l'éternité », in *Études sur Parménide,* Pierre Aubenque (dir.), Vrin, 1987, p. 135-162.

Owen, G. E. L., « Plato and Parmenides on the Timeless Present », in *Logic, Science, and Dialectic. Collected Papers in Greek Philosophy* (ed. Martha Nussbaum), New York, Cornell University Press, 1986, p. 27-44.

Pearl, Judea, « Je suis juif, mais ressaisissez-vous ! », in *Le Devoir,* 16 juin 2003.

Pelletier, Sophie et Bruce M. Shore, « The Gifted Learner, the Novice, and the Expert : Sharpening Emerging Views of Giftedness », in *Creative Intelligence. Toward Theoretic Integration,* ed. by Don Ambrose, LeoNora M. Cohen, Abraham J. Tannenbaum, Creskill (New Jersey), Hampton Press, Inc., 2003, p. 237-281.

Plessner, Helmuth, « Zur Phänomenologie der Musik », in *Gesammelte Schriften,* Frankfurt am Main, Suhrkamp Verlag, 1982, vol. 7, p. 61-65.

Prowse, Michael, « Idols should take rap for a violent society », in *Financial Times,* June 12, 2003.

Putnam, Hilary, et Nussbaum, Martha C., « Changing Aristotle's Mind », in *Essays on Aristotle's De Anima,* ed. Martha C. Nussbaum and Amélie Oksenburg Rorty, Oxford, 1992, p. 27-56.

Raymond, Jean-François de, « La protestation d'Antigone », in *Les enjeux des droits de l'homme,* Jean-François de Raymond (dir.), Larousse, 1988, p. 10-21 ; « Géopolitique des droits de l'homme », *ibid.,* p. 23-42 ; « Les droits de l'homme : une anti-idéologie », *ibid.,* p. 5-8 ; « La reconnaissance du don », in *Laval théologique et philosophique,* 57, 1 (février 2001), p. 67 ; « La beauté morale », in *LTP,* 56, 3 (octobre 2000), p. 425 ; « La question du sens aujourd'hui », in *LTP,* 52, 2 (juin 1996), p. 240.

René, L., « Parler avec le malade », *Bulletin de l'Ordre des médecins,* juillet-août 1992.

Ricard, Marie-Andrée, « Herméneutique contemporaine. Le verbe intérieur au sein de l'herméneutique de Hans-Georg Gadamer », in *Laval théologique et philosophique,* 57, 2 (juin 2001), p. 251 ; « Mimêsis et vérité dans l'esthétique d'Adorno », in *LTP,* 52, 2 (juin 1996), p. 445 ; « La "mort de l'art" chez Hegel comme autoportrait de la subjectivité », in *LTP,* 56, 3 (octobre 2000), p. 405.

Ricœur, Paul, « Approches de la personne », dans *Esprit,* mars-avril 1990, p. 115-130 ; « Pour l'être humain du seul fait qu'il est humain », in *Les enjeux des droits de l'homme,* Jean-François de Raymond (dir.), Larousse, 1988, p. 233-237.

Roussel, Michel, « Hippocrate de Cos », in *Encyclopédie philosophique universelle,* III : *Les œuvres philosophiques,* Paris, PUF, 1992, t. I, p. 176-178.

Sacks, Oliver, « The Mind's Eye. What the blind see », in *The New Yorker,* July 28, 2003, p. 48-59.

Wiesel, Élie, « Réflexions sur la liberté humaine », in *Les droits de l'homme en questions,* Paris, La Documentation française, 1989.

Schwyzer, E., « Beiträge zur griechischen Wortforschung », in *Festschrift Paul Kreischmer,* New York, 1926, p. 244-251

Shore, Bruce : voir Pelletier, Sophie.

Swinburne, Richard, « Argument from the Fine-tuning of the Universe », *in* John Leslie (ed.), *Physical Cosmology and Philosophy,* New York, Macmillan, 1990, p. 154-173

Vlastos, Gregory, « Equality and Justice in Early Greek Cosmologies », in *Classical Philology* 42, 1947, p. 156-178 ; repris dans *Studies in Presocratic Philosophy,* ed. David J. Furley et R. E. Allen, vol. 1, Londres, Routledge & Kegan Paul, 1970, vol. 1, p. 56-91 ; « Isonomia », in *American Journal of Philology,* 74, 1953, p. 337-366.

Wunenburger, Jean-Jacques, « La *Bildung* ou l'imagination dans l'éducation », *in* Renée Bouveresse (dir.), *Écrits en l'honneur d'Olivier Reboul,* PUF, 1993.

Zarka, Yves Charles, « L'invention du sujet de droit », in *Archives de philosophie,* n° 60, 1997, p. 531-550 ; « Démocratie et pouvoir médiatique », in *Cités* 10, 2002, p. 119-129.

COLLECTIFS

Argumente für Gott. Gott-Denker von der Antike bis zur Gegenwart. Ein Autoren Lexicon, ed. Karl-Heinz Weger et Klemens Bossong, Freiburg, Herder, 1987.

A Source Book in Chinese Philosophy, translated and compiled by Wing-Tsit Chan, Princeton University Press, 1963.

Arthur-Bertrand, Yann (dir.), *La Terre vue du ciel,* Éd. de la Martinière, 2002.

Aubenque, Pierre (dir.), *Études sur Parménide,* Paris, Vrin, 1987.

La Bible, traduction œcuménique (TOB), *Ancien Testament,* Cerf, 1975 ; *Nouveau Testament,* Cerf, 1972.

Brunschwig, Jacques, et Geoffrey Lloyd, *Le savoir grec. Dictionnaire critique,* préface de Michel Serres, Flammarion, 1996.

Bubner, Rüdiger, Cramer, Konrad und Wiehl, Reiner (ed.), *Subjekt und Person,* Neue Hefte für Philosophie, Heft 27/28, Göttingen, Vandenhoeck & Ruprecht, 1988.

Canto-Sperber, Monique (dir.), *Dictionnaire d'éthique et de philosophie morale,* PUF, 1996 ; (dir.), *Philosophie grecque,* en collaboration avec Jonathan Barnes, Luc Brisson, Jacques Brunschwig, Gregory Vlastos, PUF, 1997.

Club Merleau-Ponty, *La pensée confisquée. Quinze idées reçues qui bloquent le débat public,* Paris, La Découverte, 1997.

Cockburn, David (ed.), *Human Beings,* Cambridge, Cambridge University Press, 1991, p. 35-62.

Cooper, David E. (ed.), *A Companion to Aesthetics,* Oxford, Blackwell, 1992.

Critical Review, vol. 9, n° 4, Fall 1995 : *Human Nature and the Good.*

Déclaration universelle des droits de l'homme, Amnesty International Belgique francophone, Bruxelles, « Folio », 1988.

Delsol, Michel, et Exbrayat Jean-Marie (dir.), *L'évolution biologique. Faits, théories, épistémologie, philosophie,* t. I et II, Vrin, 2002.

De Koninck, Thomas, et Planty-Bonjour, Guy (dir.), *La question de Dieu selon Aristote et Hegel,* PUF, 1991.

Die Frage nach dem Subject, ed. Manfred Frank, Gérard Raulet und Willem van Reijen, Frankfurt am Main, Suhrkamp Verlag, 1988.

Diels, H., et Kranz, W., *Die Fragmente der Vorsokratiker,* Berlin, Weidmannsche Verlagsbuchhandlung, 1952 (désigné par DK).

Dubessey, Jean, et Lecointre Guillaume, (dir.), *Intrusions spiritualistes et impostures intellectuelles en sciences,* Syllepse, 2001.

Dumont, Jean-Paul (éd.), *Les Présocratiques,* Gallimard, « La Pléiade », 1988.

Dworkin, R. M. (ed.), *The Philosophy of Law,* Oxford, 1977.

Dyson, Anthony, and Harris, John (ed.), *Experiments on Embryos,* London - New York, Routledge, 1990.

Esprit, mars 1983 : *Réflexions sur le droit.*

Esprit, novembre 1989 : *La bioéthique en panne ?*

Esprit, mars-avril 2002 : *Quelle culture défendre ?*

Éthique, n° 3, hiver 1992, La vie en question : *L'embryon* (I).

Éthique séculière et non-croyance, Paris, Desclée, 1983.

Exbrayat, Jean-Marie, et Flatin Janine, (dir.), *L'Évolution biologique. Science, histoire ou philosophie ?,* Vrin, 1997.

Ferenczi, Thomas (dir.), *Devoir de mémoire, droit à l'oubli ?,* Bruxelles, Complexe, 2002.

Flatin, Janine : voir Exbrayat, Jean-Marie.

Folscheid, Dominique, Feuillet-Le Mintier, Brigitte, Mattéi Jean-François, *Philosophie, éthique et droit de la médecine,* PUF, 1997.

Gagné, Gilles (dir.), *Main basse sur l'éducation,* Québec, Éd. Nota bene, 1999.

Giroux, Aline (dir.), *Repenser l'éducation. Repères et perspectives philosophiques,* Presses de l'Université d'Ottawa, « Mentor », 1998.

God, Donald Davie, Raymond Firth, Leszek Kolakowski, R. D. Laing, Brian Pippard, Roger Scruton, in *TLS,* Friday 23, May 1986, n° 4, 338.

Histoire des religions, sous la dir. d'Henri-Charles Puech, Paris, Gallimard, « Encyclopédie de la Pléiade », 3 vol., 1970-1976.

Hersch, Jeanne (dir.), *Le droit d'être un homme. Anthologie mondiale de la liberté,* recueil de textes, Unesco - Robert Laffont, 1968 ; rééd. J.-C. Lattès - Unesco, 1984 et 1990.

Hocquard, Anita (dir.), *Éduquer, à quoi bon ?,* Paris, PUF, 1996.

Hottois, Gilbert, et Parizeau, M.-H. (dir.), *Les mots de la bioéthique,* Bruxelles, De Boeck - Espi, 1993 ; Hottois, Gilbert, et Missa, Jean-Noël (dir.), *Nouvelle encyclopédie de bioéthique,* Bruxelles, De Boeck, 2001.

Houssaye, Jean (dir.), *Éducation et philosophie. Approches contemporaines,* Paris, ESF Éd., 1999.

Kearney, Richard, et O'Leary, Joseph Stephen (dir.), *Heidegger et la question de Dieu,* Grasset, 1980.

Koslowski, Peter, Kreuzer, Philipp, Löw, Reinhard, *Die Verführung durch das Machbare. Ethische Konflikte in der modernen Medizin und Biologie,* Stuttgart, S. Hirzel Verlag, 1983.

Koslowski, Peter, Kreuzer, Philipp, Löw Reinhard, *Evolution und Freiheit.* Zum Spannungsfeld von Naturgeschichte und Mensch, Stuttgart, S. Hirzel Verlag, 1984.

La Bible en philosophie. Approches contemporaines, sous la dir. de Dominique Bourg et Antoine Lion, avec la collab. de Stanislas Breton, Alain Cugno, Francis Jacques, Henri Meschonnic, Jacques Poulain, Paul Ricœur, Bertrand Vergely, Cerf, 1993.

Lacoste, Jean-Yves (dir.), *Dictionnaire critique de théologie,* PUF, 1998.

L'analogie, Jean-Luc Marion (dir.), *Les Études philosophiques,* juillet-décembre 1989.

L'athéisme dans la vie et la culture contemporaine, sous la dir. de Jules Girardi ; pour l'édition française, Jean-François Six, Desclée, 1968.

Le savant et la Foi. Des scientifiques s'expriment, introduction de Jean Delumeau, Flammarion, 1989 ; « Champs », 1991.

L'existence de Dieu, in *Cahiers de l'actualité religieuse,* Paris-Tournai, Casterman, 1961.

Le Vide. Expérience spirituelle en Occident et en Orient, in *Hermès,* Desclée, 1969.

Legendre, Renald (dir.), *Dictionnaire actuel de l'éducation,* 2e éd., Montréal, Guérin, édition limitée, et Eska, 1993.

Leist, Anton (ed.), *Um Leben und Tod. Moralische Probleme bei Abtreibung, künstlicher Befruchtung, Euthanasie und Selbstmord,* Frankfurt am Main, Suhrkamp Verlag, 1990.

Léna, Marguerite (dir.), *Honneur aux maîtres,* Critérion, 1991.

Lenoir, Frédéric (dir.), *Le temps de la responsabilité. Entretiens sur l'éthique,* Fayard, 1991.

Lenk, Hans, et Ropohl, Günter (ed.), *Technik und Ethik,* Stuttgart, Reclam, 1987.

Les droits de l'homme en questions, Livre blanc, Commission nationale consultative des droits de l'homme, préface de Jean-Pierre Bloch, La Documentation française, 1989.

Les Présocratiques, Jean-Paul Dumont (dir.), Gallimard, « La Pléiade », 1988.

Les Stoïciens (en particulier Épictète, *Entretiens* ; Marc Aurèle, *Pensées*, et le *Traité du destin* de Cicéron), trad. É. Bréhier, sous la dir. de Pierre-Maxime Schuhl, Paris, Gallimard, « La Pléiade », 1962.

Leslie, John (ed.), *Physical Cosmology and Philosophy*, New York, Macmillan, 1990.

L'indifférence religieuse, Beauchesne, « Le Point théologique », 1982.

Lloyd, Geoffrey : voir Brunschwig, Jacques.

Longair, M. (ed.), *Confrontations of Cosmological Theories with Observational Data* (Symposium IAU, n° 63), Dordrecht, Reidel, 1974.

Miller, David (ed.), *Liberty,* Oxford Readings in Politics and Government, Oxford University Press, 1991.

Missa, Jean-Noël : voir Hottois, Gilbert.

Moreland, J. P. et Nielsen, Kai, *Does God exist ? The Debate between Theists and Atheists,* with Contributions by Peter Kreeft, Anthony Flew, William Lane Craig, Keith Parsons, Dallas Willard, New York, Prometheus Books, 1993.

Morin, Marie-Line (dir.), *Le suicide chez les jeunes. Un cri pour la vie,* Montréal, Médiaspaul, 1999.

Musschenga, Burt (ed.), *Does Religion matter morally ? A Critical Reappraisal of the Thesis of Morality's Independence from Religion,* Kampen, Kok Pharos Publishing House, 1995.

« Neurosciences et philosophie. Le problème de la conscience », dans *Revue de métaphysique et de morale,* 97e année, n° 2, avril-juin 1992.

Nielsen, Kai : voir Moreland, J. P.

Novaes Simone (dir.), *Biomédecine et devenir de la personne,* Paris, Le Seuil, 1991.

Possibles, vol. 26, n° 4, automne 2002 : « Les cultures face à la mondialisation ».

On Human Rights. The Oxford Amnesty Lectures, 1993, ed. Stephen Shute and Susan Hurley, New York, Basic Books, 1993.

Phénoménologie et théologie, Jean-Louis Chrétien, Michel Henry, Jean-Luc Marion, Paul Ricœur, présentation de Jean-François Courtine, Paris, Critérion, 1992.

Physical Cosmology and Philosophy, ed. John Leslie, New York, Macmillan, 1990.

Rationalité et affectivité en éducation, in *Carrefour,* 1993, vol. XV, n° 2.

Sources. Les mystiques chrétiens des origines, textes et commentaires, Olivier Clément, Paris, Stock, 1982.

Parizeau, M.-H. : voir Hottois, Gilbert.

Planty-Bonjour, Guy (dir.), *Hegel et la religion,* PUF, 1982 ; voir De Koninck, Thomas.

Raymond, Jean-François de (dir.), *Les enjeux des droits de l'homme,* Larousse, 1988.

Revue de métaphysique et de morale, 92e année, n° 3, juillet-septembre 1987 : *Bioéthique.*

Revue de métaphysique et de morale, 97e année, n° 2, avril-juin 1992 : *Neurosciences et philosophie. Le problème de la conscience.*

Rorty, Amélie Oksenberg (ed.), *Philosophers on Education. New Historical Perspectives,* New York, Routledge, 1998.

Ruano-Borbalan, Jean-Claude (dir.), *Éduquer et Former,* Paris, Éd. Sciences humaines, 1998.

Sass, Hans-Martin (ed.), *Medizin und Ethik,* Stuttgart, Reclam Verlag, 1989.

Singer, Peter (ed.), *Applied Ethics,* Oxford University Press, 1986.

Singer, Peter (ed.), *A Companion to Ethics,* Oxford, Blackwell, 1991.

Spaemann, Robert, Koslowski, Peter, Löw, Reinhard, *Evolutionstheorie und menschliches Selbstverständnis.* Zur philosophischen Kritik eines Paradigmas moderner *Theorie der Subjektivität,* ed. Konrad Cramer, Hans Friedrich-Fulda, Rolf-Peter Horstmann, Ulrich Pothast, Frankfurt am Main, Suhrkamp, 1990.
Stengers, Isabelle (dir.), *L'effet Whitehead,* Vrin, 1994.
The Existence of God, ed. John Hick, London-New York, Macmillan, 1964.
The Literary Guide to the Bible, ed. R. Alter and F. Kermode, Harvard University Press, 1987.
Transzendenz und Immanenz : Philosophie und Theologie in der veränderten Welt, ed. Dietrich Papenfuss und Jürgen Söring, Stuttgart-Berlin-Köln-Mainz : Kohlhammer Verlag, 1976.
Unesco, *L'éducation. Un trésor est caché dedans,* Rapport de la Commission internationale sur l'éducation pour le XXIe siècle présidée par Jacques Delors, Éd. Odile Jacob, 1996.
Vieillard-Baron, Jean-Louis (dir.), *De saint Thomas à Hegel,* PUF, 1994.
Verspieren, Patrick (dir.), *Biologie, médecine et éthique,* Le Centurion, 1987.
Violence in the Media, NCADI (National Clearinghouse for Alcohol and Drug Information) : CSAP (Centre for Substance Abuse and Prevention) http://www.health.org/govpubs/ms714/index.htm.
Watson G. (ed.), *Free Will,* Oxford University Press, 1982.
Wer ist das eigentlich – Gott ? (1969), ed. H. J. Schultz, Frankfurt, Suhrkamp, 1973.
Zarka, Yves Charles, Lessay, Frank, Rogers, John (dir.), *Les fondements philosophiques de la tolérance,* 3 t., PUF, 2002.

Index des noms

THÉMIS

Collection fondée et dirigée par Maurice Duverger

PHILOSOPHIE

Direction : Jean-François Mattéi

AGAZZI Evandro *Le Bien, le mal et la science.* 1996, 1re éd.
AMIOT Anne-Marie et MATTÉI Jean-François *Albert Camus et la philosophie.* 1997, 1re éd.
BARBIER Maurice *La modernité politique.* 2000, 1re éd.
CHARLES Daniel *La Fiction de la postmodernité.* 2001, 1re éd.
DE KONINCK Thomas *Philosophie de l'éducation*
DORNA Alexandre *Fondements de la psychologie politique.* 1998, 1re éd.
DRAÏ Raphaël *La Pensée juive et l'interrogation divine.* 1996, 1re éd.
ENGEL Pascal *Précis de philosophie analytique.* 2000, 1re éd.
GOYARD-FABRE Simone *Les Principes philosophiques du droit politique moderne.* 1997, 1re éd.
GOYARD-FABRE Simone *Politique et philosophie dans l'œuvre de Jean-Jacques Rousseau.* 2001, 1re éd.
KESSLER Mathieu *L'esthétique de Nietzsche.* 1998, 1re éd.
KESSLER Mathieu *Nietzsche ou le dépassement esthétique de la métaphysique.* 1999, 1re éd.
KONTOS Pavlos *L'action morale chez Aristote.* 2002, 1re éd.
LACROSSE Joachim *La philosophie de Plotin. Intellect et discursivité.* 2003, 1re éd.
LUGLIO Davide *La science nouvelle ou l'extase de l'ordre. Connaissance, rhétorique et science dans l'œuvre de G. B. Vico*
MATTÉI Jean-François *Platon et le miroir du mythe. De l'âge d'or à l'Atlantide.* 1996, 1re éd., réédition « Quadrige », 2002.
MATTÉI Jean-François, FOLSCHEID Dominique, LE MINTIER Brigitte *Philosophie, éthique et droit de la médecine.* 1997, 1re éd.
SOREL Reynal *Critique de la raison mythologique.* 2000, 1re éd.
WUNENBURGER Jean-Jacques *Philosophie des images.* 1997, 1re éd. ; 2001, 2e éd.

Imprimé en France
par Vendôme Impressions
Groupe Landais
73, avenue Ronsard, 41100 Vendôme
Janvier 2004 — N° 50 830

TV - industrie culturelle – p. 60 ...
p. 86 Musique